U0955820

CAIWU GUANLI

财务管理

主 编 ◯ 石雄飞

西南财经大学出版社
Southwestern University of Finance & Economics Press

图书在版编目(CIP)数据

财务管理/石雄飞主编 .—成都:西南财经大学出版社,2017.8
(2020.12 重印)
ISBN 978-7-5504-3210-9

Ⅰ.①财… Ⅱ.①石… Ⅲ.①财务管理 Ⅳ.①F275

中国版本图书馆 CIP 数据核字(2017)第 218494 号

财务管理

主编　石雄飞

责任编辑:李晓嵩

封面设计:何东琳设计工作室

责任印制:朱曼丽

出版发行	西南财经大学出版社(四川省成都市光华村街 55 号)
网　　址	http://www.bookcj.com
电子邮件	bookcj@foxmail.com
邮政编码	610074
电　　话	028-87353785
照　　排	四川胜翔数码印务设计有限公司
印　　刷	四川五洲彩印有限责任公司
成品尺寸	185mm×260mm
印　　张	19.25
字　　数	450 千字
版　　次	2017 年 8 月第 1 版
印　　次	2020 年 12 月第 9 次印刷
印　　数	23001— 25000 册
书　　号	ISBN 978-7-5504-3210-9
定　　价	49.80 元

前 言

财务管理课程是经济与管理类专业的基础课程，是财务管理、会计学等专业的核心主干课程。在本书的编写过程中，我们以现代企业财务管理的理论与方法为宗旨，以财务管理目标为核心，以筹资管理、投资管理、营运资金管理、收益分配管理等财务活动为主线，全面、系统、综合地介绍现代企业财务管理的基本概念、基本方法和基本技能。本书以新的《企业财务通则》作为企业财务管理的基本准则和依据，一方面立足于我国企业理财实践，另一方面广泛借鉴和吸收国内外先进教材的经验，在体现财务管理教学规律的同时，力争使财务管理课程易学易教。

本书按照财务管理的内容和方法组织编排，主要包括总论、财务分析、价值原理、筹资管理、资本成本与资本结构、证券投资管理、项目投资管理、营运资金管理、收益分配管理、财务预算管理、特殊业务财务管理11章内容。本书既注重理论性，又注意可操作性，注重实例的运用和知识更新。本书内容丰富、结构合理、逻辑性强，可以作为会计学、财务管理等经济管理类专业本科、专科教学的教材，也可以作为经济管理工作人员的培训教材或学习参考书。

本书由石雄飞主编，负责全书总纂、修改和定稿。本书各章编写分工如下：石雄飞编写第一章、第二章、第三章、第四章；李文成编写第五章、第六章、第七章、第八章；刘永东编写第九章、第十章、第十一章。本书在编写与出版过程中得到西南财经大学出版社领导和各位编辑的大力支持和关心，在此特表示衷心的感谢。

在本书的编写过程中，我们广泛参考了国内外有关专家学者编著的财务管理学教材和专著，在此表示衷心的感谢。鉴于现代企业管理，特别是财务管理理论与实践的发展日新月异，编者学识有限，加之编写时间和篇幅的限制，书中如有不当之处，敬请读者批评指正。

编　者

2017 年 8 月

目 录

第一章　总论

【本章学习目标】

- 掌握财务管理的概念
- 掌握财务管理的基本内容
- 掌握财务活动的概念和主要内容
- 熟悉企业财务关系
- 了解企业财务管理目标，熟悉各种财务管理目标的优缺点
- 了解财务管理原则
- 熟悉财务管理方法
- 了解财务管理环境

第一节　财务管理概述

一、财务管理的概念

财务管理（本书主要指企业的财务管理）是指企业以货币为主要度量形式，在企业的生产经营活动过程中组织财务活动、处理财务关系的一系列经济管理活动的总称，是企业管理的一个重要组成部分。

财务管理是基于人们对生产管理的需要而产生的。一般认为，商品的生产和交换及货币的出现是财务管理产生的基础。由于简单商品经济在奴隶社会和封建社会的经济结构中处于从属地位，商品生产过程十分简单，因此财务管理并没有成为一项独立的工作，而是由生产经营者兼管。直到 18 世纪的工业革命，传统的家庭手工业被现代化的机器大工业所取代，各种新兴产业大量涌现。进入 19 世纪中叶，企业之间的兼并、收购活动频繁发生，资本市场体系初步形成。在这种环境之下，财务管理才逐渐成为一门独立的学科。当时，财务管理在理论和实务上均围绕各种融资工具及资本市场的运作而展开。例如，公司兼并、新公司成立、发行债券融资的法律事务以及企业破产、重组、公司清算、证券市场的规范等问题。直到 20 世纪 50 年代前后，莫迪利安尼、米勒的资本结构理论以及马科维茨的金融资产组合选择理论等的提出，使得财务管理成为一门真正的科学，并推动了财务管理理论分析运动的进程。此后，人们对财务管理的研究与探索不断深化。在管理内容上，逐渐由资金的筹集、资金的投放和使用扩展到资金的分配；在管理手段上，逐步实施财务预测、控制并进行时间价值和风险价值分析；在管理方法上，普遍采用计量模型和计算机软件等辅助计算分析工具。

总而言之，现代财务管理学科已经逐步完善，成为企业管理的重要组成部分。

二、财务管理的内容

由于财务管理是基于企业在生产过程中客观存在的财务活动和由此产生的财务关系而产生的，因此财务管理包括财务活动和财务关系两方面的内容。

（一）财务活动

财务活动是指资金的筹集、投放、使用、回收以及分配等一系列的活动。财务活动是资金运动的实现形式。

在市场经济条件下，企业进行生产经营活动必须投入土地、劳动和资本等生产经营要素，能够增值的生产经营要素的价值即为资金。企业的生产经营过程，一方面表现为生产经营要素实物形态的运动，即劳动者运用一定的劳动工具对劳动对象进行加工，生产出新的产品并将之销售，也就是供应、生产和销售三个过程；另一方面，随着生产经营要素实物形态的运动，其价值也在相应地运动，即与供应、生产和销售环节相适应，生产经营要素的价值也依次经过货币资金、储备资金、生产资金、成品资金和结算资金，最后又回到货币资金形态，形成有规律的资金循环与周转。资金只有在不断的运动过程中才能实现其保值和增值。资金的运动过程包括资金的筹集、资金的运用、资金的投放以及收益的分配。因此，企业的财务活动具体表现为：

1. 筹资活动

筹资活动是指企业为了满足生产经营活动的需要，从一定的渠道，采用特定的方式，筹措和集中所需资金的过程。筹资活动是企业进行生产经营活动的前提，也是资金运动的起点。从整体上看，企业筹集的资金可以分为两大类：一是企业的股权资本，又称为企业的自有资金，它是通过吸收直接投资、发行股票、企业内部留存收益等形式而取得的，形成企业的所有者权益；二是债务资金，它是通过向银行借款、发行债券、利用商业信用等方式而取得的，形成企业的负债。在筹资过程中，企业一方面要确定筹资的总规模，以保证投资所需要的资金；另一方面要合理规划筹资来源和筹资方式，确定合理的资本结构，使得筹资成本较低而筹资风险不变甚至降低。

2. 投资活动

企业在取得资金后，必须将资金投放使用，以期获得最大的经济效益。如果筹资后不投资，那么筹资也就失去了意义，资金也难以得到增值，并且还会给企业带来偿付资金本息的风险。因此，投资活动是企业财务活动的核心内容。

投资可以分为广义和狭义两种。广义的投资是指企业将筹集的资金投入使用的过程，包括对内投资，如购置流动资产、固定资产、无形资产等，也包括对外投资，如购买其他公司的股票、债券或者与其他企业联营等。狭义的投资仅指对外投资。投资的结果是企业中一定资金的流出，并形成一定的资产结构。在投资过程中，企业一方面要确定投资的总规模，以确保获得最大的投资效益；另一方面要合理选择投资方式和投资方向，确定合理的投资结构，使得投资收益较高而投资风险不变甚至降低。

3. 日常资金运营活动

企业为了满足日常经营活动的需要，必定发生一系列的资金收付活动。在日常生产经营活动中，企业需要购买原材料或商品，支付职工的工资和各种营业费用等，这表现为资金的流出；当企业把产成品或者商品销售出去的时候，再次回收货币资金，这表现为资金的流入。以上因日常业务活动而发生的资金的流入和流出活动就是资金运营活动。资金运营活动是保持企业持续经营所必须进行的最基本的活动，对企业有重要的作用。在一定时期内营运资金周转越快，越可以用相同数量的资金生产出更多的产品或者销售更多的商品，取得更多的收入，获得更多的报酬。因此，在日常资金的运营活动中，企业要采用科学合理的方法加速资金周转，提高资金的利用效率。

4. 收益分配活动

企业经过资金的投放和使用取得收入，并实现资金的增值。收益分配是作为投资的结果而出现的，是对投资成果的分配。投资成果首先表现为各种收入，在弥补各种成本、费用、损失以及缴纳税金后最终获得净利润。企业再依据现行法规及规章对净利润进行分配，提取公积金和公益金，分别用于扩大生产、弥补亏损和改善职工集体福利设施；其余的部分分给投资者，或者暂时留存企业，或者作为投资者的追加投资。

伴随着企业利润分配的财务活动，作为公积金和公益金的资金继续留在企业中，为企业的持续发展提供保障，但是分配给股东的股利则退出了企业。因此，如何确立合理的分配规模和分配方式以确保企业取得最大的长期利益，对企业来说也是至关重要的。

上述财务活动的四个方面相互联系、相互依存。其中，筹资活动是企业资金运动的前提和起点，投资活动是筹资活动的目的和运用，日常资金运营活动是资金的日常控制和管理，收益分配是资金运动的成果和分配状况。这些活动既相互联系又相互区别，构成了完整的企业财务活动，是财务管理的基本内容。

（二）财务关系

企业在进行上述财务活动的时候，必然要与有关方面发生联系，这种企业在财务活动中产生的与各相关利益主体之间发生的利益关系即为财务关系。现代企业是各生产要素所有者为了取得一定的经济利益而彼此之间签订的契约集合体，是在共同经济利益的基础上形成的新的经济利益主体。这些由各方达成的契约就是用来调节企业与各利益相关者之间的利益博弈关系的，即用来协调财务关系的。一般情况下，企业的财务关系有以下几个方面：

1. 企业与政府之间的财务关系

完整的市场经济是由家庭、企业和政府三个相对独立的主体组成的。政府是一个提供公共服务、拥有政治权力的机构。在市场经济条件下，政府为企业的生产经营活动提供良好的公共设施条件，创造公平竞争的市场环境；同时，政府为了履行国家职能，凭借其政治权力，通过税收方式无偿参与企业收益的分配。企业应该遵守国家相关法律法规，特别是税法的规定，向国家税务机关按时、足额地缴纳税款，包括所得税、流转税、资源税、财产税和行为税等。企业与政府之间的财务关系反映了一种强制与无偿的分配关系。

2. 企业与投资者之间的财务关系

企业的投资者按照投资主体的不同可以分为国家、法人、个人和民间组织等。投资者向企业投入资本金，从而成为企业的所有者，参与企业剩余价值的分配，同时承担一定的经营风险和投资风险。企业接受投资者的投资之后，成为受资者，可以利用所得资金运营、管理企业，并对其投资者承担资本的保值、增值责任。企业实现利润之后，应该按照投资者的出资比例或者合同、公司章程的规定，向投资者分配利润。企业与投资者之间的财务关系体现了经营权和所有权的关系。

3. 企业与债权人之间的财务关系

企业的债权人主要有债券持有人、贷款机构、商业信用提供者、其他出借资金给企业的单位和个人。企业在经营过程中，为了解决资金短缺或者降低资金成本、扩大企业经营规模，需要向债权人借入一定数量的资金。债权人将资金出借给企业之后，拥有按照约定期限收回本金和利息的权利，在企业破产时，对破产企业的财产拥有优先受偿权。而企业在获得债务资金后，必须按照约定定期付息、到期还本。企业与债权人的财务关系在性质上属于债务与债权的关系。

4. 企业与受资者之间的财务关系

企业与受资者之间的财务关系，主要是指企业以购买股票或直接投资的形式向其他企业投资所形成的财务关系。随着市场经济的深入发展，企业由于发展战略及分散经营风险等原因，需要进行对外投资活动。此时，企业作为其他企业的投资者，必须按照投资合同、协议、章程等的规定履行出资义务，出资后承担被投资企业一定的经营风险。受资企业获得利润后，按照出资比例或者合同、章程的规定，向投资者分配利润。因此，企业与受资者之间的财务关系也体现了所有权性质的投资与受资关系。

5. 企业与债务人之间的财务关系

企业与债务人之间的财务关系主要是指企业将资金以购买债券、提供借款或者商业信用等形式出借给其他单位形成的财务关系。企业将资金出借给债务人之后，有权按照合同的约定要求对方定期付息、到期还本。当债务人破产时，企业具有优先受偿权。企业与债务人的关系体现的是债权与债务的关系。

6. 企业内部各部门之间的财务关系

企业内部各部门之间的财务关系主要是指企业内部各部门之间在生产经营各环节中相互提供产品或劳务所形成的财务关系。企业内部各部门之间既要执行各自独立的职能，又要相互协调，只有这样企业作为一个整体才能稳定地发挥其功能，实现其预定的经营目标。这样在内部各部门之间就形成了提供产品和服务、分工与协作的权、责、利经济关系。在实行内部经济核算制的企业，这种关系体现在内部价格的资金结算上。这种企业内部各部门之间的资金结算关系，体现了它们之间的利益关系。

7. 企业与职工之间的财务关系

企业与职工之间的财务关系主要是指企业在向职工支付劳动报酬过程中形成的经济关系。企业职工是企业的经营者和劳动者，他们以自身的体力劳动和脑力劳动作为参与企业收益分配的依据。企业应该按照职工在生产经营过程中提供的劳动数量和质量，向职工支付工资、奖金，还应该为提高其劳动数量和质量而发放津贴、福利等。这样企业与职工之间的财务关系，体现了共同分配劳动成果的关系。

上述财务关系广泛存在于企业财务活动中，体现了企业财务活动的实质，构成了企业财务管理的一项重要内容。企业应该正确协调与处理财务关系，努力实现利益相关者之间经济利益的均衡。

第二节 财务管理目标

一、企业目标及其对财务管理目标的要求

企业是根据市场反映的社会需求来组织和安排生产经营的经济组织，其目标一般可以分成三个层次：生存、发展、获利。企业目标一方面可以指引财务活动的进行，另一方面也对财务活动提出了要求。

（一）生存目标对财务管理的要求

企业为了生存所面临的问题主要来自内在和外在两个方面：一是长期亏损，二是不能偿还到期债务。长期亏损是指无法维持最低营运条件而终止。长期亏损是一种经营失败行为，是威胁企业生存的内在的、根本的原因。不能偿还到期债务也可能表现为盈利企业的无力支付，盈利企业虽然存在账面净利润，但是不一定有足够的现金流，当不能偿还到期债务即发生财务失败时，企业被迫破产，不能偿还到期债务是企业终止的外在的、直接的原因。

为了能在激烈的市场竞争中生存下去，企业在财务管理上应该力求做到以收抵支和能够偿还到期债务。如果不能做到以收抵支，企业就没有足够的货币从市场换取必要的生产要素，生产就会萎缩，直到无法维持最低的营运条件而终止。如果长期亏损，扭亏无望，投资者为了避免更大的损失，一般会主动终止企业。如果不能偿还到期债务，按照国家相关法律的规定，债权人有权向人民法院申请企业破产。

因此，力求能够以收抵支和偿还到期债务，减少企业破产风险，是企业生存目标对财务管理的要求。

（二）发展目标对财务管理的要求

企业是在发展中求得生存的。如果一个企业不能发展，不能提高产品和服务质量、扩大市场份额，就会被市场淘汰。企业的发展集中表现为扩大收入。而扩大收入的根本途径是采用先进的技术和设备，提高员工的管理水平和技术水平。这就要求企业投入更多、更好的物质资源与人力资源，而资源的取得与投入离不开资金，因此企业的发展离不开资金。

没有足够的资金是阻碍企业发展的主要原因，因此筹集企业所需要的资金，是企业发展目标对财务管理的要求。

（三）获利目标对财务管理的要求

企业是一个以盈利为目的的组织，因此盈利是企业创立的目的。在企业的生产经营过程中，虽然也有其他的目标，如提高产品质量、扩大市场份额、提高职工福利待遇、减少环境污染等，但是盈利是最具综合能力的目标。盈利不仅体现了企业的出发点和归宿，而且有助于企业其他目标的实现。

从财务上看，盈利就是使投资收益超过投资成本，使企业正常生产经营产生的和外部获得的资金能得到最大限度地利用。因此，合理、有效地利用资金，是获利目标对财务管理的要求。

总之，企业要实现生存、发展和获利的目标就要求财务管理完成筹措资金并有效地投放和使用资金的任务。

二、企业财务管理目标

任何管理活动都是有目的的能动行为，财务管理有自身的管理目标。财务管理的目标既要与企业的目标保持一致，又要直接、集中地反映财务管理的基本特征，体现财务活动的基本规律。根据现代财务管理理论和实践，最具有代表性的财务管理目标有以下几种：

（一）利润最大化

这种观点认为，利润是衡量企业经营和财务管理水平的标志，利润越多，则企业财富增加得越多，越接近企业目标。因此，利润最大化就是财务管理的目标。

以利润最大化作为财务管理的目标有其合理的一面，这是因为利润是企业已实现销售并被社会承认的价值，是一个最容易被社会各界广泛接受的财务概念，并且利润是一项综合财务指标，能说明企业的整体经营和财务管理水平的高低。但是利润最大化存在着许多缺陷，无法用来指导全面的财务管理。这些缺陷主要表现在以下几个方面：

第一，利润最大化没有反映利润和投入资本之间的关系，不利于不同资本规模或者同一企业不同时期的比较。例如，一样获得 1 000 万元的利润，甲企业投入 5 000 万元，而乙企业投入 8 000 万元，哪一个企业更符合企业目标？如果不考虑投入和产出之间的关系，很难做出判断。又如，在同一个企业，该企业有 2 000 万股普通股，利润为 800 万元，每股收益为 0.4 元，如果某投资者甲拥有 1 000 股，他将分享利润 400 元。假设该企业再发行 2 000 万股普通股，并且这些筹得的资金将产生 200 万元利润，则总利润增加为 1 000 万元，此时每股收益却从 0.4 元下降到 0.25 元，投资者甲所得利润为 250 元。因此，当其他情况保持不变时，如果管理层致力于公司现有股东的利益，应该考虑投入与产出之间的关系。

第二，利润最大化没有考虑实现利润的时间，即没有考虑货币的时间价值。例如，企业今年获利 100 万元和明年获利 100 万元，哪一个更加符合企业的目标？如果不考虑利润获得的时间，很难做出客观的判断。

第三，利润最大化没有考虑利润的风险。假设一个项目期望能够使公司总利润增加 1 000 万元，而另一个项目则预期使总利润增加 1 200 万元。如果采纳前一项目将肯定能使总利润增加 1 000 万元，而后一个项目风险相当高，实现总利润增加 1 200 万元的可能性不大。由于股东对风险的厌恶程度不同，也许前一个项目给股东带来更高的效用。因此，即使两个项目具有相同的投资成本和相同的期望现金流量，但仍有可能因各自期望现金流量的风险不同而对股东财富有不同的贡献。

第四，利润最大化忽视了利用负债而增加的财务风险。在公司总资产期望收益率超过债务资金成本的条件下，公司可以通过增加负债比率来增加每股税后利润，但是这种增加负债或者财务杠杆的利用导致每股收益的增加会产生相应的财务风险，利润最大化没有反映这一风险。

第五，利润最大化可能会导致企业财务决策具有短期行为的倾向，只片面追求当前和局部利润最大，而不考虑企业长远和整体的发展。例如，为了减少成本、提高当期利润，而忽视产品开发、人才培养、技术装备水平等。

（二）企业每股收益最大化或者权益资本净利率最大化

每股收益是指公司一定时期的净利润与发行在外的普通股股数的比值，它表明了投资者每股股本的盈利能力，主要用于上市公司。对于非上市公司，则主要采用权益资本净利率，它是企业一定时期的净利润与权益资本总额的比值，说明了权益资本的盈利能力。这两个指标在本质上是相同的。由于这两个指标以净利润为基础，因此其优点与利润最大化基本相同。相对于利润最大化，企业每股收益最大化或者权益资本净利率最大化考虑了利润与投入资本之间的关系，可以揭示出投资与收益的报酬率水平，便于不同资本规模的企业或者同一企业不同时期之间的比较。但是，同利润最大化目标一样，企业每股收益最大化或者权益资本净利率最大化仍然没有考虑货币时间价值和风险因素。

（三）企业价值最大化或者股东财富最大化

企业价值最大化是指企业全部资产的市场价值最大化，它反映了企业潜在或者预期的获利能力。由于股东的收益取决于公司的经营收入在扣除经理和员工的薪金、各类成本费用、债务利息以及向政府缴纳各种税金之后的剩余利润，因此与公司的其他利益相关者相比，股东是公司风险的主要承担者，理应对公司的收益享有更多的收益权。公司应该在其他利益相关者的权益得到保障并履行其社会责任的前提下，为股东追求最大的公司价值。对股份制企业来说，企业价值最大化就是股东财富最大化。投资者投资企业的目的在于获得尽可能多的财富，这种财富不仅表现为企业的利润，而且表现为企业全部资产的价值。如果企业的利润增多了，但是随之而来的是资产贬值，则意味着暗亏，会减少投资者的财富。因此，一般认为，以企业价值最大化作为财务管理的目标更为合理。这一目标充分权衡了货币的时间价值和风险因素。股东所得收益越多，实际取得收益的时间越近，收益的不确定性越小，股东财富就越多。这一目标还充分体现了对企业资产保值增值的要求，有利于纠正企业追求短期利益行为的倾向。

在股份制企业尤其是上市公司，股东财富是其所持普通股的市场价值，即用持有的公司普通股的数量与价格的乘积来表示。如果股数确定，股东财富最大化实际上就是股票市场价格的最大化，因此人们通常用股票的市场价格来代表公司价值或股东财富。股票价格反映了市场对公司的客观评价，因此可以全面反映公司目前和将来的盈利能力、预期收益、时间价值和风险价值等方面的因素以及变化。企业价值最大化或者股东财富最大化目标在一定条件下也可以表现为股票市场价值最大化。

企业价值最大化或者股东财富最大化的目标克服了利润最大化、每股收益最大化观点的不足，成为衡量企业财务行为和财务决策的合理标准。但是这一观点也存在一些缺陷。对于非股份制企业来说，必须通过资产评估才可以确定企业价值大小，而在评估时，又受到评估标准和评估方式的影响，从而影响到企业价值确定的客观性；对于股份制企业来说，股票价格受到各种因素的影响，并不一定都是企业自身的因素。股东财富最大化片面强调股东的利益，忽视了企业其他相关权益主体的利益。

第三节 财务管理原则

财务管理原则也称理财原则，是指人们对财务活动共同的、理性的认识。财务管理原则介于理论和实务之间，是联系理论与实务的纽带。

一、理财原则的特征

理财原则具有以下特征：

第一，理财原则是财务假设、概念和原理的推论，它们是经过论证的、合乎逻辑的结论。

第二，理财原则必须符合大量观察和事实，是大家共同的认识，被多数人接受。财务理论有不同的流派和争论，如财务管理目标有利润最大化、每股收益最大化、股东财富最大化等观点。而理财原则不同，它们被现实反复证明并被多数人接受和认同，如进行投资时，风险与报酬均衡原则被人们普遍接受，即有收益就有风险，收益和风险对等。

第三，理财原则具有应用性特征，是财务交易和财务决策的基础。各种财务管理程序和方法是根据理财原则建立的。

第四，理财原则具有指导性特征，它为解决新问题提供指引。现有的财务管理程序和方法，只能解决常规问题，当问题不符合任何既定程序和方法时，原则为人们解决新问题提供指引，指导人们寻找解决问题的方法。

第五，理财原则不一定在任何情况下都正确。原则的正确性与一定的环境有关，在一般情况下是正确的，而在特殊情况下不一定正确。

二、企业财务管理原则

为了保证企业财务管理目标的实现，企业应该遵守的财务管理原则主要包括以下几项：

（一）风险与报酬均衡原则

风险与报酬均衡原则是指风险和报酬之间存在一个对等关系，投资者必须对风险和报酬做出权衡，为追求较高报酬而承担较大风险，或者为减少风险而接受较低的报酬。所谓对等关系，是指高收益的投资机会必然伴随着巨大的风险，风险小的投资机会必然只有较低的收益。

投资者必须在风险与报酬之间做出权衡。如果两个投资机会，在其他的条件相同（包括投资额和风险）而报酬不同的情况下，人们会选择报酬高的投资机会；在其他的条件相同（包括投资额和报酬）而风险不同的情况下，人们会选择风险小的投资机会。因此，在财务交易中，当一切条件相同时，人们倾向于高报酬和低风险。但是，如果人们都倾向于高报酬和低风险，并且从事经济活动的都是理性经济人，那么竞争的结果就会产生风险和报酬之间的权衡。如果市场存在低风险而报酬较高的投资机会，在完全竞争市场条件下，其他的投资者也会进入这个领域，竞争的结果导致报酬率降低至与风险相当的水平。因此，市场上存在的是高风险高、报酬或者低风险、低报酬的投资机会。

如果投资者期望获得巨大的投资收益，就必须冒可能遭受巨大损失的风险；如果投资者期望获得确定、可靠的收益，就必须放弃获得高额收益的机会。总之，每个投资者都要在风险和报酬之间进行权衡，都要求风险和报酬的对等。

（二）投资分散化原则

投资分散化原则是指为了降低投资风险，不要把全部资金投资于一个企业或者一个项目（或证券），而要分散投资，其理论依据是投资组合理论。

与筹资策略不同，在进行投资的时候，无论采取哪种方式进行投资，都没有一种绝对好的投资方案，都存在着风险和报酬的权衡与取舍。虽然高报酬必须承受高风险，低风险只能获得低报酬，但是按照投资组合原理，可以通过投资组合来化解风险、减少风险，达到收益增加的目的。美国财务及经济学家马科威茨认为，若干种股票组成的投资组合，其收益率是这些股票收益率的加权平均数，但是风险要小于这些股票的加权平均风险，因此投资组合能够降低风险。

投资分散化原则告诉人们“不要把所有的鸡蛋放在一个篮子里”。假设一个人有100万元，如果他把100万元全部投资于一个公司，当这个公司破产时，他将损失100万元；如果他把100万元分散投资于10个公司，当这10个公司全部破产时，他将损失100万元。假定两种方式都不能获得被投资公司的控制权，显然第二个投资方案的风险要比第一个投资方案的风险小得多，因为10个公司全部破产比一个公司破产的概率小得多。

投资分散化原则在财务管理中具有重要的运用，不仅适用于对外投资，而且适用于公司的各种决策，凡是有风险的事项，都要贯彻分散化原则，以降低风险。

（三）货币时间价值原则

货币时间价值原则是指在进行财务活动时要考虑货币时间价值因素。货币的时间价值是指货币由于投入到生产经营领域，随着时间的推移而产生的增值。

货币时间价值观点强调，不同时点上货币价值是不相等的，即今天的一元钱不等于未来的一元钱，或者今天的一元钱比未来的一元钱更值钱。这就要求我们在衡量财富或者货币时，要将不同时点上的成本和收益都换算成现值进行比较。要进行折现，就必须确定折现率。从内容上讲，折现率主要是货币的时间价值率。

货币时间价值观点在财务管理中的一个重要的应用是“早收晚付”观念。例如，对于材料采购价款，要争取获得信用时间，对于产品销售收入，要争取早日收回。

（四）成本效益原则

成本效益原则是指对经济活动中的所得与所费进行比较分析，对经济行为的得失进行衡量，从经济上考虑成本与效益的关系，使成本与效益得到最优的结合，并坚持以效益大于成本作为财务决策价值判断的出发点。

成本效益原则在企业财务管理活动中有广泛的运用。在筹资活动中要发生筹资成本，在投资活动中有投资成本，在日常经营活动过程中有经营成本，这一切成本、费用的发生，都是为了取得一定的收益。在进行财务活动过程中，必须时刻坚持成本效益原则，争取以较少的成本带来最大的经济效益，从而最大限度地实现财务管理的目标。

(五) 利益关系协调原则

利益关系协调原则是指企业处理财务关系的过程中，要理顺不同利益相关者之间的利益关系。合理分配收益、协调各方利益是做好财务管理工作的一项根本原则。

利益关系协调原则主要体现在收入及财务成果的分配方面，既要协调企业与国家、债权人、投资者、经营者、职工之间的利益关系，维护有关各方的合法利益，又要协调企业内部各部门、各单位之间的利益关系，以调动其积极性。处理财务关系，要遵守国家法律法规及相关政策，保障有关方应得的利益，切实做好企业的收入及财务成果的分配工作。

(六) 资本市场有效化原则

资本市场有效化原则是指在资本市场上金融资产的价格是受各种信息综合影响的结果，而且面对新的信息能够完全做出调整。

资本市场有效化原则要求理财时重视市场对企业的评估，当市场对企业的评价较低时，应该分析公司的行为是否出现问题并设法改正。该原则还要求企业在理财时慎重使用金融工具。如果金融市场是有效的，购买或者出售金融工具的交易的净现值就为零。公司很难通过筹资获取正的净现值，从而增加股东财富。因为在有效的资本市场上，只能获得与投资风险相称的报酬，即与资金成本相同的报酬，因而很难增加股东财富。

第四节　财务管理方法

财务管理方法是反映财务管理内容、完成管理任务的手段。财务管理方法主要包括财务预测、财务决策、财务计划、财务控制和财务分析等一系列专门方法。这些方法之间的相互联系、相互配合，构成了完整的财务管理方法体系。

一、财务预测

财务预测是通过调查研究所掌握的资料，考虑现实的条件和要求，运用科学的方法，对企业未来的财务收支发展趋势和财务成果的可能性做出估计和预测。财务预测是财务管理的重要环节，能为企业正确的财务决策提供依据，也是企业建立有效财务预算的基础。

财务预测的作用在于通过预测各项生产经营的财务指标，为决策提供可靠的依据；通过预计财务收支的发展变化情况，确定经营目标；通过测定各项定额和标准，为编制预算提供服务。财务预测的一般步骤可以概括为以下几个方面：

第一，明确预测目标。财务预测的目标，即财务预测的对象和目的。由于预测目标不同，其预测资料、模型的建立、预测方法的选用和表现方式也不同。因此，必须明确财务预测的具体对象和目的，以规范预测的范围。

第二，搜集相关资料。根据预测的对象和目的，广泛搜集与预测目标相关的各种资料和信息，并对这些资料的可靠性、相关性进行审查以及分类、汇总，使资料符合预测的需要。

第三，建立预测模型。对影响预测目标的各个因素及其关系进行分析，建立相应的财务预测模型。

第四，实施财务预测。将经过加工整理的资料，代入财务预测模型，选用适当的预测方法，进行定性、定量的分析，得出预测的结果。

二、财务决策

财务决策是指财务人员在财务目标的总体要求下，运用专门的方法从各种备选方案中选出最佳方案。在市场经济条件下，财务决策是财务管理的核心，财务决策的正确与否关系到企业的兴衰成败。因此，要广泛收集资料，注重决策手段的现代化和决策思想的创造性、民主性，从而提高财务决策的水平。财务决策的一般步骤如下：

第一，确定决策目标。要进行决策，首先必须确定决策目标，然后根据决策目标有针对性地做好各个阶段的决策分析工作。

第二，提出备选方案。根据决策目标，选用适当的决策方法，对收集的相关资料进行加工处理，从而提出实现决策目标的各种备选方案。

第三，选择最优方案。提出备选方案之后，根据决策目标，采用一定的分析方法，对各种方案进行分析评价、比较权衡，从中选出最优方案。

三、财务预算

财务预算是运用科学的技术手段和数量方法，对目标进行综合权衡，制定主要的计划指标，拟定增产节支措施，协调各项计划指标。财务预算是以财务决策确立的方案和财务预测提供的信息为基础编制的，是财务预测和财务决策所确定的经营目标的系统化、具体化，是控制财务收支活动、分析生产经营成果的依据，是落实企业经营目标的必要环节。财务预算的工作主要有分析财务环境、确定预算指标、协调财务能力、选择预算方法和编制财务预算。

四、财务控制

财务控制是指在生产经营过程中，以预算任务及各项定额为依据，对各项财务收支进行日常的计算、审核和调节，将其控制在制度和预算规定的范围之内，如果发现偏差，就及时进行纠正，以保证实现或超过预定的财务目标。财务控制是保证财务政策和财务预算实施的重要环节。其主要工作包括制定控制标准、分解落实责任、实施追踪控制、及时调整误差、分析执行差异、搞好考核奖惩。

财务控制的方法是多种多样的，其中按照控制标准可以分为制度法、计划法、定额法、目标法、责任法。

五、财务分析

财务分析是以核算资料为依据，对企业财务活动的过程和结果进行调查研究，评价预算完成情况，分析影响预算完成的因素，挖掘企业潜力，提出改进措施。通过财务分析过程，可以掌握企业财务预算的执行情况，评价财务状况，研究和掌握企业财务活动规律，提高财务管理水平。财务分析的一般程序是确定题目，明确目标；搜集资料，掌握情况；运用方法，揭示问题；提出措施，解决问题。

财务分析的方法既有常规的绝对额分析法、比率分析法以及因素分析法，也有数量经济批量法、线性规划法，还有数理统计的回归分析法等。

第五节　财务管理环境

企业的财务管理环境又称理财环境，是指对企业理财活动产生直接或者间接影响作用的外部条件或影响因素。理财环境是企业财务管理赖以生存的土壤，是企业开展财务管理的舞台。对每个企业来说，理财环境是一样的，但是在相同的理财环境下，各个企业财务活动的运行和效果却是不一样的。理财环境涉及的范围广、因素多、变化快，理财时必须认真研究分析各种财务管理环境的变动趋势，判明其对财务管理可能造成的影响，并据此采取相应的财务对策，这样财务管理工作才会更加科学、更有成效。企业理财环境主要有宏观经济政策环境、金融市场环境、法律环境。

一、宏观经济政策环境

宏观经济政策包括政府财政政策、货币政策、经济发展与产业政策等，是财务管理环境的重要组成部分。这些政策的实施和变动，直接影响企业财务管理活动。

（一）财政政策

财政政策通常是指政府根据宏观经济规律的要求，为达到一定的目标而制定的指导财政工作的基本方针、准则和措施。财政政策是经济政策的重要组成部分，一般由三个要素构成：一是财政政策目标，二是财政政策主体，三是财政政策工具。

财政政策目标就是财政政策所要实现的期望值。由于不同时期的社会经济发展战略和目标是不同的，政策目标自然也有所差别，但是也可以归纳出几个一般性的财政政策目标。财政政策的一般性的政策目标主要有以下几个方面：经济的适度增长、物价水平的基本稳定、提供更多的就业和再就业机会、收入的合理分配、社会生活质量的逐步提高等。

财政政策主体就是财政政策的制定者和执行者。财政政策主体行为的规范、正确与否，对财政政策的制定和执行具有决定性的作用，并直接影响财政政策效应的大小和好坏。

财政政策工具是财政政策主体选择的用以达到政策目标的各种财政手段。财政政策工具主要包括税收、公共支出（包括财政补贴）、政府投资、公债等。

（二）货币政策

所谓货币政策，是指一国政府为实现一定的宏观经济目标所制定的关于调整货币供应的基本方针及其相应措施。货币政策是由信贷政策、利率政策、汇率政策等构成的一个有机的政策体系。在市场经济条件下，财政政策和货币政策共同构成调节国民经济运行的两大杠杆。

货币政策作为国家宏观经济政策的重要组成部分，同财政政策一样，其最终目标是与宏观经济政策目标相一致的。

货币政策目标是借助于货币政策手段，即货币政策工具来发挥作用的。目前，在我国，中国人民银行的货币政策手段主要如下：

（1）中国人民银行对各商业银行发放的贷款。

（2）存款准备金制度，即各商业银行要将吸收的存款按一定比例交存中国人民银行。

（3）利率，即中国人民银行根据资金松紧情况确定调高或者调低利率。

（4）公开市场操作，即中国人民银行在金融市场上买进或者卖出政府债券，从而调节货币供应量的一种做法。

（5）再贴现率。实际上是指商业银行向中国人民银行借款时支付的利息。

货币政策的核心是通过变动货币供应量，使货币供应量和货币需要量之间形成一定的对比关系，进而调节社会的总需求和总供给。因此，从总量调节出发，把货币政策分为膨胀性、紧缩性和中性三种类型。膨胀性货币政策是指货币供应量超过经济过程中对货币的实际需要量，其主要功能是刺激社会总需求的增长；紧缩性货币政策是指货币供应量小于货币的实际需要量，其主要功能是抑制社会总需求的增长；中性货币政策是指货币供应量大体上等于货币需要量，对社会总需求与总供给的对比状况不产生影响。至于具体采用何种类型的货币政策，需要根据社会总需求与总供给的对比状况审慎地做出抉择。

（三）经济发展与产业政策

国民经济发展规划、国家产业政策、经济体制改革等，都对企业的生产经营和财务活动有着极为重要的影响，企业需要根据不同时期的宏观经济政策环境做出相应的财务决策。在经济繁荣时期，企业主要是进行扩张性筹资和扩张性投资；在经济紧缩时期，大多数企业要考虑如何维持现有经营规模和效益，在稳定中求得发展。

在不同的发展时期，国民经济发展规划、国家产业政策会有所不同，企业所属行业会受到鼓励或制约发展的影响，这就要求企业自觉适应国民经济发展规划和国家产业政策的变化，及时调整经营战略，优化产品结构，变被动为主动，从而使企业在经济发展与产业政策变动中立于不败之地。

二、金融市场环境

金融市场是资金融通的场所，即把需要资金的单位或个人与拥有剩余资金的单位或个人联系起来，实现借贷双方之间资金的转移的场所。金融市场有广义和狭义之分。狭义的金融市场一般是指有价证券市场，即股票和债券等的发行和买卖市场；广义的金融市场是指一切资本流动的场所，包括实物资本和货币资本的流动，其交易对象包括货币借贷、票据承兑与贴现、有价证券买卖、黄金和外汇买卖、办理国内外保险、生产资料的产权交换等。

（一）金融市场的构成要素

一个完备的金融市场制度体系，应至少包括两个基本要素：一是金融市场的参与主体；二是金融市场的客体，即金融工具。

1. 金融市场的参与主体

金融市场的参与主体是指发行金融资产和投资金融资产的实体，其在金融市场上通过交易金融工具的活动形成一系列的交易关系。

根据参与对象的不同，金融市场的参与者可以分为投资者（投机者）、套期保值者、套利者、筹资者、市场监管者五类。投资者和筹资者是相对应而言的，没有充当固定角色的投资者，也没有充当固定角色的筹资者；套期保值者是利用金融市场减少其利率、汇率和信用等风险的实体，为了减少其面临的风险，套期保值者在金融市场上进行反向的对冲操作，从而使未来价值不确定的投资价值的现值相对固定化；套利者是利用市场定价的低效率来赚取无风险利润的主体；监管者是对金融市场的交易活动进行宏观调控和行业监管的主体，在我国如中国人民银行、证监会、银监会、保监会等。

根据自身特征的不同，金融市场的参与主体可以分为非金融中介的参与主体和金融中介的参与主体。非金融中介的参与主体有政府、企业、居民等，金融中介的参与主体有存款性金融机构、非存款性金融机构以及金融监管机构。

2. 金融市场的客体

金融市场上资金的融通行为是建立在信用关系的基础上的，而信用本身就是一种特殊的以偿还和付息为条件的单方面的价值转移形式，这种价值转移关系的建立和终结都必须借助某种金融工具才能得以实现。金融市场的客体就是金融工具。

无论是基础金融工具还是衍生金融工具，至少都有期限性、流动性、风险性和收益性四个基本特征。所谓期限性，是指一般金融工具有规定的偿还期限。偿还期限是指债务人从举借债务到全部归还本金与利息所经历的时间。金融工具的偿还期还有零期限和无限期两种极端情况。所谓流动性，是指金融工具在必要时迅速转变为现金而不致遭受损失的能力。金融工具的流动性与偿还期成反比。金融工具的盈利率高低与发行人的资信好坏也是决定流动性大小的重要因素。所谓风险性，是指购买金融工具的本金和预定收益遭受损失可能性的大小。风险可能来自信用风险和市场风险两个方面。所谓收益性，是指金融工具具有能够带来价值增值的特性。对收益率大小的比较要将银行存款利率、通货膨胀率以及其他金融工具的收益率等因素综合起来进行分析，此外还必须对风险进行考察。

（二）金融市场与企业理财

随着现代企业制度的建立及企业经营机制的形成和完善，企业作为独立的经济实体，要面对市场环境进行决策。长期以来形成的渠道单一、形式单一的资金供给制，已经不能适应市场经济的需要，必须以多渠道、多种形式的资金融通机制代之。金融市场作为资金融通的场所，是企业筹集资金必不可少的条件，企业应该熟悉金融市场的各种机制和管理规则，有效地利用金融市场，发挥金融市场的积极作用。此外，在投资与利润分配中，金融环境也对财务管理起着直接的影响和决定作用。

在筹资活动中，当利率上升、汇率下降、证券价格和证券指数下跌、政府控制货币发行、提高银行存款准备金率和再贴现率、参加公开市场卖出业务等情形已经成为一种现实的影响时，整个金融市场筹资风险和成本加大，企业筹资会变得困难。但是，如果上述情形仅仅是一种对未来的预期，财务管理部门应提前采取措施，规避未来筹资成本的上升和风险的增加，如采用固定利率的长期筹资方式、进行套期保值等。当金融市场参数和政府货币政策的变动与上述情况相反时，筹资活动面临的情形和采取的措施正好相反。

在投资活动中，当政府控制货币的发行、提高存款准备金率和再贴现率、参加公开市场卖出业务时，会使市场利率上升，这时存款或者贷款将会获取较高的利息。此外，由于市场利率上升，在其他条件不变时，证券价格和证券指数将趋于下降，投资者也会将投资方向转向存款或贷款投资。相反，当政府扩大货币发行量、降低存款准备金率和再贴现率、参加公开市场买入业务时，会使市场利率下降，这时证券价格和证券指数在其他条件不变时会趋于上升，投资者将减少存款或贷款投资而转向证券投资。

在分配活动中，如何确定利润的留存和分派比例，也与金融市场环境密切相关。当市场利率上升或者政府采取紧缩的货币政策、证券市场价格和指数低迷、外汇汇率下降时，企业筹资困难，如果企业有资金需求，则应该提高利润留存的比例。反之，则可以降低利润留存的比例。当市场利率上升时，如果其他条件不变，为了使企业股票价格稳定，企业可以提高利润分派的比例。反之，则应该降低利润分派的比例。从投资角度来看，当企业有较好的投资项目时，应该提高利润留存的比例。反之，应该提高利润分派的比例。

三、法律环境

财务管理的法律环境是指企业和外部发生经济关系时所应遵守的各种法律、法规和规章制度。企业在其经营活动过程中，要和国家、其他企业或者社会组织、企业职工以及其他个人发生各种经济关系，国家在管理这些经济活动和经济关系的时候，将其行为准则以法律的形式固定下来。一方面，法律提出了企业从事各项经济活动必须遵守的规范或前提条件，从而对企业活动进行约束；另一方面，法律也为企业依法从事各项经济活动提供了保护。

（一）法律环境的内容

在市场经济条件下，企业总是在一定的法律环境下从事各项经济活动。

1. 企业组织法律规范

企业组织必须依法成立，组建不同的企业要依据不同的法律规范。这些法律规范包括《中华人民共和国公司法》《中华人民共和国全民所有制工业企业法》《中华人民共和国外资企业法》《中华人民共和国中外合资经营企业法》《中华人民共和国中外合作经营企业法》《中华人民共和国个人独资企业法》《中华人民共和国合伙企业法》等，这些法律规范既是企业的组织法，又是企业的行为法。公司及其他企业的设立、变更和终止条件与程序以及生产经营的主要方面都要按照有关法律的规定来进行。企业的理财活动不能违反相关的法律，企业理财的自主权不能超越相关法律的限制。

2. 税收法律规范

任何企业都有一定的纳税义务。我国的税种一般可以分为所得税、商品税、财产税、行为税、资源税五大类。

税负是企业的一种费用，会增加企业的现金流出，减少企业的净利润，对企业理财有重要影响。企业都希望能够通过税收筹划来降低税务负担。税收筹划并不是偷税、漏税，而是在精通税法的前提下，精心和筹划企业的筹资、投资、利润分配等财务决策。

除上述法律规范之外，与财务管理有关的其他经济法律规范还有很多，包括《中华人民共和国证券法》《中华人民共和国合同法》《中华人民共和国票据法》以及《支付结算法律制度》等。

（二）企业理财与法律环境

从整体上说，法律环境对企业财务管理环境的影响和制约有以下几个方面：

（1）在筹资活动中，国家通过法律规定了筹资的最低规模和结构，规定了筹资的前提条件和程序。例如，《中华人民共和国公司法》规定，有限责任公司注册资本最低限额为人民币 30 000 元，公司全体股东的首次出资额不得低于注册资本的 20%，也不得低于法定的注册资本最低限额，其余部分由股东自公司成立之日起两年内缴足。

（2）在投资活动中，国家通过法律规定了投资的基本前提、投资的基本程序和应履行的手续。例如，《中华人民共和国中外合作经营企业法》规定，外国合作者在合作期限内先行收回投资应符合法定条件。

（3）在利润分配活动中，国家通过法律规定了企业分配的类型或结构、分配的方式和程序、分配过程中应该履行的手续以及分配的数量。例如，《中华人民共和国公司法》规定，公司弥补亏损和提取公积金后所余税后利润，有限责任公司按照股东实缴的出资比例进行分配，但全体股东约定不按照出资比例分配的除外；股份有限责任公司按照股东持有的股份比例分配，但股份有限公司章程规定不按照持股比例分配的除外。

此外，在生产经营活动中，各项法律也会引起财务安排的变动，在财务管理中都要加以考虑。

【本章小结】

1. 财务管理与财务关系。财务管理指企业以货币为主要度量形式，在企业的生产经营活动过程中组织财务活动、处理财务关系的一系列经济管理活动的总称，是企业管理的一个重要组成部分。财务关系是指企业在财务活动中产生的与各相关利益主体之间发生的利益关系。财务管理不仅要对资金运动进行管理，还要处理与协调各种财务关系，它们是财务管理的两个方面。

2. 财务管理目标。企业进行财务活动所要达到的根本目的是财务管理目标，它具有稳定性、层次性和多元性的特点。企业理财的总体目标有利润最大化、每股收益最大化或者权益资本净利率最大化、企业价值最大化或者股东财富最大化。企业在为财务管理目标努力的过程中要协调各种矛盾，并注意影响财务目标实现的因素的变化。

3. 财务管理原则。财务管理原则也称理财原则，是指人们对财务活动共同的、理性的认识。财务管理原则介于理论和实务之间，是联系理论与实务的纽带。为了保证企业财务管理目标的实现，企业应该遵守的财务管理原则主要包括风险与报酬均衡原则、投资分散化原则、货币时间价值原则、成本效益原则、利益关系协调原则、资本市场有效化原则。

4. 财务管理方法。财务管理方法是反映财务管理内容、完成管理任务的手段。财务管理方法主要包括财务预测、财务决策、财务计划、财务控制和财务分析等一系列专门方法。这些方法之间的相互联系、相互配合，构成了完整的财务管理方法体系。

5. 财务管理环境。企业的财务管理环境又称理财环境，是指对企业理财活动起直接或间接影响作用的外部条件或影响因素。理财环境涉及的范围广、因素多、变化快，大体上，主要有宏观经济政策环境、金融市场环境、法律环境。理财时必须认真研究分析各种财务管理环境的变动趋势，判明其对财务管理可能造成的影响，并据此采取相应的财务对策，这样财务管理工作才会更加科学、更有成效。

【复习思考题】

1. 什么是财务活动和财务关系？
2. 简述财务管理概念及其基本内容。
3. 什么是财务管理目标？财务管理目标的主要观点有哪些？
4. 简述财务管理原则。
5. 简述财务管理方法。
6. 什么是财务管理环境？主要的理财环境包括哪些？

第二章 财务分析

【本章学习目标】

- 掌握财务分析概念
- 熟悉财务分析内容
- 掌握财务分析方法
- 掌握因素分析法
- 掌握偿债能力分析主要指标的计算及应用
- 掌握应收账款周转率、存货周转率、流动资产周转率的计算及应用
- 掌握盈利能力分析主要指标的计算及应用
- 了解企业发展能力指标
- 掌握杜邦分析法的应用
- 了解沃尔比重分析法

第一节 财务分析概述

财务分析以会计核算和报表资料及其他相关资料为依据，采用一系列专门的分析技术和方法，对企业财务活动过程及结果进行分析和评价，从而了解企业等经济组织过去和现在有关筹资活动、投资活动、经营活动、分配活动的盈利能力、营运能力、偿债能力和增长能力状况。财务分析是为企业的投资者、债权人、经营者及其他关心企业的组织或个人了解企业过去、评价企业现状、预测企业未来，从而做出正确决策提供准确的信息或依据的经济应用学科。财务分析是财务管理内容的重要组成部分。

一、财务分析的作用

财务分析在财务管理工作中有着重要的作用，其作用从不同的角度看是不同的。从财务分析服务的对象看，财务分析不仅对企业内部生产经营管理非常重要，而且对企业外部投资决策、贷款决策、赊销决策等也十分重要。从财务分析的职能作用看，财务分析对于正确预测、决策、计划、控制、考核、评价都有着重要作用。根据报表信息的使用对象，财务分析的作用主要表现在以下几个方面：

（一）为企业管理者提供经营管理依据

通过财务分析可以评价企业财务状况的好坏，从而揭示企业财务活动中存在的问题与矛盾，检查企业内部各部门职能和单位对各项指标的执行情况，考核工作业绩，总结经验教训，采取措施，挖掘潜力，制定正确的投资和经营策略，实现企业的理财目标。

（二）为企业外部投资和贷款人提供决策依据

企业外部投资者需要通过对企业财务活动的分析来评价企业经营管理人员的业绩以及考核其作为资产的经营者是否称职，评价资本盈利能力、各种投资的发展前景、投资风险程度等，以此作为进行投资决策的依据。企业的债权人也需要通过对企业的财务活动的分析来考核企业的财务状况、偿债能力、资本的流动性以及资产负债等。只有详细掌握了企业经营成果及财务状况等各方面的信息并加以分析评价，才能做出正确的投资决策。

（三）为有关部门提供管理监督依据

现代企业要受到上级有关部门和财政、税务、审计等部门的管理、监督。通过财务分析，上级主管部门可以考核、检查所属企业经营管理情况，加强管理，提高效益；财政部门可以监督企业资金的合理使用，促进企业健全财务制度；税务部门可以了解、检查企业执行税法的情况，防止税收流失；等等。

二、财务分析的内容

财务分析的内容一般是以财务指标加以表现的，尽管各有关主体对财务分析的要求各有侧重，但也有共同的要求，即总结、评价、考核企业财务状况和经营成果。因此，财务分析的主要内容包括以下几个方面：

（一）企业资本结构分析

资本结构是指某项资金占资金总额的比重。一般来讲，企业的各项资金应保持适当的比例关系，如资产与负债、长期资金与短期资金等，通过财务分析可以确定企业目前的资本结构及其发展趋势是否合理，以便正确地筹集资金，合理安排资金的使用，使资金的利用效果达到最佳状态。

（二）企业偿债能力分析

偿债能力是指企业偿还本身债务的能力。偿债能力的大小是任何企业利益相关者尤其是债权人所关心的主要问题之一，是判断企业财务状况是否良好的重要标志。企业的偿债能力强，可以利用借入资金增加企业的利润；企业的偿债能力弱，则会影响企业的信誉，造成资金紧张，丧失投资机会。因此，通过财务分析可以促使企业适当适度负债，提高对债务资金的利用程度。

（三）企业资金营运能力分析

分析企业资产的分布情况和周转使用情况，可以查明企业运用资金是否充分有效。一般来讲，资金周转速度越快，资金使用效率越高，则企业营运能力越强；反之，则企业营运能力越差。

（四）企业获利能力分析

获利能力是企业赖以生存和发展的基本条件，是衡量企业经营好坏的重要标志。获利能力的强弱，实质上也体现了一个企业生命力的强弱，从一定意义上说获利能力比偿债能力更为重要。这是因为：一方面，获利是衡量管理效能优劣的最主要标志，获利能力的强弱直接影响企业的信誉；另一方面，获利能力的强弱也决定了偿债能力的高低，除非有足够的抵押品，到头来企业的偿债能力还是寄托于经营前景的有利可图。

（五）企业发展能力分析

任何企业的发展都会受到内部和外部、客观和主观等因素变化的影响，从而导致企业发展过程中出现增长、平缓甚至衰退的不同时期。企业所处的不同发展时期对财务策略有着不可忽视的影响，因此企业只有根据财务分析及时调整财务策略，才能不断提高企业的发展能力，使企业在激烈的市场竞争中始终处于不败之地。

第二节　财务分析方法

财务分析方法很多，常用的方法主要有比较分析法、比率分析法、趋势分析法和因素分析法等几种。

（一）比较分析法

比较分析法的理论基础是客观事物的发展变化是统一性与多样性的辩证结合。共同性使事物具有了可比的基础，差异性使事物具有了不同的特征。在实际分析时，这两方面的比较往往结合使用。比较分析法是通过对比两期或连续数期财务报告中的相同指标，确定其增减变动的方向、数额和幅度，来说明企业财务状况或经营成果变动趋势的一种方法。

在实际工作中，根据分析的目的和要求不同，比较分析法有以下三种形式：

1. 不同时期财务指标的比较

（1）定基动态比率是以某一时期的数额为固定的基期数额而计算出来的动态比率。

（2）环比动态比率是以每一分析期的数据与上期数据相比较计算出来的动态比率。

2. 同业分析

将企业的主要财务指标与同行业的平均指标或同行业中先进企业指标对比，可以全面评价企业的经营成绩。与行业平均指标的对比，可以分析判断该企业在同行业中所处的位置。和先进企业的指标对比，有利于吸收先进经验，克服本企业的缺点。

3. 预算差异分析

将分析期的预算数额作为比较的标准，实际数与预算数的差距就能反映完成预算的程度，可以给进一步分析和寻找企业潜力提供方向。

比较法的作用主要在于揭示客观存在的差距及形成这种差距的原因，帮助人们发现问题，挖掘潜力，改进工作。比较法是各种分析方法的基础，不仅报表中的绝对数要通过比较才能说明问题，计算出来的财务比率和结构百分数也都要与有关资料（比较标准）进行对比，才能得出有意义的结论。

采用比较分析法时，应当注意以下问题：

第一，用于对比的各个时期的指标，其计算口径必须保持一致。

第二，应剔除偶发性项目的影响，使分析所利用的数据能反映正常的生产经营状况。

第三，应运用例外原则对某项有显著变动的指标做重点分析。

（二）比率分析法

比率分析法是通过经济指标之间的对比，求出比率来确定各经济指标间的关系和变动程度，以评价企业财务状况及成果好坏的一种方法，运用比率分析法，能够把在某些条件下的不可比指标变为可比指标来进行比较。例如，在评价同行业盈利能力时，因为各企业的规模、地理位置、技术条件等因素各不相同，因此不能简单地以盈利总额进行对比，而应当用净资产收益率等相对指标进行对比，才能公正地评价企业经营管理水平及盈利能力的高低。比率分析法有以下三种形式：

1. 相关比率分析法

相关比率分析法是指同一时期两个相关指标进行对比求出比率，用以反映有关经济活动中财务指标间的相关关系。例如，用流动资产与流动负债的比率来表明每一元流动负债有多少流动资产作为偿还的保证，用销售收入与流动资产平均占用额的比率来表明企业流动资产的周转速度，用利润额与资本金的比率来反映企业资金的盈利能力等。

2. 构成比率分析法

构成比率分析法又称结构比率分析法，是某项经济指标的各个组成部分与总体的比率，反映总体内部各部分占总体构成比率的关系。其计算公式为：

构成比率=某个组成部分数额/总体数额×100%

总体经济指标中各个构成部分的安排是否合理、结构比例是否协调，直接关系到企业经营活动能否正常运转。例如，总体资金中短期资金与长期资金应保持适当的比例。短期资金过多会影响企业长远发展，短期资金过少又会使企业周转陷入困境。又如，企业的利润总额中，产品销售利润与其他销售利润的比例适当合理，如果其他销售利润的比例增大，则说明企业主营业务受阻，前景不容乐观。

3. 效率比率分析法

效率比率是某项经济活动中所费与所得的比率，反映投入与产出的关系。用效率比率指标，可以进行得失比较，考察经营成果，评价经济效益。例如，将利润项目与营业收入、营业成本、资本等项目加以对比，可以计算出成本利润率、营业利润率和资本利润率等利润率指标，可以从不同角度观察比较企业获利能力的高低及其增减变化情况。

采用比率分析法时，应当注意以下几点：

第一，对比项目的相关性。

第二，对比口径的一致性。

第三，衡量标准的科学性。

（三）趋势分析法

趋势分析法就是分析期与前期或连续数期项目金额的对比，是一种动态的分析。

通过分析期与前期（上季度、上年度同期）财务报表中有关项目金额的对比，可以从差异中及时发现问题，从而查找原因，改进工作。连续数期的财务报表项目的比较，能够反映出企业的发展动态，以揭示当期财务状况和营业情况增减变化，判断引起变动的主要项目是什么，这种变化的性质是有利的还是不利的，发现问题并评价企业财务管理水平，同时也可以预测企业未来的发展趋势。

（四）因素分析法

因素分析法也是财务报表分析常用的一种技术方法，是指把整体分解为若干个局部的分析方法。因素分析法包括财务的比率因素分解法和差异因素分解法。

1. 比率因素分解法

比率因素分解法是指把一个财务比率分解为若干个影响因素的方法。例如，资产收益率可以分解为资产周转率和销售利润率两个比率的乘积。财务比率是财务报表分析特有的概念，财务比率分解是财务报表分析特有的方法。

在实际的分析中，分解法和比较法是结合使用的。比较之后需要分解，以深入了解差异的原因；分解之后还需要比较，以进一步认识其特征。不断的比较和分解，构成了财务报表分析的主要过程。

2. 差异因素分解法

为了解释比较分析中形成差异的原因，需要使用差异分解法。例如，产品材料成本差异可以分解为价格差异和数量差异。

差异因素分解法又分为定基替代法和连环替代法两种。

（1）定基替代法。定基替代法是测定比较差异成因的一种定量分析方法。按照这种方法，需要分别用标准值（历史的、同业企业的或预算的标准）替代实际值，以测定各因素对财务指标的影响。

（2）连环替代法。连环替代法是另一种测定比较差异成因的定量分析方法。按照这种方法，需要依次用标准值替代实际值，以测定各因素对财务指标的影响。

采用因素分析法时，必须注意以下问题：

第一，因素分解的关联性。

第二，因素替代的顺序性。

第三，顺序替代的连环性。

第四，计算结果的假定性。

第三节　财务指标及其分析

财务指标是指总结和评价企业财务状况与经营成果的分析指标，包括偿债能力指标、运营能力指标、盈利能力指标和企业发展能力指标。

一、偿债能力分析

偿债能力是指企业偿还自身所欠债务的能力。偿债能力的高低直接表明企业财务风险的大小，因此企业投资者、债权人以及企业财务管理人员都非常重视对偿债能力的分析。偿债能力分为短期偿债能力和长期偿债能力两个方面。因此，偿债能力分析需要从短期和长期分别进行分析。

（一）短期偿债能力分析

短期偿债能力是企业以流动资产偿还流动负债的能力，反映企业偿付日常到期债务的实力。如果短期偿债能力不足，企业则无法偿付到期债务及各种应付账款，如此下去，就会引起企业信誉下降、经营周转资金短缺、经营管理困难，甚至导致企业破产。因此，短期偿债能力的分析是财务分析中非常重要的一个方面，是反映企业财务状况是否良好的一个重要标志。

企业短期偿债能力分析主要采用比率分析法，衡量指标主要有流动比率、速动比率和现金流动负债比率。

1. 流动比率

流动比率是流动资产与流动负债的比率，表示企业每 1 元流动负债有多少流动资产作为偿还的保证，反映了企业的流动资产偿还流动负债的能力。其计算公式为：

$$流动比率=流动资产/流动负债\times100\%$$

一般情况下，流动比率越高，反映企业短期偿债能力越强，因为该比率较高，不仅反映企业拥有较多的营运资金抵偿短期债务，而且表明企业可以变现的资产数额较大，债权人的风险较小。但是，过高的流动比率并不见得是好现象。流动比率过高，说明企业的资产利用效率可能存在问题；流动比率过低，说明企业短期偿债存在风险。

从理论上讲，流动比率维持在 2 是比较合理的。但是，由于行业性质不同，流动比率的实际标准也不同。因此，在分析流动比率时，应将其与同行业平均流动比率、本企业历史流动比率进行比较，才能得出合理的结论。

2. 速动比率

速动比率又称酸性测试比率，是企业速动资产与流动负债的比率。其计算公式为：

$$速动比率=速动资产/流动负债\times100\%$$

$$速动资产=流动资产-存货$$

$$速动资产=流动资产-存货-预付账款-待摊费用$$

计算速动比率时，流动资产中扣除存货，是因为存货在流动资产中变现速度较慢，有些存货可能滞销，无法变现。至于预付账款和待摊费用根本不具有变现能力，只是减少企业未来的现金流出量，因此理论上也应加以剔除，但是在实务中，由于它们在流动资产中所占的比重较小，计算速动资产时也可以不扣除。

传统经验认为，速动比率维持在 1 较为正常，表明企业的每 1 元流动负债就有 1 元易于变现的流动资产来抵偿，短期偿债能力有可靠的保证。

速动比率过低，企业的短期偿债风险较大；速动比率过高，企业在速动资产上占用资金过多，会增加企业投资的机会成本。但是以上评判标准并不是绝对的。

3. 现金流动负债比率

现金流动负债比率是企业一定时期的经营现金净流量与流动负债的比率，它可以从现金流量角度来反映企业当期偿付短期负债的能力。其计算公式为：

$$现金流动负债比率=年经营现金净流量/流动负债\times100\%$$

式中，年经营现金净流量指一定时期内，由企业经营活动所产生的现金及现金等价物的流入量与流出量的差额。

现金流动负债比率是从现金流入和流出的动态角度对企业实际偿债能力进行考察，用该指标评价企业偿债能力更为谨慎。现金流动负债比率较大，表明企业经营活动产生的现金净流量较多，能够保障企业按时偿还到期债务。但现金流动负债比率也不是越大越好，该指标太大则表示企业流动资金利用不充分，收益能力不强。

【例 2-1】假设 A 公司 2015 年度、2016 年度的年经营净现金流量分别为 2 000 万元、1 940 万元。根据表 2-1 的资料，该企业短期偿债能力指标计算如表 2-2 所示。

表 2-1 **资产负债表**

2016 年 12 月 31 日 单位：万元

资产	年初数	年末数	负债及所有者权益	年初数	年末数
流动资产			流动负债		
货币资金	800	1 000	短期借款	2 400	2 600
交易性金融资产	1 200	940	应付账款	900	1 000
应收账款	2 400	2 800	预收账款	400	420
预付账款	200	260	其他应付款	300	180
存货	3 400	3 800	流动负债合计	4 000	4 200
流动资产合计	8 000	8 800	长期负债	9 000	10 000
非流动资产			负债合计	13 000	14 200
持有至到期投资	400	400	（发行普通 100 万股）		
长期股权投资	1 600	1 600	实收资本	12 000	12 000
固定资产	20 000	21 200	盈余公积	3 600	4 000
非流动资产合计	22 000	23 200	未分配利润	1 400	1 800
			所有者权益合计	17 000	17 800
资产合计	30 000	32 000	负债及所有者权益合计	30 000	32 000

表 2-2 **该企业短期偿债能力指标计算**

偿债能力指标	年初	年末
流动比率	8 000/2 000=2	8 800/4 200=2.095
速动比率	（8 000-200-3 400）/4 000=1.1	（8 800-260-3 800）/4 200=1.13
现金流动负债比率	2 000/4 000=0.5	1 940/4 200=0.46

通过计算可以看到企业流动比率及速动比率均超过一般公认标准，而且年末比年初有所提高，可以确定该企业短期偿债能力很强。现金流动负债比率，2016 年比 2015 年有所降低，表明企业开始注意现金类资产的使用效率，注意调整资产结构，提高资金的使用效率。

（二）长期偿债能力分析

长期偿债能力是指企业偿还长期负债的能力。长期偿债能力的大小是反映企业财务状况稳定与否及安全程度高低的重要标志。其分析指标主要有以下四项：

1. 资产负债率

资产负债率又称负债比率，是企业的负债总额与资产总额的比率。资产负债率表示企业资产总额中，债权人提供资金所占的比重以及企业资产对债权人权益的保障程度。其计算公式为：

$$资产负债率=负债总额/资产总额\times 100\%$$

资产负债率高低对企业的债权人和所有者具有不同的意义。

债权人希望负债比率越低越好，此时其债权的保障程度就越高。

对所有者而言，最关心的是投入资本的收益率。只要企业的总资产收益率高于借款的利息率，举债越多，即负债比率越高，所有者的投资收益越多。

一般情况下，企业负债经营规模应控制在一个合理的水平，负债比重应掌握在一定的标准内。如果资产负债率大于1，则表明企业资不抵债，面临破产的风险，债权人会遭受到更大的损失。一般认为，负债比率在50%左右较为合适。

2. 产权比率

产权比率是指负债总额与所有者权益总额的比率，是企业财务结构稳健与否的重要标志，也称资本负债率。其计算公式为：

$$产权比率=负债总额/所有者权益总额\times 100\%$$

产权比率反映了所有者权益对债权人权益的保障程度，即在企业清算时债权人权益的保障程度。该指标越低，表明企业的长期偿债能力越强，债权人权益的保障程度越高，承担的风险越小，但企业不能充分地发挥负债的财务杠杆效应

3. 有形净值债务率

有形净值是股东权益减去无形资产净值，即股东具有所有权的有形资产的净值。有形净值债务率用于揭示企业的长期偿债能力，表明债权人在企业破产时的被保护程度。其计算公式如下：

$$有形净值债务率=负债总额/(股东权益-无形资产净值)\times 100\%$$

有形净值债务率主要是用于衡量企业的风险程度和对债务的偿还能力。该指标越大，表明风险越大；反之，则表明风险越小。同理，该指标越小，表明企业长期偿债能力越强；反之，表明企业长期偿债能力越弱。

4. 利息保障倍数

利息保障倍数又称为已获利息倍数，是企业息税前利润与利息费用的比率，是衡量企业偿付负债利息能力的指标。其计算公式为：

$$\begin{aligned}利息保障倍数&=(税前利润+利息费用)/利息费用\\&=(EBIT+I)/I\end{aligned}$$

式中，利息费用是指本期发生的全部应付利息，包括流动负债的利息费用、长期负债中计入损益的利息费用以及计入固定资产原价中的资本化利息。

利息保障倍数越高，说明企业支付利息费用的能力越强；利息保障倍数越低，说明企业难以保证用经营所得来及时足额地支付负债利息。因此，利息保障倍数是企业是否举债经营和衡量企业偿债能力强弱的主要指标。

若要合理地确定企业的利息保障倍数，需将该指标与其他企业，特别是同行业平均水平进行比较。根据稳健原则，应以指标最低年份的数据作为参照物。但是，一般情况下，利息保障倍数不能低于1。

二、营运能力分析

营运能力是指企业基于外部市场环境的约束，通过内部人力资源和生产资料的配置组合而对财务目标实现所产生作用的大小。营运能力指标主要是指生产资料营运能

力指标。企业拥有或控制的生产资料表现为对各项资产的占用。因此，生产资料的营运能力实际上就是企业的总资产及其各个组成要素的营运能力。资产营运能力的强弱取决于资产的周转速度、资产运营状况、资产管理水平等多种因素。分析企业营运能力的主要指标如下：

（一）应收账款周转率

应收账款周转率是企业在一定时期营业收入与应收账款平均余额的比率，它是反映应收账款周转速度的指标。其计算公式为：

应收账款周转率（周转次数）= 营业收入/应收账款平均余额

应收账款平均余额=（应收账款年初余额数+应收账款年末余额数）/2

应收账款周转期（周转天数）= 平均应收账款余额×360/营业收入

应收账款周转率反映了企业应收账款变现速度的快慢及管理效率的高低，应收账款周转率较高表明收账迅速，账龄较短；资产流动性强，短期偿债能力强；可以减少收账费用和坏账损失，从而相对增加企业流动资产的投资收益。同时，借助应收账款周转期与企业信用期限的比较，可以评价购买单位的信用程度及企业原订的信用条件是否适当。

利用上述公式计算应收账款周转率时，需要注意以下几个问题：

第一，公式中的应收账款包括会计核算中“应收账款”和“应收票据”等全部赊销在内。

第二，如果应收账款余额的波动性较大，应尽可能使用更详尽的计算资料，如按每月的应收账款余额来计算其平均占用额。

第三，分子、分母的数据应注意时间的对应性。

（二）存货周转率

存货周转率是企业在一定时期销售成本与存货平均余额的比率，是反映企业流动资产流动性的一个指标，也是衡量企业生产经营各个环节中存货运营效率的一个综合性指标。销售成本为利润表中营业成本与销售费用之和。存货周转率用存货周转次数和存货周转天数表示。其计算公式为：

存货周转次数=销售成本/存货平均余额

存货周转天数=计算期天数/存货周转次数

=存货平均余额×计算期天数/营业成本

存货平均余额=（存货年初余额数+存货年末余额数）/2

存货周转速度的快慢，不仅反映出企业采购、储存、生产、销售各环节管理工作状况的好坏，而且对企业的偿债能力与获利能力产生决定性的影响。一般来讲，存货周转率越高越好。存货周转率越高，表明存货变现的速度越快，周转额越大，资金占用水平越低。因此，通过对存货周转率进行分析，有利于找出存货管理存在的问题，尽可能降低资金占用水平。存货不能储存过少，否则可能造成生产中断或者销售紧张；又不能储存过多，否则可能形成呆滞、积压。企业一定要保持存货结构合理、质量可靠。存货是流动资产的重要组成部分，其质量和流动性对企业流动比率具有举足轻重的影响，并进而影响企业的短期偿债能力。因此，一定要加强存货的管理，来提高其投资的变现能力和获利能力。

【例 2-2】根据表 2-1 资产负债表、表 2-3 利润表的资料，假设 A 公司 2014 年年末存货余额为 3 300 万元，则该企业存货周转率计算如表 2-4 所示。

表 2-3 利润表

2016 年 12 月 31 日 单位：万元

项目	上年数	本年数
一、营业收入	33 000	36 000
减：营业成本	24 000	26 000
税金及附加	3 300	3 600
销售费用	1 800	1 900
管理费用	560	560
财务费用	600	640
加：投资收益	800	800
二、营业利润	3 540	4 100
加：营业外收入	1 160	1 300
减：营业外支出	1 100	1 200
三、利润总额	3 600	4 200
减：应缴所得税（税率 25%）	900	1 050
四、净利润	2 700	3 150

表 2-4 企业存货周转率计算表

项目	2014 年	2015 年	2016 年
1. 营业成本（万元）		25 800	27 900
2. 存货年末余额（万元）	3 300	3 400	3 800
3. 存货平均余额（万元）		3 350	3 600
4. 存货周转次数（次）		7. 7	7. 75
5. 存货周转天数（天）		46. 75	46. 45

通过以上计算表明，A 企业 2016 年存货周转率比 2015 年有所加快，但增速很有限，因此企业还应继续加强存货管理，不断降低存货成本，从而加速存货资金周转，提高成本的综合管理水平。

（三）流动资产周转率

流动资产周转率是流动资产在一定时期所完成的周转额与流动资产平均占有额的比率。这里的周转额通常用销售收入来表示。流动资产周转率有两种表示方式，即周转次数和周转天数。其计算公式为：

流动资产周转次数=营业收入/流动资产平均占用额

流动资产周转天数=360/流动资产周转次数

=流动资产平均占有额×360/营业收入

流动资产周转次数指在一定时期内（一般是指一年内）流动资产完成了几次周转。周转次数越多，说明流动资产周转速度越快，资金利用效果越好。流动资产周转天数是指流动资产完成一次周转需要多少天。周转一次所用天数越少，表明流动资产周转速度越快。因此，可以看出流动资产周转天数和周转次数是从两个角度来反映企业流动资金周转速度的指标。

（四）固定资产周转率

固定资产周转率是指企业年销售收入净额与固定资产平均净值的比率。固定资产周转率是反映企业固定资产周转情况，从而衡量固定资产利用效率的一项指标。其计算公式为：

固定资产周转率=营业收入/平均固定资产净值

平均固定资产净值=（固定资产净值年初数+固定资产净值年末数）/2

固定资产周转期（周转天数）=（平均固定资产净值×360）/ 营业收入

需要说明的是，与固定资产有关的价值指标有固定资产原价、固定资产净值和固定资产净额等。其中，固定资产原价是指固定资产的历史成本。固定资产净值为固定资产的原价扣除已计提的累计折旧后的金额（固定资产净值=固定资产原价-累计折旧）。固定资产净额是固定资产原价扣除已计提的累计折旧及已计提的减值准备后的余额（固定资产净额=固定资产原价-累计折旧-已计提的减值准备）。

一般情况，固定资产周转率越高，表明企业固定资产利用越充分，同时也能表明固定资产投资得当、结构合理、能够充分发挥效率；反之，如果固定资产周转率不高，则表明固定资产使用效率不高、提供的生产成果不多、企业的营运能力不强。

运用固定资产周转率时，需要考虑固定资产因计提折旧其净值在不断减少以及因更新重置其净值突然增加的影响。同时，由于折旧方法不同，可能影响可比性。因此，在分析时，一定要剔除掉这些不可比因素。

（五）总资产周转率

总资产周转率是反映企业总资产周转速度的指标，是企业一定时期营业收入与资产平均余额的比率。其计算公式为：

总资产周转率=营业收入/资产平均余额

总资产周转率反映了企业全部资产的使用效率。该周转率高，说明全部资产的经营效率高，取得的收入多；该周转率低，说明全部资产的经营效率低，取得的收入少，最终会影响企业的盈利能力。企业应采取各项措施来提高企业的资产利用程度，如提高销售收入或处理多余的资产。

三、盈利能力分析

盈利能力通常是指企业在一定时期内赚取利润的能力。盈利能力的大小是一个相对的概念，即利润相对于一定的资源投入、一定的收入而言。利润率越高，盈利能力越强；利润率越低，盈利能力越差。企业经营业绩的好坏最终可以通过企业的盈利能力来反映。企业盈利能力分析可以从企业盈利能力一般分析和社会贡献能力分析两方面研究。

（一）资产净利润率

资产净利润率又叫资产报酬率、投资报酬率或资产收益率，是企业在一定时期内的净利润和资产平均总额的比率。其计算公式为：

资产净利润率=净利润/资产平均总额×100%

资产平均总额为期初资产总额与期末资产总额的平均数。资产净利润率越高，表明企业资产利用的效率越高，整个企业盈利能力越强，经营管理水平越高。

（二）营业利润率

营业利润率表明企业每单位营业收入能带来多少营业利润，反映了企业主营业务的获利能力，是评价企业经营效益的主要指标。营业利润率越高，表明企业获利能力越强，营业收入水平就越高。其计算公式如下：

营业利润率=营业利润/营业收入×100%

需要说明的是，从利润表来看，企业的利润包括营业利润、利润总额和净利润三种形式。营业收入包括主营业务收入和其他业务收入。收入来源有商品销售收入、提供劳务收入和资产使用权让渡收入等。因此，在实务中也经常使用销售净利率、销售毛利率等指标来分析企业经营业务的获利水平。此外，通过考察营业利润占整个利润总额比重的升降，可以发现企业经营理财状况的稳定性、面临的危险或者可能出现的转机等。

（三）成本费用利润率

成本费用利润率是指企业利润总额与成本费用总额的比率，用以反映企业在生产经营活动过程中所费与所得之间的关系。其计算公式为：

成本费用利润率=利润总额/成本费用总额×100%

成本费用总额=营业成本+税金及附加+销售费用+管理费用+财务费用

成本费用利润率越高，说明企业耗费同样成本所取得的收益越多。

（四）每股收益

每股收益也称每股盈余，是由企业的税后净利润扣除优先股股利后的余额与流通在外的普通股股数进行对比所确定的普通股每股收益额，用以评价企业发行在外的每一股普通股的盈利能力。在投资分析中，每股收益的数字是非常重要的，因为投资者可以把本年度的每股收益和企业以往年度的每股收益相比较，预测每股收益的变动趋势及股价的变动趋势。

每股收益=（税后利润-优先股股利）/普通股平均发行在外股数

发行在外的普通股加权平均数=期初发行在外普通股股数+当期新发行普通股股数×已发行时间/报告期时间-当期回购普通股股数×已回购时间/报告期时间

企业存在稀释性潜在普通股的，应当分别调整归属于普通股股东的当期净利润和发行在外的普通股的加权平均数（即基本每股收益计算公式中的分子、分母），据以计算稀释每股收益。其中，稀释性潜在普通股是指假设当期转换为普通股会减少每股收益的潜在普通股，主要包括可转换公司债券、认股权证和股票期权等。

一般来讲，每股收益越高，表明企业绩效越好。投资者在做出投资决策前就各公司的每股收益进行比较，选择每股收益最高的公司作为投资目标。

（五）市盈率

市盈率也称价格盈余比例，是普通股每股市场价格与每股利润的比率。反映投资者为从某种股票获得 1 元收益所愿意支付的价格。其计算公式为：

市盈率=普通股每股市场价格/普通股每股利润

市盈率反映投资者对每 1 元利润所愿支付的价格。市盈率越低，代表投资者能够以较低价格购入股票以取得回报。假设某股票的市价为 24 元，而过去 12 个月的每股盈利为3元，则市盈率为24/3=8。该股票被视为有8倍的市盈率，即每付出8元可分享1元的盈利。投资者计算市盈率，主要用来比较不同股票的价值。理论上，股票的市盈率越低，越值得投资。比较不同行业、不同国家、不同时段的市盈率是不大可靠的。比较同类股票的市盈率较有实用价值，但需要注意该指标不能用于不同行业的企业间的比较。

四、企业发展能力分析

企业发展能力分析主要是对企业经营规模、资本增值、生产经营成果、财务成果的变动趋势进行分析，综合评价企业未来的营运能力和盈利能力，考虑是否能够达到财富最大化的理财目标。

（一）销售增长率

销售增长率是指企业本年销售收入增长额同上年销售收入总额的比率。它是衡量企业经营状况和市场占有能力、预测企业经营业务拓展趋势的重要指标，也是企业扩张增量资本和存量资本的重要前提。其计算公式为：

销售增长率=本年销售增长额/上年销售额×100%

=(本年销售额-上年销售额)/上年销售额×100%

该指标越大，表明企业增长速度越快，企业市场前景越好。

（二）总资产增长率

总资产增长率是指企业一定时期资产净值增加额与期初资产总额的比率。它可以反映企业一定时期内资产规模扩大的情况。其计算公式为：

总资产增长率=(期末资产总额-期初资产总额)/期初资产总额×100%

（三）固定资产成新率

固定资产成新率反映了企业拥有的固定资产的新旧程度，体现了企业固定资产更新的快慢和持续发展的能力。其计算公式为：

固定资产成新率=平均固定资产净值/平均固定资产原值×100%

固定资产成新率高，表明企业固定资产比较新，对扩大再生产的准备比较充足，发展的可能性比较大。

（四）技术投入比率

技术投入比率是企业本年科技支出与本年营业收入的比率，反映企业对新技术的研究开发重视程度和研发能力，在一定程度上可以体现企业的发展潜力。其计算公式为：

技术投入比率=科技支出合计/营业收入×100%

（五）营运资金增长率

营运资金增长率是指企业年度营运资金增长额与年初营运资金的比率。其中，营运资金为流动资产与流动负债之差。该比率反映企业营运能力及支付能力的加强程度。其计算公式为：

营运资金增长率=营运资金增长额/年初营运资金×100%

（六）营业收入增长率

营业收入增长率是企业本期营业收入增长额与上期营业收入额的比率，用以反映企业产品所处的市场寿命周期阶段及产品的市场竞争能力。其计算公式为：

营业收入增长率=本期营业收入增长额/上期营业收入额×100%

（七）利润增长率

利润增长率是企业一定时期实现利润增长额与上期利润总额的比率。这一比率综合反映了企业财务成果的增长速度。其计算公式为：

利润增长率=（本期利润总额-上期利润总额）/上期利润总额×100%

第四节 财务综合分析

企业偿债能力、营运能力和盈利能力分析从不同的侧面反映了企业经营状况和经营成果。而对企业进行总评，则需要对企业财务状况进行综合分析。财务综合分析方法主要有杜邦分析法和沃尔比重评分法。

一、杜邦分析法

杜邦分析法（DuPont Analysis）是利用几种主要的财务比率之间的关系来综合地分析企业的财务状况的方法。具体来说，杜邦分析法是一种用来评价公司盈利能力和股东权益回报水平，从财务角度评价企业绩效的一种经典方法。其基本思想是将企业净资产收益率逐级分解为多项财务比率乘积（见图2-1），这样有助于深入分析比较企业经营业绩。由于这种分析方法最早由美国杜邦公司使用，故命名为杜邦分析图。

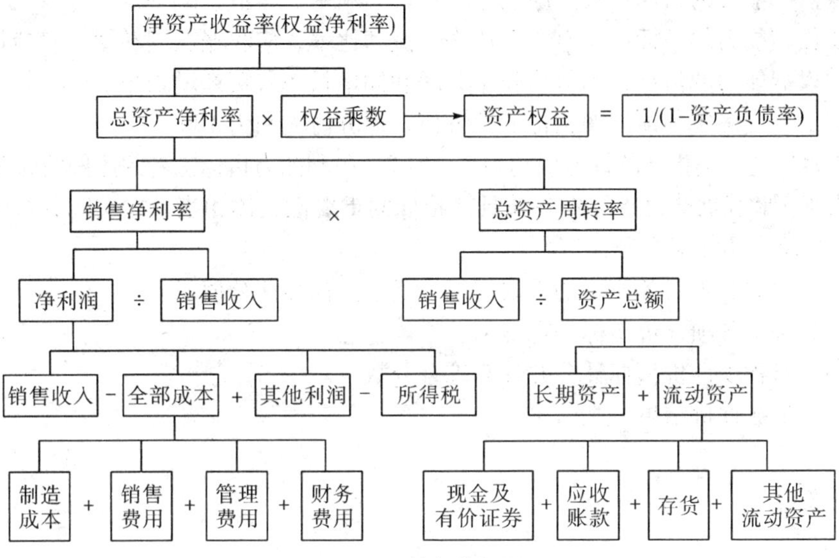

图2-1 杜邦分析图

在杜邦分析法中，包括以下几种主要的指标关系：

第一，净资产收益率是整个分析系统的起点和核心。该指标的高低反映了投资者的净资产获利能力的大小。净资产收益率是由销售报酬率、总资产周转率和权益乘数决定的。

第二，权益系数表明了企业的负债程度。该指标越大，企业的负债程度越高。该指标是资产权益率的倒数。

第三，总资产收益率是销售利润率和总资产周转率的乘积，是企业销售成果和资产运营的综合反映，要提高总资产收益率，必须增加销售收入，降低资金占用额。

第四，总资产周转率反映企业资产实现销售收入的综合能力。分析时，必须综合销售收入分析企业资产结构是否合理，即流动资产和长期资产的结构比率关系；同时，还要分析流动资产周转率、存货周转率、应收账款周转率等有关资产使用效率指标，找出总资产周转率高低变化的确切原因。

二、沃尔比重评分法

沃尔比重评分法是指将选定的财务比率用线性关系结合起来，并分别给定各自的分数比重，然后通过与标准比率进行比较，确定各项指标的得分及总体指标的累计分数，从而对企业的信用水平做出评价的方法。

沃尔比重评分法的公式为：

$$实际分数=实际值/标准值\times权重$$

沃尔比重评分法的基本步骤包括：

第一，选择评价指标并分配指标权重。

由于财务指标繁多，因此在计算时应选择那些能够说明问题的重要指标，即选择那些能从不同侧面反映企业财务状况的典型指标。

反映盈利能力的指标：资产净利率、销售净利率、净值报酬率。

反映偿债能力的指标：自有资本比率、流动比率、应收账款周转率、存货周转率。

反映发展能力的指标：销售增长率、净利润增长率、资产增长率。

按重要程度确定各项比率指标的评分值，评分值之和为100。

根据经验，三类指标的评分值约为5∶3∶2。盈利能力指标三者的比例约为2∶2∶1，偿债能力指标和发展能力指标中各项具体指标的重要性大体相当。在实际分析中，权重的取值需要结合实际来确定。

第二，根据各项财务比率的重要程度，确定其标准评分值。

第三，确定各项评价指标的标准值。

第四，对各项评价指标计分并计算综合分数。

第五，形成评价结果。

【本章小结】

1. 财务分析。财务分析是以企业财务报表等有关会计核算资料为依据，对企业财务活动过程及结果进行分析和评价。财务分析在财务管理工作中的作用从不同的角度看是不同的。根据报表信息的使用对象，财务分析的作用主要表现在为企业管理者提供经营管理依据，为企业外部投资人提供决策依据，为有关部门提供管理监督依据。

2. 财务分析方法。财务分析的基本方法有比较分析法、比率分析法、趋势分析法、因素分析法。

3. 财务分析内容。财务分析的主要内容包括企业资本结构分析、获利能力分析、偿债能力分析、资金营运能力分析和发展能力分析。

4. 财务综合分析。杜邦分析法和沃尔比重评分法是财务综合分析的两种主要方法。

【复习思考题】

1. 什么是财务分析？
2. 财务分析主要包括哪些内容？
3. 什么是比较分析法？应用中需要注意什么问题？
4. 如何进行企业偿债能力分析？
5. 如何评价企业的营运能力？
6. 什么是盈利能力分析？主要应用哪些指标进行分析？
7. 如何利用杜邦分析法对企业进行综合评价？

第三章　价值原理

【本章学习目标】

- 掌握货币时间价值的概念
- 熟悉复利法和单利法的概念
- 掌握终值、现值、年金的概念
- 掌握复利法下复利终值、复利现值的计算
- 掌握普通年金、即付年金、永续年金的概念
- 掌握普通年金终值、普通年金现值的计算
- 掌握即付年金终值、即付年金现值的计算
- 掌握递延年金终值、递延年金现值的计算
- 掌握风险的概念
- 熟悉风险的分类和衡量
- 掌握风险报酬的计算
- 掌握期望报酬率的计算

第一节　货币时间价值

一、货币时间价值的概念

（一）货币时间价值的定义

货币时间价值是指资金经历一定时间的投资和再投资之后所增加的价值，也称为资金时间价值。也就是说，货币时间价值是在周转的过程中形成的，是在参与社会再生产过程中实现价值增值的。资金停止周转，退出社会再生产过程，也就失去了增值的机会。只有经过投资和再投资，并持续一段时间才能够实现增值，而且随着时间的延续，资金总量在循环和周转中按几何级数增长，使资金具有时间价值。

（二）货币时间价值量的确定

在通常情况下，货币时间价值被认为是在没有风险和没有通货膨胀条件下的社会平均资本利润率。这是因为货币时间价值应用的范围比较广，因此以代表社会平均剩余价值的资本平均利润率为标准，而不是以个别剩余价值为标准。

货币时间价值量的大小通常以利息率来表示，需要注意的是，本章衡量货币时间价值量的利息率与实际生活中的如银行存贷款利息率、股息率等一般利息率的概念是有区别的。一般利息率除了包含货币时间价值因素外，还包括了风险价值和通货膨胀

等因素，同时还受资金供求关系的影响。

二、货币时间价值的计算

（一）利息、终值、现值和利率

1. 利息

利息是资金所有者让渡资金的使用权所收取的报酬。例如，银行客户向银行贷款购买房产，在约定的到期日或到期日之前，需要根据贷款金额和贷款期限的长短，按照借款利率计算贷款利息并支付给银行作为贷款的报酬。利息的计算公式为：

$$I = P \times i \times n \quad \text{（式 3-1）}$$

式中，I 为利息，P 为本金，n 为资金使用的时间，i 为利率。用文字表示，该公式为：

利息=本金×时间×利率

资金所有者收回资金的使用权时的总金额为本利和，包括本金和利息两个部分。本利和的计算公式为：

$$S = P + P \times i \times n = P \times (1 + i \times n) \quad \text{（式 3-2）}$$

式中，S 为本利和，P 为本金，n 为资金使用的时间，i 为利率。

2. 终值

终值（Future Value）也称为未来值，常用字母 F 或 FV 表示，是一定数量的现在货币经过若干期后的本利之和，或者说终值是现在投入的资金在将来某一时点的价值。

3. 现值

现值（Present Value）也称为现在值，常用字母 P 或 PV 表示，是指一定数量的未来货币按一定的折现率折合成现在的价值，即资金的现在价值。

4. 利率

利率是资金的增值额与投入资金价值之间的比率，是资金的交易价格。资金的融通实质上是通过利率这个价格在市场机制的作用下进行的资源再分配，因此利率在财务管理中起着非常重要的作用。按照不同的标准，利率可以划分为以下几类：

（1）按利率之间的依存关系，分为基准利率和套算利率。基准利率是金融市场上具有普遍参照作用的利率，其他利率水平或金融资产价格均可根据这一基准利率水平来确定。基准利率一般是中央银行制定的参考利率，其他利率会在基准利率上下浮动，一般都是年利率。套算利率是指在基准利率确定后，各金融机构根据基准利率和借贷款项的特点而算出的利率。例如，金融机构规定，贷款 AAA 级、AA 级、A 级企业的利率，应分别在基准利率的基础上加 0.5%、1%、1.5%，加总计算所的利率便是套算利率。

（2）按债权人的实际所得，分为名义利率和实际利率。名义利率是中央银行或其他提供资金借贷的机构所公布的未调整通货膨胀因素的利率，即利息（报酬）的货币额与本金的货币额的比率，是包括补偿通货膨胀（包括通货紧缩）风险的利率。实际利率是指剔除通货膨胀率后储户或投资者得到利息回报的真实利率。例如，存款人把钱存入银行，银行年存款利率为 5%，当年的通货膨胀率为 2%。在这种情况下，5%为名义利率，实际利率为 3%，即应扣除通货膨胀率，反映实际的价值增长情况。

（3）按借贷期内是否调整，分为固定利率和浮动利率。固定利率是指在借贷期内不进行调整的利率。也就是在贷款合同签订时即设定好的利率，不论贷款期内市场利率如何变动，借款人都按照固定的利率支付利息。浮动利率是在借贷期内可定期调整的利率。根据借贷双方的协定，贷款利率在贷款期内可以根据市场利率进行调整。目前，根据贷款合同规定，贷款利率一般在每年的1月1日根据市场利率的变化而进行相应调整。

（4）按利率变动与市场供求关系，分为市场利率和法定（官方）利率。市场利率是指由资金市场上供求关系决定的利率。法定利率是市场利率的对称，是中央银行或金融行政管理当局规定的利率水平，又称官方利率。在不同国家，法定利率内容不完全相同，但一般都由政府货币管理当局、中央银行或由法律规定并在其管辖范围内实行。

资金的供求状况是决定利率水平高低的重要因素。在实际生活中，资金的利率由纯利率、通货膨胀附加率和风险附加率三部分组成，或者说是由时间价值、通货膨胀补偿、风险报酬三部分组成的。

在货币时间价值分析中，运用最为频繁的就是实际利率和名义利率。在货币时间价值分析中，一般以年为计息周期，通常我们所说的年利率就是名义利率，也称为票面利率或合同约定的利率。但是在实际计算分析中，经常会以少于一年的周期为计息周期，因此会出现利率标明的计息单位与计息周期发生不一致的情况，如按天计息、按月计息、按季度计息或者每半年计息，相对的复利计息次数变为每年360次、12次、4次或者2次。这时候我们就要注意区分名义利率和实际利率，两者的关系可用公式表示为：

$$i=\left(1+\frac{r}{m}\right)^{m}-1 \qquad （式3-3）$$

式中，i为实际利率，r为名义年利率，m为每年的计息次数。

名义利率和实际利率之间的联系如下：

第一，当计息周期为一年时，名义利率和实际利率相等；当计息周期短于一年时，实际利率大于名义利率。

第二，名义利率越大，计息周期越短，实际利率与名义利率的差异就越大。

第三，名义利率不能完全反映货币的时间价值，实际利率才能真正地反映货币的时间价值，因为实际利率反映了货币的周转时间或周转次数。

（二）单利的计算

1. 单利的定义

单利（Simple Interest）是在每一个计算利息的时间单位里（年、季、月、日等）按本金计算利息。也就是说，单利的计算过程中只有最初的本金计算利息，利息不计算利息，即不会出现“利滚利”的现象。

单利的计算包括单利终值的计算和单利现值的计算。

2. 单利终值的计算

单利终值的计算就是利用单利计算若干期以后包括本金和利息在内的未来价值。其计算公式为式（3-2）

或：$$FV_n=PV+PV\times i\times n=PV\times(1+i\times n) \qquad （式3-4）$$

式中，FV_n 和 S 都表示终值或本利和，PV 和 P 都表示本金，n 为使用的时间或周期，i 为利率。

3. 单利的现值计算

单利的现值计算就是将未来的资金金额按照给定的利息率计算得到现在的价值。其计算公式可以由单利终值公式倒推得到，即：

$$P = \frac{S}{1 + i \times n} = S \times (1 + i \times n)^{-1} \qquad \text{（式 3-5）}$$

或：

$$P_0 = \frac{FV_n}{1 + i \times n} = FV_n \times (1 + i \times n)^{-1} \qquad \text{（式 3-6）}$$

式中，P 或 P_0 表示单利现值，S 或 FV_n 表示终值或本利和，n 为使用的时间或周期，i 为利率。

【例 3-1】A 公司持有一张面值为 1 000 000 元的带息票据，票面利率为 5%，出票日期为 4 月 8 日，到期日为 7 月 8 日，现于 5 月 10 日到银行办理贴现，银行规定的贴现利率为 6%，那么该票据的贴现金额为多少？

第一步：该票据的到期值 $S = P+P\times i\times n$

$= 1\ 000\ 000\times(1+5\%\times91/360)$

$= 1\ 012\ 638.89$（元）

第二步：贴现利息 $I = S\times i\times n$

$= 1\ 012\ 638.89\times6\%\times58/360$

$= 9\ 788.84$（元）

第三步：贴现金额 $P = S-I$

$= 1\ 012\ 638.89-9\ 788.84$

$= 1\ 002\ 850.05$（元）

（三）复利

1. 复利的定义

复利是指在计算期内，上一期的利息并入下一期的本金中并计算利息，即利息也要计算利息。因此，复利法又被称为“利滚利”。

复利的计算同样包括复利现值的计算和复利终值的计算。

2. 复利终值的计算

复利终值是指按复利计息，计算在未来某一时期的本利和。其计算公式为：

$$S = P \times (1 + i)^n \qquad \text{（式 3-7）}$$

式中，S 是复利终值，也可以用 FV_n 表示；P 是本金，也可以用 PV_0 表示；n 是计息期数。

$(1 + i)^n$ 为 1 元钱的本利和，也被称为 1 元钱的复利终值系数，可以用符号 $FVIF_{i,\ n}$ 或（F/P，i，n）表示，并可通过查找“复利终值系数表”获得相关数据。例如，$FVIF_{10\%,\ 4}$ 或者（F/P，10%，4）表示利率为 10%，期数为 4 年的复利终值系数。因此，复利终值计算公式又可以表示为：

$$FV_n = PV_0 \times FVIF_{i,\ n}$$

【例 3-2】李先生在银行存入 10 000 元，存期为 3 年，年利率为 10%，按年复利，求三年后取出时的本利和是多少？

$F = S = P \times (1 + i)^n = 10\,000 \times (1 + 10\%)^3 = 13\,300$(元)

此例中可以把已知条件表示为 $FVIF_{10\%,\ 3}$ 或（F/P，10%，3）。

【例 3-3】现有 100 元，存期为 1 年，年利率为 10%，分别按年复利、按季复利、按月复利，求其本利和。

$S_{(年)} = 100 \times (1 + 10\%)^1 = 110$(元)

$S_{(季)} = 100 \times (1 + \frac{10\%}{4})^4 = 110.38$(元)

$S_{(月)} = 100 \times (1 + \frac{10\%}{12})^{12} = 110.47$(元)

由式（3-3）可得：

按年复利的实际利率 $i = (1 + \frac{10\%}{1})^1 - 1 = 10\%$

按季复利的实际利率 $i = (1 + \frac{10\%}{4})^4 - 1 = 10.38\%$

按月复利的实际利率 $i = (1 + \frac{10\%}{12})^{12} - 1 = 10.47\%$

通过对比可以发现，本金不变，复利次数越多，复利终值越大。

本例的已知条件中给出的年利率 10%为名义利率，按季计息的实际利率大于按年计息的实际利率；按月计息的实际利率大于按季计息的实际利率。这跟之前的名义利率与实际利率的关系的分析一样。因此，我们总结出复利次数大于 1 次的 n 期期末的终值计算公式为：

$$FV_n = PV_0 \times \left(1 + \frac{i}{m}\right)^{mn} \quad \text{（式 3-8）}$$

式中，i 为年（计息期）利率（名义利率），m 为复利次数（在一年内复利次数），n 为计息年数，mn 为计息次数。在实际工作中，我们可以通过“复利终值系数表”来简化计算。

3. 复利现值的计算

复利现值的计算公式可以通过复利终值的计算公式来推导得到。其公式为：

$$P = S \times (1 + i)^{-n} \quad \text{（式 3-9）}$$

式中，$(1 + i)^{-n}$ 为复利现值系数、1 元的复利现值，也称为贴现系数，可用符号 $PVIF_{i,\ n}$ 或（P/F，i，n）表示，因此复利现值公式也可表示为：

$$PV_0 = FV_n \times PVIF_{i,\ n}$$

复利现值可以通过查找“复利现值系数表”获得。

【例 3-4】王先生在银行办理整存整取业务，想在 5 年后从银行取得 10 000 元，存款利率为 10%，按年复利。那么王先生现在应该存入多少钱？

$P = 10\,000 \times (1 + 10\%)^{-5} = 6\,210$(元)

三、年金的计算

（一）年金的概念

年金是指一定时期内每期金额相等的收付款项。年金的特点是收或付的金额相等，而且每次收或付款间隔的时间也相等。例如，一年定期支付一次、半年支付一次、一季度支付一次、每周支付一次相同的金额都可以称为年金。因此，年金实质上就是在一定时期内，相等时间间隔发生的一系列等额的收付款项。

介于相邻的两个支付年金日期的时期称为支付期间，介于两个相邻日之间的这段时间称为计息期间。

每一支付期间支付的金额称为每次（期）年金额，每一计息期间中各次年金额的总和称为每期年金总额，自第一次支付期间开始到最后一次支付期间结束称为年金时期。

企业财务活动中的分期付款赊购、分期偿还贷款、发放养老金、租金、按直线法计提的折旧额等都属于年金的收付形式。年金按照收款方式和支付时间可以分为普通年金、即付年金、递延年金和永续年金四种。

2. 普通年金

普通年金（Ordinary Annuity）是指在每期期末等额收付的年金。普通年金在经济活动中最为常见，可用本利和 S 表示，也可以用符号 FAV_n 表示。

（1）普通年金终值的计算。普通年金终值是指一定时期内每期期末等额收付的复利终值之和。

例如，已知 $i=10\%$，$n=4$，每期年金金额为 100 元，其计算过程可以通过图 3-1 表示。

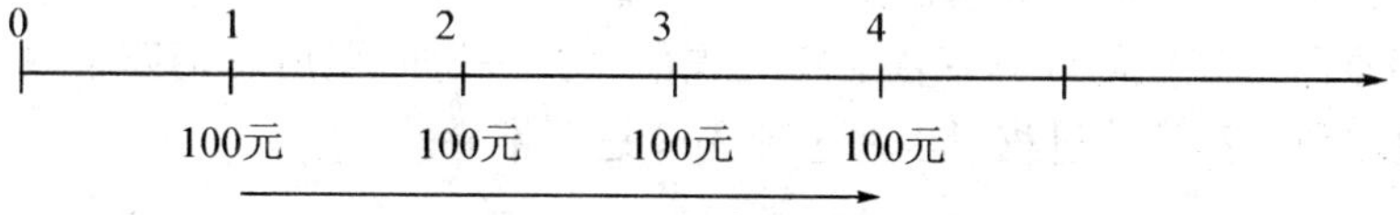

图 3-1　普通年金终值示意图

$$F=A+A\times(1+i)+A\times(1+i)^2+\cdots+A\times(1+i)^{n-1} \quad \text{（式 3-10）}$$

等式两边同乘以 $(1+i)$ 得：

$$F\times(1+i)=A\times(1+i)+A\times(1+i)^2+\cdots+A\times(1+i)^{n-1}+A\times(1+i)^n \quad \text{（式 3-11）}$$

式（3-11）-式（3-10）得：

$$(1+i)\times F-F=A\times(1+i)^n-A$$

化简后得：

$$FAV_n=F=A\times\frac{(1+i)^n-1}{i} \quad \text{（式 3-12）}$$

或：

$$FAV_n=F=A\times\sum_{t=0}^{n-1}(1+i)^t \quad \text{（式 3-13）}$$

或：$$FAV_n = F = A \times \sum_{t=1}^{n} (1+i)^{t-1}$$ （式 3-14）

式中，A 为年金，$\frac{(1+i)^n - 1}{i}$ 称为年金终值系数，记为 $FVIFA_{i,\ n}$ 或（F/A，i，n），可以通过“年金终值系数表”查找系数值。

因此，根据图 3-1 及已知条件可以求得：

$$F = A \times \frac{(1+i)^n - 1}{i} = 100 \times \frac{(1+10\%)^4 - 1}{10\%} = 100 \times 4.641 = 464.10(\text{元})$$

用复利公式计算结果一样：

$$F = 100 + 100 \times (1+10\%) + 100 \times (1+10\%)^2 + 100 \times (1+10\%)^3 = 464.10\ (\text{元})$$

【例 3-5】江先生要在 5 年后偿还一笔债务，金额为 18 000 元，因此江先生计划在每年年末存入一笔款项，以备 5 年后的偿还需要。假设年利率为 5%，那么江先生每年年底应该存入多少钱呢？

由 $FAV_n = A \times \frac{(1+i)^n - 1}{i}$ 可以推导出：

$$A = FAV_n \times \frac{i}{(1+i)^n - 1} = FAV_5 \times FVIFA_{5\%,\ 5}$$

$$= 18\ 000/5.526 = 3\ 257.33\ (\text{元})$$

由题意可知这道例题是由年金终值求年金的，其中 $\frac{i}{(1+i)^n - 1}$ 是年金终值系数的倒数，称为偿债基金系数，可用符号（A/F，i，n）表示。偿债基金是指为了在约定的未来某一时点清偿某笔债务而必须分次等额提取的存款准备金。其中清偿的债务相当于年金终值，每年提取的债务基金就相当于年金。

（2）普通年金现值的计算。普通年金现值是指一定时期内每期期末收付相等金额的复利现值之和。其计算过程可以通过图 3-2 进行推导。

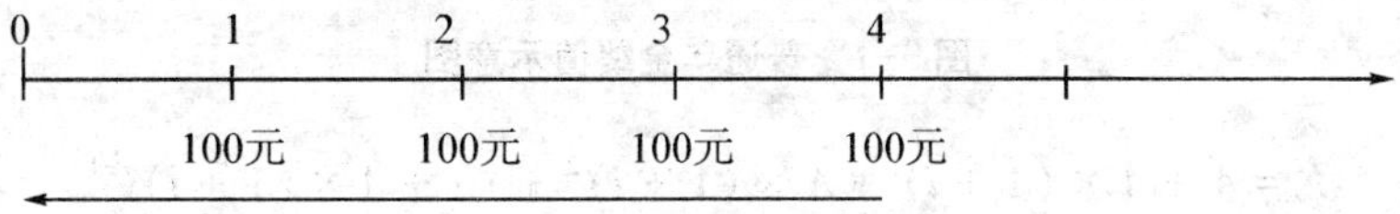

图 3-2　普通年金现值示意图

$$P = A \times (1+i)^{-1} + A \times (1+i)^{-2} + \cdots + A \times (1+i)^{-n}$$ （式 3-15）

等式两边同乘以（1+i）得：

$$P \times (1+i) = A \times (1+i)^0 + A \times (1+i)^{-1} + \cdots + A \times (1+i)^{1-n}$$ （式 3-16）

式（3-16）-式（3-15）得：

$$(1+i) \times P - P = A - A \times (1+i)^{-n}$$

化简后得：$$P = A \times \frac{1-(1+i)^{-n}}{i}$$ （式 3-17）

式中，$\frac{1-(1+i)^{-n}}{i}$ 为年金现值系数或年金贴现系数，记做 $PVIFA_{i,\ n}$ 或（P/A，i，n），

因此，式（3-17）也可写为：

$$PAV_n = A \times PVIFA_{i,\ n} \quad （式 3-18）$$

或：

$$PAV_n = A \times \frac{1-(1+i)^{-n}}{i} \quad （式 3-19）$$

2. 即付年金

即付年金也叫预付年金、先付年金，是指在一定期间内，每期期初收付的年金。即付年金可分为即付年金终值和即付年金现值，两者的计算公式都可以通过普通年金的计算公式推导得到。

普通年金与即付年金的区别：普通年金是指从第一期起，在一定时间内每期期末等额发生的系列收付款项；即付年金是指从第一期起，在一定时间内每期期初等额收付的系列款项。两者的共同点在于都是从第一期即开始发生，间隔期只要相等就可以，并不要求必须是一年。

（1）即付年金终值的计算。即付年金终值是指在一定时期内每期期初等额收付款项的复利终值之和。n 期即付年金和 n 期后付年金（普通年金）相比，付款次数相同，期数相同，但是两者的付款时间不同，前者在期初付款。因此，即付年金终值比普通年金终值多一期利息。

以图 3-3 为例，我们学习怎么样获得即付年金的复利终值，已知 $n=4$，$i=10\%$。

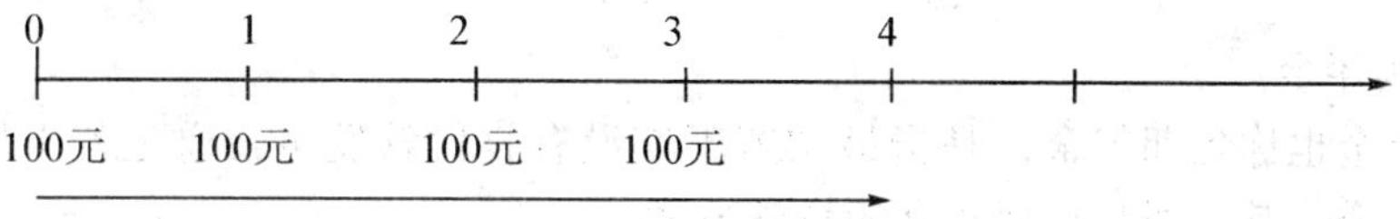

图 3-3　即付年金终值示意图

图 3-3 中各项为等比数列求和，首项为 $A\times(1+i)$，公比为（$1+i$）。

则：

$$F = A\times(1+i) + A\times(1+i)^2 + \cdots + A\times(1+i)^n$$

$$F = \frac{A\times(1+i)\times[1-(1+i)^n]}{1-(1+i)}$$

$$= A\times\frac{(1+i)^n-1}{i}\times(1+i)$$

$$= A\times\left[\frac{(1+i)^{n+1}-1}{i}-1\right] \quad （式 3-20）$$

或：

$$FAV_n = A\times FVIFA_{i,\ n+1} - A = A\times(FVIFA_{i,\ n+1}-1) \quad （式 3-21）$$

式中，FAV_n 或 F 为本利和，$FVIFA_{i,\ n+1}$ 为即付年金系数。

因此，根据图 3-3 可得：

$$F = 100\times\left[\frac{(1+10\%)^{4+1}-1}{10\%}-1\right] = 510.51\ （元）$$

（2）即付年金现值的计算。即付年金现值是指在一定时期内每期期初等额收付的复利现值之和，其与后付年金的区别在于两者的付款时间不同，通过图 3-4 可知：

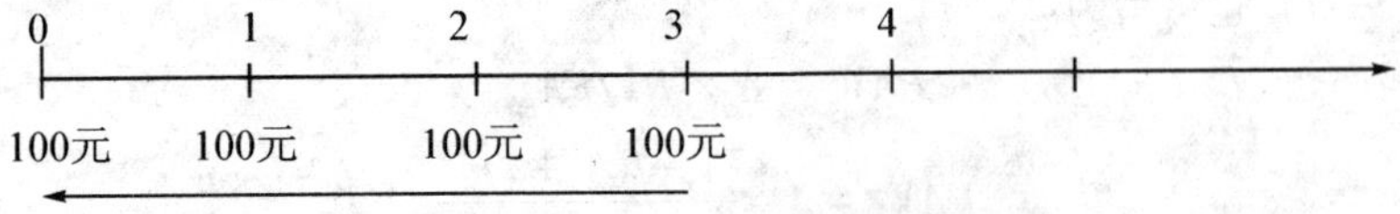

图 3-4 即付年金现值示意图

$$P = A + A \times (1+i)^{-1} + A \times (1+i)^{-2} + \cdots + A \times (1+i)^{-(n-1)}$$

式中各项为等比数列，首项是 A，公比是 $(1+i)^{-1}$，根据等比数列求和可得：

$$P = \frac{A \times [1 - (1+i)^{-n}]}{1 - (1+i)^{-1}} \quad \text{（式 3-22）}$$

化简后得：

$$P = A \times \left[\frac{1 - (1+i)^{-(n-1)}}{i} + 1\right] \quad \text{（式 3-23）}$$

式（3-23）也可以表示为：

$$PVA_n = A \times PVIFA_{i,\ n-1} + A = A \times (PVIFA_{i,\ n-1} + 1) \quad \text{（式 3-24）}$$

式中，PVA_n 表示即付年金现值。如果通过查表计算，可以先查找 $n-1$ 后付年金现值系数，再根据公式进行调整即可。

因此：$P = 100 \times \left[\frac{1 - (1 + 10\%)^{-(4-1)}}{10\%} + 1\right] = 348.69$（元）

3. 递延年金

递延年金也称延期年金，是指最初若干期没有收付款发生，递延若干期之后才有收付款的年金。其实质是普通年金的特殊形式。

（1）递延年金终值的计算。递延年金终值的大小与递延期 m 无关，与普通年金终值计算公式相同，即：

$$FVA_n = A \times FVIFA_{i,\ n} \quad \text{（式 3-25）}$$

以图 3-5 为例说明计算过程。

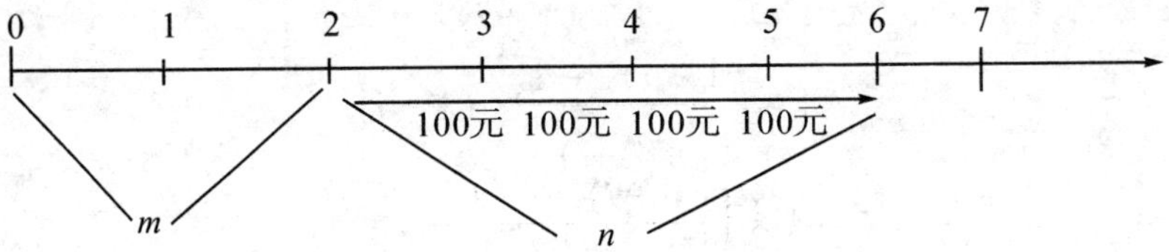

图 3-5 递延年金终值示意图

从图 3-5 可知，起始期为第 2 期，结束期为第 6 期，因此实际发生的期数为 4 期，用公式计算可得：

$$F = A \times \frac{(1+i)^n - 1}{i} = 100 \times \frac{(1 + 10\%)^4 - 1}{10\%} = 464.10\text{（元）}$$

（2）递延年金现值的计算。递延年金现值的计算有两种方法：第一种就是把递延年金作为 n 期普通年金看待，求出 n 期期末到 m 期期末的年金现值，然后把这个现值作为终值，再求其在 m 期期初的复利现值，这个复利现值就是递延年金的现值。其计算公式为：

$$PVA = A \times PVIFA_{i,\ n} \times PVIF_{i,\ m} \quad \text{（式 3-26）}$$

以图 3-6 为例，说明第一种方法。

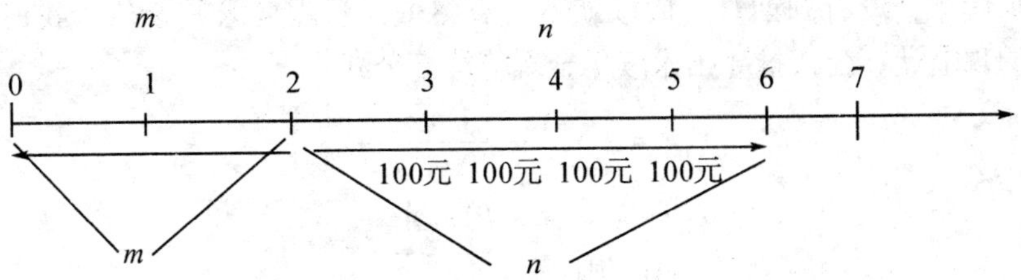

图 3-6　递延年金现值示意图

先算年金现值，再对该年金现值计算复利现值。

$$P = A \times \frac{1-(1+i)^{-n}}{i} \times (1+i)^{-m}$$

$$= 100 \times \frac{1-(1+10\%)^{-4}}{10\%} \times (1+10\%)^{-2}$$

$$= 261.97（元）$$

第二种方法就是把递延年金看成 $n+m$ 期普通年金，即假设递延期中也有收付额发生。首先求出 $n+m$ 期普通年金现值，然后再减去并没有收付额发生的递延期（m 期）的普通年金现值，最后求出的两者之差就是递延年金现值。其计算公式为：

$$PVA = A \times (PVIFA_{i,\ m+n} - PVIFA_{i,\ m}) \quad \text{（式 3-27）}$$

【例 3-6】某企业向银行借入一笔款项，银行借款年利息率为 8%，与银行协商约定前 10 年不用偿还本息，从第 11 年到第 20 年每年年末偿还本息 10 万元，计算这笔款项的现值。

用第一种方法计算：

$$PVA = A \times PVIFA_{8\%,\ 10} \times PVIF_{8\%,\ 10}$$

即：$P = A \times \frac{1-(1+i)^{-n}}{i} \times (1+i)^{-m}$

$$= 10 \times \frac{1-(1+8\%)^{-10}}{8\%} \times (1+8\%)^{-10}$$

$$= 10 \times 6.710 \times 0.463$$

$$= 31.07（万元）$$

用第二种方法计算：

$$PVA = A \times (PVIFA_{8\%,\ 20} - PVIFA_{8\%,\ 10})$$

$$= 10 \times (9.818 - 6.710)$$

$$= 31.08（万元）$$

两种方法求出的值稍有差别，这是因为在系数表中查到的相关系数值经过了四舍五入处理所致。

4. 永续年金

永续年金也称为终身年金，即没有终期的年金。在我国，永续年金最常见的就是银行存款中的存本取息。在国外，很多债券采用永续年金的形式，尤其是政府债券，持有者可以在每期取得等额的资金，永远不会期满。此外，优先股有固定的股利又无到期日，也可视为永续年金。

因为永续年金没有到期日，所以就不会有终值，只需要求其现值。我们可以通过普通年金的现值计算公式推导出永续年金现值计算公式：

$$P = A \times \frac{1-(1+i)^{-n}}{i}$$

或：

$$PVA_n = A \times PVIFA_{i,\ n}$$

当 $n \to \infty$时，即 $(1+i)^{-n} \to 0$，则：

$$P = A \times \frac{1}{i} \quad \text{（式 3-28）}$$

【例 3-7】某学校准备设立一项永久性奖学金，预计每年发放 20 000 元奖学金，若利息率为 10%，现在应该一次性存入银行多少钱？

$$PVA_{\infty} = 20\,000 \times \frac{1}{10\%} = 200\,000(\text{元})$$

四、货币时间价值的应用

（一）不等额现金流量现值的计算

年金的每次收付额都是相等的，但是在实际经济生活中每次收付的款项并不一定都是相等的，因此需要计算不等额现金流量的现值。假设 A_n 为第 n 期期末的收付额，现值计算公式为：

$$PV = \sum_{t=0}^{n} A_t \frac{1}{(1+i)^t}$$

$$= \sum_{t=0}^{n} A_t \times PVIF_{i,\ t} \quad \text{（式 3-29）}$$

【例 3-8】B 集团准备实施一项投资计划，其投资期限为 3 年，每年的投资额如表 3-1 所示。

表 3-1　　B 集团投资计划

投资期（年）	第 0 年	第 1 年	第 2 年	第 3 年
投资额（万元）	100	200	150	300

银行借款利率为 10%，要求计算项目的投资额现值。

注意：每年的投资额不相等，因此只能用复利现值公式分别求出每年的投资额的现值，最后加总求和。

$$PVIF_{10\%,\ 1} = 200 \times (P/F,\ 10\%,\ 1) = 200 \times \frac{1}{1+10\%} = 181.8\ (\text{万元})$$

$$PVIF_{10\%,\ 2} = 150 \times (P/F,\ 10\%,\ 2) = 150 \times \frac{1}{(1+10\%)^2} = 123.9\ (\text{万元})$$

$$PVIF_{10\%,\ 3} = 300 \times (P/F,\ 10\%,\ 3) = 200 \times \frac{1}{(1+10\%)^3} = 225.3\ (\text{万元})$$

投资额现值 $= PVIF_{10\%,0} + PVIF_{10\%,1} + PVIF_{10\%,2} + PVIF_{10\%,3}$

$= 100 + 181.8 + 123.9 + 225.3 = 631$(万元)

（二）分期收（付）款现值的计算

在现实生活中经常会遇到需要分期收（付）款、等额分摊等情况，如住房按揭、购车贷款，这类问题大多是已知现值，要求计算每年的现金流量，或者是根据确定的现金流量来计算现值。其主要运用的公式为：

$$PVA_n = A \times \frac{1-(1+i)^{-n}}{i} \quad \text{（式 3-30）}$$

或：

$$A = PVA_n \times \frac{i}{1-(1+i)^{-n}}$$

$$= PVA_n \times \frac{1}{PVIFA_{i,n}}$$

【例 3-9】C 公司准备购置房地产，有两种付款方案：一是一次付清，总金额为 5 000万元；二是采用分期付款方式，每年年末付现 1 000 万元，6 年付清，贴现率为 8%。请比较两种方案，做出选择。

可以先采用普通年金现值公式计算出分期付款的总金额，再与一次付清方式进行比较。

$$PVA = A \times \frac{1-(1+i)^{-n}}{i}$$

$$=1\ 000 \times \frac{1-(1+8\%)^{-6}}{8\%}$$

$$= 4\ 623\text{(万元)}$$

$5\ 000 - 4\ 623 = 377$(万元)

一次付清方式需要 5 000 万元现金，采用分期付款方式需要准备 4 623 万元现金，相比之下前者要多付 377 万元。因此，采用分期付款方式比较经济。

（三）折扣方案的计算

【例 3-10】某家电商场现存高档电视机 500 台，每台售价 4 500 元，但由于是过时积压商品，按正常价格出售预计销售状况惨淡，而且占用商场资金影响货币回笼（银行贷款利率为 12%）。若按 5 折降价销售，当年可全部出售；若按 6.5 折出售，估计 4 年内能够全部售出，平均每年销售 125 台。请将两种折扣方案进行比较后选择最优方案。

5 折出售的现值 $= 500 \times 4\ 500 \times 50\% = 1\ 125\ 000$(元)

6.5 折出售的现值 $= 125 \times 4\ 500 \times 65\% \times (P/A, 12\%, 4) = 1\ 110\ 403.125$(元)

$1\ 125\ 000 - 1\ 110\ 403.125 = 14\ 596.875$(元)

相比之下，5 折出售能够比 6.5 折出售收回更多的现金；同时，5 折出售能够在当年将彩电全部售出，而 6.5 折需要花费 4 年时间，资金回笼速度相对较慢。因此，5 折出售方案为最优方案。

（四）贴现率的计算

求利息率或贴现率首先要根据公式求出系数，然后通过系数表或者是计算求出贴现率。根据复利、年金等公式可以推导出相关的计算贴现率的公式：

复利终值系数： $FVIF_{i,n}=(F/P,\ i,\ n)=\dfrac{FV_n}{PV}=(1+i)^n$ （式 3-31）

复利现值系数： $PVIF_{i,n}=(P/F,\ i,\ n)=\dfrac{PV}{FV_n}=\dfrac{1}{(1+i)^n}$ （式 3-32）

年金终值系数： $FVIFA_{i,n}=(F/A,\ i,\ n)=\dfrac{FVA_n}{A}=\sum_{t=1}^{n}(1+i)^{t-1}$ （式 3-33）

【例 3-11】赵先生现有闲置资金 50 000 元现金，想要在 5 年后取回本利和75 000 元，根据此目标设立的理财计划的复利收益率应该为多少？

$$PVIF_{i,5}=\frac{PV}{FV_n}=\frac{50\ 000}{75\ 000}=0.667$$

查复利现值系数表可知，期数为 5 的系数栏内没有 0. 667 的复利现值系数，只有一个比 0. 667 大的 0. 681 和比 0. 667 小的 0. 650，而 0. 681 和 0. 650 分别对应 8%和 9%的利率，因此可知投资收益率在 8%~9%之间。

则：$\dfrac{i-8\%}{9\%-8\%}=\dfrac{0.667-0.650}{0.681-0.650}=\dfrac{0.017}{0.031}$

$i=8\%+0.548\%=8.548\%$

因此，收益率为 8. 548%。

（五）公司债券现值的计算

公司债券的现值代表债券的价值。债券价值等于每年计算支付的利息之和加上到期值的现值。其计算公式为：

$$P=\sum_{t=1}^{n}\frac{I}{(1+i)^t}+\frac{M}{(1+i)^n}$$ （式 3-34）

式中，I 为债券年利息，M 为债券到期值，n 为债券期限，i 为市场利率。

【例 3-12】D 公司计划于 2017 年 2 月 1 日购买 10 万张面额为 1 000 元的债券。其票面利率为 5%，每年 2 月 1 日计算并支付一次利息，于 5 年后的 1 月 31 日到期。当时的市场利率为 4%，债券市场价格为 1 030 元，请问是否应该购买这批债券？

$P=1\ 000\times5\%\times(P/A,\ 4\%,\ 5)+1\ 000\times(P/S,\ 4\%,\ 5)$

$=1\ 000\times5\%\times4.452+1\ 000\times0.822$

$=1\ 044.6$(元)

$1\ 044.6-1\ 030=14.6$(元)

由上述计算可知，债券的市场价格小于债券价值（即债券现值），因此是值得购买的。

注：计算利息应该使用票面利率，利息是每年计算支付一次，因此用年金计算方法计算利息的现值，债券价值应等于年金现值与到期值（面值）的复利现值之和。

（六）股票现值的计算

股票的现值代表股票的价值，即股票的未来收益的现值。股票的收益包括股息和资本收益。其计算公式为：

$$P_r = \sum_{t=1}^{n} \frac{I^t}{(1+r)^t} + \frac{P}{(1+r)^n} \quad \text{（式 3-35）}$$

即：股票现值=股息现值+出售股票预计价格的现值

式中：P_r 为股票的现值，I^t 为第 t 期获得的股利，P 为结束股票投资的预计价格，n 为股票投资期限，r 为股票投资的必要报酬率。

【例 3-13】马先生以每股 8.45 元的价格购进某股票 20 000 股，计划 3 年后出售并可获得每股 11 元。这批股票 3 年中每年每股分得股利 2.8 元。若该股票投资的预期报酬率为 16%，请问是否值得购买？

$$P_3 = \sum_{t=1}^{3} \frac{2.8}{(1+16\%)^t} + \frac{11}{(1+16\%)^3}$$

$$= 2.8 \times (P/A,\ 16\%,\ 3) + 11 \times (P/F,\ 16\%,\ 3)$$

$$= 2.8 \times 2.246 + 11 \times 0.641$$

$$= 13.34(\text{元})$$

13.34 元大于 8.45 元，即价值大于价格，因此该股票值得购买。

第二节　风险价值

风险是市场经济的一个重要特征，企业的财务管理活动常常要面临各种风险，冒风险就需要获得额外的报酬，否则就不值得冒风险。因此，我们在进行财务决策的时候要考虑风险与风险报酬，为财务管理决策提供充分可靠的依据。

一、风险的含义与类别

（一）风险的含义

风险是指人们在事先能够确定采取某种行动所有可能的后果以及每种后果出现的可能性的状况。也有人说风险是指结果的任何变化。从证券分析或投资项目分析角度来看，风险主要指实际现金流量会少于或大于预期现金流量的可能性。从投资者进行投资的角度来看，风险是指从投资活动中所获得的收益存在不确定性。而在财务管理方面，风险是指在一定条件下和一定时期内，财务活动可能发生的各种结果的变动程度。因此，风险本质上说就是结果存在不确定性。

角度不同，风险的定义也不同，但归纳起来，风险具有以下几个主要特点：

（1）风险是事件本身发生结果的不确定性，具有客观性。

（2）风险是可变的，其大小随时间的延续而变化。

（3）风险与不确定性是有区别的。

（4）风险是损失与收益并存的，即风险有可能带来收益，也有可能带来损失。

（5）风险是针对特定主体或项目而言的，不同的条件下的风险大小不同。

（6）风险是可测的。

（二）风险的类别

风险的预期结果具有不确定性，因为其影响因素有可能来自外部环境或由整个市场状况所致，也有可能是因为特定的投资方案或者是投资产品自身的原因所造成的。因此，可以根据不同的标准对风险进行分类。

从风险产生的原因这个角度来看，风险可以分为系统性风险和非系统性风险两种。

系统性风险又被称为市场风险，是由整个市场或整个社会环境所造成的，如政策变动、战争、经济周期性波动、利率变动等因素造成的风险，是无法通过投资或组合投资来避免的，因此也将系统性风险称为不可分散风险。

非系统性风险是由企业自身经营等原因造成的，主要针对特定的项目或产品，如新产品开发失败、工人罢工、失去重要合同等导致的风险，其主要影响因素并不包括市场环境因素，是可以通过分散化投资等方法或措施降低损失程度甚至避免损失，因此非系统性风险又被称为可分散风险或特有风险。

从经营者和筹资者的角度来看，企业面临的风险又可细分为经营风险和财务风险（筹资风险）。

经营风险是指企业固有的、由于生产经营上的原因而导致的未来经营收益的不确定性，因此也称为营业风险。其影响因素主要包括：新材料、新设备的投入等因素带来的供应方面的风险；产品质量好坏、新产品开发成败、生产组织合理与否等因素带来的生产方面的风险；销售状况是否具有持续性、稳定性等带来的风险；外部环境的变化，即劳动力市场的供求关系变化、通货膨胀、自然气候变化或地质灾害等原因。

财务风险是指由于举债而给企业的财务状况带来的风险，是由全部资本中债务资本比率的变化带来的风险，即因负债增加而导致的风险。

在经营风险一定的条件下，采用固定资本成本筹资方式筹集的资金的比重越大，带给普通股东的风险就越大。因此，可将债务比率和财务风险视为成正比的。财务风险的主要影响因素包括资金供求的变化、利率水平的变动、获利能力的变化、资金结构的变化。其中，资金结构的变化对筹资风险的影响最为直接。

二、风险的衡量

风险是可测的，是指可以对这种可能性出现的概率进行分析，以此来预测风险的程度。风险测量主要采用概率、概率分布、期望值、方差和标准差和标准离差率。

风险概率的测定有两种方法，一种是客观概率，即根据大量的、历史的实际数据推算出来的概率；另一种是主观概率，即在没有大量实际资料的情况下，人们根据有限的资料和经验合理估计的概率。

（一）概率

概率是指某一事件出现的机会的大小，通常用百分数或小数来反映。通常，把必然发生的事件的概率定义为1，把不可能发生的事件的概率定义为0，一般事件的概率是介于0~1的一个数值。概率越大，表示这事件发生的可能性就越大。如果把所有可能性的事件或结果都列出来，而且每一事件都给予相应的概率，将其列示在一起，便构成了概率的分布。

概率必须符合以下两个条件：

（1）所有概率 P_i 都在0~1之间，即 $0 \leq P_i \leq 1$。

(2) 所有结果的概率之和应该等于1，即 $\sum_{i=1}^{n} p_i = 1$，其中 n 为可能出现的结果的个数。

(二) 概率分布

概率分布是指某一事件各种结果发生可能性的概率分布。概率分布在实际运用中被分为离散型分布和连续型分布两种。

若随机变量只取有限个值，并且对应于这些值都有确定的概率，则随机变量是离散型分布。在离散型分布里，随机变量在直角坐标系中越集中，实际出现的可能性越大，风险就越小，反之风险就越大。

若随机变量的取值有无限个，即有无限种可能性出现，每一种情况都赋予一个概率，并分别测定其报酬率，则属于连续型分布。其特点为概率分布在连续图像上的两个点的区间上。

(三) 期望值

随机变量的取值是以相应的概率为权数的加权平均数，称为随机变量的预期值（数学期望或均值），是随机变量取值的平均化，反映集中趋势的一种量度。在企业财务管理中，我们把随机变量的预期值称为期望报酬率或预期报酬率，即一项投资方案实施后，能否如期回收投资并获得预期收益的不确定性为这项投资方案的风险，因承担这种投资风险而获得的报酬为风险报酬，通过风险报酬率表示。对于有风险的投资项目，其实际报酬率可被看成一个有概率分布的随机变量，可以用期望报酬率和标准离差进行衡量。

期望报酬率的计算公式为：

$$\bar{K} = \sum_{i=1}^{n} K_i P_i \qquad \text{（式 3-36）}$$

式中，$\bar{K}$ 为期望报酬率，K_i 为第 i 种可能结果的报酬率，P_i 为第 i 种可能结果的概率，n 为可能结果的个数。

【例 3-14】有甲、乙两项投资项目，其报酬率与概率分布如表 3-2 所示。

表 3-2　　　　甲、乙两项投资项目报酬率与概率分布

项目实施情况	该种情况出现的概率		投资报酬率	
	甲项目	乙项目	甲项目	乙项目
好	0.20	0.30	15%	20%
一般	0.60	0.40	10%	15%
较差	0.20	0.20	0	-10%

请计算两个项目的期望报酬率。

根据期望值公式计算甲项目和乙项目的期望报酬率：

$\bar{K}_{甲} = K_1P_1 + K_2P_2 + K_3P_3 = 0.2 \times 15\% + 0.6 \times 10\% + 0.2 \times 0 = 9\%$

$\bar{K}_{乙} = K_1P_1 + K_2P_2 + K_3P_3 = 0.3 \times 20\% + 0.4 \times 15\% + 0.3 \times (-10\%) = 9\%$

由此可知两个项目的期望报酬率都是 9%。但要判断这两个项目风险的大小，还需要进一步了解方差、标准离差和标准离差率。

（四）方差和标准差

方差是各种可能的结果偏离期望值的综合差异，是反映离差程度的一种量度。方差（δ^2）的计算公式为：

$$\delta^2 = \sum_{i=1}^{n} (K_i - \bar{K})^2 \times p_i \qquad \text{（式 3-37）}$$

标准差也称标准离差，用于计量一个变量对其平均值的偏离度。标准差是通过对数值进行个别观察，对所得的加权平均差求平方根而得到的。标准差是测定风险大小的有效指标，一般来说，标准差越大，预计结果的离散程度越高，结果越不确定，风险越大；反之则风险越小。其相关计算公式和计算步骤如下：

（1）计算期望值。

（2）计算离差。

$$\text{离差} = K_i - \bar{K} \qquad \text{（式 3-38）}$$

（3）计算方差。

（4）计算标准差。

$$\delta = \sqrt{\sum_{i=1}^{n} (K_i - \bar{K})^2 \times p_i} \qquad \text{（式 3-39）}$$

接【例 3-14】，甲、乙两项投资项目的投资报酬率的方差和标准离差的计算如下：

$$\begin{aligned}\delta_{甲}{}^2 &= \sum_{i=1}^{n} (K_i - \bar{K})^2 \times p_i \\ &= 0.2 \times (15\% - 9\%)^2 + 0.6 \times (10\% - 9\%)^2 + 0.2 \times (0\% - 9\%)^2 \\ &= 0.002\,4\end{aligned}$$

$$\text{则：}\delta_{甲} = \sqrt{\sum_{i=1}^{n} (K_i - \bar{K})^2 \times p_i} = \sqrt{0.002\,4} = 0.049$$

$$\begin{aligned}\delta_{乙}{}^2 &= \sum_{i=1}^{n} (K_i - \bar{K})^2 \times p_i \\ &= 0.3 \times (20\% - 9\%)^2 + 0.4 \times (15\% - 9\%)^2 + 0.3 \times (-10\% - 9\%)^2 \\ &= 0.015\,9\end{aligned}$$

$$\text{则：}\delta_{乙} = \sqrt{\sum_{i=1}^{n} (K_i - \bar{K})^2 \times p_i} = \sqrt{0.015\,9} = 0.126$$

通过计算可知投资方案甲的风险小于投资方案乙的风险。

（五）标准离差率

标准离差是反映随机变量离散程度的一个指标，但由于标准离差是一个绝对指标，因此无法准确地反映随机变量的离散程度。于是，还需要一个相对指标来解决这个问题，即用标准离差率来反映离散程度。

标准离差率（v）是某随机变量标准离差相对该随机变量期望值的比率。其计算公式为：

$$v = \frac{\delta}{\bar{K}} \times 100\% \qquad \text{（式 3-40）}$$

【例 3-14】中，$\nu_{甲} = \frac{\delta}{\overline{K}} \times 100\% = \frac{0.049}{9\%} \times 100\% = 54.4\%$

$$\nu_{乙} = \frac{\delta}{\overline{K}} \times 100\% = \frac{0.126}{9\%} \times 100\% = 140\%$$

通过比较可知，投资方案甲的风险程度明显小于投资方案乙的风险。

【例 3-14】中，由于两个投资项目的期望值是相等的，因此将标准离差进行比较就可以确定风险孰大孰小。如果两者的期望值不相同，则必须计算标准离差及标准离差率来进行风险程度的比较。

通过该例可知，标准离差率越大，风险越大；反之，标准离差率越小，风险越小。

三、风险与风险报酬

标准离差率虽然能够正确评价投资项目的风险程度，但假设我们面临的决策不是评价与比较两个投资项目的风险水平，而是要计算该项目的风险所能够带来的报酬并以此为依据做出投资决策，我们就需要运用风险报酬这一概念。

风险报酬是衡量一个项目投资获利能力大小的指标，在投资过程中，风险与风险报酬的相关关系是风险报酬和风险是相对应的，一般来说，存在较大风险的投资项目和产品就需要有相对应较高的收益率；而收益率较低的投资相对来说存在的风险也较小，即高风险，高回报；低风险，低收益。

在不考虑通货膨胀因素的情况下，期望投资收益率的内涵由两部分组成：其一是资金的时间价值，由于它不考虑风险，因此又叫无风险报酬或无风险投资收益率；其二是风险报酬，或称风险收益率。期望投资收益率用公式表示为：

期望投资收益率=无风险收益率+风险收益率

或 $$K = R_f + b \times V \qquad \text{（式 3-41）}$$

式中，K 为期望投资收益率，R_f为无风险的投资收益率，b 为风险收益系数，V 为可选投资方案的标准离差率。

期望投资收益率与风险的关系如图 3-7 所示。

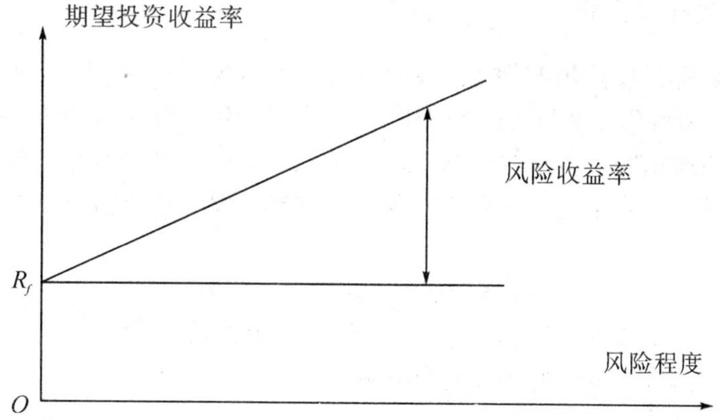

图 3-7 风险与收益关系图

无风险收益率是指在正常条件下投资不承担投资风险所能得到的回报率。无风险收益率几乎是所有的投资都应该得到的投资回报率，比如短期国债利率。购买国家发行的公债，到期连本带利肯定可以收回，这个无风险收益率代表了最低的社会平均报酬率。

风险收益率与风险大小有关，风险越大则要求的回报越高，收益是风险的函数。风险和风险收益率之间是成正比例的，风险程度可用标准差或标准离差率来计量。风险收益率取决于全体投资者对于风险的态度，可以通过统计方法来测定。如果大家都愿意冒险，风险收益率就小；如果大家都不愿意冒险，风险收益率就大。风险收益斜率的确定，有如下几种方法：

第一，根据以往的同类项目加以确定。例如，企业进行某项投资，其同类项目的投资报酬率为15%，无风险收益率为5%，报酬标准离差率为40%。根据公式 $K=R_f+b\times V$，可得 $b=(K-R_f)/V=(15\%-5\%)/40\%=25\%$。

第二，由企业领导或企业组织有关专家确定。如果现在进行的投资项目缺乏同类项目的历史资料，则可根据主观的经验加以确定。具体可由企业组织有关专家（总经理、财务副总经理、财务主管等）研究确定。此时，风险收益率的确定在很大程度上取决于企业对风险的态度。

第三，由国家有关部门组织专家确定。国家财政、金融、证券等政府部门可以组织有关专家，根据各行各业的条件和有关因素，确定各行业的风险收益率，并定期向社会公布。投资者根据国家公布的风险收益率（也称风险报酬系数），并结合其对风险的态度确定合适的风险系数。

以【例3-14】中甲方案和乙方案的数据为例，若该项投资所在行业的风险收益系数为8%，无风险收益率为6%，则甲、乙两个方案的风险收益率和投资收益率为：

甲方案的风险收益率＝风险收益系数×标准离差率＝8%×0.544＝4.35%

甲方案的投资收益率＝无风险收益率+风险收益率＝6%+4.35%＝10.35%

乙方案的风险收益率＝风险收益系数×标准离差率＝8%×1.4＝11.2%

乙方案的投资收益率＝无风险收益率+风险收益率＝6%+11.2%＝17.2%

四、利率水平的构成要素

金融市场上利率水平的决定因素只是从理论上解释利率为何会发生变动。分析利率的构成有助于测算在未来特定条件下的利率水平。利率通常由纯利率、通货膨胀补偿（或称通货膨胀贴水）和风险报酬三部分构成。其中，风险报酬又可以进一步细分为违约风险报酬、流动性风险报酬和期限风险报酬三种。利率的一般计算公式可以表示如下：

$$K = K_0 + IP + DP + LP + MP$$

式中，K 为名义利率，K_0 为纯利率，IP 为通货膨胀补偿，DP 为违约风险报酬，LP 为流动性风险报酬，MP 为期限风险报酬。

（一）纯利率

纯利率是指没有风险和没有通货膨胀情况下的平均利率。例如，在不存在通货膨胀时，国库券的利率可以视为纯利率。纯利率的高低受资金供应和需求关系影响。利息作为利润的一部分，利息率依存于利润率，并受利润率的制约。一般来讲，利息率随利润率的提高而提高，利息率最高不能超过平均利润率，否则企业无利可图，不会借入资金；利息率的最低限度应大于零，不能等于或小于零，否则提供资金的人不会提供资金。利息率占平均利润率的比重取决于金融业与工商业的竞争结果。精确地测定纯利率是非常困难的，在实际工作中，通常以无通货膨胀情况下的无风险证券利率来代表纯利率。

（二）通货膨胀补偿

持续的通货膨胀会降低货币的实际购买力，使投资者的真实报酬下降。因此，投资者把资金交给借款人时，会在纯粹利息率的水平上再加上通货膨胀附加率，以弥补通货膨胀造成的购买率损失。因此，每次发行国库券的利息率随预期的通货膨胀率变化，近似于纯利率+预期通货膨胀率。例如，政府发行的短期无风险证券的利率就是由这两部分组成，即短期无风险证券利率 K_F = 纯利率 K_0 + 通货膨胀补偿 IP。假设纯利率为2.5%，预计下一年度的通货膨胀率是5%，则一年期无风险证券的利率应为7.5%。

（三）违约风险报酬

违约风险是指借款人无法按时支付利息或偿还本金而给投资人带来的风险。违约风险反映着借款人按期支付本金、利息的信用程度。借款人如经常不能按期支付本利，说明该借款人的违约风险高。为了弥补违约风险，必须提高利息率，否则投资人不会进行投资。国库券等证券由政府发行，可以视为没有违约风险。在到期日和流动性等因素相同的情况下，各信用等级债券的利率水平同国库券利率之间的差额，便是违约风险报酬率。

（四）流动性风险报酬

流动性是指某项资产能够迅速转化为现金的可能性。一项资产能够迅速转化为现金，说明其变现能力强，流动性好；反之，则说明其变现能力弱，流动性不好，流动性风险大。政府债券、大公司的股票与债券，由于信用好、变现能力强，因此流动性风险小；而一些不知名的中小企业发行的证券，流动性风险则较大。一般而言，在其他因素相同的情况下，流动性风险小的证券与流动性风险大的证券相比，利率约高出1%~2%，这就是所谓的流动性风险报酬。

（五）期限风险报酬

期限风险报酬是指因到期时间不同而形成的利率差别。一项负债，到期日越长，债权人承受的不肯定因素就越多，承担的风险也就越大。期限风险报酬正是为了弥补这种风险而增加的利率水平。由此可见，长期利率一般高于短期利率，高出的利率便是期限性风险报酬。当然，在利率剧烈波动的情况下，也会出现短期利率高于长期利率的情况，但那只是一种偶然情况。

【本章小结】

1. 货币时间价值。货币时间价值是指货币在周转使用中，随着时间的推移所带来的增值。

2. 复利法。所谓复利，就是不仅本金要计算利息，利息也要计算利息。

3. 终值。终值又称未来值，是指若干期后包括本金和利息在内的未来价值，又称本利和。

4. 现值。现值是指以后年份收到或支出资金的现在的价值，可用倒求本金的方法计算。由终值求现值，称为折现。在折现时使用的利息率称为折现率。

5. 年金。年金是指一定时期内每期相等金额的收付款项。年金按付款方式，可分为普通年金（后付年金）、即付年金（先付年金）、延期年金和永续年金。其中，后付年金为最常见的年金形式，其他形式年金的终值或现值都可以通过后付年金的计算公式推导出来。

6. 风险报酬。风险是指在一定条件下和一定时期内可能发生的各种结果的变动程度。风险报酬则是承担风险所要求获得的回报。学习中要求掌握的内容包括风险的概念、风险的分类、风险的衡量、风险与风险报酬的关系、风险报酬的计算。

【复习思考题】

1. 如何理解货币时间价值的概念？
2. 什么是复利？复利和单利有何区别？
3. 什么是终值？什么是现值？什么是年金？
4. 什么是风险？什么是系统性风险？什么是非系统性风险？
5. 什么是经营风险？什么是财务风险？
6. 如何计算风险报酬？

第四章 筹资管理

【本章学习目标】

· 掌握企业筹资的概念
· 了解企业筹资的目的
· 熟悉企业主要的筹资渠道
· 熟悉企业主要的筹资方式
· 了解企业筹资的基本原则
· 掌握销售百分比法预测资金需要量
· 了解资金习性预测法
· 熟悉股权筹资的种类及各自的优缺点
· 了解股票的分类
· 熟悉债务筹资的种类及各自的优缺点
· 掌握债券发行价格的确定方法
· 掌握现金折扣成本率的计算

第一节 筹资概述

一、企业筹资的概念与目的

企业财务活动是以筹集企业必需的资金为前提的，企业的生存与发展离不开资金的筹措。所谓企业筹资，是指企业作为筹资主体，根据其生产经营、对外投资和调整资本结构等需要，通过各种筹资渠道和金融市场，运用各种筹资方式，经济有效地筹措和集中资本的财务活动。从企业资金运动的过程及财务活动的内容看，企业筹资是企业财务管理工作的起点，关系到企业生产经营活动的正常开展和企业经营成果的获取，因此企业应科学合理地进行筹资活动。

企业筹资的基本目的是为了企业自身正常生产经营与发展。企业的财务管理在不同时期或不同阶段，其具体的财务目标不同，企业为实现其财务目标而进行的筹资动机也不尽相同。筹资目的服务于财务管理的总体目标。因此，对企业筹资行为而言，其筹资目的可以概括为以下几类：

（一）满足企业创建的需要

具有一定数量的资本是创建企业的基础。企业的经营性质、组织形式不同对资本的需要也不相同。因此，筹资是创建企业的必要条件。企业在生产经营过程中，需要购买设备、材料，支付日常经营业务的各项费用，这都需要筹集一定数量的资本。作为企业设立的前提，筹资活动是财务活动的起点。

（二）满足生产经营的需要

企业生产经营活动又可具体分为两种类型，即维持简单再生产；扩大再生产，如开发新产品、提高产品质量、改进生产工艺技术、追加有利的对外投资机会、开拓企业经营领域等。与此相对应的筹资活动，也可分为两大类型，即满足日常正常生产经营需要而进行的筹资和满足企业发展扩张而进行的筹资。其中，对于满足日常正常生产经营需要而进行的筹资，是因为企业设立并不等同于可以正常运营，实际经营过程中，资金的周转在数量上具有波动性，为了使企业经营活动正常运转，必须保证资金的供应；而对于满足企业发展扩张而进行的筹资，是因为随着企业生产经营规模不断扩大，企业对资金的需求也会不断增多，仅靠自身的积累是不够的，必须通过其他筹资方式来配合。处于成长阶段、具有良好发展前景的企业常常会进行扩张性的筹资活动。扩张性的筹资活动会使企业资产总额和筹资总额的增加，也可能会使企业的资本结构发生变化。

（三）满足资本结构调整的需要

资本结构的调整是企业为了降低筹资风险、减少资本成本而对资本与负债间的比例关系进行的调整，资本结构的调整属于企业重大的财务决策事项，同时也是企业筹资管理的重要内容。资本结构调整的方式很多。例如，有的企业负债比率较高，财务风险较大，这时为了控制财务风险，可能需要筹集一定数量的股权性资本以降低负债比率。反之，如果企业的负债比率过低，企业会承担较高的资本成本，财务杠杆的作用也会较小，这时企业就可能需要筹集一定数量的负债资本，并回购部分股票，以提高资产负债率，达到优化资本结构的目的。

（四）满足偿还债务的需要

在现实经济生活中，负债经营普遍存在于企业界。对承担债务的企业来说，有按时偿还债务本金和支付利息的责任。偿还本金与利息需要现金，而当企业现金流出现短缺时，可以通过举新债等方式筹集资金用于偿还旧的债务，以维护企业的信誉。

（五）外部筹资环境变化的需要

企业的筹资活动总是在一定的时间和空间进行的，并且受到各种外部因素的制约与影响，如国家税收政策的调整会影响企业内部现金流量的数量与结构，进而会影响企业的筹资结构。这些外部筹资环境的变化都会产生新的筹资需要。

二、企业筹资渠道与筹资方式

企业筹资需要通过一定的筹资渠道，运用一定的筹资方式来进行。

（一）筹资渠道

筹资渠道是指筹措资金的来源与通道，体现资金的来源与流量。筹资渠道属客观范畴，即筹资渠道的多与少企业无法左右，筹资渠道与国家经济发展程度及政策制度等相关。为了提高企业筹资效率，更好地利用筹资渠道，筹资者必须对各种筹资渠道的特点和适用范围有比较全面的了解。

目前，我国企业的筹资渠道主要包括以下七种：

1. 国家财政资金

国家财政资金是指国家以财政拨款、财政贷款、国有资产入股等形式向企业投入的资金。国家财政资金是我国国有企业的主要资金来源。国有企业通过政府财政资金筹集资金，必须符合国家的有关经济政策，并纳入财政预算中。政府以财政资金对国有企业进行投资，主要形成国有企业的股权资本，这对提高国有企业的资信度和生产经营能力具有重要的意义。

2. 银行信贷资金

银行对企业的各种贷款是我国目前各类企业最为重要的资金来源。我国银行分为商业性银行和政策性银行两种。商业性银行主要有工商银行、农业银行、中国银行、建设银行等；政策性银行主要有国家开发银行、中国进出口银行、中国农业发展银行等。商业性银行可以为企业提供各种商业性贷款。政策性银行主要为特定的企业提供政策性贷款。政策性贷款的利率要比商业性贷款的利率低。

3. 非银行金融机构资金

非银行金融机构资金也是企业的一个重要筹资渠道。在我国，非银行金融机构主要有信托投资公司、保险公司、租赁公司、证券公司、基金公司、企业所属的财务公司等。这些金融机构在各自的经营范围内提供各种金融服务，既包括信贷资金投放，也包括物资的融通，还包括为企业承销证券等金融服务。目前，非银行金融机构的资本力量虽然比银行要小，但其涉及的领域比较广泛，具有广阔的发展前景。

4. 其他企业资金

企业和某些事业单位在生产经营过程中，往往形成部分暂时闲置的资金，并为一定的目的而进行相互投资。另外，企业间的购销业务可以通过商业信用方式来完成，从而形成企业间的债权债务关系，形成债务人对债权人的短期信用资金占用。企业间的相互投资和商业信用的存在，使其他企业资金也成为企业资金的重要来源。

5. 居民个人资金

居民个人资金是指企业职工和城乡居民闲置的消费基金。随着我国经济的发展，人民生活水平的不断提高，职工和居民的结余货币作为“游离”于银行及非银行金融机构之外的个人资金，可用于对企业进行投资，形成民间资金来源渠道，从而为企业所用。

6. 企业自留资金

企业自留资金是指企业内部形成的资金，主要包括公积金和未分配利润等。这些资金的重要特征之一是无须企业通过一定的方式去筹集，而直接由企业内部自动生成或转移。

7. 外商资金

外商资金是指外国投资者及我国香港、澳门、台湾地区投资者投入的资金。随着我国实行改革开放政策，大量的国外企业及我国香港、澳门、台湾地区企业的资本进入我国，形成了企业一个重要的资本来源。进入 21 世纪之后，随着经济全球化的发展，利用外商资金已成为企业筹资的一个新的重要来源。

（二）筹资方式

筹资方式是指企业筹措资金采用的具体形式。如果说，筹资渠道客观存在，那么筹资方式则属于企业的主观能动行为。如何选择适宜的筹资方式并进行有效的组合，以降低成本，提高筹资效益，成为企业筹资管理的重要内容。

目前，我国企业的筹资方式主要有以下七种：

1. 吸收直接投资

吸收直接投资，即企业按照“共同投资，共同经营、共担风险、共享利润”的原则直接吸收国家、法人、个人投入资金的一种筹资方式。

2. 发行股票

发行股票，即股份公司通过发行股票筹措权益性资本的一种筹资方式。

3. 利用留存收益

留存收益是指企业按规定从净利润中提取的盈余公积金、根据投资人意愿和企业具体情况留存的应分配给投资者的未分配利润。利用留存收益筹资是指企业将留存收益转化为投资的过程，它是企业筹集权益性资本的一种重要方式。

4. 向银行借款

向银行借款，即企业根据借款合同从有关银行或非银行金融机构借入的需要还本付息的款项。

5. 利用商业信用

利用商业信用是指商品交易中的延期付款或延期交货形成的借贷关系，它是企业筹集短期资金的重要方式。

6. 发行债券

发行债券，即企业通过发行债券筹措债务性资本的一种筹资方式。

7. 融资租赁

融资租赁也称资本租赁或财务租赁，是区别于经营租赁的一种长期租赁形式，是指出租人根据承租人对租赁物和供货人的选择或认可，将其从供货人处取得的租赁物，按融资租赁合同的约定出租给承租人占有、使用，并向承租人收取租金，最短租赁期限为一年的交易活动。融资租赁是企业筹集长期债务性资本的一种方式。

其中，前三种方式筹措的资金为权益资金；后四种方式筹措的资金为负债资金。

（三）筹资渠道与筹资方式的对应关系

筹资渠道解决的是资金来源问题，筹资方式则解决通过何种方式取得资金的问题，它们之间存在一定的对应关系。一定的筹资方式可能只适用于某一特定的筹资渠道，但是同一筹资渠道的资金往往可以采用不同的方式取得，同一筹资方式又往往适用于不同的筹资渠道。它们之间的对应关系可以用表 4-1 表示。

表 4-1 筹资方式与筹资渠道的对应关系

筹资方式 / 筹资渠道	吸收直接投资	发行股票	银行借款	发行债券	商业信用	融资租赁
国家财政资金	√	√				
银行信贷资金			√			
非银行金融机构资金	√	√	√	√	√	√

表4-1(续)

筹资方式 / 筹资渠道	吸收直接投资	发行股票	银行借款	发行债券	商业信用	融资租赁
其他企业资金	√	√		√	√	√
居民个人资金	√	√		√		√
企业自留资金	√	√				
外商资金	√	√	√	√	√	√

三、筹资的种类

企业从不同筹资渠道和采用不同的筹资方式筹集的资金，可以按不同标准将其划分为各种不同的类型。这些不同类型的资金构成企业不同的筹资组合，认识和了解筹资种类有利于帮助我们掌握不同种类的筹资对企业筹资成本与筹资风险的影响，有利于选择合理的筹资方式。

（一）按所筹资金的性质不同分为权益性筹资和债权性筹资

1. 权益性筹资

权益性筹资又称自有资金，是指企业依法筹集并长期拥有、自主支配的资金，其数额就是资产负债表中的所有者权益总额，主要包括实收资本或股本、资本公积、盈余公积和未分配利润。权益性筹资一般通过发行股票、吸收直接投资、留存收益等方式筹集。

权益性筹资的特点是：第一，资金的所有权归属所有者，所有者可以参与企业经营管理，取得收益并承担一定的责任；第二，企业及其经营者能长期占有和自主使用，所有者无权以任何方式抽回资本，企业也没有还本付息的压力，财务风险小。

2. 债权性筹资

债权性筹资又称借入资金，是指企业依法筹措并依约使用、按期偿还的资金，其数额就是资产负债表中的负债总额，主要包括银行或非银行金融机构的各种借款、应付债券、应付票据等内容。

债权性筹资的特点是：第一，借入的资金只能在约定的期限内享有使用权，并负有按期还本付息的责任，筹资风险较大；第二，债权人有权按期索取利息或要求到期还本，但无权参与企业经营，也不承担企业的经营风险。

企业筹资总额中自有资金与借入资金的比例称为资金结构。合理安排自有资金和借入资金的比重，做好资金结构的决策，是企业筹资管理的核心问题之一。另外，在特定条件下，这两类资金可以通过一定的手段予以转化，如通过债转股将债权转为股权，或是可转换债券的持有人将可转换债券转换为股票。

（二）按所筹资金使用期限的长短分为短期资金和长期资金

1. 短期资金

短期资金是指使用期限在一年以内或超过一年的一个营业周期以内的资金，主要用于维持日常生产经营活动的开展。短期资金通常采用商业信用、短期借款、短期融资融券等方式来筹集。短期资金和长期资金相比具有筹措的资金使用期限短、成本低和偿债压力大的特点。

2. 长期资金

长期资金是指使用期限在一年以上或超过一年的一个营业周期以上的资金，主要用于满足购建固定资产、取得无形资产、进行长期投资、垫支长期占用的资产等方面。长期资金通常采用吸收直接投资、发行股票、发行债券、长期借款、融资租赁和利用留存收益等方式来筹集。长期资金由于占用时间长，企业可以长期、稳定地安排使用，因此相对于短期资金而言，企业的财务风险较低，但是资金成本较高。

可见，短期资金风险大、成本低；长期资金风险小、成本高。因此，企业在筹资决策中，除了要做好资本结构的决策外，如何适当搭配企业的长短期资金，使企业所占用的资金期限相对较长、使用风险相对较低、资金成本相对较小，也是筹资决策的一项重要内容。

（三）按所筹资金是否通过金融机构分为直接筹资和间接筹资

1. 直接筹资

直接筹资是指企业不经过银行等金融机构，直接与资金供应者借贷或发行股票、债券等方式所进行的筹资活动。在直接筹资过程中，资金的供求双方借助于融资手段直接实现资金的转移，无须通过银行等金融机构。

2. 间接筹资

间接筹资是指企业借助于银行等金融机构进行的筹资，其主要形式为银行借款、非银行金融机构借款、融资租赁等间接筹资，间接融资是目前我国企业最为重要的筹资方式。

（四）按所筹资金的取得方式分为内部筹资和外部筹资

1. 内部筹资

内部筹资是指在企业内部通过留存利润而形成的资本来源，是在企业内部“自然地”形成的，主要表现为内源性的资本积累，如内部留存利润和内部计提的折旧。

2. 外部筹资

外部筹资是指利用企业外部资金来源筹集资金，除企业内部积累外，其余都属于外部筹资。

四、筹资的目标和原则

（一）筹资的目标

企业筹资的总目标与企业财务管理的总体目标一致，即实现股东财富最大化。筹资的目标主要包括以下几个方面：

1. 满足企业所需要的资金

企业持续的日常生产经营活动，需要资金来维持；企业为发展而进行对外投资活动，需要资金的支持；企业为寻求股东收益最大化而调整资本结构，也需要筹集资金。因此，企业筹资首先必须要满足企业开展生产经营、投资和调整资本结构等各项经营活动和财务活动所需要的资金，保证企业的生存和发展。为此，企业应当充分调动和把握各种筹资渠道和方式，保证企业资金供应的及时性。

2. 降低资金成本

企业在获取所需要的资金的同时，必须要充分考虑资金的成本因素，通过各种融资方式的组合，使所筹集资金的成本最低。

3. 控制财务风险

财务风险和资本成本是一对矛盾。财务风险低的筹资方式，如股权资本，往往资金成本较高；而资金成本低的筹资方式，如银行借款，财务风险又较大。因此，企业筹资除了考虑资本成本因素外，控制好财务风险同样也是十分重要的。为此，企业应当做好筹资种类的合理搭配，确定适当的资本结构，注意保持财务弹性，使企业筹资活动成为企业发展的推动力。

（二）筹资的原则

为了正确、有效地进行筹集资金的活动，企业在筹资过程中应遵守下列原则：

1. 依法筹资原则

企业在筹资过程中，必须接受国家有关法律法规及政策的指导，依法筹资，履行约定的责任，维护投资者权益。

2. 规模适度原则

企业的筹资规模应与资金需求量相一致，既要避免因资金筹集不足，影响生产经营的正常进行，又要防止因资金筹集过多，造成资金闲置。

3. 结构合理原则

企业在筹资时，必须使企业的股权资本与借入资金保持合理的结构关系，使负债的多少与股权资本和偿债能力的要求相适应，防止负债过多而增加财务风险，偿债能力降低；或者没有充分地利用负债经营，而使股权资本收益水平降低。

4. 成本节约原则

企业在筹资行为中，必须认真地选择筹资来源和方式，根据不同筹资渠道与筹资方式的难易程度、资本成本等进行综合考虑，并使得企业的筹资成本降低，从而提高筹资效益。

5. 时机得当原则

企业在筹资过程中，必须按照投资机会来把握筹资时机，从投资计划或时间安排上，确定合理的筹资计划与筹资时机，以避免因取得资金过早而造成投资前的闲置，或者取得资金的相对滞后而影响投资时机。

第二节 企业资金需要量预测

企业合理筹集资金的前提是科学地预测资金需要量。因此，企业在筹资之前，应当采用一定的方法预测资金需要量，以保证企业生产经营活动对资金的需求，同时也避免筹资过量造成资金闲置。下面介绍两种常见的资金需要量预测方法。

一、定性预测法

定性预测法是指利用直观的资料，依靠预测者个人的经验和主观分析、判断能力，对未来时期资金的需要量进行估计和推算的方法。其预测过程是：第一，由熟悉财务情况和生产经营情况的专家，根据过去积累的经验进行分析判断，提出预测的初步意见；第二，通过召开专业技术人员座谈会和专家论证会等形式，对上述预测的初步意见进行修正补充。这样经过一次或几次以后，得出预测的最终结果。

定性预测法虽然十分重要，但是不能揭示资金需要量与有关因素之间的数量关系。预测资金需要量应和企业生产经营规模相联系，生产规模扩大，销售数量增加，会引起资金需求增加；反之，则会使资金需求减少。因此，我们在此主要介绍定量预测法。

二、定量预测法

定量预测法是以历史资料为依据，采用数学模型对未来时期资金需要量进行预测的方法。这种方法预测的结果科学而准确，有较高的可行性，但计算较为复杂，要求具有完备的历史资料。定量预测法常用的方法有销售百分比法和资金习性预测法。

（一）销售百分比法

销售百分比法是根据销售与资产负债表和利润表有关项目间的比例关系，预测各项目短期资金需要量的方法。这种方法有两个基本假定：一是企业的部分资产和负债与销售额同比例变化；二是企业各项资产、负债与所有者权益结构已达到最优。在上述假定的前提下，通过销售百分比来确定该项目的资金需要量。在实际运用销售百分比法时，一般是借助预计利润表和预计资产负债表进行的。通过预计利润表预测企业留存收益的增加额；通过预计资产负债表预测企业资金需要总额和外部融资数额。

销售百分比法的基本思路如下：

第一，假定收入、费用、资产、负债与销售收入之间存在稳定的百分比关系。

第二，根据预计销售额和相应的百分比预计资产、负债和所有者权益。

第三，再确定出所需的融资数量。

1. 预计利润表

预计利润表是运用销售百分比法的原理预测利润及留存收益的一种预测方法。预计利润表与实际利润表的内容、格式相同。通过预计利润表，即可以预测留存收益的数额，也可以为预计资产负债表和预测外部融资数额提供依据。

预计利润表的编制步骤如下：

（1）取得基年实际利润表资料，计算确定利润表各项目与销售额的百分比。

（2）取得预测年度销售收入的预计数，用该预计销售额乘以基年实际利润表各项目与实际销售额的百分比，计算出预测年度预计利润表各项目的预计数，并编制预计利润表。

（3）用预计利润表中的预计净利润和预先设定的股利支付率，测算出留存收益的数额。

【例 4-1】某企业 2016 年度利润表如表 4-2 所示。

表 4-2　　2016 年度利润表（简表）　　单位：万元

项目	金额
销售收入	3 000
减：销售成本	2 280
销售费用	12
管理费用	612
财务费用	6
利润总额	90
减：所得税*	22.5
净利润	67.5

*假定该企业所得税税率为 25%。

若该企业 2017 年度预计销售额为 3 800 万元，则 2017 年度预计利润表可测算如表 4-3 所示。

表 4-3　　2017 年度预计利润表（简表）　　单位：万元

项目	金额	占销售收入的百分比（%）	2014 年预计数
销售收入	3 000	100.00	3 800
减：销售成本	2 280	76.00	2 888
销售费用	12	0.40	15.2
管理费用	612	20.40	775.2
财务费用	6	0.20	7.6
利润总额	90	3.00	114
减：所得税*	22.5		28.5
净利润	67.5		85.5

*假定该企业所得税税率为 25%。

若该企业预计的股利支付率为 50%，则 2017 年预测留存收益增加额为 42.75 万元。

留存收益增加额=预计净利润×(1-股利支付率)

=85.5×(1-50%)

=42.75(万元)

2. 预计资产负债表

预计资产负债表是运用销售百分比法的原理预测企业外部融资额的一种方法。预计资产负债表与实际资产负债表的内容、格式相同。通过预计资产负债表，可预测资产、负债以及留存收益有关项目的数额，进而预测企业所需的外部融资数额。

在分析资产负债表项目与销售关系时，要注意区分敏感项目与非敏感项目。所谓敏感项目，是指直接随销售额变动而变动的资产、负债项目，如库存现金、应收款项、存货等经营性资产项目，应付账款、应付职工薪酬、应交税费等经营性负债项目。经营性资产一般会随销售收入的增减而相应增减，经营性负债会随销售收入的增长而自动增加。所谓非敏感项目，是指不随销售额变动而变动的资产、负债项目，如固定资产、长期股权投资、短期借款、应付债券、实收资本、留存收益等项目。固定资产项目是否增加，视预测期的生产经营规模是否在企业原有生产经营能力之内而定。如果在原有的生产经营能力之内，则不需要增加固定资产上的投资；如果因销售增长，企业的生产规模超出了原有的生产能力，就需要扩充固定资产。至于其他长期资产项目，比如无形资产、对外长期投资等项目，则与销售收入增减无关。短期借款、长期负债等筹资性负债项目一般与销售收入增减无关。

【例 4-2】假定某企业 2016 年度实际销售收入 3 000 万元，2017 年度预测销售收入 3 800万元。目前该公司尚有剩余生产能力（即增加收入不需要进行固定资产方面的投资）。该公司 2016 年度资产负债表如表 4-4 所示。

表 4-4　　2016 年度资产负债表（简表）　　单位：万元

项目	金额
资产：	
库存现金	15
应收账款	480
存货	522
其他流动资产	2
固定资产净值	57
资产总额	1 076
负债及所有者权益：	
短期借款	100
应付账款	528
应付职工薪酬	21
应付债券	11
负债合计	660
实收资本	50
留存收益	366
所有者权益合计	416
负债及所有者权益总额	1 076

根据上述资料，编制该企业 2017 年预计资产负债表，如表 4-5 所示。

表 4-5　　2017 年预计资产负债表（简表）　　单位：万元

项目	金额	2016 年销售百分比（%）	2017 年预计数
资产：			
库存现金	15	0.5	19
应收账款	480	16.00	608
存货	522	17.40	661.2
其他流动资产	2	—	2
固定资产净值	57	—	57
资产总额	1 076	33.90	1 347.2
负债及所有者权益：			
短期借款	100	—	100
应付账款	528	17.60	668.8
应付职工薪酬	21	0.70	26.6
应付债券	11	—	11
负债合计	660	18.30	806.4
实收资本	50	—	50
留存收益	366	—	366
所有者权益合计	416		416
负债及所有者权益总额	1 076		1 222.4

注：2017 年预计数 = 各敏感项目的销售百分比×2017 年预计销售额；对于非敏感项目则直接取其 2016 年的金额

在上面的预计资产负债表中，可以看到资产≠负债+所有者权益，而会计等式表明资产=负债+所有者权益。根据这个原理，参考前面资料可以计算出应筹集的资金数额。由于 2017 年预计资产负债表中，总资产 = 1 347.2 万元，而负债+所有者权益 = 1 222.4万元，两者差额 = 1 347.2−1 222.4 = 124.8 万元。这部分资金是 2017 年需要的资金总额。但是在 2017 年预计利润表中知道 2014 年可以有 42.75 万元作为未分配利润留给企业使用，因此企业应从外部筹集资金数额为 124.8−42.75 = 82.05 万元。

也可以这样理解，从表 4-5 的百分比可以看出，销售每增加 100 元，必须增加 33.9 元的资金占用，但同时增加 18.3 元的资金来源。从 33.9%的资金占用中减去 18.3%的自动产生的资金来源，还剩下 15.6%的资金需求。因此，每增加 100 元的销售收入，该公司必须取得 15.6 元的资金来源。【例 4-2】中，销售收入从 3 000 万元增加到 3 800 万元，增加了 800 万元，按照 15.6%的比率可预测将增加 124.8 万元的资金需求。

上面介绍了如何运用预计资产负债表和预计利润表预测资金需要量，这种方法可以利用公式计算。预测外部资金需求量的公式为：

$$对外筹资需要量 = \frac{A}{S_1}(\Delta S) - \frac{B}{S_1}(\Delta S) - EP(S_2) + M$$

式中，A 为随销售变化的敏感性资产，B 为随销售变化的敏感性负债，S_1为基期销售额，S_2为预测期销售额，ΔS 为销售的变动额，P 为销售净利率，E 为留存收益比率，A/S_1变动资产占基期销售额的百分比，B/S_1为变动负债占基期销售额的百分比，M 为预测期内其他方面需要追加的资金数，如增加固定资产投资等。

根据【例 4-2】的资料，2017 年销售增加额（ΔS）为 800 万元；2016 年敏感资产总额 A 为 1 017 万元（15+480+522）；2016 年敏感负债总额 B 为 549 万元（528+21）；2016 年销售额为 3 000 万元；2017 年留存收益增加额为 42.75 万元。运用上述公式可计算如下：

对外筹资需要量 = 800×(1 017/3 000) − 800×(549/3 000) − 42.75 = 82.05(万元)

需要注意的是，如果企业现有的生产能力已经饱和，销售增长需要追加固定资产的投资，那么固定资产增加的数额，可以直接在对外筹资额的公式中加上。

（二）资金习性预测法

资金习性预测法是指根据资金习性预测未来资金需要量的方法。这里所说的资金习性，是指资金的变动与产销量变动之间的依存关系。按照资金习性，可以把资金区分为不变资金、变动资金和半变动资金。

不变资金是指在一定的产销量范围内，不受产销量变动的影响而保持固定不变的那部分资金。也就是说，产销量在一定范围内变动，这部分资金保持不变。不变资金主要包括为维持营业而占用的最低数额的现金、原材料的保险储备、必要的成品储备以及厂房、机器设备等固定资产占用的资金。

变动资金是指随产销量的变动而同比例变动的那部分资金。变动资金一般包括直接构成产品实体的原材料、外购件等占用的资金。另外，在最低储备以外的库存现金、存货、应收账款等也具有变动资金的性质。

半变动资金是指虽然受产销量变化的影响，但不成同比例变动的资金，如一些辅助材料所占用的资金。半变动资金可以采用一定的方法划分为不变资金和变动资金两部分。

资金习性预测法有两种形式：一种是根据资金占用总额同产销量的关系来预测资金需要量；另一种是采用先分项后汇总的方式预测资金需要量。

设产销量为自变量 x，资金占用量为因变量 y，它们之间的关系可用下式表示：

$$y=a+bx$$

式中，a 为不变资金，b 为单位产销量所需变动资金，其数值可采用高低点法或回归直线法求得。

1. 高低点法

资金预测的高低点法是指根据企业一定期间资金占用的历史资料，按照资金习性原理和 $y=a+bx$ 直线方程式，选用最高收入期和最低收入期的资金占用量之差，同这两个收入期的销售额之差进行对比，先求 b 的值，然后再代入原直线方程，求出 a 的值，从而估计推测资金发展趋势。

【例 4-3】某企业 2012—2016 年的产销量和资金占用数量的历史资料如表 4-6 所示，该企业预计 2017 年产销量为 90 万件，试计算 2017 年的资金需要量。

表 4-6 产销量与资金占用量资料

年份	产销量（x）（万件）	资金占用量（y）（万元）
2012	15	200
2013	25	220
2014	40	250
2015	35	240
2016	55	280

根据以上资料采用高低点法计算如下：

$b=(280-200)\div(55-15)=2$（元/件）

$a=280-2\times55=170$（万元）

或 $a=200-2\times15=170$（万元）

建立预测资金需要量的数学模型为：

$$y=170+2x$$

如果 2017 年的预计产销量为 90 万件，则：

2017 年的资金需要量 $=170+2\times90=350$（万元）

高低点法简便易行，在企业资金变动趋势比较稳定的情况下，较为适宜使用。

2. 回归直线法

回归直线法是根据若干期业务量和资金占用的历史资料，运用最小平方法原理计算不变资金和单位销售额变动资金的一种资金习性分析方法。其计算公式为：

$$b=\frac{n\sum xy-\sum x\sum y}{n\sum x^2-(\sum x)^2}$$

在求出 b 的前提下，可以代入下式求 a：

$$a=\frac{\sum y-b\sum x}{n}$$

根据回归直线法，沿用【例 4-3】的资料，该企业 2017 年的资金需要量可以通过以下步骤求得：

（1）根据表 4-6 整理编制表 4-7。

表 4-7 回归直线法资料

年份	产销量（x）	资金占用量（y）	xy	x^2
2012	15	200	3 000	225
2013	25	220	5 500	625
2014	40	250	10 000	1 600
2015	35	240	8 400	1 225
2016	55	280	15 400	3 025
$n=5$	$\sum x=170$	$\sum y=1\ 190$	$\sum xy=42\ 300$	$\sum x^2=6\ 700$

（2）把表 4-7 的资料代入公式：

$$b=\frac{5\times 42\ 300-170\times 1\ 190}{5\times 6\ 700-(170)^2}$$

得：$b=2$

$$a=\frac{1\ 190-2\times 170}{5}$$

得：$a=170$

（3）把 $a=170$，$b=2$ 代入 $y=a+bx$ 求得：

$y=170+2x$

（4）将 2017 年预计销售量 90 万件代入上式，得：

$y=170+2\times 90=350$（万件）

从理论上讲，回归直线法是一种计算结果最为精确的方法。

第三节　股权筹资

股权筹资也称为自有资金筹资，是企业依法筹集并长期拥有、自主调配运用的资金来源，其内容包括投资者投入的资本金和留存收益。企业可以通过吸收直接投资、发行股票、内部积累（留存收益筹资）等方式筹集的资金。

一、吸收直接投资

吸收直接投资是指企业以合同、协议等形式吸收国家、其他企业、个人和外商等主体直接投入资金，形成企业自有资金的一种筹资方式。吸收直接投资不以股票为媒介，适用于非股份制企业，是非股份制企业筹集股权资本最主要的形式。

（一）吸收直接投资的方式

企业吸收的直接投资，根据投资者的出资形式可分为吸收现金投资和吸收非现金投资。

1. 吸收现金投资

吸收现金投资是企业吸收直接投资最为主要的形式之一。这是因为现金比其他出资方式所筹资本在使用上具有更强的灵活性，既可用于购置资产，也可用于费用支付。企业在筹建时吸收一定量的现金投资，将对其步入正常生产经营十分有利。因此，各国法律法规对现金在出资总额中的比例均有一定的规定。

2. 吸收非现金投资

吸收非现金投资是指企业吸收投资者投入的实物资产（包括房屋、建筑物、设备等）和无形资产（包括专利权、商标权、非专有技术、土地使用权等）等非现金资产。与现金出资方式比较，非现金投资直接形成经营所需资产，因此有利于缩短企业经营筹备期，提高效率。但是企业在接受这类投资时，应注意做好资产评估、产权转移、财产验收等工作。对于接受的无形资产投资，企业还应该注意其数额是否符合有关无形资产出资限额的规定。

（二）吸收直接投资的程序

1. 确定吸收直接投资的资金数额

企业吸收的直接投资属于所有者权益，其份额达到一定规定时，就会对企业的经营控制权产生影响，对此企业必须高度重视。因此，对于吸收直接投资的数量，一方面要考虑投资需要；另一方面应考虑对投资者投资份额的控制。

2. 确定吸收直接投资的具体形式

企业各种资产的变现能力是不同的，要提高资产的营运能力，就必须使资产达到最佳配置，如流动资产与固定资产的搭配、现金资产与非现金资产的搭配等。

3. 签署合同或协议等文件

吸收直接投资的合同应明确双方的权利与义务，包括投资人的出资数额、出资形式、资产交付期限、资产违约责任、投资收回、收益分配或损失分摊、控制权分割、资产管理等内容。投资合同对于投资双方都是非常重要的，应经过周密考虑和反复协商，并应取得投资各方的认可。

4. 取得资金来源

作为被投资企业，应督促投资人按时缴付出资，以便及时办理有关资产验证、注册登记等手续。

（三）吸收直接投资的优缺点

1. 吸收直接投资的优点

（1）有利于增强企业信誉。吸收直接投资所筹集的资金属于自有资金，能增强企业的信誉和借款能力，对扩大企业经营规模、壮大企业实力具有重要作用。

（2）有利于尽快形成生产能力。吸收直接投资可以直接获取投资者的先进设备和先进技术，有利于尽快形成生产能力，尽快开拓市场。

（3）有利于降低财务风险。吸收直接投资可以根据企业的经营状况向投资者支付报酬，企业经营状况好，可向投资者多支付一些报酬；企业经营状况不好，则可不向投资者支付报酬或少支付报酬，报酬支付较为灵活，因此财务风险较小。

2. 吸收直接投资的缺点

（1）资金成本较高。一般而言，企业是用税后利润支付投资者报酬的，并且视经营情况而定，因此资金成本较高。

（2）容易分散企业控制权。采用吸收直接投资方式筹集资金，投资者一般都要求获得与投资数量相适应的经营管理权，这是企业接受外来投资的代价之一。如果外部投资者的投资较多，则投资者会有相当大的管理权，甚至会对企业实行完全控制，这是吸收直接投资的不利因素。

二、发行股票

股票是股份有限公司为筹集资本金而发行的有价证券，是持股人拥有股份有限公司股份的凭证。股票持有人为公司股东，拥有公司部分所有权，并以所持股份对公司承担有限责任。

（一）股票的种类

股票的种类很多，不同的股票有不同的权利和义务，也有不同的特点，企业在利用股票筹资时，应分清采用哪种股票。

1. 按股东权利和义务的不同，可将股票分为普通股和优先股

（1）普通股。普通股是股份有限公司发行的最基本的、最标准的股票，也是公司资本结构中最基本、数量最多的股份。普通股股东具有四个方面的权利：一是表决权，即有权参加股东大会，选举公司董事并对公司重大问题发表意见和投票表决；二是优先认股权，即可以优先购买公司新发行的股票，以保持原来股本的占有比例；三是公司盈利的分享权，即普通股的红利是浮动的，随公司净收益的多少而波动；四是剩余财产分配权，即在公司进行清算时，处于优先股之后分配剩余财产。

（2）优先股。优先股是相对于普通股票而言有优先权的一种股票，其优先权主要表现在两个方面：一是优先分配股利，优先股股东在分配股利时优先于普通股股东分配股利，而且经常是固定的股息；二是优先分配公司剩余财产，即当公司破产或解散清算时，优先股股东优先分配公司剩余财产。优先股除有上述优点外，同时也有某些权利的限制，如优先股一般没有投票权和对公司的经营控制权，无权享受超过预定股息的部分利息，当公司盈利较多时，优先股的收益不如普通股。

优先股是一种具有双重性质的证券，优先股股东的权利与普通股股东有相似之处，两者的股利都是在税后利润中支付，而不能像债券利息那样在税前列支。同时，优先股又具有债券的某些特征，即有固定的股利，并且对盈余的分配和剩余财产的求偿具有优先权，也类似于债券。

2. 按股票票面是否记名，可将股票分为记名股票和无记名股票

（1）记名股票。记名股票是指在股票上载有股东姓名或名称并将其记入公司股东名册的股票。记名股票要同时附有股权手册，只有同时具备股票和股权手册，才能领取股息和红利。记名股票的转让、继承都要办理过户手续。

（2）无记名股票。无记名股票是指在股票上不记载股东姓名或名称，也不将股东姓名或名称记入公司股东名册的股票。凡持有无记名股票者，都可成为公司股东。无记名股票的转让、继承无须办理过户手续，只要将股票交给受让人，就可发生转让效力，移交股权。

《中华人民共和国公司法》（以下简称《公司法》）规定，公司向发行人、国家授权投资的机构和法人发行的股票，应当为记名股票；向社会公众发行的股票，可以为记名股票，也可以为无记名股票。

3. 按发行对象和上市地区不同，可将股票分为A股、B股、H股和N股等

在我国内地上市交易的股票主要有A股、B股。A股是以人民币标明票面金额并以人民币认购和交易的股票。B股是以人民币标明票面金额，以外币认购和交易的股票。H股是在我国香港上市的股票。N股是在美国纽约上市的股票。

（二）股票的发行和销售方式

股票的发行和销售是股份有限公司以发行股票筹集资金活动中的两个具体环节。

1. 股票的发行方式

股份有限公司发行股票的方式一般有两种，即公开发行和不公开发行。公开发行是依照公司法和证券法的规定，在办理发行股票申请程序以后，公开向社会公众发行股票；不公开发行是股份有限公司向少数特定对象直接发行股票。

采用公开发行方式发行的股票，一般由证券经营机构承销。其具有以下优点：第一，股票发行对象多、范围广，而且股票的变现性强，有利于企业及时、足额募集股本；第二，股票发行的影响面大，能提高企业的知名度和扩大影响力。其缺点是手续比较复杂，发行费用比较高。

不公开发行股票的优点是手续简便、费用较低。其缺点如下：第一，不利于企业及时、足额筹集股本；第二，不利于提高公司的知名度和影响力，而且股票变现性差。

2. 股票的销售方式

股票的销售方式也有两种：一是自销，二是委托承销。

自销是企业直接将股票出售给投资者，而不经过证券机构。这种销售方式的优点是企业能控制股票的发行过程，节省发行费用。其缺点是会延长股票的发行时间，而且公司要承担股票发行的全部风险。因此，自销方式一般适用于发行数额不大、发行风险较小的企业。

委托承销方式是发行公司将股票销售业务委托给证券机构代理，证券机构是专门从事证券买卖业务的金融中介机构，如证券公司、信托投资公司等。委托承销又分为包销和代销。包销是企业与证券中介机构签订承销协议，由证券经营机构全权办理公司股票的发售业务，剩余部分的股票由证券机构全部购买。包销方式的优点是发行风险由承销商承担；缺点是发行费用较高。代销是企业与证券机构签订承销协议，由证券机构代理股票发售业务，如果实际募集的股份达不到发行股份数，证券机构不购买剩余股票。采用代销方式的发行公司承担的风险比较高，但相应的筹资费用较低。

（三）股票的发行价格

股票的发行价格是指企业将股票出售给投资者所采用的价格，其金额等于投资者购买股票所支付的款项。股票的发行价格是由股票面值、公司财务状况、股市行情等因素决定的。以募集方式设立公司首次发行股票时，股票价格由发起人决定；公司增资发行新股时，股票价格由股东大会或董事会决定。

股票的发行价格一般有以下三种：

1. 平价

平价，即以股票的面值为发行价格。平价发行股票容易推销，但发行公司不能取得股票溢价收入。其主要适用于新创立公司初次发行股票或原有股东认购新股。

2. 时价

时价是以本公司股票的现行市场价格作为发行新股票的价格。公司增资时采用时价发行股票比较符合实际，因为公司以往发行的股票的市场价格已经发生了变化，这样有利于处理新老股东之间的利益关系。

3. 中间价

中间价是以股票面值和时价的平均值作为股票的发行价格。

股票的发行价格高于面值的发行称为溢价发行，低于面值的发行称为折价发行，等于面值的发行称为平价发行。溢价发行股票所得的溢价收入列入资本公积。我国《公司法》规定，股票发行价格不得低于票面金额（即不允许折价发行）。

（四）股票的发行程序

按我国《公司法》的规定，企业公开发行股票应按按下列程序办理：

1. 申请

申请发行股票的企业应聘请有资格的中介机构（会计师事务所、律师事务所）对其资信、资产、财务状况等进行审定、评估，出具资产评估报告、审计报告和法律意见书，连同招股说明书按隶属关系向各级人民政府或中央企业主管部门提出申请。

2. 审批

各级政府及中央主管部门，在收到企业提出的申请后，在规定的期限内做出审批决定，并抄报国务院证券管理委员会（简称证券委）。

3. 复审

被批准的发行申请应送证监会复审，证监会复审后抄报证券委。

4. 上市发行

经证监会复审同意后，申请人应向证券交易所上市委员会提出上市申请，经批准后即可上市发行。股票上市发行过程中的具体工作又分以下几个步骤：

（1）向社会公告股票发行决定。

（2）接受股票购买申请。

（3）办理购买者付款手续。

（4）向购买者交付股票。

（5）向承销机构支付手续费等。

（6）办理资本登记或资本变更登记。

（7）公告股票发行结束。

（五）股票上市对公司的影响

股票上市是指股份有限公司公开发行的股票经批准在证券交易所进行挂牌交易。经批准在交易所上市交易的股票称为上市股票。我国《公司法》规定，股东转让其股份，即股票流通必须在依法设立的证券交易所进行。

1. 股票上市的有利影响

（1）有助于改善财务状况。公司公开发行股票可以筹得自有资金，能迅速改善公司财务状况，并有条件得到利率更低的贷款。同时，公司一旦上市，就可以有更多的机会从证券市场上筹集资金。

（2）利用股票收购其他公司。一些公司常用出让股票而不是交付现金的方式对其他企业进行收购。被收购企业也乐意接受上市公司的股票。因为上市的股票具有良好的流通性，持股人可以很容易将股票出手而得到资金。

（3）利用股票市场客观评价企业。对于已上市的公司来说，每时每日的股市行情，都是对企业客观的市场估价。

（4）利用股票可激励职员。上市公司利用股票作为激励关键人员的有效手段。公开的股票市场提供了股票的准确价值，也可以使职员的股票得以兑现。

（5）提高公司知名度，吸引更多顾客。股票上市公司为社会所知，并被认为经营优良，这会给公司带来良好的声誉，从而吸引更多的顾客，扩大公司的销售。

2. 股票上市的不利影响

（1）使公司失去隐私权。一家公司转为上市公司，其最大的变化是公司隐私权的消失。国家证券管理机构要求上市公司将关键的经营情况向社会公众公开。

（2）限制经理人员操作的自由度。公司上市后，其所有重要决策都需要经董事会讨论通过，有些对企业至关重要的决策则必须全体股东投票决定。股东们通常以公司盈利、分红、股价等来判断经理人员的业绩，这些压力往往使得企业经理人员只注重短期效益而忽略长期效益。

（3）公开上市需要很高的费用。这些费用包括资产评估费用、股票承销佣金、律师费、注册会计师费、材料印刷费、登记费等。这些费用的具体数额取决于每一个企业的具体情况、整个上市过程的难易程度和上市融资的数额等因素。公司上市后还需花费一些费用为证券交易所、股东等提供资料，聘请注册会计师、律师等。

（六）普通股筹资的优缺点

1. 普通股筹资的优点

（1）没有固定股利负担。公司有盈余，并认为适合分配股利时，就可以分配股利；公司盈余较少，或者虽有盈余但资金短，或者有更有利的投资机会时，就可少支付或不支付股利。

（2）没有固定到期日，不用偿还。利用普通股筹集的是永久性的资金，只有公司清算才需偿还。其对保证企业最低的资金需求有重要意义。

（3）筹资风险小。由于普通股没有固定到期日，不用支付固定的股利，此种筹资实际上不存在不能偿付的风险，因此风险最小。

（4）能增加公司的信誉。普通股本与留存收益构成公司偿还债务的基本保障，因此普通股筹资既可以提高公司的信用价值，同时也为使用更多的债务资金提供了强有力的支持。

（5）筹资限制较少。利用优先股或债券筹资，通常有许多限制，这些限制往往会影响公司经营的灵活性，而利用普通股筹资则没有这种限制。

2. 普通股筹资的缺点

（1）资金成本较高。普通股筹资的资金成本较高的原因有三：一是普通股投资风险较大，按照收益风险对等原则，普通股所要求的收益率也就较高；二是普通股的股利从税后利润中支付，起不到抵税的作用；三是普通股的发行费用比举债要高出很多。

（2）容易分散控制权。利用普通股筹资，出售了新的股票，引进了新的股东，容易导致公司控制权的分散。

（3）增发新股可能会降低每股收益。新股东有分享公司净利润的权利，在公司盈利不增加的情况下，会降低每股的获利能力及每股权益，从而引起每股市价下跌。

（七）优先股筹资的优缺点

1. 优先股筹资的优点

（1）没有固定到期日，不用偿还本金。优先股从根本上说属于权益资本，没有到期日，是永久性资金来源，可以为公司举债提供保证，增强了公司的举债能力。

（2）股利支付既固定，又有一定的弹性。一般而言，优先股都采用固定股利，固定股利的支付并不构成公司的法定义务。如果财务状况不佳，则可暂不付优先股股利，优先股股东也不能像债权人一样迫使公司破产。

（3）可以调整资本结构。优先股的可赎回性和可转换性使之具有调整资本结构的功能。

（4）能发挥财务杠杆的作用。优先股股利固定，具有财务杠杆作用。

2. 优先股筹资的缺点

（1）筹资成本高。优先股所支付的股利要从税后净利润中支付，不同于债务利息可在税前扣除。

（2）筹资限制多。发行优先股，通常有许多限制条款，如对普通股股利支付上的限制、对公司举债的限制等。

（3）财务负担重。优先股需要支付固定股利，但又不能在税前扣除。因此，当利润下降时，优先股的股利会成为一项较重的财务负担，有时不得不延期支付。

三、留存收益筹资

（一）留存收益筹资的渠道

留存收益来源渠道有以下两个方面：

1. 盈余公积

盈余公积是指有指定用途的留存净利润，是公司按照《公司法》的规定从净利润中提取的积累资金，包括法定盈余公积金和任意盈余公积金。

2. 未分配利润

未分配利润是指未限定用途的留存净利润。这里有两层含义：一是这部分净利润没有分给公司的股东；二是这部分净利润未指定用途。

（二）留存收益筹资的优缺点

1. 留存收益筹资的优点

（1）资金成本较普通股低。用留存收益筹资，不用考虑筹资费用，资金成本较普通股低。

（2）保持普通股股东的控制权。用留存收益筹资，不用对外发行股票，由此增加的权益资本不会改变企业的股权结构，不会稀释原有股东的控制权。

（3）增强公司的信誉。留存收益筹资能够使企业保持较大的可支配的现金流，既可以解决企业经营发展的资金需要，又能提高企业举债的能力。

2. 留存收益筹资的缺点

（1）筹资数额有限制。留存收益筹资最大可能的数额是企业当期的税后利润和上年未分配利润之和。如果企业经营亏损，则不存在这一渠道的资金来源。此外，留存收益的比例常常受到某些股东的限制。其可能从消费需求、风险偏好等因素出发，要求股利支付比率要维持在一定水平上。留存收益过多，股利支付过少，可能会影响到今后的外部筹资。

（2）资金使用受制约。留存收益中某些项目的使用，如法定盈余公积金等，要受国家有关规定的制约。

第四节　债务筹资

债务筹资是通过举债筹集资金。债务资金主要通过银行借款、发行债券、融资租赁、商业信用等方式筹措取得的。由于负债要归还本金和利息，因此被称为企业的借入资金或债务资金。

一、银行借款

银行借款是企业根据借款合同向银行或非银行金融机构借入的需要还本付息的款项。银行借款分为短期借款筹资和长期借款筹资。

（一）短期借款筹资

短期借款是指企业向银行和其他非银行金融机构借入的期限在一年以内的借款。

1. 短期借款的种类

短期借款主要有生产周转借款、临时借款、结算借款等。按照国际通行做法，短期借款还可以依据偿还方式的不同，分为一次性偿还借款和分期偿还借款；依据利息支付方式的不同，分为收款法借款、贴现法借款和加息法借款；依据有无担保，分为抵押借款和信用借款。

2. 短期借款的取得

企业举借短期借款，必须先提出申请，经审查同意后借贷双方签订合同，注明借款的用途、金额、利率、期限、还款方式、违约责任等。之后，企业根据借款合同办理借款手续。借款手续完毕，企业便可取得借款。

3. 短期借款的信用条件

按照国际通行做法，银行发放短期借款往往带有一些信用条件，主要如下：

（1）信贷额度。信贷额度是金融机构对借款企业规定的无抵押、无担保借款的最高限额。企业在信用额度以内，可随时使用借款，但金融机构并不承担必须提供全部信用额度的义务。如果企业信用恶化，即使在信用额度内企业也不一定能获得借款，对此金融机构不承担法律责任。

（2）周转信贷协定。周转信贷协定是银行从法律上承诺向企业提供不超过某一最高限额的贷款协定。在协定的有效期内，只要企业借款总额未超过最高限额，银行必须满足企业任何时候提出的借款要求。企业享有周转协定，通常要对贷款限额的未使用部分付给银行一笔承诺费。

【例4-4】某企业与银行商定其周转信贷额为2 000万元，承诺费率为0.5%。借款企业年度内使用了1 400万元，余额为600万元。借款企业应向银行支付承诺费的金额为：

承诺费=600×0.5%=3（万元）

（3）补偿性余额。补偿性余额是银行要求借款企业在银行中保持按贷款限额或实际借用额一定百分比（一般为10%~20%）的最低存款余额。从银行的角度讲，补偿性余额可降低贷款风险，补偿遭受的贷款损失。对于借款企业来讲，补偿性余额则提高了借款的实际利率。实际利率的计算公式为：

$$实际利率=\frac{名义借款金额\times名义利率}{名义借款金额\times(1-补偿性余额比例)}$$

$$=\frac{名义利率}{1-补偿性余额比例}$$

【例 4-5】某企业按年利率 8%向银行借款 100 万元，银行要求保留 20%的补偿性余额，企业实际可以动用的借款只有 80 万元。该项借款的实际利率为：

$$补偿性余额贷款实际利率=\frac{8\%}{1-20\%}\times100\%=10\%$$

（4）借款抵押。银行向财务风险较大、信誉不好的企业发放贷款，往往需要有抵押品担保，以减少银行蒙受损失的风险。借款的抵押品通常是借款企业的办公楼、厂房等。

（5）偿还条件。无论何种借款，银行一般都会规定还款的期限。根据我国金融制度的规定，贷款到期后仍无能力偿还的，视为逾期贷款，银行要照章加收逾期罚息。

4. 借款利息的支付方式

（1）利随本清法。利随本清法又称收款法，是在借款到期时向银行支付利息的方法。采用这种方法，借款的名义利率等于其实际利率。

（2）贴现法。贴现法是银行向企业发放贷款时，先从本金中扣除利息部分，在贷款到期时借款企业再偿还全部本金的一种计息方法。采用这种方法，企业可利用的贷款额只有本金减去利息部分后的差额，因此贷款的实际利率高于名义利率。其实际利率的计算公式为：

$$贴现贷款实际利率=\frac{利息}{贷款金额-利息}\times100\%$$

【例 4-6】某企业从银行取得借款 200 万元，期限为 1 年，名义利率为 10%，利息为 20 万元。按照贴现法付息，企业实际可动用的贷款为 180 万元（200-20）。该项贷款的实际利率为：

$$贴现贷款实际利率=\frac{利息}{贷款金额-利息}\times100\%$$

$$=\frac{20}{200-20}\times100\%\approx11.11\%$$

$$或贴现贷款实际利率=\frac{名义利率}{1-名义利率}\times100\%$$

$$=\frac{10\%}{1-10\%}\times100\%\approx11.11\%$$

（3）加息法。加息法是银行发放分期等额偿还贷款时采用的利息收取方法。由于贷款分期均衡偿还，企业实际只平均使用了贷款本金的半数。因此，采用这种方法，实际利率是名义利率的 2 倍。

【例 4-7】某企业借入（名义）年利率为 12%的贷款 20 万元，分 12 个月等额偿还本息。该项贷款的实际利率为：

$$加息贷款实际利率=\frac{贷款额\times利息率}{贷款额\div2}\times100\%$$

$$=\frac{20\times12\%}{20\div2}\times100\%=24\%$$

5. 短期借款筹资的优缺点

（1）优点。短期借款筹资的优点如下：

①筹资速度快。企业获得短期借款所需时间要比获得长期借款短得多，因为银行发放长期贷款前，通常要对企业进行比较全面的调查分析，花费时间较长。

②筹资弹性大。短期借款数额及借款时间弹性较大，企业可以在需要资金时借入，在资金充裕时还款，便于企业灵活安排。

（2）缺点。短期借款筹资的缺点如下：

①筹资风险大。短期资金的偿还期短，在筹资数额较大的情况下，如企业资金调度不周，就有可能出现无力按期偿付本金和利息，甚至被迫破产。

②与其他短期筹资方式相比，资金成本较高，尤其是在补偿性余额和附加利率情况下，实际利率通常高于名义利率。

（二）长期借款筹资

长期借款是企业根据借款合同向银行和其他非银行金融机构借入的期限在一年以上的款项。

1. 长期借款的种类

（1）按提供贷款的机构不同，长期借款可分为政策性银行贷款、商业银行贷款等。政策性银行贷款一般是指办理国家政策性贷款业务的银行向企业发放的贷款。例如，国家开发银行主要为满足企业承建国家重点建设项目的资金需要提供贷款；中国进出口银行则为大型设备的进出口提供买方或卖方信贷。商业银行贷款是指由各商业银行向各类企业提供的贷款。这类贷款主要为满足企业建设性项目的资金需要，企业对贷款自主决策、自担风险、自负盈亏。此外，企业也可以从保险公司、信托公司等其他金融机构取得贷款。这类贷款一般期限较长，要求的利率也高，而且对借款企业的信用选择比较严格。

（2）按是否提供担保，长期借款可分为抵押借款和信用借款。抵押借款是指要求借款企业以实物资产或有价证券作为抵押而取得贷款。通常作为抵押品的实物资产主要是不动产、机器设备等。企业到期不能还本付息时，银行等金融机构有权处置抵押品，以保证其贷款安全。信用借款是凭借款企业的信用或其保证人的信用而发放的贷款。通常，银行只向那些资信条件好的企业发放信用贷款。

（3）按借款的用途不同，长期借款可分为固定资产投资借款、更新改造借款、科技开发和新产品试制借款。

2. 长期借款的条件和程序

（1）长期借款的条件。企业申请贷款一般应具备的条件可归纳如下：

①独立核算、自负盈亏、有法人资格。

②借款用途符合国家的产业政策和金融机构贷款办法所规定的范围。

③借款企业或担保单位具有一定的财产保证。

④借款企业具有偿还借款的能力。

⑤借款企业财务管理和经济核算制度健全，经济效益良好。

⑥借款企业在银行开立账户和办理结算。

（2）长期借款的程序。具备借款条件的企业应按下列程序办理借款手续：

①企业提出借款申请。借款申请书要说明借款的原因、金额、用款计划、还款期限。

②金融机构审批。审批的内容包括企业的财务状况、信用情况、利润水平、发展前景、投资项目的可行性分析等。

③签订借款合同。企业借款申请经金融机构审查同意后，借贷双方应就贷款条件进行谈判，然后签订借款合同。

④企业取得借款。借款合同生效以后，企业可以在借款指标范围内，根据用款计划和实际需要，从金融机构取得借款并转入企业存款结算账户。

⑤企业偿还借款。企业应按借款合同的规定按时足额归还借款本息。如果企业不能按期归还借款，应在借款到期之前，向银行申请贷款展期，但是否展期，由贷款银行根据具体情况决定。

3. 长期借款合同的内容

借款合同是规定借贷当事人双方权利和义务的契约，具有法律约束力。当事人双方必须严格遵守合同条款，履行合同规定的义务。

（1）借款合同的基本条款。借款合同应具备以下基本条款：

①贷款种类。

②借款用途。

③借款金额。

④借款利率。

⑤借款期限。

⑥还款资金来源及还款方式。

⑦保证条款。

⑧违约责任等。

（2）借款合同的限制条款。对于长期借款合同，除基本条款外，银行都有一些限制性条款，主要包括以下三类：

①一般保护性条款。一般保护性条款包括四项限制条款：流动资本要求、现金红利发放限制、资本支出限制以及其他债务限制。流动资本要求是指要求企业持有一定的现金及其他流动资产，保持合理的流动性及还款能力；现金红利发放限制是指限制现金股利支出和库存股的购入；资本支出限制是指资本性支出一般限制在一定数额内，如需要借入其他长期债务，必须经过银行同意等；其他债务限制则旨在防止其他贷款人取得对企业资产的优先求偿权。

②例行性保护条款。例行性保护条款主要是一些常规条例，如借款企业必须定期向银行提交财务报表；不准在正常情况下出售较多资产，以保持企业正常的生产经营能力；不得为其他单位或个人提供担保；禁止应收账款的售让；等等。

③特殊性保护条款。特殊性保护条款是主要针对某些特殊情况而提出的保护性措

施，主要包括贷款的专款专用、不准企业过多的对外投资、限制高级管理人员的工资和奖金支出等。

4. 长期借款的利率

一般情况下，长期借款利率高于短期借款利率，这是因为债权人把资金在较长的时间内让渡给债务人使用具有较大的投资风险，要求获得较高的收益。但是，对于那些财务状况好、信誉高的企业来说，仍然可以争取到利率较低的长期借款。长期借款利率通常分为固定利率和浮动利率两种。对于借款企业来说，在市场利率呈上升趋势的情况下使用固定利率有利，呈下降趋势的情况下使用浮动利率为佳，因为这样可以减少企业未来的利息支出。

5. 长期借款筹资的优缺点

（1）优点。长期借款筹资的优点如下：

①筹资速度快。办理长期借款的程序和手续要比发行股票和债券简便，所需时间较少，融资速度较快。

②借款弹性较大。企业与银行可以直接接触，可以通过直接商谈来确定借款的时间、数量和利息。在借款期间，如果企业情况发生了变化，也可以与银行进行协商，修改借款的数量和条件。借款到期后，如有正当理由，企业还可以延期归还。

③资金成本较低。长期借款和利率一般低于债券利率，而且借款属于直接融资，筹资费用也比较少。与发行股票和债券相比，长期借款的资金成本比较低。

④可以发挥财务杠杆的作用。不论企业赚钱多少，银行只按借款合同收取利息，在投资报酬率大于借款利率的情况下，企业所有者将会因财务杠杆的作用而得到更多的收益。

（2）缺点。长期借款筹资的缺点如下：

①筹资风险较高。企业举借长期借款，必须定期还本付息，在经营不利的情况下，可能会产生不能偿付的风险，甚至会导致破产。

②限制性条款比较多。银行为保证贷款的安全性，对借款的使用附加了很多约束性条款，这些条款在一定意义上限制了企业自主调配与运用资金的功能。

③筹资数量有限。银行一般不愿借出巨额的长期借款。因此，利用银行借款筹资都有一定的上限。

二、发行债券

公司债券是指企业为筹集资金而发行的、向债权人承诺按期支付利息和偿还本金的书面凭证。公司债券是一种要式证券，体现的是持有人与发行企业之间的债权债务关系。我国非公司制企业发行的债券称为企业债券，公司制企业发行的债券称为公司债券，习惯上又称为公司债。

（一）债券的种类

1. 按债券是否记名，债券可分为记名债券与无记名债券

记名债券是指券面上记载有债权人的姓名，本息只向登记人支付，转让需办理过户手续的债券。

不记名债券是指券面上无债权人姓名，本息直接向持有人支付，可由持有人自由

转让的债券。

2. 按债券能否转换为公司股票，债券可分为可转换债券和不可转换债券

可转换债券是指在一定时期内，可以按规定的价格或一定比例，由持有人自由地选择转换为普通股的债券。当公司想发行股票筹资而又遇到股价偏低时，往往发行可转换债券，可以在比较有利的条件下筹集到所需资金。

不可转换债券是指不可以转换为普通股的债券。

3. 按债券有无特定的财产担保，债券可分为信用债券和抵押债券

信用债券是指单纯凭企业信誉或信托契约而发行的、没有抵押品作抵押或担保人作担保的债券。信用债券通常由那些信誉较好、财务能力较强的企业发行。

抵押债券是指以发行企业的特定财产作为抵押品的债券。根据抵押品的不同，抵押债券又分为不动产抵押债券、动产抵押债券和信托抵押债券。其中，信托抵押债券是指债券发行企业以其持有的其他有价证券作为抵押品的债券。对于抵押债券，若发行企业不能按期偿还本息，持有人可以行使其抵押权，拍卖抵押品作为补偿。

4. 按债券能否提前收回，债券可分为可收回债券和不可收回债券

可收回债券是指债券到期前，公司可按规定价格和期限提前赎回。发行可收回债券对公司来说是一种较有伸缩性的融资方式，当市场利率下降时，公司即可收回原债券，重新发行一种利率较低的新债券，以减少筹资成本；对某些附有限制性条款的债券，当公司资金充裕时可及时收回，以免除限制性条款的束缚。

不可收回债券是指不能依条款从债权人手中提前收回的债券，只能在证券市场上按市场价格买回，或等到债券到期后收回。

（二）债券的发行

1. 债券的发行条件

在我国，发行公司债券必须符合《公司法》《中华人民共和国证券法》（以下简称《证券法》）规定的有关条件。

2. 债券的发行程序

债券发行的基本程序如下：

（1）做出发行债券的决议。

（2）提出发行债券的申请。

（3）公告债券募集办法。

（4）委托证券机构发售。

（5）交付债券，收缴债券款，登记债券存根簿。

（三）债券的发行价格

债券的发行价格是指发行公司（或其承销机构，下同）发行债券时所使用的价格，即投资者向发行公司认购债券时实际支付的价格。公司在发行债券之前，必须进行发行价格决策。

1. 影响发行价格的因素

影响发行价格的因素有债券面额、票面利率、市场利率、债券期限等。其中，债券期限决定投资风险，期限越长，投资风险越大，从而要求的投资报酬也越高，债券发行价格就可能越低；反之，期限越短，投资风险越小，从而要求的投资报酬率也相

应越低，债券发行价格就可能越高。

2. 债券发行价格确定方法

对于债券的发行价格，发行企业与投资者是从不同角度来看待的。发行人考虑的是发行收入能否补偿未来所应支付的本息，投资者考虑的则是放弃资金使用权而应该获取的收益。由于公司债券的还本期限一般在一年以上，因此确定债券发行价格时，不仅应考虑债券券面与市场利率之间的关系，还应考虑债券资金所包含的时间价值。理论上讲，债券的投资价值由债券到期还本面额按市场利率折现的现值与债券各期债息的现值两部分组成。发行价格的具体计算公式为：

$$\text{债券发行价格}=\frac{\text{债券面额}}{(1+\text{市场利率})^n}+\sum\frac{\text{债券面额}\times\text{票面利率}}{(1+\text{市场利率})^t}$$

式中，n 为债券的期限，t 为付息期数，市场利率通常指债券发行时的市场利率。

从公式可以看出，由于票面利率与市场利率存在差异，因而债券的发行价格可能出现三种情况，即等价、溢价与折价。当票面利率高于市场利率时，债券的发行价格高于面额，即溢价发行；当票面利率等于市场利率时，债券的发行价格等于面额，即等价发行；当票面利率低于市场利率时，债券的发行价格低于面额，即折价发行。

债券之所以会存在溢价发行和折价发行，是因为资金市场上的利息率是经常变化的，而企业债券上的利息率，一经印出，便不易再进行调整。从债券的开印到正式发行，往往需要经过一段时间，在这段时间内如果资金市场上的利率发生变化，就要靠调整发行价格来使债券顺利发行。但无论以哪种价格发行债券，投资者的收益都保持在与市场利率相等的水平上。

【例 4-8】某公司打算发行面值为 100 元、利息率为 8%、期限为 5 年的债券。在该公司决定发行债券时，如果市场上的利率发生变化，那么就要调整债券的发行价格。现分如下三种情况来说明：

（1）资金市场的利率保持在 8%，该公司的债券利率为 8%，则债券可等价发行。其发行价格为：

$$\begin{aligned}\text{发行价格}&=100\times8\%\times(P/A,\ 8\%,\ 5)+100\times(P/F,\ 8\%,\ 5)\\&=100\times8\%\times3.993+100\times0.681\approx100\ (\text{元})\end{aligned}$$

也就是说，当债券利率等于市场利率时，按 100 元的价格出售此债券，投资者可以获得 8%的报酬。

（2）资金市场上的利率大幅度上升到 12%，公司的债券利率为 8%，低于资金市场利率，则应采用折价发行。其发行价格为：

$$\begin{aligned}\text{发行价格}&=100\times8\%\times(P/A,\ 12\%,\ 5)+100\times(P/F,\ 12\%,\ 5)\\&=100\times8\%\times3.605+100\times0.567=85.54\ (\text{元})\end{aligned}$$

也就是说，只有按 85.54 元的价格出售，投资者才会购买此债券，以获得与市场利率 12%相等的报酬。

（3）资金市场上的利率大幅度下降到 5%，公司的债券利率为 8%，则应采用溢价发行。其发行价格为：

$$\begin{aligned}\text{发行价格}&=100\times8\%\times(P/A,\ 5\%,\ 5)+100\times(P/F,\ 5\%,\ 5)\\&=100\times8\%\times4.329+100\times0.784=113.03\ (\text{元})\end{aligned}$$

也就是说，投资者把 113.03 元的资金投资于该公司面值为 100 元的债券，只能获得 5%的回报，与市场利率相同。

（四）债券的信用等级

企业公开发行债券需要由资信评级机构评定债券信用等级。债券信用等级表示债券质量的优劣，反映发行公司还本付息能力的强弱和债券投资风险的大小。国际上流行的债券等级，一般分为九级。AAA 级为最高级，AA 级为高级，A 级为中上级，BBB 级为中级，BB 级为中下级，B 级为投机级，CCC 级为完全投机级，CC 级为最大投机级，C 级为最低级。

目前，我国尚无统一的债券等级标准，尚未建立系统的债券评级制度。根据中国人民银行的规定，凡是向社会公开发行债券的企业，需由中国人民银行及其授权的分行指定的资信评级机构或者公证机构进行信用评级。债券的信用等级对于发行公司和购买人都有重要影响。

（五）债券筹资的优缺点

1. 债券筹资的优点

（1）资金成本较低。利用债券筹资的成本要比股票筹资的成本低。这主要是因为债券的发行费用较低，债券利息在税前支付，部分利息由政府负担了。

（2）保证控制权。债券持有人无权干涉企业的管理事务，如果现有股东担心控制权旁落，则可以采用债券筹资。

（3）可以发挥财务杠杆作用。债券利息负担固定，在企业投资效益良好的情况下，更多的收益可用于分配给股东，增加其财富，或留归企业以扩大经营。

（4）可调整资本结构。在公司发行可转换债券及提前赎回债券的情况下，公司可以主动调整资本结构。

2. 债券筹资的缺点

（1）筹资风险高。债券有固定的到期日，并定期支付利息。利用债券筹资，要承担还本付息的义务。在企业经营不景气时，向债券持有人还本付息会给企业带来更大的困难，甚至导致企业破产。

（2）限制条件多。发行债券的契约书中往往有一些限制条款。这种限制比短期债务严格得多，可能会影响企业的正常发展和以后的筹资能力。

（3）筹资额有限。利用债券筹资有一定的限度，当公司的负债比率超过一定程度后，债券筹资的成本要迅速上升，有时甚至会发行不出去。

三、融资租赁

租赁是指在约定的期间内，出租人将资产使用权让与承租人，以获取租金的协议。企业租入资产，意味着增加资产而不需要增加相应的投资，这与借款购买资产的效果是相同的。所以说，租赁也是企业筹集资金的一种形式。

租赁业务通常可以分为融资租赁和经营租赁两大类。

（一）融资租赁

融资租赁又称财务租赁，是指实质上转移了与资产所有权有关的全部风险和报酬的租赁。其所有权最终可能转移，也可能不转移。融资租赁是一种长期租赁，企业通过融资租赁方式租入设备，主要目的是融通资金并获得设备的使用权。采用这种方式租入设备等于出租公司为承租企业筹集了购买设备的价款，而承租企业只需要按规定缴纳租金。

1. 融资租赁的形式

（1）直接租赁。出租公司出资向生产厂商购买承租企业所需要的设备，然后再租赁给承租企业。

（2）转租租赁。出租公司从其他租赁公司或制造厂商租入设备，然后再转租给承租企业。

（3）售后回租。承租企业将自己拥有的设备出售给出租公司，然后再从出租公司租回设备的使用权。

（4）杠杆租赁。杠杆租赁涉及承租人、出租人和资金出借者三方当事人。从承租人的角度来看，这种租赁与其他租赁形式并无区别，同样是按合同的规定，在基本租赁期内定期支付定额租金，取得资产的使用权。但对出租人却不同，出租人只出购买资产所需的部分资金作为自己的投资，另外以该资产作为担保向资金出借者借入其余资金。因此，其既是出租人又是贷款人，同时拥有对资产的所有权，既收取租金又要偿付债务。如果出租人不能按期偿还借款，资产的所有权就要转归资金的出借者。这种融资租赁方式，由于租金收入一般大于借款所支付的本息，租赁公司可从中获得财务杠杆利益，故称杠杆租赁。

2. 融资租赁的程序

融资租赁的程序如下：

（1）选择租赁公司。

（2）办理租赁委托。

（3）签订购货协议。

（4）签订租赁合同。

（5）办理验货与投保。

（6）支付租金。

（7）处理租赁期满的设备。

3. 融资租赁租金的计算

（1）融资租赁租金的构成。

①租赁设备的购置成本，包括设备买价、运杂费和途中保险费。

②预计设备的残值，即设备租赁期满时预计的可变现净值（作为租金构成的减项）。

③利息，即出租人为承租人购置设备融资而应计的利息。

④租赁手续费，即出租人办理租赁设备的营业费用。

⑤利润，即出租人通过租赁业务应取得的正常利润。

其中，④⑤两项均以手续费方式支付，因此在实务中统称手续费。

（2）融资租赁租金的支付形式。融资租赁租金通常采用分次支付的方式，具体类型如下：

①按支付间隔期的长短，可以分为年付、半年付、季付和月付等方式。

②按支付时期先后，可以分为先付租金和后付租金两种。

③按每期支付金额，可以分为等额支付和不等额支付两种。

（3）融资租赁租金的计算方法。

①后付租金的计算。根据年资本回收额的计算公式，可得出后付租金方式下每年年末支付租金数额的计算公式：

$$A = P/(P/A,\ i,\ n)$$

②先付租金的计算。根据即付年金的现值公式，可得出先付等额租金的计算公式：

$$A = P/[(P/A,\ i,\ n-1)+1]$$

【例 4-9】某企业采用融资租赁方式于 2017 年 1 月 1 日从某租赁公司租入一台设备，设备价款为 40 000 元，租期为 8 年，到期后设备归企业所有，为了保证租赁公司完全弥补融资成本、相关的手续费并有一定盈利，双方商定采用 18%的折现率。试计算该企业每年年末应支付的等额租金。

解：$A = 40\,000/(P/A,\ 18\%,\ 8)$

$= 40\,000/4.077\,6 \approx 9\,809.69$（元）

【例 4-10】假如【例 4-9】采用先付等额租金方式，则每年年初支付的租金额可计算如下：

解：$A = 40\,000/[(P/A,\ 18\%,\ 7)+1]$

$= 40\,000/(3.811\,5+1) \approx 8\,313.42$（元）

（二）经营租赁

经营租赁又称服务租赁，是指除融资租赁以外的其他租赁。通常情况下，在经营租赁中，租赁资产的所有权不转移，租赁期届满后，承租人有退租或续租的选择权，而不存在优惠购买选择权。经营租赁是一种短期租赁，企业通过经营租赁方式租入设备，目的在于获得其使用权，从理财的角度来看，也能起到筹集资金的作用。

（三）融资租赁与经营租赁的区别

融资租赁与经营租赁的比较如表 4-8 所示。

表 4-8　融资租赁与经营租赁对照表

项目	融资租赁	经营租赁
租赁程序	由承租人向出租人提出正式申请，由出租人融通资金引进承租人所需设备，然后再租给承租人使用	承租人可随时向出租人提出租赁资产要求
租赁期限	租期一般为租赁资产寿命的一半以上	租赁期短，不涉及长期而固定的义务
合同约束	租赁合同稳定，在租期内，承租人必须连续支付租金，非经双方同意，中途不得退租	租赁合同灵活，在合理限制条件范围内，可以解除租赁契约
租赁期满的资产处置	租赁期满后，租赁资产的处置有三种方法可供选择：将设备作价转让给承租人、由出租人收回、延长租期续租	租赁期满后，租赁资产一般要归还给出租人
租赁资产的维修保养	租赁期内，出租人一般不提供维修和保养设备方面的服务	租赁期内，出租人提供设备保养、维修、保险等服务

(四) 融资租赁筹资的优缺点

1. 融资租赁筹资的优点

(1) 筹资速度快。租赁往往比借款购置设备更迅速、更灵活，因为租赁是筹资与设备购置同时进行，可以缩短设备的购进、安装时间，使企业尽快形成生产能力，有利于企业尽快占领市场，打开销路。

(2) 限制条款少。如前所述，债券和长期借款都有相当多的限制条款，虽然类似的限制在租赁公司中也有，但一般比较少。

(3) 设备淘汰风险小。如今，科学技术迅速发展，固定资产更新周期日趋缩短。企业设备陈旧过时的风险很大，利用融资租赁可以减小这一风险。这是因为融资租赁的期限一般为资产使用年限的一定比例，不会像自己购买设备那样整个期间都要承担风险，并且多数租赁协议都规定由出租人承担设备陈旧过时的风险。

(4) 财务风险小。租金在整个租期内分摊，不用到期归还大量本金。许多借款都在到期日一次偿还本金，这会给财务基础较弱的公司造成相当大的困难，有时会造成不能偿付的风险。而融资租赁则把这种风险在整个租期内分摊，可适当减少不能偿付的风险。

(5) 税收负担轻。租金可在税前扣除，具有抵免所得税的效用。

2. 融资租赁筹资的缺点

融资租赁筹资的最主要缺点就是资金成本较高。一般来说，其租金要比举借银行借款或发行债券所负担的利息高得多。在企业财务困难时，固定的租金也会构成一项较沉重的负担。

四、商业信用

商业信用是企业在商品购销活动过程中因延期付款或预收货款而形成的借贷关系，是由商品交易中货与钱在时间上与空间上的分离而形成的企业间的直接信用行为。因此，西方国家又称之为自然筹资方式。商业信用是企业间相互提供的，在大多数情况下，商业信用筹资属于“免费”资金。

(一) 商业信用的类型

商业信用是企业短期资金的重要来源。其主要形式有应付账款、应付票据、预收货款等。

1. 应付账款

应付账款是最典型、最常见的商业信用形式。应付账款是由于企业赊购商品而形成的，是买方企业短期资金的一项重要来源。销货企业在将商品转移给购货方时，并不需要买方立即支付现款，而是由卖方根据交易条件向买方开出发票或账单，买方在取得商品后的一定时期内再付清款项。这样买方实际上以应付账款的形式获得了卖方提供的信贷，获得了短期资金的来源。

2. 应付票据

应付票据是在应付账款的基础上发展起来的一种商业信用。为了增强收回赊销款项的安全度，卖方企业更愿意选择商业票据这种商业信用形式。商业票据是指买卖双方进行赊购赊销时开具的反映债权债务关系并凭以办理清偿的票据。

3. 预收账款

预收账款是指销货企业按照合同或协议协定，在货物交付之前，向购货企业预先收取部分或全部货款的一种形式。这是买方向卖方提供的商业信用，是卖方的一种短期资金来源。这种商业信用形式通常适用于市场上比较紧俏且买方又急需的商品，或者适用于生产周期长、价格高的大型产品，如船舶、房地产等。对卖方而言，这种短期资金的筹集是极其有限的。

（二）商业信用筹资管理

商业信用筹资管理集中体现在应付账款管理上。从商业信用筹资量上看，其量的多少取决于信用额度多少、允许按发票面额付款的最迟期限、享有现金折扣期的长短、享有现金折扣率的大小等因素。

信用额度越大，信用期限越长，则筹资的数量也越多；同时，由于现金折扣期与现金折扣率的影响，使得企业在享有信用免费资金的同时，增加了因未享有现金折扣而产生的机会成本。因此，如何就企业在扩大筹资数量、免费使用他人资金与享有现金折扣、减少机会成本间进行比较，是信用筹资管理的重点。

1. 享有现金折扣

在这种情况下，企业可以获得最长为现金折扣期的免费资金，并取得相应的折扣收益，其免费信用额度为扣除现金折扣后的净购价。

2. 放弃现金折扣，在信用期内付款

在这种情况下，企业可以获得最长为信用期的免费资金，其信用额度为商品总购价。但由于放弃现金折扣，从而增加相应的机会成本。其成本计算公式为：

$$放弃折扣成本率=\frac{现金折扣率}{1-现金折扣率}\times\frac{300}{信用期-折扣期}\times 100\%$$

在一般情况下，企业财务人员需要将放弃现金折扣的成本率与银行借款利率进行比较，如果成本率大于银行借款利率，则企业放弃现金折扣的代价较大，对企业不利。这是因为如果在现金折扣期这一点上，企业用银行借款支付货款并享有折扣，其借款利息小于享有折扣的机会收益；反之。则反是。

3. 逾期支付

在这种情况下，企业实际上是拖欠卖方的货款，逾期越长，筹资数量也越大，但是企业会因此而信誉下降，未来失去的机会收益也越多。因此，在市场经济条件下，企业间应讲究诚信原则，不应拖欠货款。

【例 4-11】某企业按“2/10，N/30”的条件购进一批商品，并假定商品价款为 100 元。情形一：企业享有现金折扣。在 10 天内付款，即可获得最长为 10 天的免费信用，其信用额度为 98 元，折扣额为 2 元。情形二：企业放弃现金折扣。在信用期内付款，则企业可获得最长为 30 天的免费信用，其信用额度为 100 元。由于放弃现金折扣，从而其机会成本如下：

$$放弃折扣成本率=\frac{2\%}{1-2\%}\times\frac{360}{30-10}\times 100\%=36.7\%$$

而银行借款年利率无论如何也达不到这一比率。因此，除非特殊情形，企业一般还是以享有现金折扣为好。

企业在放弃现金折扣的情况下，推迟付款的期限越长，其成本便会越小。例如，如果企业延迟 50 天付款，其成本如下：

$$放弃折扣成本率=\frac{2\%}{1-2\%}\times\frac{360}{50-10}\times100\%=18.4\%$$

4. 利用现金折扣的决策

在附有信用条件的情况下，因为获得不同信用要负担不同的代价，买方企业需要进行财务决策。一般说来，如果能以低于放弃折扣的隐含利息成本（即机会成本）的利率借入资金，便应在现金折扣期内用借入的资金支付货款，享受现金折扣。例如，与【例 4-11】同期的银行短期借款年利率为 12%，则买方企业应利用更便宜的银行借款在折扣期内偿还应付账款；反之，企业应放弃折扣。

如果在折扣期内将应付账款用于短期投资，所得的投资收益率高于放弃折扣的隐含利息成本，则应放弃折扣而去追求更高的收益。当然，假使企业放弃折扣优惠，也应将付款推迟于信用期内的最后一天（如【例 4-11】中的第 30 天），以降低放弃折扣的成本。

如果企业因缺乏资金而欲展延付款期（如【例 4-11】中将付款日推迟到第 50 天），则需要在降低了的放弃折扣成本与展延付款带来的损失之间做出选择。展延付款带来的损失主要是指因企业信誉恶化而丧失供应商乃至其他贷款人的信用，或日后招致苛刻的信用条件。

如果面对两家以上提供不同信用条件的卖方，买方应选择利益较大的一家，即选择筹资机会成本较高的一家，这是因为这种放弃享受折扣优惠的筹资成本是一种机会成本，选择机会成本高的方案，可以使买方所承担的机会成本损失相对较小。

【例 4-12】某企业可从甲、乙两家卖方赊购商品，甲提供的信用条件为“1/10，N/30”，乙提供的信用条件为“2/5，n/30”，则该企业的放弃折扣成本率分别计算如下：

$$甲的放弃折扣成本率=\frac{1\%}{1-1\%}\times\frac{360}{30-10}\times100\%=18.18\%$$

$$乙的放弃折扣成本率=\frac{2\%}{1-2\%}\times\frac{360}{30-5}\times100\%=29.39\%$$

两者比较，该企业应接受乙的优惠条件，即买方相应的机会成本损失较小，因此应该选择接受乙的信用条件。

（三）商业信用筹资的优缺点

1. 商业信用筹资的优点

（1）筹资方便。商业信用的使用权由买方自行掌握，买方什么时候需要、需要多少等，在限定的额度内由其自行决定。多数企业的应付账款是一种连续性的货款，无需做特殊的筹资安排，也不需要事先计划，随时可以随着购销行为的产生而得到该项资金。

（2）限制条件少。商业信用比其他筹资方式条件宽松，无需担保或抵押，选择余地大。

（3）成本低。大多数商业信用都是由卖方免费提供的，因此与其他筹资方式相比，成本低。

2. 商业信用筹资的缺点

（1）期限短。商业信用属于短期筹资方式，不能用于长期资产占用。

（2）风险大。由于各种应付款项目经常发生、次数频繁，因此需要企业随时安排现金的调度。

第五节　混合性筹资

混合性资金是指既具有某些股权性资金的特征又具有某些债权性资金的特征的资金形式。企业常见的混合性资金包括可转换债券和认股权证。

一、发行可转换债券

可转换债券是可转换公司债券的简称，又简称可转债，是一种可以在特定时间、按特定条件转换为普通股票的特殊企业债券。可转换债券兼具债权和期权的特征

（一）可转换债券的性质

可转换债券的持有人在一定时期内，可以按规定的价格或一定比例，自由地选择转换为普通股的债券。发行可转换债券筹得的资金具有债权性资金和权益性资金的双重性质。

（二）可转换债券筹资的优缺点

1. 可转换债券筹资的优点

（1）可节约利息支出。由于可转换债券赋予持有者一种特殊的选择权，即按事先约定在一定时间内将其转换为公司股票的选择权，因此其利率低于普通债券，减少了利息支出。

（2）有利于稳定股票市价。可转换债券的转换价格通常高于公司当前股价，转换期限较长，有利于稳定股票市价。

（3）增强筹资灵活性。可转换债券转换为公司股票前是发行公司的一种债务资本，可以通过提高转换价格、降低转换比例等方法促使持有者将持有的债券转换为公司股票，即转换为权益资本。在可转换债券转换为股票的过程中，不会受其他债权人的反对。

2. 可转换债券筹资的缺点

（1）增强了对管理层的压力。发行可转换债券后，若股价低迷或发行公司业绩欠佳，股价没有按照预期的水平上升时，持有者不愿将可转换债券转换为股票，发行公司也将面临兑付债券本金的压力。

（2）存在回购风险。发行可转换债券后，公司股票价格在一定时期内连续低于转换价格达到某一幅度时，债券持有人可以按事先约定的价格将债券出售给发行公司，从而增加了公司的财务风险。

（3）股价大幅度上扬时，存在减少筹资数量的风险。如果转换时，股票价格大幅

上扬，公司只能以固定的转换价格将可转换债券转为股票，从而减少了筹资数量。

二、发行认股权证

认股权证又称认股证或权证，其英文名称为“Warrant”，是一种约定该证券的持有人可以在规定的某段期间内，有权利（而非义务）按约定价格向发行人购买标的股票的权利凭证。

（一）发行认股权证筹资的特征

有认股权证购买发行公司的股票，其价格一般低于市场价格，因此股份公司发行认股权证可以增加其发行股票对投资者的吸引力。发行依附于公司债券、优先股或短期票据的认股权证，可以起到明显的促销作用。

（二）认股权证的种类

（1）按允许购买的期限长短分类，可将认股权证分为短期认股权证与长期认股权证。短期认股权证的认股期限一般在90天以内；长期认股权证的认股期限通常在90天以上，更有长达数年或永久。

（2）按认股权证的发行方式分类，可将认股权证分为附带发行认股权证与单独发行认股权证。依附于债券、优先股、普通股或短期票据发行的认股权证为附带发行认股权证。单独发行认股权证是指不依附于公司债券、优先股、普通股或短期票据而单独发行的认股权证。认股权证的发行，最常用的方式是认股权证在发行债券或优先股之后发行。这是将认股权证随同债券或优先股一同寄往认购者。在无纸化交易制度下，认股权证将随同债券或优先股一并由中央登记结算公司划入投资者账户。

（3）按认股权证认购数量的约定方式，可将认股权证分为备兑认股权证与配股权证。备兑认股权证是每份备兑证按一定比例含有几家公司的若干股股票。配股权证是确认老股东配股权的证书，按照股东持股比例定向派发，赋予其以优惠价格认购公司一定份数的新股。

（三）认股权证筹资的优缺点

1. 认股权证筹资的优点

（1）为公司筹集额外的资金。认股权证不论是单独发行还是附带发行，大多都为发行公司筹得一笔额外资金。

（2）促进其他筹资方式的运用。单独发行的认股权证有利于将来发售股票，附带发行的认股权证可以促进其依附证券的发行效率。而且由于认股权证具有价值，附认股权证的债券票面利率和优先股股利率通常较低。

2. 认股权证筹资的缺点

（1）稀释普通股收益。当认股权证执行时，提供给投资者的股票是新发行的股票，而并非二级市场的股票。这样当认股权证行使时，普通股股份增多，每股收益下降。

（2）容易分散企业的控制权。由于认股权证通常随债券一起发售，以吸引投资者，当认股权证行使时，企业的股权结构会发生改变，稀释了原有股东的控制权。

【本章小结】

1. 企业筹资。企业筹资是指企业作为筹资主体，根据其生产经营、对外投资和调整资本结构等需要，通过各种筹资渠道和金融市场，运用各种筹资方式，经济有效地筹措和集中资本的财务活动。企业可以从各种来源取得资金，其中主要是股权筹资和债务筹资两种形式。

2. 筹资规模确定。为提高筹资效率，必须首先确定筹资规模。筹资规模的确定包括定性方法和定量方法。定性方法主要是根据经验结合企业发展实际进行估算。定量方法则包括销售百分比法、资金习性预测法等。各种方法都有其优劣和适用基础。

3. 股权筹资。股权筹资也称为自有资金筹资，是企业依法筹集并长期拥有、自主调配运用的资金来源，其内容包括投资者投入的资本金和留存收益。企业可以通过吸收直接投资、发行股票、内部积累等方式筹集资金。股权筹资，由于投资者的必要报酬率较高，因此资本成本较高。筹集股权资本最廉价（按外显的发行成本）的方法是留存收益。股票股利成本较高，因而直接向社会公众发行股票的成本是最高的。

4. 债务筹资。债务筹资是通过举债筹集资金，债务资金主要通过银行借款、发行债券、商业信用、融资租赁等方式筹措取得的。由于负债要归还本金和利息，因此被称为企业的借入资金或债务资金。学习者应熟悉掌握各种筹资的优点及缺点，要结合实际加以灵活运用各种筹资方式，筹集企业发展所需要的资金，优化企业的资金结构，降低资金成本和筹资风险。

【复习思考题】

1. 什么是筹资活动？企业筹资应坚持哪些原则？
2. 什么是筹资渠道？目前企业主要有哪些筹资渠道？
3. 什么是筹资方式？目前我国有哪些合法的筹资方式？
4. 什么是股权筹资？各种股权筹资有什么优点和缺点？
5. 什么是债务筹资？各种债务筹资有什么优点和缺点？
6. 企业资金需要量如何测算？

第五章 资本成本与资本结构

【本章学习目标】

· 了解资本成本的概念和作用
· 熟悉影响资本成本的因素
· 掌握个别资本成本、加权资本成本和边际资本成本的计算
· 了解成本习性的概念和种类
· 掌握边际贡献和息税前利润的计算
· 熟悉经营杠杆、财务杠杆、复合杠杆的概念
· 掌握经营杠杆系数、财务杠杆系数、复合杠杆系数的计算
· 熟悉经营杠杆与经营风险、财务杠杆与财务风险、复合杠杆与复合风险之间的关系
· 了解资本结构的概念和现代资本结构理论
· 掌握最优资本结构决策分析方法
· 熟悉资本结构的调整

第一节 资本成本

资本成本是财务管理中一个重要的。资本成本概念之所以重要，有两个原因：一是公司要做到股东财富最大化，必须使所有的投入成本最小，其中就包括资本成本的最小化，因此正确估计和合理降低资本成本是制定筹资决策的基础。二是公司为了增加股东财富，公司投资项目的投资报酬率一定要高于其资本成本率，因此正确估计项目的资本成本率是制定投资决策的基础。也就是说，资本成本是衡量资本结构优化程度的标准，也是对投资获得经济效益的最低要求，通常用资本成本率表示。企业所筹得的资本付诸使用以后，只有项目的投资报酬率高于资本成本率，才能表明所筹集的资本取得了较好的经济效益。

一、资本成本的概念

资本成本是企业筹集和使用资本而承付的代价，企业筹得的资本付诸使用以后，只有投资报酬率高于资本成本，才能表明所筹集的资本取得了较好的经济效益。这里的资本是指企业所筹集的长期资本，包括股权资本和长期债权资本。对出资者而言，由于让渡了资本使用权，必须要求取得一定的补偿，资本成本表现为让渡资本使用权所带来的投资报酬。对筹资者而言，由于取得了资本使用权，必须支付一定的代价，

资本成本表现为取得资本使用权所付出的代价。用绝对数表示的资本成本，主要由以下两个部分构成：

（一）用资费用

用资费用指企业在生产经营、投资过程中因使用资本而付出的费用。例如，向股东支付的股利、向债权人支付的利息等。这是资本成本的主要内容。长期资金的用资费用，因使用资金数量的多少和时期的长短而变动，属于变动性资本成本。

（二）筹资费用

筹资费用指企业在筹集资本活动中为获得资本而付出的费用，通常是在筹措资金时一次性支付的，在用资过程中不再发生。因此，筹资费用属于固定性的资本成本，可视为筹资数额的一项扣除。

二、资本成本的作用

（一）资本成本是比较和选择筹资方式的依据

各种资本的资本成本率，是比较、评价各种筹资方式的依据。在评价各种筹资方式时，一般会考虑的因素包括对企业控制权的影响、对投资者吸引力的大小、融资的难易以及风险和资本成本的高低等，而资本成本是其中的重要因素。在其他条件相同时，企业筹资应选择资本成本最低的方式。

（二）平均资本成本是衡量资本结构是否合理的依据

企业财务管理目标是企业价值最大化，企业价值是企业资产带来的未来经济利益的现值。计算现值时采用的贴现率通常会选择企业的平均资本成本，当平均资本成本率最小时，企业价值最大，此时的资本结构是企业理想的最佳资本结构。

（三）资本成本是评价投资项目可行性的主要标准

资本成本通常用相对数表示，是企业对投入资本所要求的报酬率（或收益率），即最低必要报酬率。任何投资项目，如果其预期的投资报酬率超过该项目使用资金的资本成本率，则该项目在经济上就是可行的。因此，资本成本率是企业用以确定项目要求达到的投资报酬率的最低标准。

（四）资本成本是评价企业整体业绩的重要依据

一定时期企业资本成本的高低，不仅反映企业筹资管理的水平，还可以作为评价企业整体经营业绩的标准。企业的生产经营活动，实际上就是所筹集资本经过投放后形成的资产营运，企业的总资产报酬率应高于其平均资本成本率，才能带来剩余收益。

三、影响资本成本的因素

（一）总体经济环境

一个国家或地区的总体经济环境状况，表现在国民经济发展水平、预期的通货膨胀水平等方面，这些都会对企业筹资的资本成本产生影响。如果国民经济保持健康、稳定、持续增长，整个社会经济的资金供给和需求相对均衡且通货膨胀水平低，资金所有者投资的风险小，预期报酬率低，筹资的资本成本率相应就比较低。相反，如果经济过热，通货膨胀水平持续居高不下，投资者投资的风险大，预期报酬率高，筹资的资本成本率相应就比较高。

（二）资本市场条件

资本市场条件包括资本市场的效率和风险。如果资本市场缺乏效率，证券的市场流动率性低，投资者投资风险大，要求的预期报酬率高，那么通过资本市场融通的资金的成本就比较高；反之则仅是。

（三）企业经营状况和融资状况

企业的经营风险和财务风险共同构成企业的总体风险。如果企业经营风险高，财务风险大，则企业总体风险水平高，投资者要求的预期报酬率高，企业筹资的资本成本相应就高。

（四）企业对筹资规模和时限的需求

在一定时期内，国民经济体系中资金供给总量是一定的，资本是一种稀缺资源。因此，企业一次性需要筹集的资金规模大、占用资金时限长，资本成本就高。当然，融资规模、时限与资本成本的正向相关性并非线性关系。一般说来，融资规模在一定限度内，并不引起资本成本的明显变化，当融资规模突破一定限度时，才引起资本成本的明显变化。

四、个别资本成本的计算

个别资本成本是指单一融资方式的资本成本，包括银行借款资本成本、公司债券资本成本、融资租赁资本成本、优先股资本成本、普通股资本成本和留存收益资本成本等。其中前三类是债务资本成本，后三类是权益资本成本。个别资本成本的高低，用相对数，即资本成本率表示。个别资本成本率可用于比较和评价各种筹资方式。

（一）资本成本计算的基本模式

1. 一般模式

为了便于分析比较，资本成本通常不考虑时间价值的一般通用模型计算，用相对数，即资本成本率表示。计算时，将初期的筹资费用作为筹资额的一项扣除，扣除筹资费用后的筹资额称为筹资净额。通用的计算公式如下：

$$资本成本率=\frac{每年的用资费用}{筹资总额-筹资费用}\times 100\%$$

$$=每年的用资费用/[筹资总额\times(1-筹资费用率)]$$

2. 折现模式

对于金额大、时间超过一年的长期资本，更准确一些的资本成本计算方式是采用折现模式，即将债务未来还本付息或股权未来股利分红的折现值与目前筹资净额相等时的折现率作为资本成本率。

由：筹资净额现值-未来资本清偿额现金流量现值=0

得：资本成本率=所采用的折现率

（二）银行借款资本成本的计算

银行借款资本成本包括借款利息和借款手续费用。利息费用税前支付，可以起抵税的作用。一般计算税后资本成本率，税后资本成本率与权益资本成本率具有可比性。银行借款资本成本率按一般模式计算为：

$$K_L=\frac{I_L(1-T)}{L(1+f)}\times 100\%$$

或
$$K_L=\frac{R_L(1-T)}{(1+f)}\times 100\%$$

式中，K_L为长期借款成本；I_L为长期借款年利息；L为长期借款总额，即借款本金；T为企业所得税率；R_L为借款年利率；f为筹资费用率。

对于长期借款，考虑时间价值问题，还可以用折现模式计算资本成本率。

【例 5-1】某企业取得 5 年期长期借款 200 万元，年利率为 10%，每年付息一次，到期一次还本，借款费用率为 0.2%，企业所得税税率为 20%。该项借款的资本成本率为：

$K_L=[200\times 10\%\times(1-20\%)]/[200\times(1-0.2\%)]=8.02\%$

考虑时间价值，该项长期借款的资本成本率计算如下：

$200\times(1-0.2\%)=200\times 10\%\times(1-20\%)\times(P/A,K_L,5)+200\times(P/F,K_L,5)$

按插值法计算，得：$K_L=8.05\%$

(三) 公司债券资本成本的计算

公司债券资本成本包括债券利息和借款发行费用。债券可以溢价发行，也可以折价发行，其资本成本率按一般模式计算为：

$$K_B=\frac{I(1-T)}{B(1+f)}\times 100\%$$

式中，K_B为债券成本；I为债券每年支付的利息；B为债券筹资额，按发行价格确定。

【例 5-2】某企业以 1 100 元的价格溢价发行面值为 1 000 元、期限为 5 年、票面利率为 7%的公司债券一批。每年付息一次，到期一次还本，发行费用率为 3%，所得税税率为 20%。该批债券的资本成本率为：

$K_B=[1\,000\times 7\%\times(1-20\%)]/[1\,100\times(1-3\%)]=5.25\%$

考虑时间价值，该项公司债券的资本成本率计算如下：

$1\,100\times(1-3\%)=1\,000\times 7\%\times(1-20\%)\times(P/A,K_B,5)+1\,000\times(P/F,K_B,5)$

按插值法计算，得：$K_B=4.09\%$

(四) 融资租赁资本成本的计算

融资租赁各期的租金中，包含本金每期的偿还和各期手续费用（租赁公司的各期利润），其资本成本率只能按贴现模式计算。

【例 5-3】某企业于 2017 年 1 月 1 日从租赁公司租入一套设备，价值为 60 万元，租期为 6 年，租赁期满时预计残值为 5 万元，归租赁公司所有。租赁年利率为 10%，每年租金为 131 283 元，每年年末支付。其资本成本率计算如下：

$600\,000-50\,000\times(P/F,K_B,6)=13\,128\times(P/A,K_B,6)$

得：$K_B=10\%$

(五) 优先股资本成本的计算

公司发行优先股，既要支付筹资费用，又要定期支付股息，并且股利在税后支付。因此，优先股资本成本率计算公式为：

$$K_P = \frac{D_P}{P_P(1+f)} \times 100\%$$

式中，K_P为优先股资本成本率；D_P为优先股年股息，等于优先股面额乘固定股息率；P_P为优先股筹资总额，按预计的发行价格计算。

【例 5-4】某公司拟发行某优先股，面值总额为 100 万元，固定股息率为 15%，筹资费率预计为 5%。该股票溢价发行，其筹资总额为 150 万元，则优先股资本成本率计算为：

$$K_P = \frac{100 \times 15\%}{150 \times (1-5\%)} \times 100\% = 10.53\%$$

（六）普通股资本成本的计算

从理论上看，普通股筹资的成本就是普通股投资的必要报酬率，其测算方法一般有三种：股利折现模型、资本资产定价模型和无风险利率加风险溢价法。

1. 股利折现模型

股利折现模型的基本形式为：

$$P_0 = \sum_{t=1}^{n} \frac{D_t}{(1+K_c)}$$

式中，P_0为普通股筹资净额，即发行价格扣除发行费用；D_t为普通股第 t 年的股利；K_C为普通股投资必要收益率，即普通股资本成本率。

运用上面的模型测算普通股筹资成本，因具体的股利政策而有所不同。如果公司采用固定股利政策，即每年分派固定的现金股利 D 元，则普通股资本成本率可按下式测算：

$$K_C = \frac{D}{P \times (1+f)} \times 100\%$$

【例 5-5】某公司拟发行一批普通股，发行价格为 12 元，每股发行费用为 2 元，预定每年分派现金股利每股 1.2 元。该普通股筹资成本率为：

$$K_C = \frac{1.2}{12-2} \times 100\% = 12\%$$

如果该公司采用固定增长股利的政策，股利固定增长率为 G，则资本成本率按下式测算：

$$K_C = \frac{D_1}{P \times (1+f)} \times 100\% + G$$

【例 5-6】某公司准备增发普通股，每股发行价为 15 元，发行费用为 3 元，预定第一年分派现金股利每股 1.5 元，以后每年股利增长 5%。该普通股筹资成本率为：

$$K_C = \frac{1.5}{15-3} \times 100\% + 5\% = 17.5\%$$

2. 资本资产定价模型

资本资产定价模型的含义可以简单地描述为普通股投资的必要报酬率等于无风险报酬加上风险报酬率。其用公式表示如下：

$$K_C = R_f + \beta \times (R_m - R_f)$$

式中，R_f代表无风险报酬率，R_m代表市场报酬率或市场投资组合的期望收益率，β代表某公司股票收益率相对于市场投资组合期望收益率的变动幅度。

当整个证券市场投资组合的收益率增加1%时，如果某公司股票的收益率增加2%，那么该公司股票的β为2，如果另外一家公司股票的收益率仅上升0.5%，则其β为0.5。

【例5-7】某股份公司普通股股票的β值为1.5，无风险利率为6%，市场投资组合的期望收益率为10%。该公司的普通股筹资成本率为：

$K_C = 6\% + 1.5 \times (10\% - 6\%) = 12\%$

3. 无风险利率加风险溢价法

该方法认为，由于普通股的求偿权不仅在债权之后，而且还次于优先股，因此持有普通股股票的风险要大于持有债券的风险。这样股票持有人就必然要求一定的风险补偿。一般情况来看，通过一段时间的统计数据，可以测算出某公司普通股股票期望收益率超出无风险利率的大小，即风险溢价R_P。无风险利率R_f一般用同期国债收益率表示，这是证券市场最基础的数据。因此，用无风险利率加风险溢价法计算普通股筹资成本的公式为：

$$K_C = R_f + R_P$$

【例5-8】假定某股份公司普通股的风险溢价估计为8%，而无风险利率为5%，则该公司普通股资本成本率为：

$K_C = 5\% + 8\% = 13\%$

（七）留存收益资本成本的计算

留存收益是企业税后净利润形成的，是一种所有者权益，其实质是所有者向企业的追加投资。企业利用留存收益筹资无需发生筹资费用。如果企业将留存收益用于再投资，所获得的收益率低于股东自己进行一项风险相似的投资项目的收益率，企业就应该将其分配给股东。留存收益的资本成本率表现为股东追加投资要求的报酬率，其计算与普通股资本成本率相同，也分为股利增长模型法和资本资产定价模型法，不同点在于留存收益资本成本率不考虑筹资费用。其计算公式为：

$$K_e = \frac{D_1}{P_0} + g$$

式中，K_e为留存收益资本成本率，D_1为预期第一年年末的股利，P_0为普通股市价，g为不变的股利年增长率。

【例5-9】某企业普通股每股市价为150元，第一年年末的股利为15元，以后每年增长5%，则其留存收益资本成本率为：

$K_e = \frac{15}{150} + 5\% = 15\%$

五、加权平均资本成本的计算

由于受多种因素的影响，企业不可能只使用某种单一的筹资方式，往往需要通过多种方式筹集所需资金。为进行筹资决策，就要计算确定企业全部长期资本的总成本。综合资本成本（Weighted Average Cost of Capital，WACC）又称加权平均资本成本，是指企业全部长期资本成本的总成本，通常以各种资本占全部资本的比重为权数，对个别资本成本进行加权平均确定。加权平均资本成本是由个别资本成本率和各种长期资本比例这两个因素决定的。各种长期资本比例是指一个企业各种长期资本分别占企业全部长期资本的比例，即狭义的资本结构。

（一）加权平均资本成本的计算公式

$$WACC = \sum (K_i \times W_i)$$

式中，$WACC$ 代表加权平均资本成本，K_i 代表第 i 种个别资本成本，W_i 代表第 i 种个别资本占全部资本的比重。

【例 5-10】某公司共有长期资本（账面价值）1 050 万元，有关资料如表 5-1 所示。

表 5-1　　某公司长期资料

资本来源	账面金额（万元）	权数（%）	税后资本成本（%）
公司债券	400	38.0	10.0
银行借款	200	19.0	6.7
普通股	300	28.5	14.5
留存收益	150	14.5	15.0
合计	1 050	100.0	

其加权平均资本成本为：

$$WACC = 10\% \times 38\% + 6.7\% \times 19\% + 14.5\% \times 28.5\% + 15\% \times 14.5\% = 11.38\%$$

（二）加权平均资本成本权数价值的选择问题

在测算加权平均资本成本时，企业资本结构或各种资本在总资本中所占的比重取决于各种资本价值的确定。各种资本价值的确定基础主要有三种选择，即账面价值、市场价值和目标价值。

按账面价值确定资本比重，即以各项个别资本的会计报表账面价值为基础来计算资本权数，确定各类资本占总资本的比重。其优点是资料容易取得，可以直接从资产负债表中得到，而且计算结果比较稳定。其缺点是当债券和股票的市场价值与账面价值差距较大时，导致按账面价值计算出来的资本成本不能反映目前从资本市场上筹集资本的现时机会成本，不适合评价现时的资本结构，从而不利于加权平均资本成本的测算和筹资管理的决策。

按市场价值确定资本比重是指债券和股票等以现行资本市场价值为基础确定其资本比重，即以各项个别资本的现行市场价值为基础来计算资本权数，确定各类资本占总资本的比重。其优点是能够反映现时的资本成本水平，有利于进行资本结构决策。但现行市场价值处于经常变动之中，不容易取得，而且现行市场价值反映的只是现时的资本结构，不适用未来的筹资决策。这样计算的加权平均资本成本虽然能反映企业目前的实际情况，但是证券市场价格变动频繁，为弥补证券市场价格变动频繁的不便，也可选用平均价格。

按目标价值确定资本比重是指债券和股票等以未来预计的目标市场价值确定其资本比重，即以各项个别资本预计的未来价值为基础来确定资本权数，确定各类资本占总资本的比重。目标价值是目标资本结构要求下的产物，是公司筹措和使用资本对资本结构的一种要求。对于公司筹措新资本，需要反映期望的资本结构来说，目标价值是有益的，适用于未来的筹资决策，但目标价值的确定难免具有主观性。

以目标价值为基础计算资本权重，能体现决策的相关性。目标价值权数的确定，可以选择未来的市场价值，也可以选择未来的账面价值。选择未来的市场价值，与资本市场现状联系比较紧密，能够与现时的资本市场环境状况结合起来。目标价值权数的确定一般以现时市场价值为依据。市场价值波动频繁，可行方案是选用市场价值的历史平均值，如 30 日均价、60 日均价、120 日均价等。

总之，目标价值权数是主观愿望和预期的表现，依赖于财务经理的价值判断和职业经验。这种权数能够反映企业期望的资本结构，而不是像按账面价值和市场价值确定的权数那样只反映过去和现在的资本结构。因此，按目标价值权数计算得出的加权平均资本成本更适用于企业筹措新资本。然而，企业很难客观合理地确定证券的目标价值，有时这种计算方法不易推广。

在实务中，通常以账面价值为基础确定的资本价值计算加权平均资本成本。

六、边际资本成本的计算

边际资本成本是企业追加筹资的成本。企业的个别资本成本和平均资本成本是企业过去筹集的单项资本的成本和目前使用的全部资本的成本。然而，企业在追加筹资时，不能仅仅考虑目前所使用的资本的成本，还要考虑新筹集资本的成本，即边际资本成本。边际资本成本是企业进行追加筹资的决策依据。筹资方案组合时，边际资本成本的权数采用目标价值权数。

【例 5-11】某公司设定的目标资本结构为：银行借款 20%、公司债券 15%、普通股 65%。现拟追加筹资 300 万元，按此资本结构来筹资。个别资本成本率预计分别为：银行借款 7%，公司债券 12%，普通股 15%。追加筹资 300 万元的边际资本成本如表 5-2所示。

表 5-2 边际资本成本计算表

资本种类	目标资本结构（%）	追加筹资额（万元）	个别资本成本（%）	边际资本成本（%）
银行借款	20	60	7	1.4
公司债券	15	45	12	1.8
普通股	65	195	15	9.75
合计	100	300	—	12.95

第二节 财务杠杆

“杠杆”一词是来自于物理学中的力学概念，杠杆效应是指人们通过利用杠杆，可以用较小的力量移动较重物体的现象。财务管理中存在着类似于物理学中的杠杆效应，表现为由于特定固定支出或费用的存在，导致当某一财务变量以较小幅度变动时，另一相关变量会以较大幅度变动。杠杆效应既可以产生杠杆利益，也可能带来杠杆风险。

财务管理中的杠杆效应有三种形式，即经营杠杆、财务杠杆和复合杠杆，要了解这些杠杆的原理，需要首先了解成本习性、边际贡献和息税前利润等相关术语的概念。

一、成本习性、边际贡献与息税前利润

（一）成本习性及其分类

所谓成本习性，是指成本总额与业务量之间在数量上的依存关系。成本习性是经营杠杆的概念基础。成本按习性分为固定成本、变动成本和混合成本三类。

1. 固定成本

固定成本是指其总额在相关范围内，不直接受业务量变动的影响而固定不变的成本，如厂房、设备的折旧、广告费、管理人员的工资、办公费等项目。由于固定成本在相关范围内总额保持不变，因此业务量的增加意味着固定成本将分配给更多数量的产品，也就是说，每单位产品的固定成本将随业务量的增加而逐渐减少。

固定成本还可以进一步区分为约束性固定成本和酌量性固定成本两类。

（1）约束性固定成本。约束性固定成本属于企业经营能力成本，是企业为维持一定的业务量所必须负担的最低成本，如厂房、机器设备折旧费、长期租赁费等。企业的经营能力一经形成，在短期内很难有重大改变，因此这部分成本具有很大的约束性，管理当局的决策行动不能轻易改变其数额。要想降低约束性固定成本，只能从合理利用经营能力入手。

（2）酌量性固定成本。酌量性固定成本属于企业经营方针成本，是企业根据经营方针确定的一定时期（通常为一年）的成本，如广告费、研究与开发费、职工培训费等。这部分成本的发生，可以随企业经营方针和财务状况的变化，斟酌其开支情况。因此，要降低酌量性固定成本，就要在预算时精打细算，合理确定这部分成本的数额。

应当指出的是，固定成本总额只是在一定时期和业务量的一定范围内保持不变。这里所说的一定范围，通常为相关范围。超过了相关范围，固定成本也会发生变动。因此，固定成本必须和一定时期、一定业务量联系起来进行分析。从较长时间来看，所有的成本都在变动，没有绝对不变的固定成本。

2. 变动成本

变动成本是指其总额会随业务量的变动而成正比例变动的成本，如直接材料成本和直接人工成本就是变动成本。但单位产品的变动成本则不随业务量变动的影响而固定不变。

与固定成本相同，变动成本也存在相关范围，即只有在一定范围之内，产量和成

本才能完全成同比例变化，即完全的线性相关，超过了一定的范围，这种关系就不存在了。例如，当一种新产品还是小批量生产时，由于生产还处于不熟练阶段，直接材料和直接人工耗费可能较多，随着产量的增加，工人对生产过程逐渐熟练，可使单位产品的材料和人工费用降低。在这一阶段，变动成本不一定与产量完全成同比例变化，而是表现为小于产量增减幅度。在这以后，生产过程比较稳定，变动成本与产量成同比例变动，这一阶段的产量便是变动成本的相关范围。然而，当产量达到一定程度后，再大幅度增产可能会出现一些新的不利因素，使成本的增长幅度大于产量的增长幅度。

3. 混合成本

有些成本虽然也随业务量的变动而变动，但不成同比例变动，不能简单地归入变动成本或固定成本，这类成本称为混合成本。混合成本按其与业务量的关系又可分为半变动成本和半固定成本。

（1）半变动成本。半变动成本通常有一个初始量，类似于固定成本，在这个初始量的基础上随产量的增长而增长，又类似于变动成本。企业的电话费就属于半变动成本。

（2）半固定成本。半固定成本随产量的变化而呈阶梯形增长，产量在一定限度内，这种成本不变，当产量增长到一定限度后，这种成本就跳跃到一个新水平。化验员、质量检查人员的工资就属于这类成本。

4. 总成本习性模型

通过以上分析我们知道，成本按习性可分为变动成本、固定成本和混合成本三类，但混合成本又可以按一定方法分解成变动部分和固定部分，那么总成本习性模型可以表示为：

$$y = a + bx$$

式中，y 代表总成本，a 代表固定成本，b 代表单位变动成本，x 代表业务量（如产销量，这里假定产量与销量相等，下同）。

显然，若能求出公式中 a 和 b 的值，就可以利用这个直线方程来进行成本预测、成本决策和其他短期决策。

（二）边际贡献及其计算

边际贡献是指销售收入减去变动成本以后的差额。其计算公式为：

边际贡献=销售收入-变动成本

=（销售单价-单位变动成本）×产销量

=单位边际贡献×产销量

若以 M 表示边际贡献，p 表示销售单价，b 表示单位变动成本，x 表示产销量，m 表示单位边际贡献，则上式可表示为：

$$M = px - bx = (p - b)x = mx$$

（三）息税前利润及其计算

息税前利润是指企业支付利息和缴纳所得税前的利润。其计算公式为：

息税前利润=销售收入总额-变动成本总额-固定成本

=（销售单价-单位变动成本）×产销量-固定成本

=边际贡献总额-固定成本

若以 $EBIT$ 表示息税前利润，a 表示固定成本，则上式可表示为：

$$EBIT = px - bx - a = (p - b)x - a = M - a$$

显然，不论利息费用的习性如何，上式的固定成本和变动成本中不应包括利息费用因素。息税前利润也可以用利润总额加上利息费用求得。

【例 5-12】某公司当年年底的所有者权益总额为 1 000 万元，普通股为 600 万股。目前的资本结构为长期负债占 60%，所有者权益占 40%，没有流动负债。假设该公司的企业所得税税率为 33%，预计继续增加长期债务不会改变目前 11%的平均利率水平。该公司董事会在讨论明年资金安排时提出：

（1）计划年度分配现金股利 0.05 元/股。

（2）拟为新的投资项目筹集 200 万元的资金作为资本。

（3）计划年度维持目前的资本结构，并且不增发新股。

要求：测算实现董事会上述要求所需要的息税前利润。

（1）因为计划年度维持目前的资本结构，所以计划年度增加的所有者权益为 200×40%＝80（万元）。

因为计划年度不增发新股，所以增加的所有者权益全部来源于计划年度分配现金股利之后剩余的净利润。

因为发放现金股利所需税后利润＝0.05×600＝30（万元），所以计划年度的税后利润＝30+80＝110（万元）。

计划年度的税前利润＝$\frac{110}{1-33\%}$＝164.18（万元）

（2）因为计划年度维持目前的资本结构，所以需要增加的长期负债＝200×60%＝120（万元）。

（3）因为原来的所有者权益总额为 1 000 万元，资本结构为所有者权益占 40%，所以原来的资本总额＝$\frac{1\,000}{40\%}$＝2 500 万元。因为资本结构中长期负债占 60%，所以原来的长期负债＝2 500×60%＝1 500（万元）。

（4）因为计划年度维持目前的资本结构，所以计划年度不存在流动负债，计划年度借款利息＝长期负债利息＝（原长期负债+新增长期负债）×利率＝（1 500+120）×11%＝178.2（万元）。

（5）因为息税前利润＝税前利润+利息，所以计划年度息税前利润＝164.18+178.2＝342.38（万元）。

二、经营杠杆

（一）经营杠杆的概念

经营杠杆是指由于固定性经营成本的存在，而使得企业的资产报酬（息税前利润）变动率大于业务量变动率的现象。经营杠杆反映了资产报酬的波动性，用以评价企业的经营风险。用息税前利润表示资产总报酬，则：

$$EBIT = S - V - F = (P - V_c)Q - F = M - F$$

式中，$EBIT$ 为息税前利润，S 为销售额，V 为变动性经营成本，F 为固定性经营成本，Q 为产销业务量，P 为销售单价，V_c 为单位变动成本，M 为边际贡献。

上式中，影响 $EBIT$ 的因素包括产品售价、产品需求、产品成本等因素。当产品成本中存在固定成本时，如果其他条件不变，产销业务量的增加虽然不会改变固定成本总额，但会降低单位产品分摊的固定成本，从而提高单位产品利润，使息税前利润的增长率大于产销业务量的增长率，进而产生经营杠杆效应。当不存在固定性经营成本时，所有成本都是变动性经营成本，边际贡献等于息税前利润，此时息税前利润变动率与产销业务量的变动率完全一致。

（二）经营杠杆系数

只要企业存在固定性经营成本，就存在经营杠杆效应。但不同的产销业务量，其杠杆效应的大小程度是不一致的。测算经营杠杆效应程度，常用指标为经营杠杆系数。经营杠杆系数是息税前利润变动率与产销业务量变动率的比。其计算公式为：

$$DOL = \text{息税前利润变动率}/\text{产销量变动率}$$

$$DOL = \frac{\Delta EBIT/EBIT}{\Delta Q/Q}$$

式中，DOL 为经营杠杆系数，$\Delta EBIT$ 为息税前利润变动额，$EBIT$ 为变动前息税前利润，ΔQ 为销售变动量（额），Q 为变动前（或基期）销售量（额）。

设 S 为销售额，V_C 为变动成本，F 为固定成本，上述公式可变换为：

$$DOL = \frac{S - V_c}{S - V_c - f}$$

即

$$DOL = \frac{\text{基期边际贡献}}{\text{基期息税前利润}}$$

$$= M/[M - F] = [EBIT + F]/EBIT$$

【例 5-13】泰华公司产销某种服装，固定成本为 500 万元，变动成本率为 70%。年产销额为 5 000 万元时，变动成本为 3 500 万元，固定成本为 500 万元，息税前利润为 1 000 万元；年产销额为 7 000 万元时，变动成本为 4 900 万元，固定成本仍为 500 万元，息税前利润为 1 600 万元。可以看出，该公司产销量增长了 40%，息税前利润增长了 60%。其经营杠杆系数为：

$$DOL = \frac{\Delta EBIT/EBIT}{\Delta Q/Q}$$

$$= (600/1\,000)/(2\,000/5\,000) = 1.5$$

$$DOL = M/EBIT = 5\,000 \times 30\%/1\,000 = 1.5$$

（三）经营杠杆与经营风险

经营风险是指企业由于生产经营上的原因而导致的资产报酬波动的风险。引起企业经营风险的主要原因是市场需求和生产成本等因素的不确定性，经营杠杆本身并不是资产报酬不确定的根源，只是资产报酬波动的表现。但是，经营杠杆放大了市场和生产等因素变化对利润波动的影响。经营杠杆系数越高，表明资产报酬等利润波动程度越大，经营风险也就越大。根据经营杠杆系数的计算公式，有：

$$DOL = (EBIT + F)/EBIT = 1 + F/EBIT$$

上式表明，在企业不发生经营性亏损、息税前利润为正的前提下，经营杠杆系数最低为 1，不会为负数；只要有固定性经营成本存在，经营杠杆系数总是大于 1。

从上式可知，影响经营杠杆的因素包括企业成本结构中的固定成本比重和息税前利润水平。其中，息税前利润水平又受产品销售数量、销售价格、成本水平（单位变动成本和固定成本总额）高低的影响。固定成本比重越高、成本水平越高、产品销售数量和销售价格水平越低，经营杠杆效应越大，反之亦然。

【例 5-14】某企业生产 A 产品，固定成本 100 万元，变动成本率 60%，当销售额分别为 1 000 万元、500 万元、250 万元时，经营杠杆系数分别为：

$$DOL_{1\,000} = (1\,000 - 1\,000 \times 60\%)/(1\,000 - 1\,000 \times 60\% - 100) = 1.33$$

$$DOL_{500} = (500 - 500 \times 60\%)/(500 - 500 \times 60\% - 100) = 2$$

$$DOL_{250} = (250 - 250 \times 60\%)/(250 - 250 \times 60\% - 100) \rightarrow \infty$$

上例计算结果表明：在其他因素不变的情况下，销售额越小，经营杠杆系数越大，经营风险也就越大，反之亦然。销售额为 1 000 万元时，经营杠杆系数为 1.33；销售额为 500 万元时，经营杠杆系数为 2。显然后者的不稳定性大于前者，经营风险也大于前者。在销售额处于盈亏临界点 250 万元时，经营杠杆系数趋于无穷大，此时企业销售额稍有减少便会导致更大的亏损。

二、财务杠杆

（一）财务杠杆的概念

财务杠杆是指由于固定性资本成本的存在，而使得企业的普通股收益（或每股收益）变动率大于息税前利润变动率的现象。财务杠杆反映了股权资本报酬的波动性，用以评价企业的财务风险。用普通股收益或每股收益表示普通股权益资本报酬，则：

$$TE = (EBIT - I)(1 - T)$$

$$EPS = (EBIT - I)(1 - T)/N$$

式中，TE 为全部普通股净收益，EPS 为每股收益，I 为债务资本利息，T 为所得税税率，N 为普通股股数。

上式中，影响普通股收益的因素包括资产报酬、资本成本、所得税税率等因素。当有固定利息费用等资本成本存在时，如果其他条件不变，息税前利润的增加虽然不改变固定利息费用总额，但会降低每一元息税前利润分摊的利息费用，从而提高每股收益，使得普通股收益的增长率大于息税前利润的增长率，进而产生财务杠杆效应。当不存在固定利息、股息等资本成本时，息税前利润就是利润总额，此时利润总额变动率与息税前利润变动率完全一致。如果两期所得税税率和普通股股数保持不变，每股收益的变动率与利润总额变动率也完全一致，进而与息税前利润变动率一致。

（二）财务杠杆系数

只要企业融资方式中存在固定性资本成本，就存在财务杠杆效应。固定利息、固定融资租赁费等的存在，都会产生财务杠杆效应。在同一固定的资本成本支付水平上，不同的息税前利润水平，对固定的资本成本的承受负担是不一样的，其财务杠杆效应的大小程度是不一致的。测算财务杠杆效应程度，常用指标为财务杠杆系数。财务杠杆系数是每股收益变动率与息税前利润变动率的倍数。其计算公式为：

$$DFL = \frac{\Delta EPS/EPS}{\Delta EBIT/EBIT}$$

式中，DFL 为财务杠杆系数，ΔEPS 为普通股每股收益变动额或普通股税后利润变动额，EPS 为基期每股收益或基期普通股税后利润，$\Delta EBIT$ 为息税前利润变动额，$EBIT$ 为基期息税前利润。

财务杠杆系数的计算公式可进一步简化。

假设 I 为债务年利息，D 为优先股股利，T 为所得税税率，N 为流通在外普通股股数。

上式中基期每股利润或基期普通股税后利润可表示如下：

$$EPS = [(EBIT - I)(1 - T) - D]/N$$

由于资本结构不变，利息费用、优先股股利相对不变，因此可得到：

$$\Delta EPS = \Delta EBIT(1 - T)/N$$

则：

$$DFL = \frac{EBIT}{EBIT - I - \frac{D}{(1 - T)}}$$

就未发行优先股的企业而言，其财务杠杆系数的计算公式可简化为：

$$DFL = \frac{EBIT}{EBIT - I} = \frac{\text{基期息税前利润}}{\text{基期息税前利润} - \text{基期利息}}$$

【例 5-15】某企业资产总额为 100 万元，负债与自有资本的比例为 3∶7，借款年利率为 10%，企业基期息税前利润率为 15%，企业预计计划期息税前利润率将由 15% 增长到 20%，所得税税率为 30%，请问资本利润率将增长多少？

计算结果如表 5-3 所示。

息税前利润增长率 =（20% - 15%）÷ 15% = 33.33%

资本利润率增长率 =（17% - 12%）÷ 12% = 41.67%

表 5-3　　资本利润率计算表　　金额单位：万元

项目	基期	计划期
息税前利润	15	20
利息	3	3
税前利润	12	17
所得税	3.6	5.1
税后利润	8.4	11.9
资本利润率	12%	17%

财务杠杆系数 = 41.67% ÷ 33.33% = 1.25

从表 5-3 中可以看出，息税前利润率的增长会带来资本利润率的成倍增长。息税前利润率增长引起资本利润率增长的幅度越大，财务杠杆效用就越强。为取得财务杠杆利益，如果企业加大举债比重，其财务杠杆系数也会相应提高，但同时会增加企业还本付息的压力，引起财务风险相应增大。所以说，企业利用财务杠杆，可能产生好的效果，也可能产生坏的效果。

【例5-16】有A、B、C三个公司，资本总额均为1 000万元，所得税税率均为30%，每股面值均为1元。A公司资本全部由普通股组成；B公司债务资本300万元（利率10%），普通股700万元；C公司债务资本500万元（利率10.8%），普通股500万元。三个公司2016年息税前利润均为200万元，2017年息税前利润均为300万元，息税前利润增长了50%。三个公司有关财务指标如表5-4所示。

表5-4 普通股收益及财务杠杆的计算 金额单位：万元

利润项目		A公司	B公司	C公司
普通股股数		1 000万股	700万股	500万股
利润总额	2016年	200	170	146
	2017年	300	270	246
	增长率	50%	58.82%	68.49%
净利润	2016年	140	119	102.2
	2017年	210	189	172.2
	增长率	50%	58.82%	68.49%
普通股收益	2016年	140	119	102.2
	2017年	210	189	172.2
	增长率	50%	58.82%	68.49%
每股收益	2016年	0.14元	0.17元	0.20元
	2017年	0.21元	0.27元	0.34元
	增长率	50%	58.82%	68.49%
财务杠杆系数		1.000	1.176	1.370

可见，资本成本固定型的资本所占比重越高，财务杠杆系数就越大。A公司由于不存在固定资本成本的资本，没有财务杠杆效应；B公司存在债务资本，其普通股收益增长幅度是息税前利润增长幅度的1.176倍；C公司存在债务资本，并且债务资本的比重比B公司高，其普通股收益增长幅度是息税前利润增长幅度的1.370倍。

（三）财务杠杆与财务风险

财务风险是指企业由于筹资原因产生的资本成本负担而导致的普通股收益波动的风险。引起企业财务风险的主要原因是资产报酬的不利变化和资本成本的固定负担。由于财务杠杆的作用，当企业的息税前利润下降时，企业仍然需要支付固定的资本成本，导致普通股剩余收益以更快的速度下降。财务杠杆放大了资产报酬变化对普通股收益的影响，财务杠杆系数越高，表明普通股收益的波动程度越大，财务风险也就越大。只要有固定性资本成本存在，财务杠杆系数总是大于1。

在企业资本结构中，债务相对于股东权益的比重越大，企业支付能力降低的风险越大，为此投资者所要求的收益率就越高，从而使资本成本上升。由于财务杠杆有正财务杠杆和负财务杠杆之分，在资本结构中，债务所占的比例越高，财务杠杆的作用就越大，财务风险也越大。

财务风险具体表现如下：

第一，举债程度方面，企业举债程度越高，财务风险增大，资本成本越高。

第二，债务清偿顺序方面，某个投资者对企业的资产拥有优先权，对其他投资者便构成财务风险。因为投资者的债权排列顺序越靠后，收回本利的可能性就越小，投资者必然要求更高的收益率，从而使资本成本增高。

第三，收支匹配方面，如果企业的现金流量与债务本利的支付不相匹配，财务风险就会上升。

财务风险是企业唯一能控制的、影响资本成本的内部主观因素。

从前面的计算公式中我们得知，影响财务杠杆的因素包括企业资本结构中债务资本比重、普通股收益水平、所得税税率水平。其中，普通股收益水平又受息税前利润、固定资本成本（利息）高低的影响。债务成本比重越高、固定的资本成本支付额越高、息税前利润水平越低，财务杠杆效应越大，反之亦然。

【例 5-17】在【例 5-16】中，三个公司 2016 年的财务杠杆系数分别为 A 公司 1.000、B 公司 1.176、C 公司 1.370。这意味着，如果息税前利润下降时，A 公司的每股收益与之同步下降，而 B 公司和 C 公司的每股收益会以更大的幅度下降。导致各公司每股收益不为负数的息税前利润最大降幅如表 5-5 所示。

表 5-5

公司	财务杠杆系数	每股收益降低	息税前利润降低
A	1.000	100%	100%
B	1.176	100%	85.03%
C	1.370	100%	72.99%

上述结果意味着，2017 年在 2016 年的基础上，息税前利润降低 72.99%，C 公司普通股收益会出现亏损；息税前利润降低 85.03%，B 公司普通股收益会出现亏损；息税前利润降低 100%，A 公司普通股收益会出现亏损。显然，C 公司不能支付利息、不能满足普通股股利要求的财务风险远高于其他公司。

三、复合杠杆

（一）复合杠杆的概念

经营杠杆和财务杠杆可以独立发挥作用，也可以综合发挥作用，复合杠杆是用来反映两者之间共同作用结果的，即权益资本报酬与产销业务量之间的变动关系。由于固定性经营成本的存在，产生经营杠杆效应，导致产销业务量变动对息税前利润变动有放大作用。同样，由于固定性资本成本的存在，产生财务杠杆效应，导致息税前利润变动对普通股收益有放大作用。两种杠杆共同作用，将导致产销业务量的变动引起普通股每股收益更大的变动。

复合杠杆是指由于固定经营成本和固定资本成本的存在，导致普通股每股收益变动率大于产销业务量的变动率的现象。

（二）复合杠杆系数

只要企业同时存在固定性经营成本和固定性资本成本，就存在总杠杆效应。产销量变动通过息税前利润的变动，传导至普通股收益，使得每股收益发生更大的变动。通常用复合杠杆系数表示复合杠杆效应程度。复合杠杆系数是经营杠杆系数和财务杠杆系数的乘积，是普通股每股收益变动率相当于产销量变动率的倍数。其计算公式为：

$$DTL = 普通股每股收益变动率/产销量变动率$$

$$DTL = \frac{\Delta EPS/EPS}{\Delta Q/Q}$$

复合杠杆系数与经营杠杆系数、财务杠杆系数之间的关系可用下式表示：

$$DTL = DOL \times DFL$$

复合杠杆系数也可以直接按以下实务公式计算：

$$DTL = \frac{M}{EBIT - I} = \frac{S - VC}{S - VC - F - I} = \frac{EBIT + F}{EBIT - I}$$

【例 5-18】某企业 2016 年和 2017 年有关资料如表 5-6 所示。

表 5-6　　某企业 2016 年和 2017 年经营情况表　　单位：元

项目	2016 年	2017 年	杠杆形式
销售收入	1 500 000	1 800 000	经营杠杆
固定成本	600 000	600 000	
变动成本	500 000	600 000	
息税前利润	400 000	600 000	
利息	120 000	120 000	财务杠杆
税前利润	280 000	480 000	
所得税（30%）	84 000	144 000	
税后利润	196 000	336 000	
股票数量	10 000	10 000	
每股收益	19. 60	33. 60	

根据表 5-6 的资料，综合杠杆系数计算如下：

每股收益增长率＝(33. 60－19. 60)÷19. 60＝71. 43%

销售额增长率＝(1 800 000－1 500 000)÷1 500 000＝20%

复合杠杆系数＝71. 43%÷20%＝3. 57

复合杠杆系数为 3. 57 表明每股利润变动是销售额变动的 3. 57 倍。

如果按实务公式计算，2016 年的综合杠杆系数计算结果如下：

$$DTL = \frac{1\ 500\ 000 - 500\ 000}{1\ 500\ 000 - 500\ 000 - 600\ 000 - 120\ 000} = 3.57$$

计算结果与第一种方法的计算结果相同。

【例 5-19】B 企业年销售额为 1 000 万元，变动成本率为 60%，息税前利润为 250 万元，全部资本为 500 万元，负债比率为 40%，负债平均利率为 10%。

要求：

（1）计算B企业的经营杠杆系数、财务杠杆系数和总杠杆系数。

（2）如果预测期B企业的销售额将增长10%，计算息税前利润及每股收益的增长幅度。

（1）B企业的经营杠杆系数、财务杠杆系数和复合杠杆系数计算如下：

$$DOL=\frac{1\ 000-1\ 000\times 60\%}{250}=1.6$$

$$DFL=\frac{250}{250-500\times 40\%\times 10\%}=1.087$$

$DTL=1.6\times 1.087=1.739\ 2$

（2）息税前利润及每股收益的增长幅度计算如下：

息税前利润增长幅度=1.6×10%=16%

每股收益增长幅度==1.739 2×10%=17.39%

（三）复合杠杆与复合风险

从上面的分析可以看到，在复合杠杆的作用下，当企业的销售前景乐观时，每股收益额会大幅度上升；当企业的销售前景不好时，每股收益额又会大幅度下降。企业复合杠杆系数越大，每股收益的波动幅度越大，反之亦然。由于复合杠杆作用使普通股每股收益大幅度波动而造成的风险，称为复合风险。复合风险直接反映企业的整体风险。在其他因素不变的情况下，复合杠杆系数越大，复合风险越大；复合杠杆系数越小，复合风险越小。

复合风险包括企业的经营风险和财务风险。复合杠杆系数反映了经营杠杆和财务杠杆之间的关系，用以评价企业的整体风险水平。在复合杠杆系数一定的情况下，经营杠杆系数与财务杠杆系数此消彼长。复合杠杆效应的意义在于：第一，能够说明产销业务量变动对普通股收益的影响，据以预测未来的每股收益水平；第二，揭示了财务管理的风险管理策略，即要保持一定的风险状况水平，需要维持一定的复合杠杆系数，经营杠杆和财务杠杆可以有不同的组合。

一般来说，固定资产比较重大的资本密集型企业，经营杠杆系数高，经营风险大，企业筹资主要依靠权益资本，以保持较小的财务杠杆系数和财务风险；变动成本比重较大的劳动密集型企业，经营杠杆系数低，经营风险小，企业筹资主要依靠债务资本，以保持较大的财务杠杆系数和财务风险。

一般来说，在企业初创阶段，产品市场占有率低，产销业务量小，经营杠杆系数大，此时企业筹资主要依靠权益资本，在较低程度上使用财务杠杆。在企业扩张成熟期，产品市场占有率高，产销业务量大，经营杠杆系数小，此时企业资本结构中可扩大债务资本，在较高程度上使用财务杠杆。

第三节 资本结构

一、资本结构的含义

资本结构是指企业各种资本的构成及其比例关系。资本结构是企业筹资决策的核心问题，在筹资管理过程中，采用适当的方法以确定最佳资本结构是筹资管理的主要任务之一。

在企业筹资管理活动中，资本结构有广义和狭义之分。广义的资本结构又称财务结构，是指全部资本的来源构成，不但包括长期资本，还包括短期负债。狭义的资本结构是指长期资本（长期债务资本与股权资本）的构成及其比例关系，而将短期债务资本列入营运资本进行管理。本书采用狭义的资本结构的概念。

企业资本结构是由企业采用的各种筹资方式筹集资本而形成的，各种筹资方式不同的组合类型决定着企业资本结构及其变化。企业筹资方式有很多，但总体来看分为负债资本和权益资本两类，因此资本结构问题总体来说是负债资本的比例问题，即负债在企业全部资本中所占的比重。

二、现代资本结构理论

自20世纪50年代以来，西方经济学家对资本结构展开了广泛的研究，先后出现过净收入理论、折中理论和现代资本结构理论，其中影响最大的现代资本结构理论主要是指MM理论及其发展，如权衡理论、激励理论、非对称信息理论等。

（一）MM理论和权衡理论

早期的MM理论认为，由于所得税法允许债务利息费用在税前扣除，在某些严格的假设下，负债越多，企业的价值越大。这一理论并非完全符合现实情况，只能作为进一步研究的起点。此后提出的权衡理论认为，负债公司可以为企业带来税额庇护利益，但各种负债成本随负债比率增大而上升，当负债比率达到某一程度时，息税前盈余会下降，同时企业负担代理成本与财务拮据成本的概率会增加，从而降低企业的市场价值。因此，企业融资应当是在负债价值最大和债务上升带来的财务拮据成本与代理成本之间选择最佳点。

（二）激励理论

激励理论研究的是资本结构与经理人员行为之间的关系，该理论认为债权融资比股权融资具有更强的激励作用。因为债务类似一项担保机制，由于存在无法偿还债务的财务危机风险甚至破产风险，经理人员必须做出科学的投资决策，努力工作以避免或降低风险。相反，如果不发行债券，企业就不会有破产风险，经理人员扩大利润的积极性就会丧失，市场对企业的评价也相应降低，企业资本成本也会上升。因此，应当激励企业举债，使经理人员努力工作以避免企业破产。

（三）非对称信息理论

非对称信息理论由美国经济学家罗斯（Ross）首先引入到资本结构理论中的。罗斯假定经理人员对企业的未来收益和投资风险有内部信息，而投资者缺乏这种信息，投资者只知道对经理人员的激励制度，只能通过经理人员输出的信息间接评价企业的市场价值。资产负债率或债务比例就是将内部信息传递给市场的工具，负债比例上升表明经理人员对企业的未来收益有较高的期望，对企业充满信心，同时负债也会促使经理人员努力工作，外部投资者会把较高的负债视为企业高质量的一个信号。

迈尔斯（Myess）和麦吉勒夫（Majluf）进一步考察发现，企业发行股票融资时会被市场误解，认为其前景不佳，因此新股发行总会使股价下跌。但是，多发债券又会使企业受财务危机的制约。因此，企业资本的融资顺序应是：先内部筹资，然后发行债券，最后才是发行股票。这一“先后顺序论”在美国、加拿大等国家1970—1985年的企业融资实践中得到了证实。

从以上有关权衡理论、激励理论、非对称信息理论的分析可以看出，当负债引起的成本费用未超过税收节余价值时，采用债券融资对企业是有利的，还能减少企业控制权的损失，这与MM理论是一致的。

三、最佳资本结构决策

（一）最佳资本结构的含义

所谓最佳资本结构，是指企业在一定期间内，使加权平均资本成本最低、企业价值最大时的资本结构。其判断标准有三个：

（1）有利于最大限度地增加所有者财富，能使企业价值最大化。

（2）企业加权平均资本成本最低。

（3）资产保持适宜的流动性，并使资本结构具有弹性。其中，加权资本成本最低是其主要标准。

从以上分析可以看出，负债筹资具有节税、降低资本成本等作用和功能，因此对外负债是企业采用的主要筹资方式。但是，随着负债筹资比例的不断扩大，负债利率趋于上升，破产风险加大。因此，如何找出最佳的负债点（即最佳资本结构），使得负债筹资的优点得以充分发挥，同时又避免其不足，是筹资管理的关键。财务管理上将最佳负债点的选择称为资本结构决策。

（二）最佳资本结构决策的方法

1. 比较资本成本法

比较资本成本法是通过计算不同资本结构的加权平均资本成本，并以此为标准，选择其中加权平均资本成本最低的资本结构。比较资本成本法以资本成本高低作为确定最佳资本结构的唯一标准，在理论上与股东或企业价值最大化时相一致，在实践上则表现为简单实用。其决策过程如下：

（1）确定各方案的资本结构。

（2）确定各结构的加权资本成本。

（3）进行比较，选择加权资本成本最低的结构为最优结构。

【例5-20】某企业拟筹资规模确定为300万元，有三个备选方案，其资本结构分别如下：

方案A：长期借款50万元、债券150万元、股本100万元。

方案 B：长期借款 70 万元、债券 80 万元、股本 150 万元。

方案 C：长期借款 100 万元、债券 120 万元、股本 80 万元。

相对应的个别资本成本如表 5-7 所示。

表 5-7　　　　个别资本成本资料　　　　单位：万元

筹资方式	方案 A		方案 B		方案 C	
	筹资额	资本成本	筹资额	资本成本	筹资额	资本成本
长期借款	50	6%	70	6.5%	100	7%
债券	150	9%	80	7.5%	120	8%
普通股	100	15%	150	15%	80	15%
合计	300		300		300	

计算各方案的综合资本成本如下：

$$WACC(A)=\frac{50}{300}\times 6\%+\frac{150}{300}\times 9\%+\frac{100}{300}\times 15\%=10.5\%$$

$$WACC(B)=\frac{70}{300}\times 6.5\%+\frac{80}{300}\times 7.5\%+\frac{150}{300}\times 15\%=11.02\%$$

$$WACC(C)=\frac{100}{300}\times 7\%+\frac{120}{300}\times 8\%+\frac{80}{300}\times 15\%=9.53\%$$

进行计算与比较，方案 C 的资本成本最低，因此选择长期借款 100 万元、债券 120 万元、普通股票 80 万元的资本结构最为可行。

此方法通俗易懂，计算过程也不是十分复杂，是确定资本结构的一种常用方法。因为拟定的方案数量有限，所以有把最优方案漏掉的可能。同时，比较资本成本法仅以资本成本率最低为决策标准，没有具体测算财务风险因素，其决策目标实质上是利润最大化而不是公司价值最大化，一般适用于资本规模较小、资本结构较为简单的非股份制企业。

2. 每股收益无差异点分析法

所谓无差别点，是指使不同资本结构的每股收益相等时的息税前利润点。企业合理的资本结构对企业的盈利能力和股东财富产生了一定的影响，因此将息税前利润和每股收益作为分析确定企业资本结构的两大因素。每股收益无差异点分析法就是将息税前利润和每股收益这两大要素结合起来，分析资本结构与每股收益之间的关系，进而确定最佳资本结构的方法。其决策程序为：第一步，计算每股收益无差异点；第二步，作每股收益无差异点图；第三步，选择最佳筹资方式。

该方法测算每股收益无差异点的计算公式为：

$$\frac{(EBIT-I_1)(1-T)-D_1}{N_1}=\frac{(EBIT-I_2)(1-T)-D_2}{N_2}$$

式中，$EBIT$ 为每股收益无差异点处的息税前利润，I_1、I_2 为两种筹资方式下的年利息，T 为企业所得税税率，D_1、D_2 为两种筹资方式下的优先股股利，N_1、N_2 为两种筹资方式下的流通在外的普通股股数。

每股收益无差异点的息税前利润计算出来以后，可以与预期的息税前利润进行比较，据以选择筹资方式。当预期的息税前利润大于无差异点息税前利润时，应采用负债筹资方式；当预期的息税前利润小于无差异点息税前利润时，应采用普通股筹资方式。

【例 5-21】某公司欲筹集新资本 400 万元以扩大生产规模。筹集新资本的方式可以用增发普通股或长期借款方式。若增发普通股，则计划以每股 10 元的价格增发 40 万股；若采用长期借款，则以 10%的年利率借入 400 万元。已知该公司现有资产总额为 2 000万元，负债比率为 40%，年利率为 8%，普通股为 100 万股。假定增加资本后预期息税前利润为 500 万元，所得税税率为 30%，试采用每股收益无差异点分析法计算分析应选择何种筹资方式？

（1）计算每股收益无差异点。根据资料计算如下：

$$\frac{(EBIT-64)\times(1-30\%)}{100+40}=\frac{(EBIT-64+40)\times(1-30\%)}{100}$$

$EBIT=204$(万元)

无差异点的每股收益为：

$$EPS=\frac{(204-64)\times(1-30\%)}{100+40}=0.7\text{（元）}$$

（2）计算预计增资后的每股收益（见表 5-8），并选择最佳筹资方式。

表 5-8　　预计增资后的每股收益　　单位：万元

项目	增发股票	增加长期借款
预计息税前利润	500	500
减：利息	64	64+40
税前利润	436	396
减：所得税	130. 8	118. 8
税后利润	305. 2	277. 2
普通股股数（万股）	140	100
每股利润	2. 18	2. 77

由表 5-8 计算得知，预期息税前利润为 500 万元时，追加负债筹资的每股收益较高（为 2. 77 元），应选择负债方式筹集资本。

由此表明，当息税前利润等于 204 万元时，采用负债或发行股票方式筹资都是一样的；当息税前利润大于 204 万元时，采用负债方式筹资更有利；当息税前利润小于 204 万元时，则应采用发行股票方式筹资。该公司预计息税前利润为 500 万元，大于无差异点的息税前利润，故采用长期借款的方式筹资较为有利，此结论也可通过分析图（见图 5-1）加以证明。

（3）绘制 *EBIT-EPS* 分析图（如图 5-1 所示）。

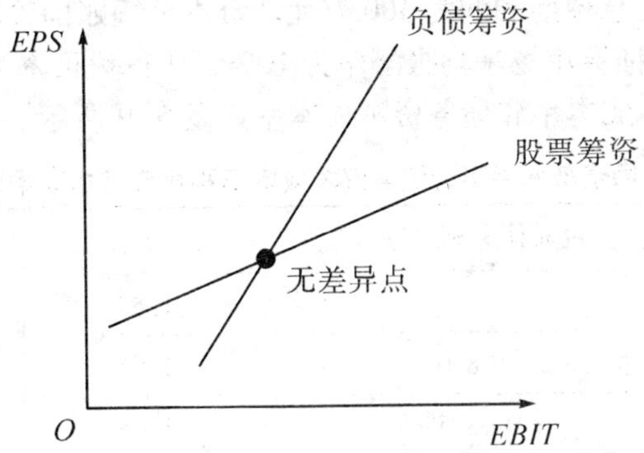

图 5-1 *EBIT-EPS* 分析图

由图 5-9 可以看出，当 *EBIT* 为 204 万元时，两种筹资方式的 *EPS* 相等；当 *EBIT* 大于 204 万元时，采用负债筹资方式的 *EPS* 大于普通股筹资方式的 *EPS*，故应采用负债筹资方式；当 *EBIT* 小于 204 万元时，采用普通股筹资方式的 *EPS* 大于负债筹资方式的 *EPS*，故应采用普通股筹资方式。

每股收益无差异点分析法确定最佳资本结构以每股收益最大为分析起点，直接将资本结构与企业财务目标、企业市场价值等相关因素结合起来，因此是企业在追加筹资时经常采用的一种决策方法。

上述所介绍的两种方法虽然集中考虑了资本成本与财务杠杆效益，但是没有考虑资本结构弹性、财务风险大小及其相关成本等因素，其决策目标实际上是每股收益最大化而不是公司价值最大化，因此在具体应用时必须审慎鉴别、灵活使用。这种方法一般可用于资本规模不大、资本结构不太复杂的股份有限公司。

3. 公司价值分析法

以上两种方法都是从账面价值的角度进行资本结构优化分析，没有考虑市场反应，也没有考虑风险因素。公司价值分析法是在考虑市场风险的基础上，以公司市场价值为标准，进行资本结构优化，即能够提升公司价值的资本结构，就是合理的资本结构。这种方法主要用于对现有资本结构进行调整，适用于资本规模较大的上市公司资本结构优化分析。同时，在公司价值最大的资本结构下，公司的平均资本成本率也是最低的。

V 表示公司价值，B 表示债务资本价值，S 表示权益资本价值。公司价值应该等于资本的市场价值，即：

$$V = S + B$$

为简化分析，假设公司各期的息税前利润保持不变，债务资本的市场价值等于其面值，权益资本的市场价值可以通过下式计算：

$$S = (EBIT - I) \times (1 - T) / K_S$$

且

$$K_s = R_s = R_f + \beta(R_m - R_f)$$

此时

$$K_w = K_b(B/V)(1-T) + K_S(S/V)$$

【例 5-22】某公司息税前利润为 400 万元，资本总额账面价值为 1 000 万元。假设无风险报酬率为 6%，证券市场平均报酬率为 10%，所得税税率为 40%。经测算，不同债务水平下的权益资本成本率和债务资本成本率如表 5-9 所示。

表 5-9　不同债务水平下的债务资本成本率和权益资本成本率　金额单位：万元

债务市场价值（B）	税前债务利息率（K_b）	股票 β 系数	权益资本成本率（R_s）
0		1.50	12.0%
200	8.0%	1.55	12.2%
400	8.5%	1.65	12.6%
600	9.0%	1.80	13.2%
800	10.0%	2.00	14.0%
1 000	12.0%	2.30	15.2%
1 200	15.0%	2.70	16.8%

根据表 5-9 资料，可以计算出不同资本结构下的企业总价值和综合资本成本，如表 5-10 所示。

表 5-10　公司价值和平均资本成本率　金额单位：万元

债务市场价值	股票市场价值	公司总价值	债务税后资本成本	普通股资本成本	平均资本成本
0	2 000	2 000	—	12.0%	12.0%
200	1 889	2 089	4.80%	12.2%	11.5%
400	1 743	2 143	5.10%	12.6%	11.2%
600	1 573	2 173	5.40%	13.2%	11.0%
800	1 371	2 171	6.00%	14.0%	11.1%
1 000	1 105	2 105	7.20%	15.2%	11.4%
1 200	786	1 986	9.00%	16.8%	12.1%

可以看出，在没有债务资本的情况下，公司的总价值等于股票的账面价值。当公司增加一部分债务时，财务杠杆开始发挥作用，股票市场价值大于其账面价值，公司总价值上升，平均资本成本率下降。在债务达到 600 万元时，公司总价值最高，平均资本成本率最低。债务超过 600 万元后，随着利息率的不断上升，财务杠杆作用逐步减弱，甚至出现副作用，公司总价值下降，平均资本成本率上升。因此，债务为 600 万元时的资本结构是该公司的最优资本结构。

四、资本结构的调整

（一）影响资本结构变动的因素

资本结构的变动，除受资本成本、财务风险等因素影响外，还要受到其他因素的影响，这些因素主要如下：

1. 企业因素

企业因素主要是指企业内部影响资本结构变动的经济变量，主要包括以下三个方面：

（1）管理者的风险态度。如果管理者对风险极为厌恶，则企业资本结构中负债的比重相对较小；相反，如果管理者以取得高报酬为目的而比较愿意承担风险，则资本结构中负债的比重相对要大。

（2）企业获利能力。息税前利润是用以还本付息的根本来源。息税前利润越大，即总资产报酬率大于负债利率，则利用财务杠杆能取得较高的净资产收益率；反之则相反。可见，获利能力是衡量企业负债能力强弱的基本依据。

（3）企业经济增长。增长快的企业，总是期望通过扩大筹资来满足其资本需要，而在股权资本一定的情况下，扩大筹资即意味着对外负债。从这里也可以看出，负债筹资及负债经营是促进企业经济增长的主要方式之一。

2. 环境因素

环境因素主要是指制约企业资本结构的外部经济变量，主要包括以下四个方面：

（1）银行等金融机构的态度。虽然企业都是希望通过负债筹资来取得净资产收益率的提高，但银行等金融机构的态度在企业负债筹资中起到决定性的作用。在这里，银行等金融机构的态度就是商业银行的经营规则，即考虑贷款的安全性、流动性与收益性。

（2）信用评估机构的意见。信用评估机构的意见对企业的对外筹资能力起着举足轻重的作用。

（3）税收因素。债务利息从税前支付，从而具有节税功能。一般认为，企业所得税税率越高，债务利息的节税功能越强，从而举债好处越多。因此，税率变动对企业资本结构变动具有某种导向作用。

（4）行业差别。不同行业所处的经济环境、资产构成及运营效率、行业经营风险等是不同。因此，上述各种因素的变动直接导致行业资本结构的变动，从而体现其行业特征。

（二）资本结构调整的原因

尽管影响资本结构变动的因素很多，但就是某一具体企业来讲，资本结构变动或调整有其直接的原因。这些原因归纳起来如下：

1. 成本过高

成本过高，即原有资本结构的加权资本成本过高，从而使得利润下降。这是资本结构调整的主要原因之一。

2. 风险过大

虽然负债筹资能降低成本、提高利润，但风险较大。如果筹资风险过大，以至于企业无法承担，企业可预见的破产成本会直接抵减因负债筹资而取得的现时杠杆收益，企业此时也需要进行资本结构调整。

3. 弹性不足

所谓弹性，是指企业在进行资本结构调整时原有结构应有的灵活性。其包括筹资期限弹性、各种筹资方式间的转换弹性等。其中，期限弹性针对负债筹资方式是否具有展期性、提前收兑性等而言；转换弹性针对负债与负债间、负债与资本间、资本与资本间是否具有可转换性而言。弹性不足的企业，其财务状况将是脆弱的，其应变能力也相对较差。弹性大小是判断企业资本结构是否健全的标志之一。

4. 约束过严

不同的筹资方式，投资者对筹资方的使用约束是不同的。约束过严，一定意义上有损企业财务自主权，有损企业灵活调度与使用资金。正因为如此，有时企业宁愿承担较高的代价而选择那些使用约束相对较宽松的筹资方式。这也是促使企业进行资本结构调整的动因之一。

（三）资本结构调整的方法

针对这些调整可能性与时机，资本结构调整的方法可归纳如下：

1. 存量调整

所谓存量调整，是指在不改变现有资产规模的基础上，根据目标资本结构的要求，对现有资本结构进行必要的调整。其具体方式如下：

（1）在债务资本过高时，将部分债务资本转化为股权资本。例如，将可转换债券转换为普通股票。

（2）在债务资本过高时，将长期债务收兑或提前归还，同时筹集相应的股权资本额。

（3）在股权资本过高时，通过减资并增加相应的负债额，来调整资本结构（这只是一种理论上的说法，在现实中，这种方法是较少采用的）。

2. 增量调整

增量调查是指通过追加筹资量，从而增加总资产的方式来调整资本结构。其具体方式如下：

（1）在债务资本过高时，通过追加股权资本投资来改善资本结构，如将公积金转换为资本，或者直接增资。

（2）在债务资本过低时，通过追加负债筹资规模来提高负债筹资比重。

（3）在股权资本过低时，可通过筹措股权资本来扩大投资，提高股权资本比重。

3. 减量调整

减量调整是通过减少资本总额的方式来调整资本结构。其具体方式如下：

（1）在股权资本过高时，通过减资来降低其比重（股份公司则可以回购部分普通股票）。

（2）在债务资本过高时，利用税后留存归还债务，用以减少总资产，并相应减少债务比重。

【本章小结】

1. 资本成本是企业筹资活动中必须考虑的财务变量之一，是指企业为筹措和使用资金而付出的代价。资本成本问题包括个别资本成本、综合资本成本和边际资本成本等的预测与估算问题。

2. 资本结构问题涉及最佳资本结构的标准、现代资本结构理论、影响资本结构的因素、资本结构决策的方法、资本结构的弹性和调整等。

3. 企业大体上面临着经营风险和财务风险两种风险。这两种风险一般用经营杠杆系数和财务杠杆系数来测量。经营杠杆系和财务杠杆系数的乘积构成了复合杠杆系数，它可以用来测量企业总风险。

【复习思考题】

1. 如何理解资本成本的含义和作用?
2. 如何计算个别资本成本与加权平均资本成本?
3. 为什么要计算边际资本成本?
4. 什么是成本习性?按成本习性成本可以分为哪些类别?
5. 简述固定成本和变动成本的特点。
6. 如何计算边际贡献和息税前利润?
7. 如何理解经营杠杆效应、财务杠杆效应和复合杠杆效应?
8. 简述杠杆系数与对应风险之间的关系。
9. 什么是资本结构?现代资本结构理论有哪些?
10. 如何理解最优资本结构的决策方法?

第六章　证券投资管理

【本章学习目标】

- 了解证券投资的概念、目的、种类和程序
- 熟悉证券投资的风险和收益
- 了解债券投资的目的和特点
- 掌握债券投资的决策
- 熟悉股票投资的目的和特点
- 掌握股票投资的决策
- 了解基金投资的概念、种类和优缺点
- 熟悉基金投资的价值和估价
- 了解证券投资组合的概念和目的
- 熟悉证券投资组合的策略和方法
- 掌握证券投资组合收益的计算

第一节　证券投资概述

一、证券投资的概念与目的

（一）证券投资的概念

证券是指各类记载并代表了一定权利的法律凭证。证券用以证明持有人有权依其所持凭证记载的内容而取得应有的权益。证券的特点如下：

（1）证券体现了法律特征。

（2）证券是一种金融工具（商品）。

（3）有价证券是一种可以交易的商品。

证券可以分成无价证券和有价证券。无价证券又称凭证证券，是指具有证券的某一特定功能，但不能作为财产使用的书面凭证。由于这类证券不能流通，因此不存在流通价值和价格。无价证券的特征是政府或国家法律限制其在市场上广泛流通，并不得通过流通转让来增加持券人的收益。无价证券的典型代表为借据、收据和供应证。有价证券是指标有票面金额，用于证明持有人或该证券指定的特定主体对特定财产拥有所有权或债权的凭证。有价证券是虚拟资本的一种形式，其本身没价值，但有价格。广义的有价证券按其所表明的财产权利的不同性质，可以分为三类，即商品证券、货币证券以及资本证券；狭义的有价证券指的是资本证券。本章讲述的证券投资为狭义

的证券投资，是指企业或个人购买资本证券的投资。证券投资是指投资者（法人或自然人）购买股票、债券、基金等有价证券以及这些有价证券的衍生产品以获取红利或利息的投资行为，是直接投资的重要形式。

（二）证券投资的目的

1. 分散资金投向，降低投资风险

投资分散化，即将资金投资于多个相关程度较低的项目，实行多元化经营，能够有效地分散投资风险。当某个项目经营不景气而利润下降甚至导致亏损时，其他项目可能会获取较高的收益。将企业的资金分成内部经营投资和对外证券投资两个部分，实现了企业投资的多元化。与对内投资相比，对外证券投资不受地域和经营范围的限制，投资选择面非常广，投资资金的退出和收回也比较容易，是多元化投资的主要方式。

2. 利用闲置资金，增加企业收益

企业在生产经营过程中，由于各种原因有时会出现资金闲置、现金结余较多的情况。这些闲置的资金可以投资于股票、债券等有价证券上，获取投资收益，这些投资收益主要表现在股利收入、债息收入、证券买卖差价等方面。同时，有时企业资金的闲置是暂时性的，可以投资于在资本市场上流通性和变现能力较强的有价证券，这类证券能够随时变卖，收回资金。

3. 稳定客户关系，保障生产经营

企业生产经营环节中，供应和销售是企业与市场相联系的重要通道。没有稳定的原材料供应来源，没有稳定的销售客户，都会使企业的生产经营中断。为了保持与供销客户良好而稳定的业务关系，可以对业务关系链的供销企业进行投资，保持对它们一定的债权或股权，甚至控股。这样能够以债权或股权对关联企业的生产经营施加影响和控制，保障本企业的生产经营顺利进行。

4. 提高资产的流动性，增强偿债能力

资产流动性强弱是影响企业财务安全性的主要因素。除现金等货币资产外，有价证券投资是企业流动性最强的资产，是企业速动资产的主要构成部分。在企业需要支付大量现金，而现有现金储备又不足时，可以通过变卖有价证券迅速取得大量现金，保证企业的及时支付。

二、证券投资的种类

证券投资按照不同的分类标准可以分为以下几类：

（一）按照证券投资的对象分类

1. 股票投资

股票投资是指投资者将资金投向于股票，通过股票的买卖获取收益的投资行为。通常情况下，股票投资收益较高，风险也比较大。

2. 债券投资

债券投资是指投资者购买债券以取得资金收益的一种投资活动。与股票投资比较，债券投资收益相对较稳定，风险较小。

3. 基金投资

基金投资是指投资者通过购买基金股份或收益凭证来获取收益的投资方式。这种方式可使投资者享受专家服务，有利于分散风险，获得较高的、较稳定的投资收益。

4. 期货投资

期货投资是投资者通过买卖期货合约躲避价格风险或赚取利润的一种投资方式。期货合约是在交易所达成的标准化的、受法律约束的，并规定在将来某一特定地点和时间交割某一特定商品的合约。该合约规定了商品的规格、品种、质量、重量、交割月份、交割方式、交易方式等，与合同既有相同之处，又有本质的区别。该合约与合同的根本区别在于是否标准化。我们把标准化的“合同”称为“合约”。该合约唯一可变的是价格，其价格是在一个有组织的期货交易所内通过竞价而产生的。

5. 期权投资

期权投资是指为了实现盈利目的或者规避风险而进行期权买卖的一种投资方式。期权是指在未来一定时期可以买卖的权力，是买方向卖方支付一定数量的金额（指权利金）后拥有的在未来一段时间内（指美式期权）或未来某一特定日期（指欧式期权）以事先规定好的价格（指履约价格）向卖方购买或出售一定数量的特定标的物的权力，但不负有必须买进或卖出的义务。根据期权买进卖出的性质划分，期权投资可以分为看涨期权、看跌期权和双向期权的投资；根据期权合同买卖的对象划分，期权投资又可分为商品期权、股票期权、债券期权、期货期权等的投资。

6. 证券组合投资

证券组合投资是指企业将资金同时投资于多种证券。例如，既投资于企业债券，又投资于企业股票，还投资于基金。证券组合投资是企业等法人单位进行证券投资时常用的投资方式，可以有效地分散证券投资风险。

（二）按照证券的发行主体分类

1. 政府债券投资

政府债券投资是指企业投资于政府债券的行为。政府债券是指中央政府或者地方政府为集资而发行的证券，包括公债、国库券等。政府债券和其他债券相比，最大的特点是交易费用小、收益固定、信誉高、风险小。

2. 金融债券投资

金融债券投资是指投资者投资于金融债券的行为。金融债券是指银行或其他金融机构为筹集资金而向投资者发行的借债凭证。发行金融债券的目的在于筹集中长期贷款的资金来源，利率略高于同期定期储蓄存款利率，一般由金融债券的发行机构经中央银行批准后，在金融机构的营业网点以公开出售的方式发行。

3. 企业债券和股票投资

企业债券和股票投资是指企业购买其他企业债券或股票的行为。企业债券投资属于债权性投资，投资人有权要求发债企业按期偿付本息，否则可以通过法律程序要求补偿。股票投资属于权益性投资，投资人有权参与被投资企业的经营管理和按所占股份分享利润，当被投资企业发生经营亏损或破产时，投资人需以出资额为限承担其损失。

三、证券投资的程序

企业证券投资不能只理解为企业在证券市场上买卖证券的单项活动。相反，它是由一系列动态过程组成的活动系列。这些动态过程就构成了企业证券投资程序。

（一）准备工作

企业在尚未购买证券前，需做一系列的证券投资准备工作。这些工作分为以下几项基本程序：

1. 筹集证券投资资金

资金是企业从事证券投资的基础。企业一旦确定要投资于证券，就要通过储蓄积累或是借贷关系筹措一定数量的资金。没有证券投资资金的筹措，也就不可能有证券投资活动的发生。

2. 充分认识和准备承担证券投资风险

企业从事证券投资，不可避免要承担一定风险。企业对此必须要有充分的思想准备和财力保证，一旦出现风险，企业就应采取相应的对策与措施予以补救。这是证券投资企业从风险角度对证券投资所做的关键性决策。

3. 做好证券市场的调查研究

企业要通过证券市场了解与证券投资有关的如下内容：

（1）了解参与证券投资的条件。目前，我国从中央到地方各级政府对证券交易都有一些具体的明文规定，企业在进行证券投资时，必须对有关规定有清楚的了解，从而保证企业能够依法进行证券投资。同时，企业也可以避免因不了解具体投资条件而遭受损失。

（2）了解证券市场上究竟有多少种股票和债券及其各自特点。

（3）了解证券市场主要机构的有关情况，如证券发行主体、证券投资者、证券经纪商、证券市场场所等。

（4）熟悉并掌握证券交易的有关技术性问题，如证券登记、过户、结算等。

4. 证券投资分析

企业在对证券市场做了比较全面深入的调查研究后，还需要对证券投资做出分析。所谓证券投资分析，是指企业以有价证券作为投资对象，对投资有关问题所做的一种可行性研究。其具体内容包括投资环境分析、投资对象分析和投资时机分析等。

5. 证券投资决策

企业在充分做好上述准备工作的基础上，便可以按照有关投资方法对证券投资做出决策。决策内容包括企业用于证券投资的资金数额、选择理想的投资方式或投资组合、选定有关证券交易所和证券商等。

（二）具体程序

对于证券投资企业来说，它们一般是不能直接进入证券交易所进行直接证券投资的。企业在做好第一阶段的各项准备工作后，需要通过证券商，即证券经纪公司进行证券投资。企业在证券交易所进行证券投资的基本程序是：开户→发出委托指令→执行委托指令→清算与交割→过户。现分别阐述如下：

1. 开户

企业在证券交易所从事证券交易，首先必须开户。所谓开户，是指证券投资企业委托证券商代为买卖证券，必须先与证券商签订委托买卖契约，这种签订委托买卖契约的手续一般称为开户。如同企业在银行开设账户一样，开户主要有两个过程：一是名册登记，目的是便于证券商与委托者之间的日常业务联系；二是开立资金专户和证券专户。开立资金专户后，企业用于证券投资的资金可由证券商代为转存银行，利息自动转入资金专户。当企业通知证券商购买证券时，证券商便可按委托指令购买证券，免去携带大量现钞交易的麻烦，同时也符合证券投资的安全性和流动性原则。开立证券专户的目的是让证券商代为保管投资企业的证券，当发生证券买卖活动时，证券商只要分别从资金专户和证券专户中做相应的扣减和添加款项即可。证券商为企业代为保管证券是免费的。

2. 发出委托指令

企业在证券交易所开户后，即可向证券商发出委托代理买卖证券的指令。企业常用的委托买卖方式，一般只有当面委托和电话委托两种。其他委托方式，如电报委托、偿还委托和传真委托等很少被采用。采用当面委托，企业必须亲自填写委托书，并且在成交后，经纪商的营业员和委托者都要在委托书上盖章，以增强相互信任感。采用电话委托方式，一般适用那些大额有价证券的买卖活动。委托指令一般包括以下四项内容：

（1）交易种类指令。交易种类指令，即企业在委托指令中需说明当日交易、普通日交易和约定交易中的一种。当日交易是买卖成交的当天，成交各方进行清算交割。普通日交易是指证券买卖成交后，成交各方于成交后第四个营业日进行清算交割。约定日交易是指在证券买卖成交后的15日内，成交各方约定日期进行清算交割。

（2）委托价格指令。委托价格指令是指证券投资企业委托证券商进行证券买卖的价格，可分为限价指令和市价指令两种。限价指令是指投资企业自定证券的买入价或卖出价，证券经纪商按照证券投资企业指定的价格申报挂牌买入或卖出证券的一种委托指令。市价指令又称为市场指令，是一种证券经纪商根据企业委托，以最优市价立即购买或出售一定数量的某种证券的指令。

（3）证券交易数额指令。证券交易数额一般以交易单位来衡量，每一交易单位简称为“一手”。例如，《深圳市股票发行与管理暂行办法》第九条规定：“股票原则上实行一手一票制，每股的面值为一元。”按不同的股票分别确定若干股为一手，上海证券交易所规定，股票每100元面额为一手，而债券一手的面值为1 000元。

（4）委托有效期指令。委托有效期包括当日有效、五日有效、长期有效和撤销前有效四种。企业必须在委托指令中说明选择的是哪一种委托有效期限。

3. 执行委托指令

证券商接受证券投资企业的委托指令后，便通过各种有效途径与其派驻在证券交易所内的证券业务员取得联系，之后，证券业务员便按照企业委托指令中的各项内容开始执行委托指令，从事证券的买卖活动。

4. 交割与清算

所谓交割，是指证券买卖双方成交后，买方需付款收到证券，卖方需交出证券收到现金，这种证券交易成交后的收付活动称为交割。交割有多种形式，如当日交割，即买卖双方在成交日内就办完收付手续；次日交割，即从成交后的下一天算起，在第二个营业日正午前办完收付手续的交割（次日交割若遇有公休日，可往下顺延）；例行交割，即从成交日算起，在第五个营业日以内办完收付手续等。

当一项证券交易成交后，证券投资企业应尽量早一点办理交割手续，以方便证券商的作业。同时，当企业收到证券商递交的确认书后，应及时查看确认书上所记载的有关证券名称、成交日期、交割日期、成交数量、成交价格等是否与买进的证券相符。

清算是指证券交易做成后，证券投资企业向证券商支付其借方余额或从证券商那里获得销售利润的行为。在实际证券交易过程中，不是证券买卖成交后都交割，只是通过清算制度，将交易的买进额与卖出额相互冲销后对其净差额进行交割。清算的目的是减少实际交割的证券和款项，以节省人力、物力、财力和时间。可见，从程序上看，证券的交割只有在清算之后才得以进行。

5. 过户

过户是指证券证书转给新的所有人。证券成交后，如果证券持有企业发生了变化，新的证券合法持有人为了得到持有证券应享有的权利，必须申请更换户头。

四、证券投资的风险与收益

（一）证券投资的风险

由于证券资产的市价波动频繁，证券投资的风险往往较大。获取投资收益是证券投资的主要目的，证券投资的风险是投资者无法获得预期投资收益的可能性。按风险性质划分，证券投资的风险分为系统性风险和非系统性风险两大类别。

1. 系统性风险

证券资产的系统性风险是指由于外部经济环境因素变化引起整个资本市场不确定性加强，从而对所有证券都产生影响的共同性风险。系统性风险影响到资本市场上的所有证券，无法通过投资多元化的组合而加以避免，也称为不可分散风险。

系统性风险波及所有证券资产，最终会反映在资本市场平均利率的提高上，所有的系统性风险几乎都可以归结为利率风险。利率风险是由于市场利率变动引起证券资产价值变化的可能性。市场利率反映了社会平均报酬率，投资者对证券资产投资报酬率的预期总是在市场利率基础上进行的，只有当证券资产投资报酬率大于市场利率时，证券资产的价值才会高于其市场价格。一旦市场利率提高，就会引起证券资产价值的下降，投资者就不易得到超过社会平均报酬率的超额报酬。市场利率的变动会造成证券资产价格的普遍波动，两者呈反向变化：市场利率上升，证券资产价格下降；市场利率下降，证券资产价格上升。

（1）价格风险。价格风险是指由于市场利率上升，而使证券资产价格普遍下跌的可能性。价格风险来自于资本市场买卖双方资本供求关系的不平衡，资本需求量增加，引起市场利率上升；资本供应量增加，引起市场利率下降。

资本需求量增加，引起市场利率上升，也意味着证券资产发行量的增加，引起整个资本市场所有证券资产价格的普遍下降。需要说明的是，这里的证券资产价格波动并不是指证券资产发行者的经营业绩变化而引起的个别证券资产的价格波动，而是由于资本供应关系引起的全体证券资产的价格波动。

当证券资产持有期间的市场利率上升时，证券资产价格就会下跌，证券资产期限越长，投资者遭受的损失越大。到期风险附加率就是对投资者承担利率变动风险的一种补偿，期限越长的证券资产，要求的到期风险附加率就越大。

（2）再投资风险。再投资风险是由于市场利率下降，而造成的无法通过再投资而实现预期收益的可能性。根据流动性偏好理论，长期证券资产的报酬率应当高于短期证券资产，这是因为：第一，期限越长，不确定性就越强。证券资产投资者一般喜欢持有短期证券资产，因为它们较易变现而收回本金。因此，投资者愿意接受短期证券资产的低报酬率。第二，证券资产发行者一般喜欢发行长期证券资产，因为长期证券资产可以筹集到长期资金，而不必经常面临筹集不到资金的困境。因此，证券资产发行者愿意为长期证券资产支付较高的报酬率。

为了避免市场利率上升的价格风险，投资者可能会投资于短期证券资产，但短期证券资产又会面临市场利率下降的再投资风险，即无法按预定报酬率进行再投资而实现所要求的预期收益。

（3）购买力风险。购买力风险是指由于通货膨胀而使货币购买力下降的可能性。在持续而剧烈的物价波动环境下，货币性资产会产生购买力损益。当物价持续上涨时，货币性资产会遭受购买力损失；当物价持续下跌时，货币性资产会带来购买力收益。

证券资产是一种货币性资产，通货膨胀会使证券资产投资的本金和收益贬值，名义报酬率不变而实际报酬率降低。购买力风险对具有收款权利性质的资产影响很大，债券投资的购买力风险远大于股票投资。如果通货膨胀长期延续，投资人会把资本投向实体性资产以求保值，对证券资产的需求量减少，引起证券资产价格下跌。

2. 非系统性风险

证券资产的非系统性风险是指由于特定经营环境或特定事件变化引起的不确定性，从而对个别证券资产产生影响的特有性风险。非系统性风险源于每个公司自身特有的营业活动和财务活动，与某个具体的证券资产相关联，同整个证券资产市场无关。非系统性风险可以通过持有证券资产的多元化来抵消，也称为可分散风险。

非系统性风险是公司特有风险，从公司内部管理的角度考察，公司特有风险的主要表现形式是公司经营风险和财务风险。从公司外部的证券资产市场投资者的角度考察，公司经营风险和财务风险的特征无法明确区分，公司特有风险是以违约风险、变现风险、破产风险等形式表现出来的。

（1）违约风险。违约风险是指证券资产发行者无法按时兑付证券资产利息和偿还本金的可能性。有价证券资产本身就是一种契约性权利资产，经济合同的任何一方违约都会给另一方造成损失。违约风险是投资于收益固定型有价证券资产的投资者经常面临的，多发生于债券投资中。违约风险产生的原因可能是公司产品经销不善，也可能是公司现金周转不灵。

（2）变现风险。变现风险是指证券资产持有者无法在市场上以正常的价格平仓出货的可能性。持有证券资产的投资者，可能会在证券资产持有期限内出售现有证券资产而投资于另一项目，但在短期内找不到愿意出合理价格的买主，投资者就会丧失新的投资机会或面临降价出售的损失。在同一证券资产市场上，各种有价证券资产的变现力是不同的，交易越频繁的证券资产，其变现能力越强。

（3）破产风险。破产风险是指在证券资产发行者破产清算时投资者无法收回应得权益的可能性。当证券资产发行者由于经营管理不善而持续亏损、现金周转不畅而无力清偿债务或其他原因导致难以持续经营时，其可能会申请破产保护。破产保护会导致债务清偿的豁免、有限责任的退资，使得投资者无法取得应得的投资收益，甚至无法收回投资的本金。

（二）证券投资的收益

证券投资收益包括经常收益和当前收益，前者指债券按期发付的债息收入或股票按期支付的股息、红利收入；后者指证券交易现价与原价的差价所带来的证券本金升值或减值。证券投资收益的高低是影响证券投资的主要因素。证券投资收益有绝对数和相对数两种表示方法。在财务管理中通常用相对数，即以投资收益额占投资额的百分比来表示，称为投资收益率。

1. 短期证券投资收益率

因为短期证券投资期限短，所以短期证券收益率的计算比较简单，一般不考虑时间价值因素。其基本计算公式为：

$$K=\frac{S_1-S_0+P}{S_0}\times 100\%$$

式中，K 为证券投资收益率，S_1 为证券出售价格，S_0 为证券购买价格，P 为证券投资报酬（股利或利息）。

【例 6-1】甲公司于 2016 年 3 月 6 日以 90 元的价格购入 100 张面值为 100 元、票面利率为 8%、每年付息一次的折价债券，持有到 2017 年 3 月 5 日以 98 元的市价出售。甲公司该项对外投资的年收益率是多少？

$$K=\frac{(98-90)+100\times 8\%}{90}\times 100\%=17.78\%$$

2. 长期证券投资收益率

因为长期证券投资涉及的时间比较长，所以收益率计算比较复杂，要考虑资金时间价值的因素。

（1）债券投资收益率的计算。企业进行债券投资，一般每年都能获得固定的利息，并在债券到期时收回本金或在中途出售而收回资金。债券投资收益就是使债券利息的年金现值和债券到期收回本金复利现值之和等于债券买入价格的贴现率。其计算公式为：

$$\begin{aligned}V&=\frac{I}{(1+i)^1}+\frac{I}{(1+i)^1}+\cdots+\frac{I}{(1+i)^n}\frac{F}{(1+i)^n}\\&=I\cdot(P/A,\ i,\ n)+F\cdot(P/F,\ i,\ n)\end{aligned}$$

式中，V 为债券的购买价格，I 为每年获得的固定利息，F 为债券到期收回的本金或途中出售收回的资金，i 为债券投资的收益率，n 为投资期限。

【例 6-2】B 公司 2016 年 5 月 1 日以 1 100 元购买面值为 1 000 元的债券，其票面利率为 8%，每年 5 月 1 日计算并支付利息一次，并于 5 年后的 4 月 30 日到期，按面值收回本金。试计算该债券的收益率。

$I = 1\ 000 \times 8\% = 80$(元)

$F = 1\ 000$(元)

$V = 80 \times (P/A, i, 5) + 1\ 000 \times (P/F, i, 5) = 1\ 100$(元)

解方程要用试错法。

设 $i=8\%$，则：

$$80 \times (P/A, 8\%, 5) + 1\ 000 \times (P/F, 8\%, 5) = 80 \times 3.993 + 1\ 000 \times 0.684 = 1\ 000.44 \text{（元）}$$

可见，如果是平价发行的每年付一次利息的债券，其收益率基本等于票面利率。由于利率与现值呈反向变化，现值越大，利率越小。债券的买价为 1 100 元，收益率一定低于 8%。降低贴现率进一步测试。

设 $i=6\%$，则：

$$80 \times (P/A, 6\%, 5) + 1\ 000 \times (P/F, 6\%, 5) = 80 \times 4.212 + 1\ 000 \times 0.747 = 1\ 083.96\text{(元)}$$

由于贴现结果仍小于 1 100 元，还应进一步降低贴现率测试。

设 $i=5\%$，则：

$$80 \times (P/A, 5\%, 5) + 1\ 000 \times (P/F, 5\%, 5) = 80 \times 4.330 + 1\ 000 \times 0.784 = 1\ 130.44\text{(元)}$$

贴现结果大于 1 100 元，可以判断，收益率应该介于 5%~6%之间。用插值法计算近似值如下：

$$i = 5\% + \frac{1\ 130.40 - 1\ 100}{1\ 130.40 - 1\ 083.96} \times (6\% - 5\%) = 5.65\%$$

上述试误法比较麻烦，可以用下面的简便算法求得近似结果：

$$i = \frac{I + (M - P) + M}{(M + P) \div 2} \times 100\%$$

式中，I 为每年的利息，M 为到期归还的本金，P 为买价，N 为年数。

式中的分母是平均资金占用，分子是每年平均收益。根据【例 6-2】数据计算得：

$$i = \frac{80 + (1\ 000 - 1\ 100) \div 5}{(1\ 000 + 1\ 100) \div 2} \times 100\% = 5.71\%$$

从上例可以看出，如果买价和面值不等，则收益率和票面利率不同。

债券收益率是企业进行债券投资决策的基本标准，可以反映债券投资按复利计算的真实收益率。如果高于投资人要求的报酬率，则应买进该债券；否则就应放弃此项投资。

（2）股票投资收益率的计算。企业进行股票投资，每年可以获得不同的股利，而出售股票时，也可以收回一定资金。股票收益率就是能使未来现金流入量的现值，即股利的复利现值与股票售价的复利现值之和，等于目前购买价格的贴现率。

$$V = \sum_{j=1}^{n} \frac{D_j}{(1+i)^j} + \frac{F}{(1+i)^n}$$

式中，V 为股票的购买价格，D_j 为股票投资报酬（各年获得的股利），F 为股票售价，i 为股票投资的收益率，n 为投资期限。

【例6-3】C公司于2014年4月1日投资600万元购买某种股票100万股，在2015年、2016年和2017年的3月31日分得每股现金股利分别为0.5元、0.8元和1元，并于2017年3月31日以每股8元的价格将股票全部出售。试计算该项股票投资的收益率。

按逐步测试法计算，先用20%的收益率进行测算：

$$V=\frac{0.5\times100}{(1+20\%)}+\frac{0.8\times100}{(1+20\%)^2}+\frac{1\times100}{(1+20\%)^3}+\frac{8\times100}{(1+20\%)^3}$$

$$=50\times0.833+80\times0.694+900\times0.579$$

$$=618.27(万元)$$

由于618.27万元大于600万元，说明要提高收益率测算。用22%的收益率进行计算：

$$V=\frac{0.5\times100}{(1+22\%)}+\frac{0.8\times100}{(1+22\%)^2}+\frac{1\times100}{(1+22\%)^3}+\frac{8\times100}{(1+22\%)^3}$$

$$=50\times0.820+80\times0.672+900\times0.551$$

$$=590.66(万元)$$

该项投资的收益率应该介于20%~22%之间。用插值法计算如下：

$$i=20\%+\frac{61\ 827-600}{61\ 827-590.66}\times(22\%-20\%)=21.32\%$$

该项股票投资的收益率为21.32%。

第二节　债券投资

一、债券投资的目的与特点

（一）企业投资的目的

企业的债券投资有短期债券投资和长期债券投资。企业进行短期债券投资的目的主要是为了合理利用暂时闲置资金，调节现金余额，使现金余额达到合理的水平。当企业现金余额太多时，便投资于短期债券，使现金余额降低；反之，当现金余额太少时，则出售债券，收回现金，提高现金余额。企业进行长期债券投资的目的主要是为了获得稳定的收益。

（二）债券投资的特点

与股票投资相比，债券投资具有以下特点：

1. 投资风险较低

债券发行单位必须按规定的期限向债券投资者还本付息，因此债券投资风险较低。但是不同的发行主体发行的债券的风险也不相同，如中央政府发行的国库券由政府财政担保，本息的安全性非常高，通常被视为无风险债券。金融债券也由于金融机构的实力雄厚，本息的安全性也比较高。企业债券的发行者一般也是资信情况和经营状况比较好的单位，即使是企业破产，债券投资者具有比股东优先的求偿权，因此本息损失的风险也比较小。

2. 投资收益稳定性较强

债券票面一般都标有固定的利息率，债券的发行者有按时支付利息的法定义务。因此，在正常情况下，投资者都能按期获得稳定的收入，而不受债券发行单位经济状况好坏的影响。

3. 选择性较大

债券按照发行单位可分为政府债券、金融债券和企业债券；按照是否可转换为股票可分为可转换债券和不可转换债券。不同的债券，其利率、期限、风险、收益等也各不相同。企业可以根据自身的情况，权衡债券的风险和收益，选择合适的债券或债券组合进行投资，以获取较高的投资收益。

4. 投资者没有经营管理权

债券投资属于债权性投资，投资者是债券发行单位的债权人，而不是所有者。在各种投资方式中，债券投资者的权利最小，无权参与被投资企业的经营管理，只拥有按约定取得利息、到期收回本金的权利。

二、债券投资决策

债券的价值是由其未来现金流入量的现值决定的，影响债券价值的主要因素是债券面值、票面利率和市场利率。由于债券面值和票面利率在发行时就已经给定，因此债券价值的高低主要由市场利率水平决定。市场利率越高，债券价值越低；市场利率越低，债券价值越高。

企业进行债券投资之前要对债券进行估价，确定债券的内在价值，在此基础上做出债券的投资决策。只有债券的价值大于其购买价格时，才值得投资；否则，就不值得投资。下面介绍几种常用的债券估价模型：

（一）债券估价的基本模型

一般情况下，债券是采取固定不变的利率，每年按复利计算并支付利息，到期归还本金。这样债券的内在价值就是等于各年的利息的现值与本金的现值之和。其计算公式为：

$$V = \sum_{t=1}^{n} \frac{i \cdot P}{(1+K)^t} + \frac{P}{(1+K)^n}$$

$$V = I \cdot (P/A,\ K,\ n) + P \cdot (P/F,\ K,\ n)$$

式中，V 为债券价值，i 为债券票面利息率，F 为债券面值，K 为市场利率或投资人要求的必要投资收益率，I 为每年利息，n 为付息总期数。

【例 6-4】某公司拟购买一种面值为 1 000 元、票面利率为 10%、每年付息一次、期限为 5 年的债券。当前市场利率是 12%时，该债券的价格是多少时该公司才能进行投资？

$$V = 1\,000 \times 10\% \times (P/A,\ 12\%,\ 5) + 1\,000 \times (P/F,\ 12\%,\ 5)$$
$$= 100 \times 3.605 + 1\,000 \times 0.567 = 927.50(\text{元})$$

说明只有当债券的市场价格低于 927.50 元时，该债券才值得购买，因为在这种情况下，该公司才能获得高于 12%的收益率。

（二）到期一次还本付息的债券估价模型

到期一次还本付息债券的特点是等到债券到期时一次性支付债券本金和利息。我国发行的国库券就属于这种债券。这种债券的内在价值就是到期本息之和的现值。其计算公式为：

$$V=\frac{P+P\cdot i\cdot n}{(1+K)^{n}}$$

$$V=(P+P\cdot i\cdot n)\cdot(P/F,\ K,\ n)$$

式中符号含义与前面“债券估价的基本模型”公式中符号含义一致。

【例 6-5】某公司拟购买政府发行的国库券，该债券面值为 1 000 元，票面利率为 10%，期限为 5 年，单利计算利息。当市场利率为 4%时，该国库券的市场价格是多少时，该公司才能购买？

$$V=\frac{1\ 000+1\ 000\times 10\%\times 5}{(1+4\%)^{5}}=1\ 233\text{（元）}$$

说明只有当该国库券的市场价格低于 1 233 元时，该公司才能购买。

（三）折现发行的债券估价模型

有些债券以折现方式发行，没有票面利率，到期按面值偿还，也称为零票面利率债券。这种债券的内在价值就是到期时票面价值的现值。其计算公式为：

$$V=\frac{P}{(1+K)^{n}}=P\cdot(P/F,\ K,\ n)$$

式中符号含义与前面“债券估价的基本模型”公式中符号含义一致。

【例 6-6】某公司发行的债券面值为 1 000 元，期限为 3 年，以折现方式发行，期内不计利息，到期按面值偿还。当市场利率为 12%时，其价格为多少时，才值得购买？

$V=1\ 000\times(P/F,\ 12\%,\ 3)=1\ 000\times 0.712=712$(元)

说明只有当该公司的债券市场价格低于 712 元的时候，才值得购买。

第三节　股票投资

一、股票投资的目的与特点

（一）股票投资的目的

企业进行股票投资的目的主要有两个：一是获利，即作为一般的证券投资，获取股利收入及股票买卖差价；二是控股，即通过购买某一企业的大量股票达到控制该企业的目的。在第一种情况下，企业仅将某种股票作为其证券组合的一个部分，不应冒险将大量资金投资于某一企业的股票上。而在第二种情况下，企业应集中资金投资于被控制企业的股票上，这时考虑更多的不是目前利益——股票投资收益的高低，而应是长远利益——占有多少股权才能达到控制的目的。

（二）股票投资的特点

股票投资相对于债券投资而言，具有以下特点：

1. 股票投资是权益性投资

股票是代表所有权的凭证，股票的投资者是公司的股东，有权参与公司的经营决策。

2. 股票投资收益较高

股票投资收益主要包括股利和资本利得。股票股利的多少取决于发行公司的经营状况、盈利水平和股利政策。一般情况下，股利要高于债券的利息。资本利得是企业通过低价购进高价卖出而获取的买卖价差收益。

3. 股票投资的风险较大

股票没有固定的到期日，股票投资收益由于受发行公司经营状况、盈利水平等多种因素的影响从而具有很大的不确定性。而且投资股票后，企业不能要求股份公司偿还本金，只能在证券市场上转让，因此股票投资者至少面临两大风险：一是股票发行公司经营不善所形成的风险；二是股票市场价格变动所形成的价差损失风险。

4. 股票投资流动性强

在股票交易市场上，股票可以作为买卖对象或抵押品随时转让。当股票投资者需要现金时，可以将其持有的股票转让换取现金，满足其对现金的要求，同时将股东的身份以及各种权益让渡给受让者；当企业能够筹集到股票投资所需的现金时，也可以随时购进股票，作为股票投资者以获取投资收益。

二、股票投资决策

在企业进行股票投资之前，需要对股票进行估价，以确定股票的内在价值，并将其与股票市场价格进行比较，视其低于、高于或等于市价，决定买入、卖出或继续持有股票。下面介绍几种最常见的股票估价模型。

（一）短期持有、未来准备出售的股票估价模型

在一般情况下，投资者投资于股票，不仅希望得到股利收入，还希望在未来出售股票时从股票价格的上涨中获取买卖价差收入。那么，在短期持有、未来准备出售的条件下，股票投资者的未来现金流入包括持有时期内每期获取的股利收入和出售股票时的收入，股票的内在价值就等于股利现值和股价现值之和。其计算公式如下：

$$V = \sum_{t=1}^{n} \frac{D_t}{(1+K)^t} + \frac{V_n}{(1+K)^n}$$

式中，V 为股票的价值，V_n 为未来出售时预计的股票价格，K 为投资人要求的必要投资收益率，D_t 为第 t 期的预期股利，n 为预计持有股票的期数。

【例 6-7】某企业准备购入甲公司股票，目前市场上的价格为每股 50 元，预计每年可获利 6 元/股，准备 3 年后出售。预计出售价格为 60 元/股，预期报酬率为 15%。该企业是否应该投资？

$$V = 6 \times (P/A, 15\%, 3) + 60 \times (P/F, 15\%, 3) = 6 \times 2.283 + 60 \times 0.658$$
$$= 53.18(\text{元})$$

该股票的内在价值大于目前的市场价格，因此该企业应该投资。

（二）零成长股票估价模型

在长期持有、股票价格稳定不变的情况下，预期每年年末股利的增长率为零的情

况下，我们可以将每年年末的股利看成永续年金的形式。此时，股利估价模型可以简化为：

$$V=\frac{D}{K}$$

式中，V为股票内在价值，D为每年固定股利，K为投资人要求的必要投资收益率。

【例6-8】假设某企业股票预期每年股利为每股5元，若投资人要求的投资必要收益率为10%，则该股票的每股内在价值是多少？

$V=\frac{5}{10\%}=50$（元）

说明当该股票的市场价格低于每股50元时，才值得购买。

（三）固定成长股票的估价模型

在无限期持有股票的条件下，如果发行公司预期每年的股利以一个固定的比率增长，这种股票称固定成长股票。设每年股利增长率为g，上年股利为D_0，则股利估价模型为：

$$V=\sum_{t=1}^{\infty}\frac{D_0\times(1+g)^t}{(1+K)^t}$$

代入等比数列前n项求和公式，当$n\to\infty$时，普通股的价值为：

$$V=\frac{D_0\times(1+g)}{K-g}=\frac{D_1}{K-g}$$

式中，D_1为第一年的股利。

【例6-9】A公司上一年每股支付利息为3元，预计未来每年以5%的增长率增长，B公司要求获得15%的必要报酬率。A公司股票价格为多少时，B公司才会购买该股票？

$V=\frac{3\times(1+5\%)}{15\%-5\%}=31.5$（元）

也就是，当市场上A公司的股票价格低于每股31.5元时，B公司才会购买。

（四）非固定成长股票的估价模型

在现实中，大多数公司的股票的股利并不是固定不变或者以固定不变的比率增长，而是处于不断变动之中的，这种股票被称为非固定成长股票。这类股票的估价比较复杂，我们通常将企业股票价值分段进行计算，主要有四个步骤：第一，将股利现金流分为两部分，即开始时的非固定增长阶段和其后的永久性固定增长阶段；第二，计算非固定增长阶段预期股利的现值；第三，在非固定增长期末，也就是固定增长期开始时，计算股票的价值，并将该数值折现；第四，将两部分现值相加，即为股票的现时价值。

【例6-10】某公司正处于高速发展期。预计未来4年内股利以10%的速度增长，在此后转为正常增长，股利年增长率为5%，该公司上年支付的每股股利为2元。若投资者要求的必要报酬率为15%，则该股票的内在价值应为多少？

首先，计算非正常增长时期的股利现值，如表6-1所示。

表 6-1　　股利现值表　　单位：元

年份	股利	复利现值系数（i=15%）	现值
第 1 年	$2\times(1+10\%)=2.2$	0.870	1.914
第 2 年	$2\times(1+10\%)^2=2.42$	0.756	1.830
第 3 年	$2\times(1+10\%)^3=2.66$	0.658	1.750
第 4 年	$2\times(1+10\%)^4=2.93$	0.572	1.676
合计			7.170

其次，计算第 4 年年末时的普通股价值：

$$V=\frac{D_5}{K-g}=\frac{D_4(1+5\%)}{15\%-5\%}=30.765(\text{元})$$

再次，计算其现值：

$$\frac{30.765}{(1+15\%)^4}=15.136\text{（元）}$$

最后，计算股票目前的价值：

$V=30.765+15.136=45.90$（元）

说明当该公司股票的市场价格低于 45.90 元时，该股票才值得购买。

除此之外，我们还可以通过简单的市盈率法来估价。这是一种粗略的衡量股票价值的方法，由于计算相对比较简单、易于掌握，被许多投资者使用。市盈率是股票市价和每股收益之比。

市盈率=每股市价/每股收益

股票价格=该股市盈率×该股票每股收益

股票价值=行业平均市盈率×该股票每股收益

根据证券机构或刊物提供的同类股票过去若干年的平均市盈率，乘以当前该股票每股收益，可以得出股票的公平价值。用它和当前市价比较，可以看出所付价格是否合理。

【例 6-11】某公司的股票每股收益为 3 元，市盈率为 10 元，行业股票的平均市盈率为 11。请问是否应该投资。

股票价格=10×3=30（元）

股票价值=11×3=33（元）

股票价值>股票价格，说明市场对该股票的价值略有低估，股票基本正常，有一定的吸引力。

第四节　基金投资

一、投资基金的含义

所谓投资基金，就是一种利益共享、风险共担的集合投资制度。投资基金是通过发行基金证券，集中投资者的资金，交由专业性投资机构管理，主要投资于股票、债券等金融工具，获得收益后按投资基金持有比例进行分配的一种间接投资方式。投资基金的基本功能就是汇集众多投资者的资金，交由专门的投资机构管理，由证券分析专家和投资专家具体操作运用，根据设定的投资目标，将资金分散投资于特定的投资组合，投资收益归原投资者所有。

二、投资基金的分类

投资基金可以按照不同的标准进行分类，随着证券投资基金的发展，投资基金的种类在不断创新，目前常见的分类主要有以下几种：

（一）根据组织形态的不同划分

根据组织形态的不同，投资基金可以分为契约型投资基金和公司型投资基金。

1. 契约型投资基金

契约型投资基金又称为单位信托基金，是指把受益人（投资者）、管理人、托管人三者作为基金的当事人，由管理人与托管人通过签订信托契约的形式发行收益凭证而设立的一种基金。契约型基金由基金管理人负责基金的管理操作；由基金托管人作为基金资产的名义持有人，负责基金资产的保管和处置，对基金管理人的动作实施监督。

2. 公司型投资基金

公司型投资基金又称为共同基金，是指按照公司法的规定以公司形态组成的，通过发行股票或受益凭证的方式来筹集资金。投资者购买了该公司的股票，就成为该公司的股东，凭股票领取股息或红利、分享投资所获得的收益。

3. 契约型投资基金与公司型投资基金的比较

（1）资金的性质不同。契约型投资基金的资金是信托资产，而公司型投资基金的资金是公司法人资本。

（2）投资者的地位不同。契约型投资基金的投资者购买受益凭证后成为基金契约的当事人之一，即受益人；而公司型投资基金的投资者购买基金公司的股票后成为该公司的股东，以股利或红利形式取得收益，并有权通过股东大会和董事会参与基金公司的管理。

（3）基金的运营依据不同。契约型投资基金依据基金契约运营基金，而公司型投资基金依据基金公司章程运营基金。

（4）发行凭证不同。契约型投资基金在募集资金时，必须依据基金契约，其发行的是基金受益凭证；而公司型投资基金在募集资金资产时，必须依据普通股股票发行的条件及程序，其发行凭证是基金公司的股票。

（二）根据变现方式的不同划分

根据变现方式的不同，投资基金可以分为封闭式基金和开放式基金。

1. 封闭式基金

封闭式基金是指基金的发起人在设立基金时，限定了基金单位的发行总额，筹足总额后，基金即宣告成立，并进行封闭，在一定时期内不再接受新的投资。基金单位的流通采取在证券交易所上市的办法，投资者日后买卖基金单位，都必须通过证券经纪商在二级市场上进行竞价交易。

2. 开放式基金

开放式基金是指基金发起人在设立基金时，基金单位或股份总规模不固定，可视投资者的需求，随时向投资者出售基金单位或股份，并可应投资者要求赎回发行在外的基金单位或股份的一种基金运作方式。投资者既可以通过基金销售机构购买基金使得基金资产和规模由此相应增加，也可以要求发行机构按基金的资产净值赎回基金单位以收回现金使得基金资产和规模相应减少。

3. 封闭式基金与开放式基金的比较

（1）期限不同。封闭式基金通常有固定的封闭期限；而开放式基金没有固定期限，投资者可以随时向基金管理人赎回。

（2）基金单位的发行规模要求不同。封闭式基金在招募说明书中列明基金规模，而开放式基金没有发行规模限制。

（3）基金单位转让方式不同。封闭式基金的基金单位在封闭期限内不能要求基金公司赎回，只能寻求在证券交易场所出售或在柜台市场上出售给第三者；开放式基金的投资者可以在首次发行结束一段时间（多为 3 个月）后，随时向基金管理人或中介机构提出购买或赎回申请。

（4）基金单位的交易价格计算标准不同。封闭式基金的买卖价格受市场供求关系的影响，并不必然反映公司的净资产；开放式基金的交易价格则取决于基金的每单位资产净值的大小，基本不受市场供求关系的影响。

（5）投资策略不同。封闭式基金的基金单位数不变，资本不会减少，因此基金可以进行长期投资；开放式基金因基金单位可以随时赎回，为应付投资者随时赎回兑现，基金资产不能全部用来投资，更不能把全部资本用来进行长期投资，必须保持基金资产的流动性。

（三）根据投资对象的不同划分

根据投资对象的不同，投资基金可以分为股票基金、债券基金、货币基金、期货基金、期权基金、认股权证基金等。

1. 股票基金

股票基金是指以股票为投资对象的投资基金，其投资对象通常包括普通股和优先股，其风险程度较个人投资股票市场要低得多，并且具有较强的变现性和流动性，因此也是一种比较受欢迎的基金类型。

2. 债券基金

债券基金是指投资管理公司为稳健型投资者设计的，投资于政府债券、市政公债、企业债券等各类债券品种的投资基金。债券基金一般情况下定期派息，其风险和收益水平较股票基金低。

3. 货币基金

货币基金是指以国库券、大额银行可转让存单、商业票据、公司债券等货币市场短期有价证券为投资对象的投资基金。这类基金投资风险小、投资成本低、安全性和流动性较高，属于低风险的安全基金。

4. 期货基金

期货基金是指以各类期货品种为主要投资对象的投资基金。期货是一种合约，只需一定的保证金（一般为5%~10%）即可买进合约。期货可以用来套期保值，也能够以小博大，如果预测准确，短期能够获得很高的投资回报；如果预测不准，遭受的损失也很大，具有高风险和高收益的特点。因此，期货基金也是一种高风险的基金。

5. 期权基金

期权基金是指以能分配股利的股票期权为投资对象的投资基金。期权也是一种合约，是指在一定时期内按约定的价格买入或卖出一定数量的某种投资标的的权利。如果市场价格变动对期权购买者履约有利，期权购买者就会行使这种买入和卖出的权利，即行使期权；反之，期权购买者可以放弃期权而听任合同过期作废。作为对这种权利占有的代价，期权购买者需要向期权出售者支付一笔期权费（期权的价格）。期权基金的风险较小，适合于收入稳定的投资者。其投资目的是为了获取最大的当期收入。

6. 认股权证基金

认股权证基金是指以认股权证为投资对象的投资基金。认股权证是指由股份有限公司发行的，能够按照特定的价格，在特定的时间内购买一定数量该公司股票的选择权凭证。由于认股权证的价格是由公司的股份决定的，一般来说，认股权证的投资风险较通常的股票大得多。因此，认股权证基金也属于高风险基金。

（四）根据投资风险与收益的不同划分

根据投资风险与收益的不同，投资基金可以分为成长型投资基金、收益型投资基金和平衡型投资基金。

1. 成长型投资基金

成长型投资基金是以基金资产价值不断成长为主要目的，重视投资对象的成长潜力，风险较高，以股票为主要投资对象的投资基金。

2. 收益型投资基金

收益型投资基金是指以追求投资的当期收益为主，重视投资对象的当期股利和利息，以债券为主要投资对象的投资基金。

3. 平衡型投资基金

平衡型投资基金是指以追求投资的当期收入和追求资本的长期成长为目的的投资基金。

三、投资基金的价值与估价

（一）投资基金的价值

投资基金和其他证券一样，也是一种证券，但是基金的内在价值却与股票、债券等其他证券有很大的区别。

基金的价值取决于基金净资产的现在价值。由于投资基金不断更换投资组合，未来收益较难预测，再加上资本利得是投资基金的主要收益来源，变幻莫测的证券价格使得资本利得的准确预计非常困难，因此基金的价值主要由基金的现有市场价格去决定，基金投资者关注的是基金资产的现有市场价值。

（二）基金单位净值

基金单位净值也称单位资产净值或单位净资产值，是指某一时点每一基金单位（或基金股份）具有的市场价值。基金单位净值是评价基金业绩最基本和最直观的指标，也是开放型基金申购价格、赎回价格以及封闭式基金上市交易价格确定的重要依据。其计算公式为：

$$基金单位净值=\frac{基金净资产价值总额}{基金单位总份额}$$

式中，基金净资产价值总额等于基金资产总额减去基金负债总额。基金资产总额不是资产总额的账面价值，而是资产总额的市场价值，是决定基金净资产价值总额的主要因素。基金的负债除了以基金名义对外的融资借款以外，还包括应付给投资者的分红、应付给基金经理公司的首次认购费和经理费用等。

【例6-12】假设某基金持有的三种股票的数量分别为20万股、50万股和80万股，每股的市价分别为35元、20元和20元，银行存款为1 000万元。该基金负债有两项：对管理人应付报酬为400万元、应付税金为500万元。已售出基金单位为2 000万份。试计算该基金单位净值。

根据基金单位净值的计算公式可得：

$$基金单位净值=\frac{20\times35+50\times20+80\times20+1\ 000-400-500}{2\ 000}=1.7\text{（元）}$$

（三）基金的报价

从理论上来说，基金的报价是由基金的价值决定的。基金单位净值越高，基金的交易价格也越高。具体而言，封闭式基金在二级市场上竞价交易，交易价格由供求关系和基金业绩决定，围绕着基金单位净值上下波动；开放式基金的柜台交易价格则完全以基金单位价值为基础，通常有两种报价：认购价（卖出价）和赎回价（买入价）。其计算公式为：

$$基金认购价=基金单位净值+首次认购费$$

$$基金赎回价=基金单位净值-基金赎回费$$

式中，基金认购价是指基金管理公司的卖出价，首次认购费是指支付给基金管理公司的发行佣金，基金赎回价是指基金管理公司的买入价，基金赎回费是指基金赎回时的各种费用。

（四）基金收益率

基金收益率是反映基金增值情况的指标，通过基金净资产的价值变化来衡量。基金资产的价值是以市价计量的，基金资产的市场价值增加，意味着基金的投资收益增加，基金投资者的权益也随之增加。基金收益率的计算公式为：

$$基金收益率=\frac{年末持有份数\times年末基金单位净值-年初持有份数\times年初基金单位净值}{年初持有份数\times年初基金单位净值}$$

式中，持有份数是指基金单位的持有份数，年初的基金单位净值相当于购买基金的本金投资。

【例6-13】某基金公司发行的是开放式基金，2016年的相关资料如表6-2所示。假设该基金公司收取认购费和赎回费分别为基金净值的5%和8%。

（1）计算年初的下列指标：基金单位净值、基金认购价、基金赎回价。

（2）计算年末的下列指标：基金单位净值、基金认购价、基金赎回价。

（3）计算2016年基金的收益率。

表 6-2　　某开放式基金 2016 年相关资料　　金额单位：万元

项目	年初	年末
基金资产账面净值	1 000	1 200
负债账面净值	300	320
基金市场价值	1 500	2 000
基金单位	500 万单位	600 万单位

（1）年初有关指标计算如下：

$$基金单位净值=\frac{1\,500-300}{500}=2.4（元）$$

基金认购价 = 2.4+2.4×5% = 2.52（元）

基金赎回价 = 2.4-2.4×8% = 2.21（元）

（2）年末有关指标计算如下：

$$基金单位净值=\frac{2\,000-320}{600}=2.8（元）$$

基金认购价 = 2.8+2.8×5% = 2.94（元）

基金赎回价 = 2.8-2.8×8% = 2.58（元）

$$（3）2016 年基金的收益率=\frac{600\times2.8-500\times2.4}{500\times2.4}\times100\%=40\%$$

四、基金投资的优缺点

（一）基金投资的优点

基金投资的最大优点是能够在不承担太大风险的情况下获得较高收益，因为基金投资能够发挥专家理财的作用，具有资金规模优势。具体而言，投资基金的优点体现在以下几个方面：

1. 有利于小额资金持有者的资金投资

投资基金要求的资金起点一般都比较低，投资者用少量的资金就可以投资于基金，然后基金再将大量的投资者的资金集中起来投入证券市场，投资者通过基金的分红来享有投资收益。因此，基金投资是有利于小额资金持有者的资金投资。

2. 专家理财，投资效率高

基金的操作一般都是由熟悉专业的基金经理或投资顾问来进行，他们一般都实际操作经验丰富，对国内外的宏观经济形势、产业发展和政策、上市公司的基本情况都很了解。同时，其信息渠道比较广泛，并能够利用研究方面的优势，及时对信息进行处理，做出正确的投资决策。也就是说，投资者通过基金投资，能享受到专家理财的好处，大大提高了投资效率。

3. 有效控制风险，获得规模报酬

基金管理人凭借自身的专业知识，能够较为准确地判断投资面临风险的种类、性质、大小，采取相应措施以分散投资风险或控制投资风险。同时，投资基金汇集众多小投资者的资金，形成一定规模的大额资金，在参与证券投资时能享有规模效益。因此，基金投资是一种风险相对较小，而收益却较高投资方式。

（二）基金投资的缺点

基金投资一般无法获得很高的投资收益，因为投资基金在投资组合过程中，在降低风险的同时，也丧失了获得巨大收益的机会。在大盘整体大幅度下跌的情况下，进行基金投资也可能会损失很多，投资者可能承担较大的风险。

第五节　证券投资组合

一、证券投资组合的概念与目的

证券投资组合又叫证券组合，是指在进行证券投资时，不是将所有的资金都投向单一的某种证券，而是有选择地投向一组证券。这种同时投资多种证券的做法称为证券投资组合。由于证券投资存在着较高的风险，而各种证券的风险大小又不相同，因此企业在进行证券投资时，不应将所有的资金都集中投资于一种证券，而应同时投资于多种证券，这就形成了证券投资组合。

证券投资组合的目的主要表现在两个方面：一方面是为了降低投资风险。由多种证券构成的投资组合，会降低风险，即收益率高的证券会抵消掉那些收益率低的证券。一般情况下，证券投资组合的风险会随着组合所包含的证券数量的增加而降低，各种证券之间的相关程度越低的证券构成的证券组合降低可分散风险的效应越大。另一方面是为了提高投资收益。理性的投资者都厌恶风险，但是同时又追求收益的最大化。根据风险与收益均衡的原理，投资的期望收益越高，承担的风险也就越大。投资者可以通过进行有效的投资组合从而在风险既定的情况下，可使收益率达到最高；或在收益率既定的情况下，可使风险达到最低。

二、证券投资组合的风险与收益

（一）证券投资组合的风险

证券投资组合的风险根据风险是否可以通过投资多样化方法加以回避及消除，分为系统性风险和非系统性风险，其中非系统性风险是可以通过有效的证券投资组合分散的风险，而系统性风险是不可以通过有效的证券投资组合分散的风险。

系统性风险虽然不能通过证券投资组合来分散，但是当整个市场收益率变动时，有的证券收益率变动大，有的证券收益率变动小，也就是单个证券所承担系统性风险的大小是不相同的。我们通常用β系数来衡量个别证券相对于市场上全部证券的平均收益的变动程度。

$$\beta = \frac{\text{个别证券的系统性风险}}{\text{市场上全部证券的系统性风险}}$$

假设整个证券市场的风险系数为1。若某种证券的β系数等于1，说明其风险与证券市场的风险相一致；若某种证券的β系数大于1，说明其风险大于整个证券市场的风险；若某种证券的β系数小于1，说明其风险小于整个证券市场的风险。

对于证券投资组合而言，其系统性风险也可以用β系数来衡量。投资组合的β系数是个别证券β系数的加权平均数，权数为各种证券在投资组合中所占的比重。其计算公式为：

$$\beta_p = \sum_{i=1}^{n} W_i \cdot \beta_i$$

式中，β_p为证券投资组合的风险系数，W_i为第i项证券在投资组合总体中所占的比重，β_i为第i项证券的风险系数，n为投资组合中证券的种类数。

（二）证券投资组合的收益

证券投资组合的收益是指投资组合中单项资产预期收益率的加权平均数。其计算公式为：

$$R_p = \sum_{i=1}^{n} W_i \cdot R_i$$

式中，R_p为投资组合的期望收益率，W_i为第i项证券在投资组合总体中所占的比重，R_i为第i项证券的期望收益率，n为投资组合中证券的种类数。

【例6-14】某投资组合中包括A、B、C三种股票，其期望收益率分别为15%、20%、18%。在这个组合中，A、B、C三种股票的投资额分别是40万元、40万元、20万元。这个投资组合的期望收益率是多少？

$$R_P = \frac{40}{40+40+20} \times 15\% + \frac{40}{40+40+20} \times 20\% + \frac{20}{40+40+20} \times 18\% = 17.6\%$$

（三）证券投资组合的风险收益率

投资者进行证券投资组合与进行单项投资一样，都要求对承担的风险进行补偿，证券的风险越大，要求的收益率越高。但是，与单项投资不同，证券投资组合要求补偿的风险只是不可分散风险，而不要求对可分散风险进行补偿。因为证券投资组合所包含的可分散风险能通过有效的证券组合分散掉，可分散风险的影响是微不足道的，不可分散风险就成为投资者尤为关注的风险。这类风险越大，投资者要求的风险补偿越高。证券投资组合的风险收益是指投资者因承担不可分散风险而要求的超过资金时间价值（无风险收益率）的那部分额外收益，通常用风险收益率表示。其计算公式为：

$$R_p = \beta_p \cdot (R_M - R_F)$$

式中，R_p为证券投资组合的风险收益率；β_p为证券投资组合的β系数；R_M为所有股票的平均收益率，也就是市场上所有股票组成的证券组合的收益率，简称市场收益率；R_F为无风险收益率，一般用国债利率来衡量。

【例6-15】某企业共持有100万元的A、B、C三种股票，其构成投资组合。经测算，三种股票的β系数分别为1.5、1.5、0.8。三种股票在投资组合中所占的比重分别为20%、40%、40%，若股票市场平均收益率为16%，无风险收益率为12%。试计算该证券组合的风险收益率和风险收益额。

（1）该证券组合的β系数为：

$\beta_p = 20\% \times 1.5 + 40\% \times 1.5 + 40\% \times 0.8 = 1.22$

（2）该证券组合的风险收益率为：

$R_p = 1.22 \times (16\% - 12\%) = 4.88\%$

（3）该证券组合的风险收益额为：

风险收益额=100×4.88%=4.88（万元）

从以上计算可以看出，在其他因素不变的情况下，风险收益的大小主要取决于证券投资组合的β系数，β系数越大，风险收益就越大；β系数越小，风险收益就越小。

（四）证券投资组合的必要收益率

上述风险收益率的计算是在假设投资组合中所有的资产均为风险性资产的情况下，只考虑承担不可分散风险而要求的，超过资金时间价值（无风险收益率）的那部分额外收益。事实上，市场上可供选择的投资工具除了风险性资产外，还有大量的无风险性资产，如政府债券等。因此，证券投资组合的必要收益率是指在证券投资组合下考虑不可分散风险而要求的预期收益率，包括无风险收益率和风险收益率两部分。其计算公式为：

$$K_i = R_F + \beta_p \cdot (R_M - R_F)$$

式中，K_i 为证券投资组合的必要收益率，R_F 为无风险收益率，β_p 为证券投资组合的β系数，R_M 为所有股票或所有证券的平均收益率。

【例 6-16】某企业持有由 A、B、C 三种股票组成的证券组合，该组合中三种股票所占的比例分别为50%、30%、20%，β系数分别为0.5、1.5、2。若股票市场的平均收益率为14%，无风险收益率为9%，求该证券组合的β系数和必要收益率。

$\beta_p = 50\% \times 0.5 + 30\% \times 1.5 + 20\% \times 2 = 1.1$

$K_i = 9\% + 1.1 \times (14\% - 9\%) = 14.5\%$

三、证券投资组合的策略与方法

（一）证券投资组合的策略

在现实生活中，企业的决策者可以通过证券投资组合分散风险，获取较高的收益。然而不同的投资者有不同的投资策略，在证券投资组合理论的发展过程中，形成了各种各样的派别，以下介绍几种常见的证券投资组合策略。

1. 保守型策略

这种策略购买尽可能多的证券，以便分散掉全部可分散的风险，得到与市场所有证券的平均收益同样的收益。根据证券投资组合理论，只要证券投资组合的数量达到充分多，便可分散大部分可分散风险。因此，这种策略是最简单的策略，其优点是能分散掉全部可分散风险，不需要高深的证券投资的专业知识，证券投资管理费用比较低。因为这种策略下的投资组合收益不高，不会高于证券市场上所有证券的平均收益，而且风险也不大，所以称为保守型策略。

2. 冒险型策略

这种策略认为，只要投资组合做得好，就能击败市场或超越市场，取得远远高于市场平均收益的收益。在这种策略下，投资者主要投资于一些高收益、高风险的成长型的股票，而很少选择低风险、低收益的证券。另外，这种投资者一般都频繁变动其组合，冒险性较大。因为该策略收益高、风险大，所以被称为冒险型策略。

3. 适中型策略

这种策略介于保守型策略与冒险型策略之间。采用这种策略的人一般都善于对证券进行分析，如宏观经济形势分析、行业分析、企业经营状况分析等，通过分析，选择高质量的股票和债券组成投资组合。适中型策略认为，市场上股票价格一时沉浮并不重要，只要企业经营业绩好，股票一定会升到其本来的价值水平。因此，这种组合的投资者必须具备丰富的投资经验并拥有进行证券投资的各种专业知识。这种策略风险不太大，收益却比较高，是一种比较常见的投资组合策略。各种金融机构和企事业单位在进行证券投资时一般都采用这种策略。

（二）证券投资组合的方法

进行证券投资组合的方法很多，但是最常见的方法通常有以下几种：

1. 选择足够多的证券进行投资组合

根据证券投资组合的理论，证券投资组合中的证券种类越多，投资组合的可分散风险越小，当组合证券数目足够多时，大部分可分散风险会分散掉。实际工作中使用这一方法时，不需要有目的的组合，只要随机选择证券进行投资组合就可以了。据投资专家的估计，在美国纽约证券市场上，随机地购买40种股票，其大部分可分散风险都能被分散掉。

2. 把投资收益呈负相关的证券放在一起进行组合

一种股票的收益上升而另一种股票的收益下降的两种股票，称为负相关股票。呈负相关关系的证券进行投资组合能更有效地分散可分散风险。因此，在进行投资时，应尽可能寻找呈负相关关系的证券进行投资组合。例如，某企业同时持有一家汽车制造公司的股票和一家石油公司的股票，当石油价格大幅度上升时，这两种股票便呈负相关关系。因为油价上涨，石油公司的收益会增加，但是油价的上升，会影响汽车的销量，使汽车公司的收益降低。只要选择得当，这样的组合对降低风险就有十分重要的意义。不过在现实中，呈负相关关系的证券是十分少见的。

3. 把风险大、风险中等、风险小的证券放在一起进行组合

这种组合又叫1/3法，即把证券投资组合中全部资金的1/3投资于风险较大的证券，1/3投资于风险中等的证券，1/3投资于风险较小的证券。一般而言，风险较大的证券对经济形势的变化比较敏感，当经济处于繁荣时期，风险较大的证券获得较高的收益；当经济衰退时，风险较大的证券会遭受巨额损失。相反，风险较小的证券对经济形势变化不十分敏感，一般能获得稳定收益，而不致遭受损失。中等风险的证券投资收益对宏观经济状况变动的敏感程度介于风险较大的证券和风险较小的证券之间。这种方法收益不高，但是风险也不大，不至于承担巨大的损失。

【本章小结】

1. 本章对证券投资的主要形式，债券投资和股票投资的基本含义、特点、风险收益等进行了解释，对股价模型和投资决策进行了阐述。

2. 本章明确了基金投资的基本概念和分类，分析了基金投资的估价和基金投资收益，说明了基金投资的优缺点。

3. 本章阐述了证券投资组合的概念与目的，分析了证券投资组合的收益与风险，并介绍了通常使用的证券投资组合的策略与方法。

【复习思考题】

1. 证券投资一般有哪些风险？如何规避？
2. 债券投资和股票投资分别有哪些优缺点？
3. 对债券和股票如何进行估价？
4. 什么是基金投资？基金投资有哪些类型和特点？
5. 如何进行基金投资估价？
6. 为什么要进行证券投资组合？
7. 如何计算证券投资组合的风险与收益？
8. 证券投资组合有哪些策略和方法？

第七章 项目投资管理

【本章学习目标】

· 了解投资的概念、特点和种类
· 了解项目投资的概念、意义和程序
· 熟悉项目投资的特点和要素
· 了解项目投资现金流量的概念和作用
· 熟悉项目投资现金流量的内容和估算方法
· 掌握项目投资现金流量的计算方法和技巧
· 了解各种项目投资决策分析方法的优缺点
· 掌握净现值、现值指数、内含报酬率、投资回收期等评价指标的含义及其计算方法
· 掌握项目投资决策分析方法的运用

第一节 项目投资概述

一、投资的含义与种类

（一）投资的含义

投资是指特定经济主体（包括国家、企业和个人）为了在未来可预见的时期内获得收益或使资金增值，在一定时期向一定领域的标的物投放足够数额的资金或实物等货币等价物的经济行为。从特定企业角度看，投资就是企业为获取收益而向一定对象投放资金的经济行为。

1. 对投资的定义的理解

（1）投资是现在投入一定价值量的经济活动。从静态的角度来说，投资是现在垫付一定量的资金，其来源是闲置资金，或者是以一定代价融入的资金。

（2）投资具有时间性。投资是一个行为过程，从现在投入到将来获得报酬需要耗费或长或短的时间。

（3）投资的目的在于得到报酬（即收益）。投资活动以牺牲现在价值为手段，以赚取未来价值为目标。未来价值超过现在价值，投资者方能得到正报酬。投资时间越长，发生不可预测事件的可能性就越大，未来报酬获得的不确定性就越大，投资风险越高。

（4）投资具有风险性。现在投入的价值是确定的，而未来可能获得的收益是不确定的，这种收益的不确定性即为投资风险。

财务管理中的投资与会计中的投资的含义不完全一致，通常会计上的投资是指对外投资，而财务管理中的投资既包括对外投资，也包括对内投资。

2. 企业投资的根本目的是为了谋求利润，增加企业价值

企业能否实现这一目标，关键在于企业能否在风云变幻的市场环境下抓住有利的时机，做出合理的投资决策。为此，企业在投资时必须坚持以下原则：

（1）认真进行市场调查，及时捕捉投资机会。捕捉投资机会是企业投资活动的起点，也是企业投资决策的关键。在市场经济条件下，投资机会是不断变化的，要受到诸多因素的影响，最主要的是受到市场需求变化的影响。企业在投资之前必须认真进行市场调查和市场分析，寻找最有利的投资机会。市场是不断变化发展的，对于市场和投资机会的关系也应从动态的角度加以把握。正是由于市场不断变化和发展才有可能产生一个又一个新的投资机会。随着经济不断发展，人民收入水平不断增加，人们对消费的需求也发生了很大了变化，无数的投资机会正是在这种变化中产生的。

（2）建立科学的投资决策程序，认真进行投资项目的可行性分析。在市场经济条件下，企业的投资决策都会面临一定的风险。为了保证投资决策的正确有效，必须按科学的投资决策程序，认真进行投资项目的可行性分析。投资项目的可行性分析的主要任务是对投资项目技术上的可行性和经济上的有效性进行论证，运用各种方法计算出有关指标，以便合理确定不同项目的优劣。财务部门是对企业的资金进行规划和控制的部门，财务人员必须参与投资项目的可行性分析。

（3）及时足额地筹集资金，保证投资项目的资金供应。企业的投资项目，特别是大型投资项目，建设周期长、所需资金多，一旦开工就必须有足够的资金供应，否则就会使工程建设中途下马，出现“半截子工程”，造成很大的损失。因此，在投资项目上马之前必须科学预测投资所需资金的数量和时间，采用适当的方法筹措资金，保证投资项目顺利完成，尽快产生投资效益。

（4）认真分析风险和收益的关系，适当控制企业的投资风险。收益和风险是共存的。一般而言，收益越多，风险也越大，收益的增加是以风险的增大为代价的。而风险的增加将会引起企业价值的下降，不利于财务管理目标的实现。企业在进行投资时必须在考虑收益的同时认真考虑风险情况，只有在收益和风险达到最优的均衡时才有可能不断增加企业价值，实现财务管理目标。

（二）投资的种类

投资可分为以下几种类型：

1. 按照投资行为的介入程度，分为直接投资和间接投资

直接投资是指不借助金融工具，由投资人直接将资金转移交付给被投资对象使用的投资，包括企业内部直接投资和对外直接投资。前者形成企业内部直接用于生产经营的各项资产，如各种货币资金、实物资产、无形资产等；后者形成企业持有的各种股权性资产，如持有子公司或联营公司股份等。

间接投资又称证券投资，是指通过购买被投资对象发行的金融工具，如企业购买特定投资对象发行的股票、债券、基金等，而将资金间接转移交付给被投资对象使用的投资。随着我国金融市场的完善和多渠道筹资的形成，企业间接投资将越来越广泛。

2. 按照投资的领域不同，分为生产性投资和非生产性投资

生产性投资是指将资金投入生产、建设等物质生产领域中，并能够形成生产能力或可以产出生产资料的一种投资，又称为生产资料投资。这种投资的最终成果将形成各种生产性资产，包括形成固定资产的投资、形成无形资产的投资、形成其他资产的投资和流动资金的投资。其中，前三项属于垫支资本投资，最后一项属于周转资本投资。

非生产性投资是指将资金投入非物质生产领域中，不能形成生产能力，但能形成社会消费或服务能力，满足人民的物质文化生活需要的一种投资。这种投资的最终成果是形成各种非生产性资产。

3. 按照投资的方向不同，分为对内投资和对外投资

从企业的角度看，对内投资就是项目投资，是指企业将资金投放于为取得供本企业生产经营使用的固定资产、无形资产、其他资产和垫支流动资金而形成的一种投资。

对外投资是指企业为购买国家及其他企业发行的有价证券或其他金融产品（包括期货与期权、信托、保险），或者以货币资金、实物资产、无形资产向其他企业（如联营企业、子公司等）注入资金而发生的投资。

4. 按照投资期限长短不同，分为长期投资与短期投资

短期投资又称流动资产投资，是指 1 年以内收回的投资，主要指对现金、应收账款、存货、短期有价证券等的投资。

长期投资是指 1 年以上才能收回的投资，主要指对厂房、机器设备等固定资产的投资，也包括对无形资产和长期有价证券的投资。由于长期投资的回收期长、耗资多，因而变现能力差。长期投资的投向是否合理不仅影响到企业当期的财务状况，而且对以后各期损益及经营状况都能产生重要影响。

投资还可以按照投资的内容不同，分为固定资产投资、无形资产投资、流动资金投资、房地产投资、有价证券投资、期货与期权投资、信托投资和保险投资等多种形式。

二、项目投资的概念、特点和意义

（一）项目投资的概念

项目投资是投资中的一种，是指以特定建设项目为投资对象，为了新增或更新生产经营能力的长期资本资产的投资行为。

项目投资的对象是项目，一般包括新建项目与更新改造项目。

新建项目是指以新增生产能力为目的的投资项目，属于外延式扩大再生产类型，更新改造项目是指以恢复和改善生产能力为目的的投资项目，属于内涵式扩大再生产类型。其中，新建项目又可以进一步分为单纯固定资产项目和完整工业项目。单纯固定资产项目只涉及购建固定资产投资，一般不涉及周转性流动资产投资；完整工业项目则不仅涉及购建固定资产投资，而且涉及周转性流动资产投资，甚至还涉及无形资产、开办费用等其他长期资产项目。

因此，不能将项目投资简单地等同于固定资产投资。

（二）项目投资的特点

与其他形式的投资相比，项目投资具有以下特点：

1. 投资数额多

项目投资属于资本投资，一般需要集中大量的资本投放，其投资额往往是企业及其投资人多年的资金积累并且会直接改变企业的现金流量和财务状况，如果决策发生失误则必定导致损失惨重。

2. 影响时间长

项目投资属于长期投资，项目发挥作用的时间比较长，需要几年、十几年，甚至几十年才能收回投资。因此，项目投资对企业今后长期的经济效益，甚至对企业的命运都起着决定性的影响。

3. 发生频率低

与企业的短期投资和长期性金融投资相比，项目投资的发生次数不太频繁，特别是新增生产经营能力的战略性项目投资更是如此。这就使财务部门有必要也有比较充分的时间对此进行可行性研究。

4. 变现能力差

项目投资的结果是固化成企业的长期经营性资产，具有投资刚性特征，不打算也不可能在短时间内变现。项目投资一旦实施或完成，也就决定了企业的经营方向，要想改变是相当困难的，不是无法实现，而是代价高昂。

5. 决策风险大

因为影响项目投资未来收益的因素特别多，加上投资数额多、回收时间长和变现能力差，因此其投资风险比其他投资大。当不利状况出现时，项目投资先天性的决定性及无法逆转的损失足以削减企业的价值，甚至摧毁一个企业。

与其他形式的投资相比，项目投资具有投资内容独特（每个项目都至少涉及一项形成固定资产的投资）、投资数额多、影响时间长（至少一年或一个营业周期以上）、发生频率低、变现能力差和决策风险大的特点。

（三）项目投资的意义

从宏观角度看，项目投资有以下两方面积极意义：

（1）项目投资是实现社会资本积累功能的主要途径，也是扩大社会再生产的重要手段，有助于促进社会经济的长期可持续发展。

（2）增加项目投资，能够为社会提供更多的就业机会，提高社会总供给量，不仅可以满足社会需求的不断增长，而且会最终拉动社会消费的增长。

从微观角度看，项目投资有以下三个方面积极意义：

（1）增强投资者的经济实力。投资者通过项目投资，可以扩大其资本积累规模，提高其收益能力，增强其抵御风险的能力。

（2）提高投资者的创新能力。投资者通过自主研发和购买知识产权，结合投资项目的实施，实现科技成果的商品化和产业化，不仅可以不断地获得技术创新，而且能够为科技转化为生产力提供更好的业务操作平台。

（3）提升投资者市场竞争能力。市场竞争不仅是人才的竞争、产品的竞争，也是投资项目的竞争。一个不具备核心竞争能力的投资项目是注定要失败的。无论是投资实践的成功经验还是失败的教训，都有助于促进投资者自觉按市场规律办事，不断提升其市场竞争力。

三、项目投资的基本程序、可行性研究与决策约束条件

企业项目投资的制定与实施需要一个组织化的过程，特别是扩充型的重大投资工程，如新设企业、新建分厂、新增经营项目等，其决策应进行全程式跟踪管理，全面纳入项目投资程序。当然，对于投资较少、影响较小的个别设备更新等投资项目可适当简化。

（一）项目投资的基本程序

1. 项目投资的提出

提出项目是项目投资程序的第一步，是根据企业的长远发展战略、中长期投资计划和投资环境的变化，在发现和把握良好投资机会的情况下提出的。它可以由企业管理当局或高层管理人员提出，也可以由企业的各级管理部门和相关部门领导提出。任何项目投资建议都必须与企业的战略设计保持一致性，尽力避免对那些与企业战略相矛盾的投资项目进行不必要的分析论证。

2. 项目投资可行性分析

项目投资特别是重大建设项目投资涉及的因素很多，而且各因素之间相互联系，牵一发而动全身。项目投资前必须进行可行性研究，从环境、市场、技术、资金、效益五个方面进行全面系统的论证研究，以便提高投资成功概率，降低投资风险。可行性研究的最终成果应体现为可行性研究报告，为项目投资决策提供可靠的依据。

3. 项目投资决策评价

投资项目评价的重点是算经济账，是可行性研究内容的专题性探入和细化。其包括如下内容：

（1）对投资项目的投入、产出进行测算，进而估计方案的相关现金流量。

（2）计算投资项目的价值指标，如净现值、内含报酬率、投资回收期等。

（3）将有关价值指标与可接受标准进行比较，选择可执行的方案。

要科学准确地完成这一步的工作是一件相当不简单的事情，所有的数据都建立在一定假设基础之上，是对未来的预测、估算，和现实可能会有较大出入，必须慎重对待并纳入专业化轨道考量。

4. 项目投资的选定与实施

项目评价完成之后，应按分权管理的决策权限由企业高层管理人员或相关部门经理做最后决策，对于特别重大的项目投资还需要由董事会或股东大会批准形成决策。决策形成后，应编制资本预算，积极组织实施。对工程进度、工程质量、施工成本和预算执行等进行监督、控制、审核。注意防止工程建设中的舞弊行为，确保工程质量，保证按时完成，当有新情况出现而造成偏差时，应及时反馈和修正，确保资本预算的先进性和可行性。

5. 项目投资再评价

对于已实施的投资项目应进行跟踪审计。其作用在于：

（1）发现原有预测评价的偏差，明白在什么地方脱离了实际。

(2) 提供改善财务控制的线索，弄清在执行中哪些方面出了问题。

(3) 产生决策纠错机制，如在环境、需求、设备、财力等出现重大变化的条件下，得出哪类项目值得继续实施或不值得实施的评价意见。

如果情况发生重大变化，确实使原来的投资决策变得不合理，就要进行是否终止投资和怎样终止投资的决策，以避免更大损失。当然，终止投资本身的损失就可能很惨重，人们都力求避免这种“痛苦的决策”，但事实上不可能完全避免。

(二) 项目投资的可行性研究

1. 可行性研究的概念

可行性是指一项事物可以做到的、现实行得通的、有成功把握的可能性。就企业投资项目而言，其可行性就是指对环境的不利影响最小，技术上具有先进性和适应性，产品在市场上能够被容纳或被接受，财务上具有合理性和较强的盈利能力以及对国民经济有贡献，能够创造社会效益。

广义的可行性研究是指在现代环境中，组织一个长期投资项目之前，必须进行的有关该项目投资必要性的全面考察与系统分析以及有关该项目未来在技术、财务乃至国际经济等方面能否实现其投资目标的综合论证与科学评价。可行性研究是有关决策人（包括宏观投资管理当局与投资当事人）做出正确可靠投资决策的前提与保证。

狭义的可行性研究专指在实施广义可行性研究过程中，与编制相关研究报告相联系的有关工作。

广义的可行性研究包括机会研究、初步可行性研究和最终可行性研究三个阶段，具体又包括环境与市场分析、技术与生产分析和财务可行性评价等主要分析内容。

2. 环境与市场分析

(1) 建设项目的环境影响评价。在可行性研究中，必须开展建设项目的环境影响评价。所谓建设项目的环境，是指建设项目所在地的自然环境、社会环境和生态环境的统称。建设项目的环境影响报告书应当包括下列内容：

①建设项目概况。

②建设项目周围环境现状。

③建设项目对环境可能造成影响的分析、预测和评估。

④建设项目的环境保护措施及其技术、经济论证。

⑤建设项目对环境影响的经济损益分析。

⑥对建设项目实施环境监测的建议。

⑦环境影响评价的结论。

建设项目的环境影响评价属于否决性指标，凡未开展或没通过环境影响评价的建设项目，不论其经济可行性和财务可行性如何，一律不得上马。

(2) 市场分析。市场分析又称市场研究，是指在市场调查的基础上，通过预测未来市场的变化趋势，了解拟建项目产品的未来销路而开展的工作。

进行投资项目可行性研究，必须要从市场分析入手。因为一个投资项目的设想，大多来自市场分析的结果，或是源于某一自然资源的发现和开发，或是某一新技术、新设计的应用。即使是后两种情况，也必须把市场分析放在可行性研究的首要位置。如果市场对于项目的产品完全没有需求，项目仍不能成立。

市场分析要提供未来运营期不同阶段的产品年需求量和预测价格等预测数据，同时要综合考虑潜在或现实竞争产品的市场占有率和变动趋势以及人们的购买力及消费心理的变化情况。这项工作通常由市场营销人员或委托的市场分析专家完成。

3. 技术与生产分析

（1）技术分析。技术是指在生产过程中由系统的科学知识、成熟的实践经验和操作技艺综合而成的专门学问和手段。技术经常与工艺统称为工艺技术，但工艺是指为生产某种产品所采用的工作流程和制造方法，不能将两者混为一谈。

广义的技术分析是指在构成项目组成部分及发展阶段上，与技术问题有关的分析论证与评价。它贯穿于可行性研究的项目确立、厂址选择、工程设计、设备选型和生产工艺确定等各项工作，成为与财务可行性评价相区别的技术可行性评价的主要内容。

狭义的技术分析是指对项目本身所采用的工艺技术、技术装备的构成以及产品内在的技术含量等方面内容进行的分析研究与评价。技术可行性研究是一项十分复杂的工作，通常由专业工程师完成。

（2）生产分析。生产分析是指在确保能够通过项目对环境影响评价的前提下，进行的厂址选择分析、资源条件分析、建设实施条件分析、投产后生产条件分析等一系列分析论证工作的统称。厂址选择分析包括选点和定址两个方面的内容。前者主要是指建设地区的选择，主要考虑生产力布局对项目的约束；后者则是指项目具体地理位置的确定。在厂址选择时，应通盘考虑自然因素（包括自然资源和自然条件）、经济技术因素、社会政治因素和运输及地理位置因素。生产分析涉及的因素多，问题复杂，需要组织各方面专家分工协作才能完成。

4. 财务可行性分析

财务可行性分析是指在已完成相关环境与市场分析、技术与生产分析的前提下，围绕已具备技术可行性的建设项目而开展的有关该项目在财务方面是否具有投资可行性的一种专门分析评价。

（三）项目投资决策约束条件

1. 项目投资规模及资本成本

项目投资总会涉及投资的规模大小、投入的资本成本以及获得资本的难易程度等问题。资本成本是投资者应得的必要报酬，而资本的可获得性程度和可利用量规模决定了投资机会能否转变为现实的投资行为，是投资决策中具有前提意义的财务约束条件。

2. 项目预期报酬和现金流量

以资本成本为最低限额，项目的预期报酬和现金流量是否能补偿资本成本，决定了项目投资金额能否在以后期间得以收回。报酬水平的高低又决定了在资本有限情况下多个互斥项目之间的选择问题。因此，预期报酬和现金流量是项目投资决策中具有核心意义的效益约束条件。

3. 项目投资风险与投资主体的承受意愿和能力

项目投资的长期性、固化性、刚性、不可逆性、先天性等特性表明其风险性不可轻视，这是客观存在的，人们总得权衡风险与收益，考量风险是否能在收益中得到补偿，并将投资项目的风险纳入必要报酬率的确定之中。因此，在进行项目投资时必须考虑企业承担风险的意愿和能力。在某种程度上，对待风险的态度和承担风险的能力决定了项目投资成功与否的可能性。可见，项目本身的风险大小和投资主体是否愿意冒风险、愿意冒多大风险，是投资决策中具有挑战意义的风险约束条件。

四、项目投资要素

项目投资的要素包括项目计算期、项目投资额和项目投资方式等。

（一）项目计算期

项目计算期是指项目从投资建设开始到最终清理结束整个过程的全部时间，包括建设期和经营期。项目计算期通常以年为计算单位。

一个完整的项目计算期是由建设期与经营期两部分构成的。其中，建设期是指项目资金正式投入开始到项目建成投产为止所需要的时间，建设期的第一年年初称为建设起点，建设期的最后一年年末称为投产日。可见，建设期是项目建设起点到投产日所需的全部时间。经营期是指从项目投产日到项目最终清算结束的时间。经营期开始于项目投产日，结束于项目最终清算结束日，包括试产期和达产期。经营期的最后一年年末，即项目计算期的最后一年年末称为终结点。项目计算期、建设期和经营期之间有以下关系：

$$N = s + p$$

式中，n 为项目计算期，s 为建设期，p 为经营期。

【例 7-1】A 公司购置一台新设备，该设备需要安装后才能投入使用，从建设初期历经一年后投产使用，预计使用寿命为 10 年。计算 A 公司的项目计算期。

根据上述资料可知：

建设期 $s=1$（年）

经营期 $p=10$（年）

因此，项目计算期为：

$n=1+10=11$（年）

（二）项目投资额

项目投资额是投入到项目建设和经营中的投资数额，在项目构建完成后形成固定资产原值。

项目投资额包括原始投资额和建设期资本化利息。原始投资额又称初始投资额，是指项目建成并投产所投入的全部现实资金额，包括建设投资和流动资金投资。建设投资是指建设期内按一定生产经营规模和建设内容进行的投资；流动资金投资又称垫支流动资金，是指项目投产前后分次或一次投入的营运资金。原始投资额不包括建设期资本化利息，而项目投资额不仅包括全部原始投资，而且包括建设期资本化利息。建设期资本化利息是指在项目建设期内发生的与项目投资有关的各种构建长期资产的借款利息。

项目投资中各种投资之间的关系为：

原始投资=建设投资+流动资金投资

项目投资额=原始投资+建设期资本化利息

【例 7-2】B 公司拟投资新建项目，建设期为 2 年，预计经营期为 10 年。建设投资分3次投入：建设起点投入200万元，建设期第二年年初投入500万元，建设期期末投入100万元。流动资产在建设起点投入50万元。建设期资本化利息总额为150万元。计算该项目的建设投资、流动资产投资、原始投资和投资总额分别是多少？

根据上述资料可知，有关项目投资额分为：

建设投资=200+500+100=800（万元）

流动资产投资=50（万元）

原始投资=800+50=850（万元）

项目投资额=850+150=1 000（万元）

（三）项目投资方式

项目投资的方式分为一次投入和分次投入。一次投入是指集中在项目计算期第一年年初或年末投入，分次投入是指分别在两个或两个以上年度分次投入。若只涉及一个年度但分次在该年的年初和年末发生的投入，也属于分次投入方式。

第二节　现金流量估算

一、现金流量的概念和作用

（一）现金流量的概念

现金流量也称现金流动数量，简称现金流，在投资决策中是指一个项目引起的企业现金流出和现金流入增加的数量。这里的现金是广义的现金，不仅包括各种货币资金，还包括项目需要投入的企业现有非货币资源的变现价值。例如，一个项目需要使用原有的厂房、设备和材料等，则相关的现金流量是指它们的变现价值，而不能用它们的账面价值来表示其现金流量。

现金流量是评价一个投资项目是否可行时必须事先计算的一个基础性数据。对于一个具体的投资项目而言，其现金流出量是指该项目投资等引起的企业现金支出增加的数量，现金流入量是指该项目投产运营等引起的企业现金收入增加的数量。无论是流出量还是流入量，都强调现金流量的特定性，它是特定项目的现金流量，与别的项目或企业原先的现金流量不可混淆。这里还强调现金流量的增量性，即项目的现金流量是由于采纳特定项目而引起的现金支出或收入增加的数量。

无论是出于对现金流量概念的理解，还是用于对现金流量实际的计量，都必须认识和把握现金流量的这种广义性、特定性、增量性的特性，使其正确无误。

（二）现金流量的作用

项目投资决策中之所以采用现金流量信息，原因如下：

（1）现金流量揭示的未来期间投资项目货币资金收支运动，可以序时动态地反映投资的流向与回收的投入产出关系，便于投资者完整全面地评价投资的效益。

（2）利用现金流量指标代替利润指标作为反映投资项目效益的信息，可以避免在利润计算中受不同固定资产折旧方法、存货估价方法等影响而造成的信息相关性、可比性差的缺陷。

（3）利用现金流量信息，排除了非现金收付内部周转的资本运动形式，从而简化了有关投资决策评价指标的计算过程。

（4）现金流量信息与项目计算期的各个时点相结合，有助于运用资金时间价值对投资项目进行动态投资效果的综合评价。

二、分析确定现金流量的要点

在确定投资项目的相关现金流量时，应遵循的基本原则是只有增量现金流量才是与投资项目相关的现金流量。增量现金流量是指接受或拒绝某个投资项目时，企业总的现金流量因此而发生的变动，而不仅仅是该项目的现金流量所发生的变动。只有那些由于采纳某个项目引起的整个企业现金支出增加额，才是该项目的现金流出；也只有那些由于采纳某个项目而引起的整个企业的现金流入增加额，才是该项目的现金流入。为了正确计算投资方案的增量现金流量，需要正确判断哪些因素会引起现金流量的变动，哪些因素不会引起现金流量的变动。在进行这种分析判断时，特别要注意以下问题：

（一）区分相关成本和非相关成本

相关成本是指与特定决策有关的、在分析评价时必须加以考虑的成本。与此相反，与特定决策无关的、在分析评价时不必加以考虑的成本是非相关成本。

在估计项目现金流量时，要以投资对企业所有经营活动产生的整体效果为基础进行分析，而不是孤立地考察新上项目。例如，某公司决定开发一种新型机床，预计该机床上市后，销售收入为 5 000 万元，但会冲击原来的普通机床，使其销售收入减少 800 万元。因此，在投资分析时，新型机床的增量现金流入量从公司全局的角度应计为 4 200万元，而不是 5 000 万元。

应当注意的是，不能将市场变化（如竞争对手生产和销售这种新型机床而挤占了该公司普通机床的销售）纳入这种关联效应中来，因为无论公司是否生产和销售新型机床，这种损失都会发生，它们属于与项目无关的成本。

（二）不要忽视机会成本

在投资方案的选择中，如果选择了一个投资方案，则必须放弃投资于其他途径的机会。而其他投资机会可能取得的收益就是实行本方案的一种代价，因此被称为这项投资方案的机会成本。机会成本不是我们通常意义上的成本，它不是一种实际发生的支出或费用，而是一项失去的收益。

投资项目的机会成本是一种相关成本，特指企业现有的经济资源用于特定投资项目的择机代价，表现为该经济资源用于某个投资项目而放弃投资于其他投资项目的机会。那么，其他投资项目可能取得的收益就成为投资于这个投资项目的机会成本。例如，某建造生产车间需占用本公司的一块土地，如果将该块土地出售，可获得净收入 40 万元。由于决定用于建造生产车间，公司丧失这 40 万元的土地变现收入，这部分丧失的收入就是建造生产车间的机会成本，是该投资项目总成本的组成之一。同时，应当明确，不管这块土地原先是花多少代价获得的，都应以现行变现市价作为机会成本。

（三）与投资决策无关的沉没成本

沉没成本是指过去已经发生，无法由现在或将来的任何决策所能改变的成本。沉没成本是与决策无关的成本，因此在决策中不予考虑。例如，某公司在 2016 年打算建造一个生产车间，请了一家咨询公司做过可行性分析，为此支付了 3 万元的咨询费。后来由于种种原因，该项目没有实施。当 2017 年再次进行该项投资分析时，这笔咨询费就是沉没成本。因为这笔支出已经发生，无论公司是否决定现在投资建造该生产车间，它都无法收回，因此它与公司未来的现金流量无关。如果将沉没成本纳入投资成本总额中，则原本有利的投资项目可能会变得无利可图，从而造成决策失败。

（四）对净营运资金的影响

在一般情况下，当公司开办一项新业务并使销售额提高后，对于存货和应收账款等流动资产的需求也会增加，公司必须筹措新的资金以满足这种额外需求。公司扩充的结果使应付账款与一些应付费用等流动负债也会同时增加，从而降低公司流动资金的实际需要。所谓净营运资金的需要，是指增加的流动资产与增加的流动负债之间的差额。

三、现金流量的内容

现金流量是项目投资评价决策的基本前提，可以从两种不同的角度去考量，一是从现金流量产生的时间先后去考量，二是从现金流量的流动方向去考量。两者的考量对象相同，可以相互钩稽和印证。

（一）现金流量按时间先后的划分

现金流量按其产生的时间先后，可划分为初始现金流量、营业现金流量和终结现金流量三个部分。

1. 初始现金流量

初始现金流量是指开始投资时发生的现金流量，通常包括固定资产投资（这些投资可能是一次性进行的，也可能是分次进行的）、开办费投资、流动资金投资和原有固定资产的变价收入等。其中以现金流出为主，但不排除会涉及一些现金流入的发生。总体来看，初始现金流量的流出会大于流入，即表现为净流出。

2. 营业现金流量

营业现金流量是指投资项目完工投入运营后，在其发挥作用的寿命周期内，由生产经营所带来的现金流入和现金流出的数量。这种现金流量一般按年度进行计算。这里的现金流入主要是指营业现金收入，而现金流出则主要是指营业现金支出和缴纳的税金。通常情况下，营业现金流量的现金收入会大于现金支出，因此一般表现为净流入。

3. 终结现金流量

终结现金流量是指项目完结时所发生的现金流量，主要包括资产的最后净残值收入和初始垫付流动资产在终结时的收回等。终结现金流量相对于初始现金流量而言，初始现金流量表现为净流出，而终结现金流量则表现为净流入。

（二）现金流量按流动方向的划分

现金流量按其流动方向，可划分为现金流出量、现金流入量和现金净流量三项内容。项目投资的现金流量包括现金流出量（Cash Outflows）、现金流入量（Cash Inflows）和现金净流量（Net Cash Flow，NCF），如表 7-1 所示。

表 7-1　现金流量构成表

现金流出量（a）	（1）建设投资
	（2）流动资金投资
	（3）经营成本
	（4）各项税款
	（5）其他现金流出量
现金流入量（b）	（1）营业收入
	（2）回收固定资产余值
	（3）回收流动资金投资
现金净流量（c）	$(c) = (b) - (a)$

1. 现金流出量

现金流出量是指项目投资所引起的企业现金支出的增加额。现金流出量主要包括建设投资、流动资金投资、经营成本、各项税款和其他现金流出量等。

（1）建设投资。建设投资是建设期发生的主要现金流出量，包括固定资产投资、无形资产投资和开办费投资等。其中，固定资产投资是建设投资的主要部分，随着建设进程的进行而一次或分次投入。

（2）流动资金投资。流动资金投资是为保证建设投资形成生产能力而追加的投资，主要是保证生产经营活动正常进行所必需的存货储备占用的资金等。流动资金投资属于垫支性质的投资，当项目投资终结时，一般会全部收回，并形成现金流入量的内容。

（3）经营成本。经营成本又称付现成本，是指项目投资经营期内为保证生产经营活动正常进行而需要动用现实货币资金支付的成本。经营成本主要是会引起现金流量变化的成本费用，如以现金支付的购货成本等。经营成本是项目经营期内的主要现金流出量。经营成本需要现金支付，与之对应的非付现成本是指不需要现金支付的成本，一般包括固定资产的折旧、无形资产的摊销、开办费的摊销以及经营期发生的借款利息支出等。

（4）各项税款。各项税款是项目投产后依法缴纳的、单独列示的各项税费，如消费税、所得税等。

（5）其他现金流出量。其他现金流出量是除上述建设投资、流动资金投资、经营成本和各项税费以外的现金流出量，如项目所需投入的非货币资产的变现价值等。

2. 现金流入量

现金流入量是指项目投资引起的企业现金收入的增加额。现金流入量主要包括营业收入、回收固定资产余值、回收流动资金投资等。

（1）营业收入。营业收入是项目投产后每年实现的经营收入，如销售收入、业务收入等。营业收入是项目经营期内的主要现金流入量。

（2）回收固定资产余值。回收固定资产余值是项目终结时的固定资产净残值。项目投资终结时，固定资产经过清理会形成残值出售收入等现金收入，同时发生清理人员报酬等清理费用，现金收入扣除清理费用的净额即为回收固定资产余值。

(3) 回收流动资金投资。回收流动资金投资是项目终结时将原来的流动资金投资收回形成的现金流入量。

3. 现金净流量

现金净流量也称为净现金流量，是指一定时期内现金流入量与现金流出量的差额。当现金流入量大于现金流出量时，现金净流量为正值；反之，现金净流量为负值。在项目建设期内，现金净流量为负值；在经营期内，现金净流量一般为正值。进行资本投资决策时，应考虑不同时期的现金净流量，即计算每年的现金净流量。其公式为：

$$\text{现金净流量}(NCF) = \text{现金流入量}(CI) - \text{现金流出量}(CO)$$

四、现金流量的基本假设和估算

(一) 现金流量的基本假设

确定项目的现金流量是在收付实现制的基础上，预计并反映现实货币资本在项目计算期内未来各年中的收支情况。但是确定现金流量存在一定的困难，如相关因素的不确定性。因此，有必要做出相关的基本假设。

1. 全投资假设

通常在评价和分析投资项目的现金流量时，将投资决策与融资分开，假设全部投入资金都是企业的自有资金，即全投资设定。实际上，在对项目现金流量进行折现时，采用的折现率已经隐含了该项目的融资成本（计入项目的资本化利息除外），若将项目投入使用后的利息支出计入该期现金流出量，就出现了重复计算。因此，无论项目投资的资金是通过发股融资取得的还是通过发债融资取得的，这样设定才具有一致性和可比性。

2. 流量时点假设

为了便于资本预算的计算处理，现金流量无论是流入还是流出，都设定为只发生在年初或年末两个时点上。投资都假设在年初或年末投入，垫付流动资金是在项目建设期末发生，营业现金流入确认于年末实现，终结回收发生在项目经营期结束时等。

3. 全现金假设

在各种现金流量，特别是营业现金流量的计算中，通常设定收入均为现金，购货均支付了现金。虽然每年的收入不一定全部都收到了现金，购货也不一定全都支付了现金，但在整个营业期内应假设是收讫销货款和付讫购货款的。

4. 垫支假设

垫支假设，即假定流动资金投入可以在项目营业期终结时如数收回。同时应当明确，扩展营业会引起流动资金需求增加，应付账款等流动负债也会同时增加（称为自然融资），因此为项目垫付的是所谓的净营运资本，也就是新增流动资产与新增流动负债的差额。

5. 税后假设

进行项目投资分析依据的是税后现金流量，而不是税前现金流量。一个不考虑所得税的项目可能是个很好的项目，但考虑所得税后可能就变得不可取了。在各种现金流量中，项目的营业现金流量是受所得税影响最大的。由于所得税的大小取决于利润的大小和税率的高低，而利润的大小又受折旧方法的影响，因此折旧对现金流量产生影响的原因也是受所得税的影响。

项目现金流量的估算是一项复杂而重要的工作，要充分发挥企业各相关部门的信息优势。例如，营销部门测算收入和市场变化后果、产品开发和技术部门测算投资支出、生产部门测算生产成本等。财务部门一是要为估算建立共同的基本假设条件，如物价水平、贴现率、资金等资源限制条件等；二是要协调各方测算，使之衔接与配合，防止预测者因个人偏好或部门利益而高估或低估收入和成本。

（二）现金流量的估算

1. 现金流入量的估算

（1）营业收入的估算。营业收入应按照项目在经营期内生产产品或提供劳务的各年预计单价和预测销售量进行估算。在按总价法核算现金折扣和销售折让的情况下，营业收入是指不包括折扣和折让的净额。此外，作为经营期现金流入量的主要项目，本应按当期现销收入额与回收以前应收账款的合计数确认。但为简化起见，可假定正常经营年度内每期发生的赊销额与回收的应收账款大体相等。

（2）回收固定资产余值的估算。由于已经假设主要固定资产的折旧年限等于生产经营期，因此对于建设项目来说，只要按主要固定资产的原值乘以其法定净残值率，即可估算出在终结点发生的回收固定资产余值。在生产经营期内提前回收的固定资产余值，可根据其预计净残值估算。对于更新改造项目，往往需要估算两次：第一次估算在建设起点发生的回收余值，即根据提前变卖的旧设备可变现净值来确认；第二次仿照建设项目的办法估算在终结点发生的回收余值。

（3）回收流动资金的估算。假定在经营期不发生提前回收流动资金，则在终结点一次回收的流动资金应等于各年垫支流动资金投资额的合计数。

2. 现金流出量的估算

（1）建设投资的估算。其中固定资产投资又称固定资产原始投资，主要应当根据项目规模和投资计划所确定的各项目工程费用、设备购置成本、安装工程费用和其他费用来估算。

对于无形资产投资和开办费投资，应根据需要和可能，逐项按有关的资产评估方法和计价标准进行估算。

固定资产投资与固定资产原值的数量关系如下：

固定资产原值=固定资产投资+资本化利息

上式中的资本化利息是指在建设期发生的全部借款利息，可以根据建设期长期借款本金、建设期和借款利息率按复利方法计算。

（2）流动资金投资的估算。首先应根据与项目有关的经营期每年流动资产需用额和该年流动负债需用额的差额来确定本年流动资金需用额，然后用本年流动资金需用额减去截至上年年末的流动资金占用额（即以前年度已经投入的流动资金累计数），来确定本年的流动资金增加额。实际上这项投资行为既可以发生在建设期末，又可能发生在试产期，而不像建设投资大多集中在建设期发生。为简化分析，假定在建设期末已将全部流动资金投资筹措到位并投入新建项目。在实务中，企业也会因生产经营期内资金周转速度的提高而发生某年流动资金增加额为负值的情况，即提前回收流动资金。本章假设不会发生这种情况。

（3）经营成本的估算。与项目相关的某年经营成本等于当年的总成本费用（包括期间费用）扣除该年折旧额、无形资产等摊销额以及财务费用中的利息支出等项目后的差额。这是因为总成本费用中包含了一部分非现金流出的内容，这些项目大多与固定资产、无形资产等长期资产的价值转移有关，不得动用现实货币资金。而从企业主体（全部投资）的角度看，支付给债权人的利息与支付给所有者的利润的性质是相同的，既然后者不作为现金流出量的内容，前者也不应纳入这一范围。

项目每年总成本费用可在经营期内一个标准年份的正常自销量和预计消耗水平的基础上进行测算；年折旧额、年摊销额可根据本项目的固定资产原值、无形资产和开办费投资以及这些项目的折旧或摊销年限进行估算。项目投产后长期借款的利息应列入财务费用。因此，应根据具体项目的借款以还本付息方式来估算这项内容（在项目投资决策中，通常假定长期借款的还本付息方式有每年等额支付本息、每年等额还本付利息和每年付息到期一次还本三种类型）。如果假设短期借款于年初发生，并于当年年末一次还本付息，与此相关的利息可按借款本金和年利息率直接估算。

经营成本的节约相当于本期现金流入的增加，但为统一现金流量的计量口径，在实务中仍按其性质将节约的经营成本以负值计入现金流出量项目，而并非列入现金流入量项目。

（4）各项税款的估算。在进行新建项目投资决策时，通常只估算所得税；更新改造项目还需要估算因变卖固定资产发生的增值税。必须指出的是，如果从国家投资主体的立场出发，就不应将企业所得税作为现金流出量项目看待。只有从企业或法人投资主体的角度出发，才将所得税列作现金流出。如果在确定现金流入量时，已将增值税销项税额与进项税额之差列入有关现金流入量项目，则本项内容中就应当包括应缴增值税；否则，就不应包括这一项内容。

3. 现金净流量的估算

上述对现金流量（现金流入量和现金流出量）的估算，目的是服务于现金净流量的计算。现金净流量又称净现金流量，是项目计算期内每年现金流入量与同年现金流出量之间的差额，它是计算项目投资决策评价指标的直接依据。现金净流量具有以下两个特征：第一，无论是在经营期内还是在建设期内都存在净现金流量；第二，由于项目计算期不同阶段的现金流入和现金流出发生的可能性不同，使得各阶段上的净现金流量在数值上表现出不同的特点，即建设期内的净现金流量一般小于或等于零，在经营期内的净现金流量则多为正值。

五、现金流量的计算方法

现金流量的计算是进行项目投资决策分析的前提。在实际工作中，经常使用列表计算法、简化计算法和差量计算法等方法按年计算现金流量。

（一）列表计算法

列表计算法是通过编制项目投资的现金流量表来计算项目计算期各年现金净流量的方法。该方法一般适用于完整工业项目现金流量的计算。项目投资的现金流量表是反映投资项目在计算期内每年的现金流入量、现金流出量和现金净流量的表格。项目投资的现金流量表与财务会计中的现金流量表在作用、格式等方面都不同，它是项目投资决策中专用的表格形式。

在项目投资现金流量表中，有关项目的数量关系为：

现金流入量=营业收入+回收固定资产余值+回收垫支的流动资金

现金流出量=建设投资+垫支的流动资金+经营成本+各项税款+其他现金流出

【例 7-3】A 公司拟新建固定资产，该投资项目需要在建设初期一次性投入 400 万元，资金来源为银行借款，年利率为 10%，建设期为 1 年。该固定资产可使用 10 年，按直线法计提折旧，期满有净残值 40 万元。该固定资产投入使用后，可使经营期第 1~7年每年产品销售收入（不含增值税）增加 320 万元，第 8~10 年每年产品销售收入（不含增值税）增加 280 万元，同时使第 1~10 年每年的经营成本增加 150 万元。假设该企业的所得税税率为 40%，不享受减免税优惠。投产后第 7 年年末，该企业用净利润归还借款的本金，在还本之前的经营期内每年年末支付借款利息 40 万元，连续支付 7 年。

要求：根据上述资料采用列表计算法计算该项目各年的现金净流量（如表 7-2 所示）。

表 7-2　　项目投资的现金流量表　　单位：万元

项目计算期（第 t 年）	建设期								合计
	0	1	2	…	8	9	10	11	
一、现金流入量									
1. 营业收入	0	0	320	…	320	280	280	280	3 080
2. 回收固定资产余值	0	0	0	…	0	0	0	40	40
3. 现金流入量合计	0	0	320	…	320	280	280	320	3 120
二、现金流出量									
1. 建设投资	400	0	0	…	0	0	0	0	400
2. 经营成本	0	0	150	…	150	150	150	150	1 500
3. 所得税	0	0	36	…	36	36	36	36	360
4. 现金流出量合计	400	0	186	…	186	186	186	186	2 260
三、现金净流量	−400	0	134	…	134	94	94	134	860

在表 7-2 中，项目计算期=1+10=11（年）

固定资产原值=400+400×40%=440（万元）

固定资产年折旧额=(440−40)÷10=40（万元）

经营期第 1~7 年每年总成本=150+40+40=230（万元）

经营期第 8~10 每年总成本=150+40=190（万元）

经营期第 1~7 年每年营业利润=320−230=90（万元）

经营期第 8~10 年每年营业利润=280−190=90（万元）

每年应纳所得税=90×40%=36（万元）

每年净利润 = 90 − 36 = 54（万元）

（二）简化计算法

在实际工作当中一般采用简化计算公式的形式计算现金净流量，即根据项目计算期不同阶段上的现金流入量和现金流出量的具体内容，直接计算各阶段的现金净流量。

1. 建设期现金净流量的简化计算公式

若原始投资均在建设期内投入，则建设期净现金流量可按以下简化公式计算：

建设期某年的净现金流量 = − 该年发生的原始投资额

2. 经营期现金净流量的简化计算公式

经营期现金净流量可按以下简化公式计算：

经营期某年现金净流量 = 该年净利润 + 该年折旧 + 该年摊销额 + 该年利息费用 + 该年回收额

营业现金流入 = 营业收入 − 付现成本 − 所得税
= 营业收入 −（成本 − 折旧）− 所得税
= 营业利润 − 所得税 + 折旧
= 净利润 + 折旧

受所得税的影响，现金流量并不等于项目实际的收支金额。

税后付现成本 = 付现成本 ×（1 − 所得税税率）

税后营业收入 = 营业收入 ×（1 − 所得税税率）

折旧抵税金额 = 折旧额 × 所得税税率

营业现金流入 = 税后营业收入 − 税后付现成本 + 折旧抵税金额

3. 终结回收流入

在生产线使用寿命期满的最后那一年，除了当年产生的营业现金流入之外，还将发生两项终结回收的现金流入量：一是该生产线出售（报废）时的净残值收入，这部分回收的收入是当初投资该生产线引起的，应当作为其现金流入；二是原先垫付流动资金的收回，这笔资金垫付的使命结束，收回后可再用于别处。

【例 7-4】B 公司某投资项目需要原始投资 500 万元，其中固定资产投资 400 万元，开办费投资 20 万元，流动资金投资 80 万元。建设期为 1 年，建设期资本化利息为 40 万元。固定资产投资和开办费在建设起点投入，流动资金于完工时投入。该项目寿命期为 10 年，固定资产按直线法计提折旧，期满有 40 万元净残值。开办费自投产年份起分 5 年摊销完毕。预计投产后第 1 年获 20 万元净利润，以后每年递增 10 万元；从经营期第 1 年起连续 4 年归还借款利息 20 万元，流动资金于终结点一次回收。

要求：根据上述资料计算该项目各年的现金净流量。

项目计算期 = 1 + 10 = 11（年）

固定资产原值 = 400 + 40 = 440（万元）

固定资产年折旧额 =（440 − 40）÷ 10 = 40（万元）

开办费年摊销额 = 20 ÷ 5 = 4（万元）

投产后每年的净利润分别为 20 万元、30 万元、40 万元、50 万元、60 万元、70 万元、80 万元、90 万元、100 万元、110 万元（共 10 年）。

终结点回收额 = 40 + 80 = 120（万元）

因此，项目计算期各年的现金净流量分别为：

$NCF_0=-(400+20)=-420$（万元）

$NCF_1=-80$（万元）

$NCF_2=20+40+4+20=84$（万元）

$NCF_3=30+40+4+20=94$（万元）

$NCF_4=40+40+4+20=104$（万元）

$NCF_5=50+40+4+20=114$（万元）

$NCF_6=60+40+4=104$（万元）

$NCF_7=70+40=110$（万元）

$NCF_8=80+40=120$（万元）

$NCF_9=90+40=130$（万元）

$NCF_{10}=100+40=140$（万元）

$NCF_{11}=110+40+120=270$（万元）

（三）差量计算法

差量计算法是根据项目计算期不同阶段的现金流入量和现金流出量的差量计算项目计算期各年现金净流量差量的方法。该方法一般适用于固定资产更新改造项目现金流量的计算。差量计算法是利用项目投资现金流量的差量作为现金净流量，计算现金净流量差量前必须计算各现金流量具体项目的差量，包括投资额的增加、经营期每年折旧、每年总成本、营业利润、净利润的变动额等。

现金净流量差量的计算公式为：

建设期各年现金净流量差量=-该年发生的原始投资差量

经营期各年现金净流量差量=该年净利差量+该年折旧差量

【例 7-5】C 公司打算变卖一套尚可使用 5 年的旧设备，另行购置一套新设备来替换它。取得新设备的投资额为 72 万元，旧设备的变价净收入为 32 万元，到第 5 年年末新设备与继续使用旧设备届时的预计净残值相等。使用新设备可使企业在 5 年内每年增加营业收入 28 万元，并增加经营成本 10 万元。设备采用直线法计提折旧，新旧设备的替换不会妨碍企业的正常经营（更新设备的建设期为零）。假定企业所得税税率为 40%。

要求：根据上述资料计算该项目各年的现金净流量。

更新设备比继续使用旧设备增加的投资额=72-32=40（万元）

经营期每年折旧的变动额=40÷5=8（万元）

经营期每年总成本的变动额=10+8=18（万元）

经营期每年营业利润的变动额=28-18=10（万元）

经营期每年所得税的变动额=10×40%=4（万元）

经营期每年净利润的变动额=10-4=6（万元）

因此，项目计算期各年的现金净流量分别为：

$NCF_0=-40$（万元）

$NCF_{1\sim5}=6+8=14$（万元）

第三节　项目投资评价方法

项目投资方案的决策一般是通过一些经济评价方法来判断的。评价长期投资方案的方法有两类：一类是贴现方法，即考虑了时间价值因素的方法，主要包括净现值法、现值指数法和内含报酬率法；另一类是非贴现方法，即没有考虑时间价值因素的方法，主要包括投资回收期法、平均报酬率法和会计收益率法。

一、贴现的分析评价方法

贴现的分析评价方法是指考虑时间价值的分析方法，也被称为贴现现金流量分析技术。主要包括以下三种方法：

（一）净现值法

净现值（Net Present Value，NPV）是指特定方案未来现金流入量的现值与未来现金流出量现值之间的差额。或者说净现值是指投资方案实施后，未来能获得的各种报酬按资金成本或必要报酬率折算的总现值与历次投资额资金成本按必要的报酬率折算的总现值的差额。净现值的计算公式如下：

$$NPV = \frac{NCF_1}{(1+k)^1} + \frac{NCF_2}{(1+k)^2} + \cdots + \frac{NCF_n}{(1+k)} - C$$

$$= \sum_{t=1}^{n} \frac{NCF_t}{(1+k)^t} - C$$

式中，NPV 为净现值，NCF_t 为第 t 年的净现金流量，K 为贴现率（资金成本或企业要求的必要报酬率），n 为预计使用年限，C 为初始投资额或投资额总现值。

净现值可表达为：

净现值=未来报酬的总现值-投资总现值

　　　=现金流入总现值-现金流出总现值

按照净现值法，所有的未来现金流入和现金流出都要按预定贴现率折算为现值，然后再计算它们的差额。

如果净现值为正数，即贴现后的现金流入大于流出，说明该项目的投资报酬率大于预定的贴现率，也就是该投资方案的实际报酬率大于资金成本或必要报酬率，投资于该方案是有利可图的。如果净现值为零，即贴现后现金流入等于现金流出，说明该项目的投资报酬率相当于贴现率，也就是该投资方案的实际报酬率等于资金成本或必要报酬率，投资于该方案是保本的，企业偿付借款本息后将一无所获。如果净现值为负数，即贴现后现金流入小于现金流出，说明该项目的投资报酬率小于贴现率，也就是该投资方案的实际报酬率小于资金成本或必要报酬率，投资于该方案不但连成本都收不回来，还要亏损。

净现值法的决策规则：一是在只有一个备选方案的是否采纳决策时，净现值为正值的可采纳，否则放弃；二是在多个备选方案的互斥选择决策时，取净现值为正值中的净现值最大的方案。

【例 7-6】某企业现有两项投资机会，资金成本率为 10%，有关数据如表 7-3 所示。

表 7-3　　净现值计算资料表　　单位：万元

期间	A 方案		B 方案	
	净收益	净现金流量	净收益	净现金流量
0		-18 000		-24 000
1	-3 600	2 400	1 200	9 200
2	6 000	12 000	1 200	9 200
3	6 000	12 000	1 200	9 200
合计	8 400	8 400	3 600	3 600

A、B 两个方案的净现值计算如下：

$$
\begin{aligned}
NPV(A) &= 2\,400 \times PVIF_{10\%,\ 1} + 12\,000 \times PVIF_{10\%,\ 2} + 12\,000 \times PVIF_{10\%,\ 3} - 18\,000 \\
&= 2\,400 \times 0.909 + 12\,000 \times 0.826 + 12\,000 \times 0.751 - 18\,000 \\
&= 310.6(\text{万元})
\end{aligned}
$$

$$
\begin{aligned}
NPV(B) &= 9\,200 \times PVIF_{10\%,\ 3} - 24\,000 \\
&= 9\,200 \times 2.487 - 24\,000 \\
&= -1\,120(\text{万元})
\end{aligned}
$$

以上计算结果表明：A 方案的净现值大于零，说明 A 方案的报酬率超过 10%。若该企业的资本成本或要求的投资报酬率为 10%，A 方案是有利的，可以采纳；而 B 方案的净现值为负数，说明该方案的报酬率达不到 10%，因此应该放弃。

净现值法的主要优点是理论较完善，有广泛的适用性。该方法考虑了资金的时间价值，能够反映各种投资方案的净收益，其实际反映的是投资方案贴现后的净收益，因此是一种较好的、适用性较强的方法。在互斥项目的选择中，利用净现值法进行决策是最好的选择。

净现值法的主要缺点有三个：一是不能揭示实际报酬率。净现值法能说明评估方案的实际报酬率与贴现率之间的大小关系，但是不能说明该方案的实质报酬率是多少。二是贴现率不好确定，实际上净现值法应用的关键是如何确定贴现率。其有两种确定方法：一种是根据企业资金成本来确定，另一种是根据企业要求的最低资金利润率来确定，三是在投资规模不等的项目投资决策时，不能做出判断。

（二）现值指数法

现值指数（Present Value Index，PI）又称获利指数、利润指数以及贴现的收益率。概括地说，现值指数是指未来现金流入现值与现金流出现值之比。具体地说，现值指数是指投资项目未来报酬的总现值与全部投资额的总现值之比。其计算公式如下：

$$
PI = \frac{\left[\dfrac{NCF_1}{(1+i)^1} + \dfrac{NVF_2}{(1+i)^2} + \cdots + \dfrac{NCF_n}{(1+i)^n}\right]}{C}
$$

$$= \sum_{t=1}^{n} \frac{NCF_t}{(1+i)^t} / C$$

即：

$$现值指数 = \frac{未来报酬的总现值}{全部投资的总现值}$$

或：

$$现值指数 = \frac{现金流入总现值}{现金流出总现值}$$

现值指数说明了每 1 元现值投资额可以获得多少现值报酬，或者说，现值指数的实际是每 1 元原始投资可望获得的现值净收益。现值指数是一个相对数，反映投资的效率；而净现值是一个绝对数，反映投资的效益，因此现值指数更适合在投资规模不同的方案之间的比较。

现值指数法的决策规则：一是在只有一个备选方案的采纳与否决策中，选现值指数大于 1 的，否则放弃；二是在多个方案的互斥选择决策中，取现值指数大于 1 且该指数最大的那个方案。

仍以【例 7-6】的资料为例，A 和 B 两个方案的现值指数计算如下：

$$PI(A) = \frac{2\ 400 \times PVIF_{10\%,\ 1} + 12\ 000 \times PVIF_{10\%,\ 2} + 12\ 000 \times PVIF_{10\%,\ 3}}{18\ 000}$$

$$= \frac{21\ 106}{18\ 000} = 1.17$$

$$PI(B) = \frac{9\ 200 \times PVIFA_{10\%,\ 5}}{24\ 000} = 0.95$$

从以上计算结果可以看出，A 方案的现值指数大于 1，说明其投资收益超过成本，即投资报酬率超过预计的贴现率。换句话讲，A 方案每 1 元原始投资额可带来 1.17 元的净收益，所以 A 方案可行；B 方案的现值指数小于 1，说明其报酬率没有达到预定的贴现率，报酬额小于成本，所以 B 方案不应采纳。

现值指数法的优点在于：一是真实地反映了投资项目的盈亏程度。由于现值指数法考虑了资金的时间价值因素，因此能真实地反映投资项目的盈亏程度。二是便于独立方案的比较。由于现值指数是用相对数来表示投资效益的，因此可以在初始额不同或全部投资额不同的方案之间进行比较、优选。

现值指数法的缺点在于：一是现值指数的概念不好理解；二是未能揭示投资方案本身具有的真实报酬率。

现值指数法和净现值法都考虑了资金的时间价值，但两者反映的内容不同，净现值是绝对数，反映投资的效益；现值指数是相对数，反映投资的效率。在决策中，这两种方法可以结合使用。

（三）内含报酬率法

内含报酬率（Internal Rate of Reture，IRR）又称内部收益率，概括地说，是指能够使未来现金流入量的现值等于现金流出量现值的贴现率；具体地说，是指使投资项目的净现值等于零时的贴现率。其计算公式为：

$$\frac{NCF_1}{(1+r)^1}+\frac{NCF_2}{(1+r)^2}+\cdots+\frac{NCF_n}{(1+r)^n}-C=0$$

即：

$$\sum_{t=1}^{n}\frac{NCF_t}{(1+r)^t}-C=0$$

未来报酬总现值-全部投资总现值=0

能使上述等式成立的“r”，就是该方案的内含报酬率。前面研究的净现值法和现值指数法虽然考虑了时间价值，可以说明投资方案高于或低于某一特定的投资报酬率，但是它们都没有揭示方案本身可以达到的具体的报酬率是多少，而内含报酬率是根据方案的现金流量计算得出的，是方案本身的投资报酬率。因此，内含报酬率实际反映了投资项目的真实报酬率，使得决策根据该项指标的大小，即可对投资项目进行评价。

内含报酬率法的决策规则：一是在只有一个备选方案的采纳与否决策中，取大于或等于必要报酬率的方案，否则放弃；二是在多个方案的互斥选择决策中，从大于或等于必要报酬率的方案中取内含报酬率最大的方案。

内含报酬率的计算方法分为两种：

1. 第一种方法

若净现金流呈等额均匀分布，可直接按年金求现值的方法计算。其计算公式如下：

$$投资额总现值=每年净现金流量\times PVIFA_{i,\ n}$$

$$年金现值系数=\frac{投资额总现值}{年净现金流量}$$

仍以【例 7-6】的资料为例，B 方案的内含报酬率计算如下：

$$24\ 000=9\ 200\times PVIFA_{i,\ 3}$$

$$PVIFA_{i,\ 3}=\frac{24\ 000}{9\ 200}=2.609$$

查“年金现值系数表”可知，$n=3$ 时系数 2.609 所指的利率 i，结果与 2.609 接近的现值系数为 2.624 和 2.577，分别指向 7%和 8%，说明该方案的内含报酬率在 7%~8%之间，可用内插法进一步确定 B 方案的内含报酬率。

以 $\frac{x-7\%}{8\%-7\%}=\frac{2.609-2.624}{2.577-2.624}$

$x=7\%+1\%\times(\frac{-0.015}{-0.047})=7.32\%$

以上计算结果表明 B 方案的内含报酬率只有 7.32%，小于贴现率（10%），所以该方案是亏损的，应该放弃。

2. 第二种方法

若现金流量呈不均匀分布，需采用逐步测试法计算。其步骤如下：

第一步，估计一个贴现率，用它来计算净现值。若净现值为正数，说明方案本身的报酬率超过估计的贴现率，应提高贴现率后再测试；若净现值为负数，说明方案本身的报酬率低于估计的贴现率，应降低贴现率后进一步测试。

第二步，经过反复测算，找到由负到正两个比较接近于零的净现值，从而确定内含报酬率的区间范围（两个相邻的贴现率）。

第三步，用插值法求其精确值，从而计算出方案的实际内含报酬率。

仍以【例 7-6】的资料为例，根据前面的计算得知，A 方案的净现值为正数，说明它的投资报酬率大于 10%，应提高贴现率进一步测试。若以 18%为贴现率测试，其结果净现值为负数（-44），降到 16%再测试，结果净现值为正值（676），可以判定 A 方案的内含报酬率在 16%～18%之间，测试过程如表 7-4 所示。

表 7-4　　A 方案内含报酬率测试表　　单位：万元

年份	净现金流量	贴现率 18%		贴现率 16%	
		贴现系数	现值	贴现系数	现值
0	-18 000	1	-18 000	1	-18 000
1	2 400	0. 847	2 032	0. 862	2 068
2	12 000	0. 718	8 616	0. 743	8 916
3	12 000	0. 609	7 308	0. 641	7 692
净现值			-44		676

用插值法来求 A 方案内含报酬率的精确值如下：

$$内含报酬率(A) = 16\% + 2\% \times \frac{676}{44 + 676} = 17.88\%$$

计算结果表明，A 方案的内含报酬率为 17. 88%，大于贴现率 10%，投资于该方案是有利可图的，可净得 7. 88%的报酬率，因此 A 方案可以采纳。

内含报酬率法的优点是考虑了时间价值，反映了投资项目的真实报酬率，有实用价值；缺点是计算过于复杂，不易掌握，尤其是每年净现金流量不相等的投资项目，一般要经过多次测算才能确定。

二、非贴现的分析评价方法

非贴现的分析评价方法是指不考虑时间价值，把不同时间的货币收支都看成等效的。目前，在企业投资决策中该类方法只起辅助作用。该类方法主要有投资回收期法、平均报酬率法和会计收益率法。

（一）投资回收期法

投资回收期是回收初始投资所需的时间，一般以年为单位。投资回收期法是一种使用很广泛、时间很长久的投资决策方法，计算结果表示收回投资所需要的年限，回收年限越短，方案越有利。其计算方法分为以下两种情况：

1. 第一种情况

当投资额期初一次支出，每年净现金流量相等时，其计算公式如下：

$$投资回收期 = \frac{原始投资}{年净现金流量}$$

【例 7-6】中 B 方案就属于这种情况。

$$回收期(B)=\frac{24\ 000}{92\ 000}=2.61(年)$$

2. 第二种情况

投资额分几年投入，每年净现金流量不相等时，其计算公式如下：

$$投资回收期=(n-1)期+\frac{第(n-1)年年末回收额}{第n年现金流入量}$$

【例 7-6】中 A 方案就属于这种情况。

$$回收期(A)=(3-1)+\frac{18\ 000-2\ 400-12\ 000}{12\ 000}=2.3(年)$$

两个方案的回收期相比，A 方案回收期短，因此应选 A 方案。

投资回收期法的优点是计算简便、容易为决策人理解和使用，受投资者欢迎，而且该指标可以从一定程度上反映企业投资方案的风险；缺点是没有考虑资金的时间价值，也没有考虑回收期以后的收益。因此，回收期法是传统财务管理中进行投资决策经常使用的方法，但是在现代财务管理中，它只能作为一种辅助方法来使用。

(二) 平均报酬率法

平均报酬率法是指投资项目寿命周期内平均的年投资报酬率。其计算公式如下：

$$平均报酬率=\frac{平均现金流量}{初始投资额}\times 100\%$$

仍以【例 7-6】资料为例，A、B 两个项目的平均报酬率计算如下：

$$平均报酬率(A)=\frac{(2\ 400+12\ 000+12\ 000)\div 3}{18\ 000}\times 100\%=48.89\%$$

$$平均报酬率(B)=\frac{9\ 200}{24\ 000}\times 100\%=38.33\%$$

在采用平均报酬率法进行决策时，企业应事先确定一个要求达到的平均报酬率，在只有一个备选方案的采纳与否决策时，只有高于这个平均报酬率的项目才能入选，而在多个方案的互斥选择决策时，应选用平均报酬率最高的方案。计算公式的分母也可使用平均投资额，如此计算的结果可能会高一些，但是不会改变方案的优先次序。

平均报酬率法的优点是简明、易算和易懂；缺点是没有考虑资金的时间价值，将不同时点上的现金流量看成等值的，因此在期限较长、后期收益率较高的项目投资决策时，有时会得出错误的结论。

(三) 会计收益率法

会计收益率是指企业净利润（净收益）与投资额的比率。因为会计收益率在计算时要使用会计报表数字及会计中的收益和成本的概念，所以称为会计收益率法。其计算公式如下：

$$平均收益率=\frac{年平均净收益}{原始投资额}\times 100\%$$

仍以【例 7-6】的资料为例，A、B 两个项目的会计收益率计算如下：

$$会计收益率(A)=\frac{(-3\ 600+6\ 000+6\ 000)\div 3}{18\ 000}\times 100\%=15.60\%$$

$$会计收益率(B)=\frac{1\ 200}{24\ 000}\times 100\%=5\%$$

会计收益率法的优点是决策所需资料直接来自核算数据，容易取得，计算方法简单明了；缺点是没有考虑资金时间价值的因素。

第四节 项目投资决策评价方法的应用

一、使用年限相同的固定资产更新决策

随着科学技术的发展，固定资产更新的周期越来越短，企业经常会面临是否重购机器设备的决策问题。在实际工作中，做出这个决策要考虑许多方面的影响因素，其中最重要的是算清经济账，即更新固定资产是否合算。这就要求更新的结果必须符合经济原则，要有经济效益。决策的具体方法可以使用差量分析法。

差量分析法就是通过计算一个方案与另一个方案增减的现金流量差额，来判断方案是否可行。差量分析法用“△”表示增减额，即差量。

【例 7-7】甲公司现有一台旧设备，尚能继续使用 4 年，预计 4 年后净残值为3 000元，目前出售可获得现金 30 000 元。使用该设备每年可获得收入 600 000 元，经营成本为400 000元。市场上有一种同类新型设备，价值 100 000 元，预计 4 年后净残值为6 000元。使用新设备将使每年的经营成本减少 30 000 元。甲公司适用的企业所得税税率为 33%，基准折现率为 19%。

要求（按直线法计提折旧）：

（1）确定新、旧设备的原始投资及其差额。

（2）计算新、旧设备的年折旧额及其差额。

（3）计算新、旧设备的年净利润及其差额。

（4）计算新、旧设备净残值的差额。

（5）计算新、旧设备的年净现金流量 NCF 。

（6）对该企业是否更新设备做出决策。

下面从新设备的角度来计算两个方案的差额现金流量。

（1）新设备原始投资额 = 100 000（元）

旧设备原始投资额 = 30 000（元）

两者差额 = 100 000 − 30 000 = 70 000（元）

（2）新设备折旧额 = (100 000 − 6 000)/4 = 23 500（元）

旧设备折旧额额 = (30 000 − 3 000)/4 = 6 750（元）

两者差额 = 23 500 − 6 750 = 16 750（元）

（3）新设备利润额 = 138 355（元）

旧设备利润额额 = 129 477.5（元）

两者差额 = 138 355 − 129 477.5 = 8 877.5（元）

（4）新旧设备的残值差额 = 6 000 − 3 000 = 3 000（元）

(5) 新设备 $NCF_0=-10\ 000$（元） $NCF_{1\sim3}=161\ 855$（元） $NCF_4=167\ 855$（元）

旧设备 $NCF_0=-30\ 000$（元） $NCF_{1\sim3}=136\ 227.5$（元） $NCF_4=139\ 227.5$（元）

差额 $\triangle NCF_0=-70\ 000$（元） $\triangle NCF_{1\sim3}=25\ 627.5$（元） $\triangle NCF_4=28\ 627.5$（元）

(6) 测试 $irr=18\%$时，$NVP=487.93$（元）

$irr=20\%$时，$NVP=-2\ 208.63$（元）

用插值法算得 $irr=18\%+487.93/(487.93+2\ 208.63)=18.36\%<19\%$

因此使用旧设备。

（二）使用年限不同的固定资产更新决策

【例 7-7】所研究的固定资产投资方案的选择都是假定在各投资项目的寿命期相等的前提下的。实务中，投资项目不同，寿命期也不相同。由于项目的寿命期不同，就不能简单地运用净现值、内含报酬率和获利指数进行投资项目间的比较分析。否则，将可能得出错误的结论。

【例 7-8】ABC 企业计划更新生产线，现有两个方案可供选择：甲方案初始投资额为 200 万元，每年产生 95 万元的净现金流量，项目的使用寿命为 4 年，4 年后必须更新并且期满无残值；乙方案的初始投资额为 340 万元，每年可产生 100 万元的净现金流量，项目的寿命期为 8 年，8 年后必须更新并且期满无残值。企业的资本成本为 15%，应选择哪个投资项目？

两个项目的净现值计算如下：

$$NPV_{甲}=NCF_{甲}\times PVIFA(K,N)-C=95\times PVIFA(15\%,4)-200$$
$$=95\times 2.855-200=71.23(万元)$$

$$NPV_{乙}=NCF_{乙}\times PVIFA(K,N)-C=100\times PVIFA(15\%,8)-340$$
$$=100\times 4.487-340=108.7(万元)$$

项目的净现值表明乙项目优于甲项目，应选择乙项目进行投资。但是这种分析并不全面，因为这种分析没有考虑到两个方案的寿命期不同。如果选择乙项目，需要历经 8 年才能得到 108.70 万元的收益；而如果选择甲方案，历经 4 年就可以得到 71.23 万元的收益，第 4 年年末还有其他投资机会可供选择。因此，引出了两种专门用于比较寿命期不等的投资方案优劣的分析方法——最小公倍寿命法和年资本回收额法。

1. 最小公倍寿命法

最小公倍寿命法就是通过对投资项目的寿命周期进行延展，以使两投资项目的寿命周期相一致的方法。延展的原则是假定在后续的延展依旧重复原投资项目，并且在延展期内项目的各年现金流动与首次投资完全一致。仍以【例 7-8】中 ABC 企业的投资方案为例，甲、乙两投资项目的最小公倍寿命期为 8 年。由于乙项目的净现值原来就是按 8 年计算的，所以不必再做调整。但是甲项目的净现值是按 4 年计算的，要将其寿命期延展至 8 年，按最小公倍寿命法的延展原则假定从第 4 年年末开始重新再次投资。具体分析过程如表 7-5 所示。

表 7-5　　甲投资项目的现金流量表　　单位：万元

项目 \ 年份	0	1	2	3	4	5	6	7	8
首次投资的现金流量	-200	95	95	95	95				
再次投资的现金流量					-200	95	95	95	95
两次投资合并的现金流量	-200	95	95	95	-105	95	95	95	95

该项目 8 年的净现值如下：

$NPV_{甲}$ = 首次投资的净现值 + 再次投资（第 4 年年末）的净现值 × $PVIF(15\%, 4)$

$= 71.23 + 71.23 \times 0.572 = 111.97$（万元）

经过上述分析，可以将两个项目的净现值进行比较了。由于甲项目的净现值为 111.97 万元，乙项目的净现值为 108.70 万元，因此应选择甲项目。

2. 年资本回收额法

年资本回收额法是把项目的净现值转化为项目每年的平均净现值，也称为年均净现值。其计算公式为：

$$ANPV = \frac{NPV}{PVIFA_{k,\ n}}$$

式中，$ANPV$ 为年资本回收额，NPV 为净现值，$PVIFA_{k,n}$ 为年金现值系数。

仍以【例 7-8】中 ABC 企业甲、乙两投资方案为例，甲、乙两投资方案的年资本回收额分别为：

$ANPV_{甲} = 71.23 \div PVIF(15\%, 4) = 71.23 \div 2.855 = 24.95$（万元）

$ANPV_{乙} = 108.70 \div PVIF(15\%, 8) = 108.70 \div 4.487 = 24.23$（万元）

上述计算表明：甲项目的年资本回收额大于乙项目的年资本回收额，因此应选择甲项目进行投资。

ABC 企业的甲、乙两个投资项目的最小公倍寿命周期为 8 年，而其中乙方案的寿命期刚好为 8 年，所以只需要对甲方案进行调整即可。但有时两个投资方案的最小公倍寿命周期并非其中某一个投资项目的寿命周期。例如，两投资项目的寿命周期分别为 3 年和 11 年，那么最小公倍寿命周期为 33 年，要对两个投资项目进行合理的比较分析，则必须对两个投资项目都进行延展，这样势必计算量较大。这是最小公倍寿命法不可避免的缺点。换句话说，最小公倍寿命法一般适用于一个投资项目的寿命周期是另一个投资项目的寿命周期的倍数时的情形。相对来讲，年资本回收额法显得比较简单合理。一般情况下，两种方法会得出相同的结果，但当两个投资项目按最小公倍寿命周期法求得的净现值相差不大时，运用两种方法可能会得出相反的结论，如果再投资风险较大、收益较低，应以年资本回收额法为准。

（三）资本限量决策

企业在进行投资决策时，往往有两种情况会限制投资的数量和规模：一种是缺乏技术力量、管理人才、经营能力，这种限制被称为软资源配额，它属于经营管理的范畴；另一种情况是由于资金不足，不可能投资于所有可供选择的项目，不得不在一定的资金范围内进行选择投资，这种限制被称为硬资金配额，它属于财务管理研究的问题。

在资金有限的情况下，公司如何选择最好的方案，是特殊条件下的决策问题。为了获得最大的经济效益，应将有限资金投资于一组最佳的投资组合方案，其选择标准是净现值最大和现值指数最大。相应地，其决策方法有两种：现值指数法和净现值法。

采用现值指数法的计算步骤：计算各项目的现值指数→选出现值指数≥1 的所有项目→计算加权平均的现值指数→取现值指数最大的一组。

采用净现值法的计算步骤：计算各项目的净现值→选出净现值≥0 的所有项目→计算各组合的净现值总额→取净现值总额最大的一组。

【例 7-9】某公司只有 400 万元资金供投资，有 6 种投资方案供选择，资料如表 7-6所示。

表 7-6　各方案情况表　单位：万元

方案	A	B	C	D	E	F
投资额	100	100	400	300	200	200
净现值	20	22. 5	58. 5	42. 5	25. 4	22. 8
现值指数	1. 2	1. 23	1. 15	1. 14	131	1. 11

计算结果如表 7-7 所示。

表 7-7　各方案计算情况表　单位：万元

顺序	项目组合	初始投资	加权平均现值指数	净现值总额
1	A、B、E	400	1. 173	67. 9
2	A、B、F	400	1. 163	65. 3
3	B、D	400	1. 163	65
4	A、D	400	1. 155	62. 5
5	C	400	1. 55	58. 5
6	E、F	400	1. 22	48. 2

加权平均现值指数为：

$$PI_w = \sum_{i=1}^{n} PI_i x_i$$

式中，PI_w 为加权平均现值指数，PI_i 为某项目的平均现值指数，x_i 为某项目投资额占总投资额的比重。

表中 A、B、E 组合的加权现值指数的计算方法如下：

$$加权平均现值指数 = \frac{100}{400} \times 1.2 + \frac{100}{400} \times 1.23 + \frac{200}{400} \times 1.130 = 1.173$$

上述计算表明，在上述六种组合中，A、B、E 的组合方案为最佳组合，它的现值指数和净现值总额都是最大的。但是，如果其中 A、B 两个方案是互斥的，即不相容的，选 A 就不能 B，表 7-7 中的第一个和第二个组合方案都不能成立，应选第三个组合方案，即 B、D 组合方案，它的净现值指数与第二个组合方案相同。

（四）投资开发时机决策

投资开发时机决策主要研究矿藏开发时机的问题，在矿藏储量一定的前提条件下，随着开采量的增加、储存量的减少，矿产品的价格会呈现一种不断上升的趋势。也就是说，早开发的收入少，晚开发的收入多。但是，受资金时间价值的影响，早开发所得的 100 万元比 10 年后或晚开发所得的 100 万元的价值大，究竟应该何时开发最为有利，就是现在要研究的问题。

投资开发时机决策的基本规则也是寻找使净现值最大的方案。但是，由于两个方案的时间不一样，因此不能把净现值简单地相比，而需要把晚开发的净现值再一次折现，即换算为早开发的第一期期初时的现值，然后将两个方案进行比较，取其中的净现值为正且该值最大的开发方案。

【例 7-10】根据预测得知某矿产品价格 5 年后将上升 40%，不论当前还是 5 年后开发，初始投资额均为 100 万元，建设期为 1 年，从第二年开始投产，5 年可全部采完，拥有该矿产开发权的某公司，欲确定最佳开发时机。现金流量资料如表 7-8 所示，企业资金成本为 15%。

表 7-8　　　　**现金流量表**　　　　单位：万元

时间（年） 方案	0	1	2~5	6
立即开发	-100	0	90	100
5 年后开发	-100	0	130	140

现在开发的净现值：

$$NPV = 90 \times PVIFA_{15\%,\ 4} \times PVIF_{15\%,\ 1} + 100 \times PVIF_{15\%,\ 6} - 100$$
$$= 90 \times 2.855 \times 0.870 + 100 \times 0.432 - 100$$
$$= 166.75\text{（万元）}$$

5 年后开发的净现值：

$$NPV = (130 \times PVIFA_{15\%,\ 4} \times PVIF_{15\%,\ 1} + 140 \times PVIF_{15\%,\ 6} - 100) \times PVIF_{15\%,\ 5}$$
$$= (130 \times 2.855 \times 0.870 + 140 \times 0.432 - 100) \times 0.497$$
$$= 140.84\text{（万元）}$$

因为现在开发的净现值大（166.75 万元），所以应该立即开发。

（五）投资期决策

从开始投资至投入生产所需要的时间称为投资期。缩短投资期，可以使项目提前投入运行，早日获得现金流入量和经济效益，从资金时间价值这方面考虑是合理的。但是，缩短投资期，需要集中施工力量，交叉作业，加班加点，因此往往需要增加投资额，增加项目现金的流出量。因此，究竟是否缩短建设期、建设期缩短多长时间为宜，应采用一定的方法进行分析，把这笔经济账算清楚，从而决定最佳的投资期。进行投资期决策的方法有两种：差量分析法和净现值分析法。

1. 差量分析法

根据缩短投资期与正常投资期相比的△现金流量来计算△净现值。若△净现值为正，说明缩短投资期比较有利；若△净现值为负，则说明缩短投资期得不偿失。

△*NPV*>0→有利→缩短投资期。

△*NPV*<0→不利→正常投资期。

【例 7-11】某公司进行一项投资，正常投资期为 4 年，欲缩短为 2 年，公司资金成本为 15%，正常投资期为 4 年，每年投资 100 万元，4 年共计 400 万元，第 5~15 年每年现金净流量为 150 万元；若缩短为 2 年，每年需投资 220 万元，2 年共需投资 440 万元；投产后的项目寿命和每年现金净流量不变，期末无残值，不用垫支营运资金。

要求：根据上述资料，分析判断是否应缩短投资期（具体资料如表 7-9 所示）。

表 7-9　　现金流量表　　单位：万元

项目 \ 时间（年）	0	1	2	3	4	5~13	14	15
缩短投资期的现金流量	-220	-220	0	150	150	150		
正常期的现金流量	-100	-100	-100	-100	0	150	150	150
△现金流量	-120	-120	100	250	150	0	-150	-150

缩短投资期的△净现值计算如下：

$$\begin{aligned}\Delta NPV &= -120 - 120 \times PVIF_{15\%,\ 1} + 100 \times PVIF_{15\%,\ 2} + 250 \times PVIF_{15\%,\ 3} \\ &\quad + 150 \times PVIF_{15\%,\ 4} - 150 \times PVIFA_{15\%,\ 2} \times PVIF_{15\%,\ 13} \\ &= -120 - 120 \times 0.870 + 100 \times 0.756 + 250 \times 0.658 \\ &\quad + 150 \times 0.572 - 150 \times 1.626 \times 0.163 \\ &= 61.74（万元）\end{aligned}$$

计算结果表明：缩短投资期可增加净现值 61.74 万元，因此应该采纳缩短投资期的方案。

2. 净现值分析法

净现值分析法先分别计算正常投资期和缩短投资期的净现值，然后进行比较分析，若缩短投资期与正常投资期净现值的差额为正，可采纳缩短投资期的方案；否则，应放弃该方案。

以【例 7-11】的资料为例，两个方案的净现值计算如下：

正常投资期的净现值为：

$$\begin{aligned}NPV &= -100 - 100 \times PVIF_{15\%,\ 3} + 150 \times PVIFA_{15\%,\ 11} \times PVIF_{15\%,\ 4} \\ &= -100 - 100 \times 2.283 + 150 \times 5.234 \times 0.572 \\ &= 120.78（万元）\end{aligned}$$

缩短投资期的净现值为：

$$\begin{aligned}NPV &= -220 - 220 \times PVIF_{15\%,\ 1} + 150 \times PVIFA_{15\%,\ 11} \times PVIF_{15\%,\ 2} \\ &= -220 - 220 \times 0.870 + 150 \times 5.234 \times 0.756 \\ &= 182.1（万元）\end{aligned}$$

缩短投资期与正常投资期净现值的差额为：

$\Delta NPV = 182.10 - 120.78 = 61.32$（万元）

计算结果表明：缩短投资期可增加净现值 61.32 万元，因此应该采纳缩短投资期的方案。

【本章小结】

1. 项目投资。投资是指特定经济主体（包括国家、企业和个人）为了在未来可预见的时期内获得收益或使资金增值，在一定时期向一定领域的标的物投放足够数额的资金或实物等货币等价物的经济行为。从特定企业角度看，投资就是企业为获取收益而向一定对象投放资金的经济行为。学习中应了解项目投资的特点，项目投资所遵循的从项目提出到可行性分析、项目评价、项目选择、项目实施和控制等一系列程序。

2. 现金流量。现金流量也称现金流动数量，简称现金流，在投资决策中是指一个项目引起的企业现金流出和现金流入增加的数量。这里的现金是广义的现金，不仅包括各种货币资金，还包括项目需要投入的企业现有非货币资源的变现价值。现金流量是评价一个投资项目是否可行时必须事先计算的一个基础性数据。现金流出量是指该项目投资等引起的企业现金支出增加的数量，现金流入量是指该项目投产运营等引起的企业现金收入增加的数量。无论是流出量还是流入量，都强调现金流量的特定性，它是特定项目的现金流量，与别的项目或企业原先的现金流量不可混淆。这里还强调现金流量的增量性，即项目的现金流量是由于采纳特定项目而引起的现金支出或收入增加的数量。通过本章的学习，应掌握投资项目的现金流量计算。

3. 项目投资评价方法。评价长期投资方案的方法有两类：一类是贴现方法，即考虑了时间价值因素的方法，主要包括净现值法、现值指数法和内含报酬率法；另一类是非贴现方法，即没有考虑时间价值因素的方法，主要包括投资回收期法、平均报酬率法和会计收益率法。通过本章的学习，应掌握各种方法的应用。

【复习思考题】

1. 简述投资的概念和种类。
2. 简述项目投资的概念、特点、意义和基本程序。
3. 项目投资的影响因素有哪些？如何理解？
4. 如何理解项目投资现金流量的概念？它有哪些作用？
5. 项目投资现金流量的内容构成有哪些？应如何计算？
6. 项目投资决策评价分析方法有哪些？应如何计算和运用？

第八章　营运资金管理

【本章学习目标】

· 了解营运资金的特点、管理的原则和管理的策略
· 了解持有现金的动机、成本和管理的目标及内容
· 熟悉现金日常管理的方法
· 掌握最佳现金持有量的计算方法
· 了解应收账款的功能和成本
· 熟悉应收账款的信用政策内容、监控和日常管理
· 掌握应收账款信用政策的决策
· 了解存货的功能和成本
· 熟悉存货的日常控制方法
· 掌握存货经济订货量确定及存货保险储备量的决策

第一节　营运资金概述

一、营运资金的概念和特点

（一）营运资金的概念

营运资金是指流动资产减去流动负债后的余额。营运资金的管理既包括流动资产的管理，也包括流动负债的管理。

1. 流动资产

流动资产是指可以在一年以内或超过一年的一个营业周期内变现或运用的资产，流动资产具有占用时间短、周转快、易变现等特点。企业拥有较多的流动资产，可在一定程度上降低财务风险。流动资产按不同的标准可以进行不同的分类，常见分类方式如下：

（1）按占用形态不同，流动资产可以分为现金、交易性金融资产、应收及预付款项和存货等。

（2）按在生产经营过程中所处的环节不同，流动资产可以分为生产领域中的流动资产、流通领域中的流动资产以及其他领域中的流动资产。

2. 流动负债

流动负债是指需要在一年或者超过一年的一个营业周期内偿还的债务。流动负债又称短期负债，具有成本低、偿还期短的特点。流动负债按不同的标准可以进行不同

的分类，常见分类方式如下：

（1）以应付金额是否确定为标准，流动负债可以分为应付金额确定的流动负债和应付金额不确定的流动负债。应付金额确定的流动负债是指那些根据合同或法律规定到期必须偿付，并且有确定金额的流动负债。应付金额不确定的流动负债是指那些要根据企业生产经营状况，到一定时期或具备一定条件才能确定的流动负债，或应付金额需要估计的流动负债。

（2）以流动负债的形成情况为标准，可以分为自然性流动负债和人为性流动负债。自然性流动负债是指不需要正式安排，由于结算程序或有关法律法规的规定等原因而自然形成的流动负债。人为性流动负债是指财务人员根据企业对短期资金的需求情况，通过人为安排形成的流动负债。

（3）以是否支付利息为标准，流动负债可以分为有息流动负债和无息流动负债。

（二）营运资金的特点

为了有效地管理企业的营运资金，必须研究营运资金的特点，以便有针对性地进行管理。营运资金一般具有如下特点：

1. 营运资金的来源具有灵活多样性

与筹集长期资金的方式相比，企业筹集营运资金的方式较为灵活多样，通常有银行短期借款、短期融资券、商业信用、应缴税金、应交利润、应付工资、应付费用、预收货款、票据贴现等多种在内外部融资方式。

2. 营运资金的数量具有波动性

流动资产的数量会随企业内外部条件的变化而变化，时高时低，波动很大。季节性企业如此，非季节性企业也如此。随着流动资产数量的变动，流动负债的数量也会相应发生变动。

3. 营运资金的周转具有短期性

企业占用在流动资产上的资金，通常会在一年或一个营业周期内收回。根据这一特点，营运资金可以用商业信用、银行短期借款等短期筹资方式来加以解决。

4. 营运资金的实物形态具有变动性和易变现性

企业营运资金的实物形态是经常变化的，一般按照现金、材料、在产品、产成品、应收账款、现金的顺序转化。为此，在进行流动资产管理时，必须在各项流动资产上合理配置资金数额，做到结构合理，以促进资金周转顺利进行。此外，短期投资、应收账款、存货等流动资产一般具有较强的变现能力，如果遇到意外情况，企业出现资金周转不灵、现金短缺时，便可以迅速变卖这些资产以获取现金。这对财务上应付临时性资金需求具有重要意义。

二、营运资金的管理原则

企业的营运资金在全部资金中占有相当大的比重，而且周转期短，形态易变，是企业财务管理工作的一项重要内容。实证研究也表明，财务经理的大量时间都用于营运资金的管理。企业进行营运资金管理，应遵循以下原则：

（一）保证合理的资金需求

企业应认真分析生产经营状况，合理确定营运资金的需求数量。企业营运资金的需求数量与企业生产经营活动有直接关系。一般情况下，当企业产销两旺时，流动资产会不断增加，流动负债也会相应增加；而当企业产销量不断减少时，流动资产和流动负债也会相应减少。营运资金的管理必须把满足正常合理的资金需求作为首要任务。

（二）提高资金使用效率

加速资金周转是提高资金使用效率的主要手段之一。提高营运资金使用效率的关键就是采取得力措施，缩短营业周期，加速变现过程，加快营运资金周转。因此，企业要千方百计地加速存货、应收账款等流动资产的周转，以便用有限的资金，服务于更大的产业规模，为企业取得更好的经济效益提供条件。

（三）节约资金使用成本

在营运资金管理中，必须正确处理保证生产经营需要与节约资金使用成本两者之间的关系。要在保证生产经营需要的前提下，遵守勤俭节约的原则，尽力降低资金使用成本。一方面，要挖掘资金潜力，盘活全部资金，精打细算地使用资金；另一方面，要积极拓展融资渠道，合理配置资源，筹措低成本资金，服务于生产经营。

（四）保持足够的短期偿债能力

偿债能力的高低是企业财务风险高低的标志之一。合理安排流动资产与流动负债的比例关系，保持流动资产结构与流动负债结构的适配性，保证企业有足够的短期偿债能力是营运资金管理的重要原则之一。流动资产、流动负债以及两者之间的关系能较好地反映企业的短期偿债能力。流动负债是在短期内需要偿还的债务，而流动资产则是在短期内可以转化为现金的资产。因此，如果一个企业的流动资产比较多，流动负债比较少，说明企业的短期偿债能力较强；反之，则说明企业的短期偿债能力较弱。但如果企业的流动资产太多，流动负债太少，也不是正常现象，这可能是因流动资产闲置或流动负债利用不足所致。

三、营运资金管理策略

企业需要评估营运资金管理中的风险与收益，制定流动资产的投资策略和融资策略。实际上，财务管理人员在营运资金管理方面必须做两项决策：一是需要拥有多少流动资产；二是如何为需要的流动资产融资。在实践中，这两项决策一般同时进行，并且相互影响。

（一）流动资产的投资策略

由于销售水平、成本、生产时间、存货补给时从订货到交货的时间、顾客服务水平、收款和支付期限等方面存在不确定性，流动资产的投资决策至关重要。企业经营的不确定性和风险忍受程度决定了流动资产的存量水平，表现为在流动资产账户上的投资水平。流动资产账户通常随着销售额的变化而立即变化。销售的稳定性和可预测性反映了流动资产投资的风险程度。销售额越不稳定，越不可预测，则投资于流动资产上的资金就应越多，以保证有足够的存货和应收账款占用来满足生产经营和顾客的需要。

稳定性和可预测性的相互作用非常重要。即使销售额是不稳定的，但可以预测，如属于季节性变化，那么将没有显著的风险。然而，如果销售额不稳定而且难以预测，就会存在显著的风险，从而必须维持一个较高的流动资产存量水平，保持较高的流动资产与销售收入比率。如果销售既稳定又可预测，则只需维持较低的流动资产投资水平。

一个企业必须选择与其业务需要和管理风格相符合的流动资产投资策略。如果企业管理政策趋于保守，就会选择较高的流动资产水平，保证更高的流动性（安全性），但盈利能力也更低；如果管理者偏向于为了更高的盈利能力而愿意承担风险，那么企业将保持一个低水平的流动资产与销售收入比率。

流动资产的投资策略有以下两种基本类型：

1. 紧缩的流动资产投资策略

在紧缩的流动资产投资策略下，企业维持低水平的流动资产与销售收入比率。需要说明的是，这里的流动资产通常只包括生产经营过程中产生的存货、应收款项以及现金等生产性流动资产，而不包括股票、债券等金融性流动资产。

紧缩的流动资产投资策略可以节约流动资产的持有成本，如节约持有资金的机会成本。但与此同时可能伴随着更高的风险，这些风险表现为更紧的应收账款信用政策和较低的存货占用水平以及缺乏现金用于偿还应付账款等。但是，只要不可预见的事件没有损坏企业的流动性而导致严重的问题发生，紧缩的流动资产投资策略就会提高企业效益。

采用紧缩的流动资产投资策略，无疑对企业的管理水平有较高的要求。因为一旦管理失控，由于流动资产的短缺，会对企业的经营活动产生重大影响。根据最近几年的研究，美国、日本等一些发达国家的流动资产比率呈现越来越小的趋势。这并不意味着企业对流动性的要求越来越低，而主要是因为在流动资产管理方面，尤其是应收账款与存货管理方面，取得了一些重大进展。存货控制的 JIT（Just In Time）系统，又称为适时管理系统，便是其中的一个突出的代表。

2. 宽松的流动资产投资策略

在宽松的流动资产投资策略下，企业通常会维持高水平的流动资产与销售收入比率。也就是说，企业将保持高水平的现金和有价证券、高水平的应收账款（通常给予客户宽松的付款条件）和高水平的存货（通常源于补给原材料或不愿意因为产成品存货不足而失去销售）。在这种策略下，由于较高的流动性，企业的财务与经营风险较小。但是，过多的流动资产投资，无疑会承担较大的流动资产持有成本，提高企业的资金成本，降低企业的收益水平。

3. 如何制定流动资产投资策略

制定流动资产投资策略时，首先需要权衡的是资产的收益性与风险性。增加流动资产投资会增加流动资产的持有成本，降低资产的收益性，但会提高资产的流动性；反之，减少流动资产投资会降低流动资产的持有成本，增加资产的收益性，但资产的流动性会降低，短缺成本会增加。因此，从理论上来说，最优的流动资产投资应该是使流动资产的持有成本与短缺成本之和最低。

制定流动资产投资策略时还应充分考虑企业经营的内外部环境。通常，银行和其他借款人对企业流动性水平非常重视，因为流动性是这些债权人确定信用额度和借款利率的主要依据之一。它们还会考虑企业应收账款和存货的质量，尤其是当这些资产被用来当成一项贷款的抵押品时。

有些企业因为融资困难，通常采用紧缩的流动资产投资策略。此外，一个企业的流动资产投资策略可能还受产业因素的影响。在销售边际毛利较高的产业，如果从额外销售中获得的利润超过额外应收账款所增加的成本，宽松的信用政策可能为企业带来更为可观的收益。流动资产占用具有明显的行业特征。在机械行业，存货居于流动资产项目中的主要位置，通常占用全部流动资产的50%左右。其他行业的流动资产占用往往与机械行业会有重大的不同。例如，在商业零售行业，其流动资产占用要超过机械行业。

流动资产投资策略的一个影响因素是那些影响企业政策的决策者。保守的决策者更倾向于宽松的流动资产投资策略，而风险承受能力较强的决策者则倾向于紧缩的流动资产投资策略。运营经理通常喜欢高水平的原材料，以便满足生产所需。销售经理通常喜欢高水平的产成品存货以便满足顾客的需要，而且喜欢宽松的信用政策以便刺激销售。相反，财务管理人员喜欢使存货和应收账款最小化，以便使流动资产融资的成本最低。

（二）流动资产的融资策略

一个企业对流动资产的需求数量，一般会随着产品销售的变化而变化。例如，产品销售季节性很强的企业，当销售处于旺季时，流动资产的需求一般会更旺盛，可能是平时的几倍；当销售处于淡季时，流动资产需求一般会减弱，可能是平时的几分之一。即使当销售处于最低水平时，也存在对流动资产最基本的需求。在企业经营状况不发生大的变化的情况下，流动资产最基本的需求具有一定的刚性和相对稳定性，我们可以将其界定为流动资产的永久性水平。当销售发生季节性变化时，流动资产将会在永久性水平的基础上增加。因此，流动资产可以被分解为两部分：永久性部分和波动性部分。永久性流动资产是指满足企业长期最低需求的流动资产，其占有量通常相对稳定；波动性流动资产或称临时性流动资产是指那些由于季节性或临时性的原因而形成的流动资产，其占用量随当时的需求而波动。与流动资产的分类相对应，流动负债也可以分为临时性负债和自发性负债。一般来说，临时性负债又称为筹资性流动负债，是指为了满足临时性流动资金需要所发生的负债，如商业零售企业春节前为满足节日销售需要，超量购入货物而举借的短期银行借款。临时性负债一般只能供企业短期使用。自发性负债又称为经营性流动负债，是指直接产生于企业持续经营中的负债，如商业信用筹资和日常运营中产生的其他应付款以及应付职工薪酬、应付利息、应交税费等，自发性负债可供企业长期使用。

一般来说，流动资产的永久性水平具有相对稳定性，需要通过长期负债融资或权益性资金解决；而波动性部分的融资则相对灵活，最经济的办法是通过低成本的短期融资解决，如采用一年期以内的短期借款或发行短期融资券等融资方式。

融资决策主要取决于管理者的风险导向，此外它还受短期、中期、长期负债的利率差异的影响。根据资产的期限结构与资金来源的期限结构的匹配程度差异，流动资产的融资策略可以划分为期限匹配融资策略、保守融资策略和激进融资策略三种基本类型。

1. 期限匹配融资策略

在期限匹配融资策略中，永久性流动资产和非流动资产以长期融资方式（负债或股东权益）融通，波动性流动资产用短期来源融通。这意味着，在给定的时间，企业的融资数量反映了当时的波动性流动资产的数量。当波动性资产扩张时，信贷额度也会增加，以便支持企业的扩张；当资产收缩时，就会释放出资金，以偿付短期借款。

资金来源的有效期与资产的有效期的匹配，只是一种战略性的观念匹配，而不要求实际金额完全匹配。实际上，企业也做不到完全匹配。其原因是：第一，企业不可能为每一项资产按其有效期配置单独的资金来源，只能分为短期来源和长期来源两大类来统筹安排筹资。第二，企业必须有所有者权益筹资，它是无限期的资本来源，而资产总是有期限的，不可能完全匹配。第三，资产的实际有效期是不确定的，而还款期是确定的，必然会出现不匹配。

2. 保守融资策略

在保守融资策略中，长期融资支持非流动资产、永久性流动资产和部分波动性流动资产。企业通常以长期融资来源为波动性流动资产的平均水平融资，短期融资仅用于融通剩余的波动性流动资产，融资风险较低。这种策略通常最小限度地使用短期融资，但由于长期负债成本高于短期负债成本，就会导致融资成本较高，收益较低。

如果长期负债以固定利率为基础，而短期融资方式以浮动或可变利率为基础，则利率风险可能降低。因此，这是一种风险低、成本高的融资策略。

3. 激进融资策略

在激进融资策略中，企业以长期负债和权益为所有的固定资产融资，仅对一部分永久性流动资产使用长期融资方式融资。短期融资方式支持剩下的永久性流动资产和所有的临时性流动资产。在这种策略下，企业通常使用更多的短期融资。

短期融资方式通常比长期融资方式具有更低的成本。然而，过多地使用短期融资会导致较低的流动比率和较高的流动性风险。

由于经济衰退、企业竞争环境的变化以及其他因素，企业必须面对业绩惨淡的经营年度。当销售下跌时，存货将不会那么快就能转换成现金，这将导致现金短缺。曾经及时支付的顾客可能会延迟支付，这进一步加剧了现金短缺。企业可能会发现其对应付账款的支付已经超过信用期限。由于销售下降，会计利润将降低。

在这种环境下，企业需要与银行重新签订短期融资协议，但此时企业对于银行来说似乎很危险。银行可能会向企业索要更高的利率，从而导致企业在关键时刻筹集不到急需的资金。

企业依靠大量的短期负债来解决目前的困境，这会导致企业每年都必须更新短期负债协议进而产生更多的风险。签订协议可以弱化这种风险。例如，多年期（通常为3~5年）滚动信贷协议，这种协议允许企业以短期为基础进行借款。这种类型的借款协议不像传统的短期借款那样会降低流动比率。另外，企业还可以利用衍生融资产品来对紧缩投资政策的风险进行套期保值。

第二节 现金管理

现金有广义和狭义之分。广义的现金是指在生产经营过程中以货币形态存在的资金，包括库存现金、银行存款和其他货币资金等。狭义的现金仅指库存现金。这里所讲的现金是指广义的现金。

一、持有现金的动机

保持合理的现金水平是企业现金管理的重要内容。现金是变现能力最强的资产，可以用来满足生产经营开支的各种需要，也是还本付息和履行纳税义务的保证。拥有足够的现金对于降低企业的风险、增强企业资产的流动性和债务的可清偿性有着重要的意义。但库存现金是唯一的不创造价值的资产，对其持有量不是越多越好。即使是银行存款，其利率也非常低。因此，现金存量过多，其提供的流动性边际效益便会随之下降，从而使企业的收益水平下降。

除了应付日常的业务活动之外，企业还需要拥有足够的现金偿还贷款、把握商机、以备不时之需。企业必须建立一套管理现金的方法，持有合理的现金数额，使其在时间上继起、在空间上并存。企业必须编制现金预算，以衡量企业在某段时间内的现金流入量与流出量，以便在保证企业经营活动所需现金的同时，尽量减少企业的现金数量，提高资金收益率。

持有现金是出于三种需求：交易性需求、预防性需求和投机性需求。

（一）交易性需求

企业的交易性需求是企业为了维持日常周转及正常商业活动所需持有的现金额。企业每日都在发生许多支出和收入，这些支出和收入在数额上不相等及时间上不匹配使企业需要持有一定现金来调节，以使生产经营活动能持续进行。

在许多情况下，企业向客户提供的商业信用条件与其从供应商那里获得的信用条件不同，使企业必须持有现金。例如，供应商提供的信用条件是30天付款，而企业迫于竞争压力，则向顾客提供45天的信用期，这样企业必须筹集够15天的营运资金来维持企业运转。

另外，企业业务的季节性要求企业逐渐增加存货以等待季节性的销售高潮。这时，一般会发生季节性的现金支出，企业现金余额下降，随后又随着销售高潮到来，存货减少，而现金又逐渐恢复到原来的水平。

（二）预防性需求

预防性需求是指企业需要维持充足的现金，以应对突发事件。这种突发事件可能是政治环境变化，也可能是企业的某些大客户违约导致企业突发性偿付等。尽管财务主管试图利用各种手段来较准确地估算企业需要的现金数，但这些突发事件会使原本很好的财务计划失去效用。因此，企业为了应付突发事件，有必要维持比日常正常运转所需金额更多的现金。

为应付意料不到的现金需要，企业掌握的现金额取决于：

（1）企业愿冒缺少现金风险的程度。

（2）企业预测现金收支可靠的程度。

（3）企业临时融资的能力。

希望尽可能减少风险的企业倾向于保留大量的现金余额，以应付其交易性需求和大部分预防性需求。另外，企业会与银行维持良好的关系，以备现金短缺之需。

(三) 投机性需求

投机性需求是企业为了抓住突然出现的获利机会而持有的现金，这种机会大都是稍纵即逝的，如证券价格的突然下跌，企业若没有用于投机的现金，就会错过这一机会。

除了上述三种基本的现金需求以外，还有许多企业是将现金作为补偿性余额来持有的。补偿性余额是企业同意保持的账户余额，它是企业对银行所提供借款或其他服务的一种补偿。

二、持有现金的成本

企业持有现金的成本通常由持有成本、转换成本和短缺成本三个部分组成。

(一) 持有成本

持有成本是指企业因保留一定现金余额而增加的管理费用及丧失的再投资收益。持有成本包括管理费用和机会成本。管理费用具有固定成本的性质，在一定范围内，它一般与所持现金的数量没有密切的关系。机会成本属于变动成本，它与现金的持有量存在正比例关系。

(二) 转换成本

转换成本是指企业用现金购入有价证券及转让有价证券换取现金所付出的交易费用。固定性证券转换成本与现金持有量成反比例变动关系。

(三) 短缺成本

短缺成本是指在现金持有量不足而又无法及时通过有价证券变现加以补充而给企业造成的损失。短缺成本与现金持有量存在反方向变动关系。

三、现金管理的目标及内容

(一) 现金管理的目标

现金是流动性最强的资产，也是获利能力最低的资产。因此，现金管理的目的就是要在资产的流动性和获利能力之间做出抉择，以获得最大的长期利润。

(二) 现金管理的内容

(1) 编制现金收支计划，以便合理估计未来的现金需求。

(2) 对日常的现金收支进行控制，力求加速收款，延缓付款。

(3) 用特定的方法确定最佳现金余额，当企业实际现金余额与最佳现金余额不一致时，采用短期融资策略或归还借款和投资于有价证券策略来达到理想状况。现金管理的内容如图 8-1 所示。

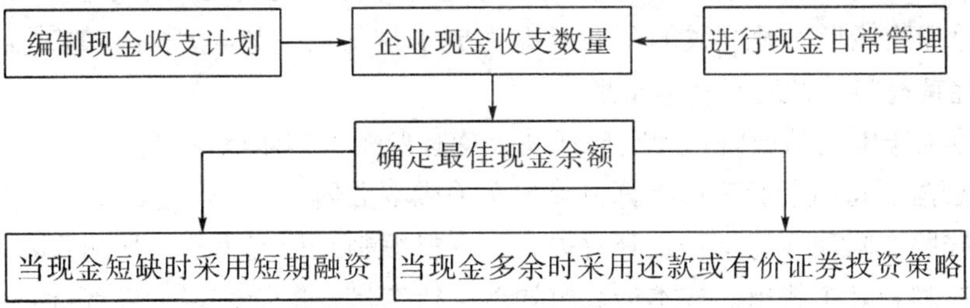

图 8-1　现金管理的内容

四、最佳现金持有量的确定方法

现金管理除了做好日常管理、加速现金周转外，还需要控制好现金的规模。企业的现金持有不足，则可能影响企业正常的生产经营；企业的现金持有过多，则会降低企业的整体盈利水平。因此，确定最佳的现金持有量，可以指导现金管理实践，为企业创造良好的经济效益。最佳现金持有量是指既能将企业的不能支付风险控制在较低水平，又能避免过多地占用现金，使持有现金的总成本最低的现金持有量。常用的确定最佳现金持有量的方法有：成本分析模式、存货模式、现金周转模式和随机模式等。

（一）成本分析模式

成本分析模式是根据现金持有的相关成本，分析、预测其总成本最低时现金持有量的一种方法。

在影响现金持有的相关成本因素中，成本分析模式只考虑持有一定数量的现金而发生的管理成本、机会成本和短缺成本，而不考虑转换成本。其中，管理成本具有固定成本的性质，与现金持有量不存在明显的线性关系。机会成本（因持有现金而丧失的再投资收益）与现金持有量存在正比例变动变化，机会成本=现金持有量×有价证券利率（或报酬率）。短缺成本同现金持有量负相关，现金持有量越多，现金短缺成本越小；反之，现金持有量越少，现金短缺成本越大。这些成本同现金持有量之间的关系可以从图 8-2 中反映出来。

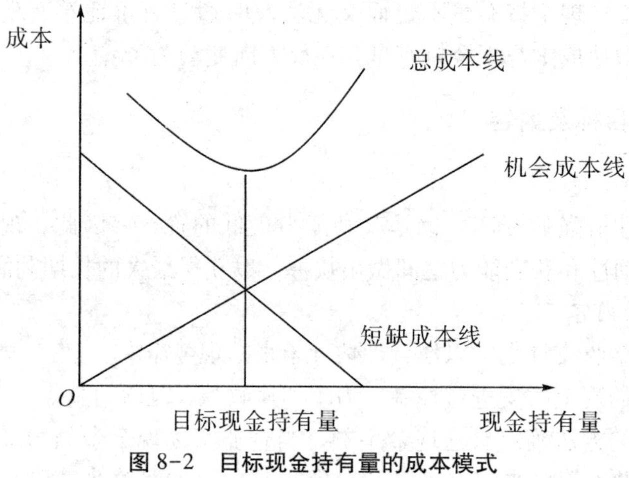

图 8-2　目标现金持有量的成本模式

从图 8-2 中可以看出，由于各项成本同现金持有量的变动关系不同，使得现金持有总成本呈抛物线形，抛物线的最低点即为成本最低点，该点所对应的现金持有量便是最佳现金持有量，此时总成本最低。

在实际工作中运用该模式确定最佳现金持有量的具体步骤如下：

（1）根据不同现金持有量测算并确定有关成本数值。

（2）按照不同现金持有量及其有关成本资料编制最佳现金持有量测算表。

（3）在测算表中找出总成本最低时的现金持有量，即最佳现金持有量。

【例 8-1】某企业现有 A、B、C、D 四种现金持有方案，有关成本资料如表 8-1

所示。

表 8-1　　现金持有量备选方案表　　单位：元

项目	A	B	C	D
现金持有量	40 000	50 000	60 000	70 000
机会成本	8%	8%	8%	8%
管理费用	1 200	1 200	1 200	1 200
短缺成本	3 200	2 200	1 100	0

根据表 8-1 编制该企业最佳现金持有量测算表，如表 8-2 所示。

表 8-2　　最佳现金持有量测算表　　单位：元

方案	现金持有量	机会成本	管理费用	短缺成本	总成本
A	40 000	3 200	1 200	3 200	7 600
B	50 000	4 000	1 200	2 200	7 400
C	60 000	4 800	1 200	1 100	7 100
D	70 000	5 600	1 200	0	6 800

通过比较表 8-2 中各方案的总成本可知，D 方案的相关总成本最低，因此 70 000 元为企业的最佳现金持有量。

（二）存货模式

存货模式来源于存货的经济批量模型，即认为企业现金持有量在许多方面与存货相似，存货经济批量模型可用于确定目标现金持有量。在存货模式中，只需考虑机会成本和转换成本。凡是能够使现金管理的机会成本与转换成本之和保持最低的现金持有量，即为最佳现金持有量。

假设：T 为一定期间内现金总需求量，F 为每次转换有价证券的固定成本（即转换成本），C 为最佳现金持有量（每次证券变现的数量），K 为有价证券利息率（机会成本），TC 为现金管理总成本。

则：现金管理总成本=机会成本+转换成本

即：$TC = \frac{1}{2}C \times K + \frac{T}{C} \times F$

现金管理总成本与持有机会成本、转换成本的关系如图 8-3 所示。

从图 8-3 中可以看出，现金管理的总成本与现金持有量呈现凹形曲线关系。持有现金的机会成本与证券变现的交易成本相等时，现金管理的总成本最低，此时的现金持有量为最佳现金持有量，即：

$$C^* = \sqrt{\frac{2TF}{K}}$$

最低现金管理总成本 $TC(C^*)$ 的计算公式为：

$$TC(C^*) = \sqrt{2TFK}$$

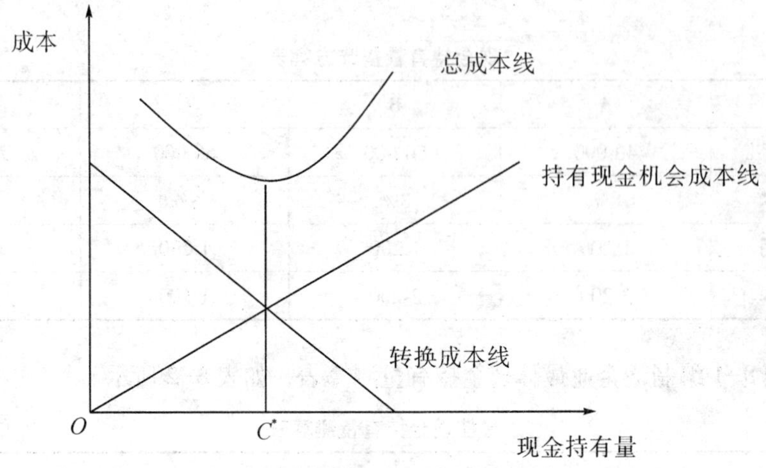

图 8-3　目标现金持有量的存货模式

【例 8-2】某企业现金收支状况比较稳定，预计全年（按 360 天计算）需要现金 900 000 元，现金与有价证券的转换成本为每次 450 元，有价证券的年利率为 10%，则：

最佳现金持有量（C）= $\sqrt{2TF/K}$

= $\sqrt{2 \times 900\ 000 \times 450/10\%}$ = 90 000（元）

最低现金管理相关总成本为：

$TC(C^*) = \sqrt{2TFK} = \sqrt{2 \times 900\ 000 \times 450 \times 10\%}$ = 9 000（元）

转换成本 =（900 000÷90 000）×450 = 4 500（元）

持有机会成本 =（90 000÷2）×10% = 4 500（元）

有价证券交易次数（T/Q）= 900 000/90 000 = 10（次）

存货模式确定最佳现金持有量建立于未来期间现金流量稳定均衡、呈周期性变化的基础之上。实际工作中，准确预测现金流量不易做到。通常，在预测值与实际发生值相差不是太大时，实际持有量可在上述公式确定的最佳现金持有量基础上，稍微再提高一些。

（三）现金周转模式

现金周转模式是从现金周转的角度出发，根据现金的周转速度来确定最佳现金持有量的一种方法。利用这一模式确定最佳现金持有量，包括以下三个步骤：

1. 计算现金周转期

现金周转期是指企业从购买材料支付现金到销售商品收回现金的时间。

现金周转期 = 应收账款周转期 - 应付账款周转期 + 存货周转期

（1）应收账款周转期是指从应收账款形成到收回现金所需要的时间。

（2）应付账款周转期是指从购买材料形成应付账款开始直到以现金偿还应付账款为止所需要的时间。

（3）存货周转期是指从以现金支付购买材料款开始直到销售产品为止所需要的时间。

2. 计算现金周转率

现金周转率是指一年中现金的周转次数，其计算公式为：

$$现金周转率=\frac{360}{现金周转次数}$$

3. 计算最佳现金持有量

其计算公式为：

最佳现金持有量=年现金需求额÷现金周转率

（四）随机模式

随机模式是在企业未来的流量呈不规则波动、无法准确预测的情况下采用的一种确定最佳现金余额的方法。其基本原理为：制定一个现金控制区域，定出上限与下限，即现金持有量的最高点与最低点。当余额达到上限时将现金转换为有价证券，当余额降至下限时将有价证券换成现金。随机模式主要适用于企业未来现金流量呈不规则波动、无法准确预测的情况。

图 8-4 中，H 为上限，L 为下限，Z 为目标控制线。现金余额升至 H 时，可购进（$H-Z$）的有价证券，使现金余额回落到 Z 线；现金余额降至 L 时，可出售（$Z-L$）金额的有价证券，使现金余额回落到 Z 线的最佳水平。

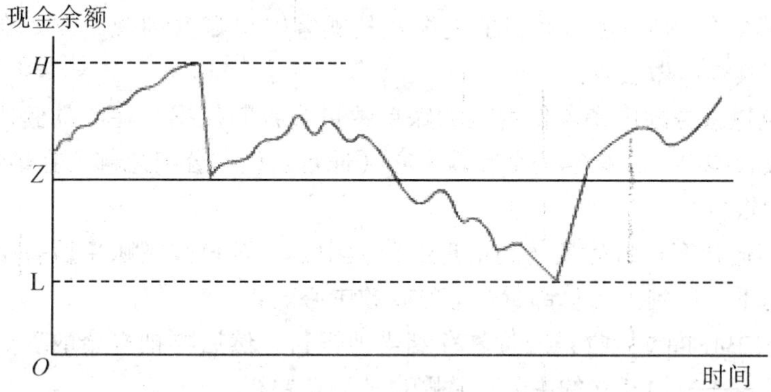

图 8-4　现金持有量的随机模式图

目标现金余额 Z 线的确定，可按现金总成本最低，即持有现金的机会成本和转换有价证券的固定成本之和最低的原理，并结合现金余额可能波动的幅度考虑。

按照以上分析，在随机模式下现金余额 Z 的计算公式为：

$$Z=\sqrt[3]{\frac{3FQ^2}{4K}}+L$$

$$H=3Z-2L$$

式中，F 为转换有价证券的固定成本，Q^2 为日现金净流量的方差，K 为持有现金的日机会成本（证券日利率）。

【例 8-3】某企业每次转换有价证券的固定成本为 100 元，有价证券的年利率为 9%，日现金净流量的标准差为 900 元，现金余额下限为 2 000 元。若一年以 360 天计算，求该企业的现金最佳持有量和上限值。

$$Z=\sqrt[3]{\frac{3\times100\times900^2}{4\times0.09/360}}+2\ 000=8\ 240\text{（元）}$$

$$H=3\times8\ 240-2\times2\ 000=20\ 720\text{（元）}$$

该企业现金最佳持有量为8 240元，当现金余额升到20 720元时，则可购进12 480元的有价证券（20 720－8 240＝12 480）；而当现金余额下降到2 000元时，则可售出6 240元的有价证券（8 240－2 000＝6 240）。

五、现金日常控制的应用方法

（一）加速现金收款

企业账款的收回包括三个阶段，即客户开出支票、企业收到支票、银行清算支票。企业账款收回的时间包括支票邮寄时间、支票在企业停留时间以及支票结算的时间。

要尽快地使这些付款转化为可用现金必须满足如下要求：第一，减少客户付款的邮寄时间；第二，减少企业收到客户开来支票与支票兑现之间的时间；第三，加速资金存入企业往来银行的过程。为达到以上要求，可采用以下措施：

1. 集中银行

集中银行是指通过设立多个收款中心来代替通常在公司总部设立的单一收款中心，以加速账款回收的一种方法。其目的是缩短从顾客寄出账款到现金收入企业账户这一过程的时间。其具体做法为：

（1）企业以服务地区和各销售区的账单数量为判断依据，在收款额比较集中的地区设立若干收款中心，并指定一个收款中心（通常是设在公司总部所在地的收款中心）的账户为集中银行。

（2）公司通知客户将货款送到最近的收款中心，客户收到账单后直接汇款给当地收款中心，而不必送到公司总部所在地的收款中心。

（3）收款中心将每天收到的货款存到当地银行，然后再把多余的现金从地方银行汇入集中银行——公司开立的主要存款账户的商业银行。

设立集中银行能够大大缩短账单和货款邮寄的时间，并且在一定程度上缩短了支票兑现时间。但是，由于每个收款中心的地方银行都要求有一定的补偿余额，这种补偿是一种闲置而不能使用的资金，若开设的收款中心越多，补偿金额也就越大，闲置的资金也就越多，更何况收款中心本身需要一定的人力物力，花费就更大了。正是由于集中银行的收款方法利弊皆存，因此财务主管在决定采用集中银行收款时，应在权衡利弊得失的基础上，通过计算分散收账收益净额做出是否采用银行集中法的决策。分散收账收益净额的具体计算如下：

分散收账收益净额=［（分散收账前应收账款余额-分散收账后应收账款余额）-各收款中心补偿余额之和］×企业综合资金成本率-因增设收账中心每年增加费用额

当分散收账收益净额为正时，则应分设收账中心；相反，则不应分设收账中心。

2. 锁箱系统

锁箱系统是通过在各主要城市租用专门的邮政信箱，以缩短从收到顾客付款到存入当地银行的时间的一种现金管理办法。锁箱系统的具体做法为：

（1）在业务比较集中的地区租用当地加锁的专用邮政信箱，并开立分行存款户。

（2）通知顾客把付款邮寄到指定的邮政信箱。

（3）授权公司邮政信箱所在地的开户行，每天收取邮政信箱的汇款并存入公司账户，然后将扣除补偿余额以后的现金及一切附带资料定期送往公司总部。这就免除了公司办理收账、货款存入银行的一切手续。

3. 其他方法

除以上两种方法外，还有一些加速收现的方法。例如，对于金额较大的货款可采用电汇、直接派人前往收取支票并送存银行的方法，以加速收款；对于各银行之间以及公司内部各单位之间的现金往来也要严加控制，以防有过多的现金闲置在各部门；减少不必要的银行账户；等等。

（二）控制支出

现金支出管理的主要任务是尽可能延缓现金的支出时间，当然这种延缓必须是合理合法的，否则企业延期支付账款所得到的收益将远远低于由此而遭受的损失。控制现金支出的方法有以下几种：

1. 运用“浮游量”

所谓现金“浮游量”，是指企业账户上存款余额与银行账户上所示的存款余额之间的差额。有时，企业账户上的现金余额已为零或负数，而银行账户上的该企业的现金余额还有很多，这是因为有些企业已经开出的付款票据尚处在传递过程中，银行尚未付款出账。如果能正确预测“浮游量”并加以利用，可以节约大量现金。在使用“浮游量”时，必须控制好使用额度和使用时间。

2. 推迟支付应付款

企业可以在不影响企业信誉的情况下，尽可能推迟应付款的支付期，充分运用供货方提供的信用优惠。如遇企业急需现金，甚至可以放弃供货方的折扣优惠，在信用期的最后一天支付货款。当然，这需要权衡折扣优惠与急需现金之间的利弊得失而定。

3. 采用汇票结算方式付款

在使用支票付款时，只要受票人将支票存入银行，付款人就要无条件地付款。但汇票不是“见票即付”的付款方式，在受票人将汇票送达银行后，银行要将汇票交付款人承兑，并由付款人将一笔相当于汇票金额的资金存入银行，银行才会付款给受票人，这样就有可能合法地延期付款。

（三）现金综合管理

1. 力争实现现金流量同步

一般来说，企业的现金流入与现金流出往往并不同步。作为企业的财务管理人员，应该想方设法使企业的现金流入与现金流出发生的时间趋于一致。这样就可以将企业交易性现金持有量降到最低水平，从而提高企业现金的使用效率。

2. 健全现金的内部控制制度

企业在现金管理中，应实行出纳管钱、会计管账、财务主管管印章的相互牵制制度；实行定期轮岗制度；明确现金支出的批准权限；做好收支凭证的管理及账目的核对工作。

3. 遵循国家现金管理的规定

企业要按照规定的范围使用库存现金（现钞）：职工工资、津贴；个人劳动报酬；根据国家规定颁发给个人的科学技术、文化艺术、体育等各种奖金；各种劳保、福利费用以及国家规定的对个人的其他支出；向个人收账农副产品和其他物资的价款；出差人员必须随身携带的差旅费；结算起点（1 000 元）以下的零星支出；中国人民银行确定需要支付的其他支出。企业不得超限持有库存现金：企业库存现金，由其开户银行根据企业的实际需要核定限额，一般以 3~5 天的零星开支额为限。现金收入应及时送存开户银行，不得坐支。企业不得出租、出借银行账户；不得签发空头支票和远期支票；不得套取银行信用；不得公款私存；等等。

4. 适当进行闲置现金的投资

企业在筹资和经营时，会取得大量的现金，这些现金在用于资本投资或其他业务活动之前，通常会闲置一段时间。这些现金头寸可用于短期证券投资以获取利息收入或资本利得，如果管理得当，可为企业增加相当可观的净收益。

第三节　应收账款管理

应收账款是企业因对外销售商品、提供劳务而应向客户单位收取的款项。应收账款的存在一方面可增加销售收入，另一方面又因形成应收账款而增加经营风险。作为对应收账款的财务管理，其基本目标是：在发挥应收账款强化竞争、扩大销售功能的同时，尽可能降低投资的机会成本、坏账损失与管理成本，最大限度地发挥应收账款投资的效益。

一、应收账款的功能及成本

（一）应收账款的功能

1. 增加销售

在激烈的市场竞争中，企业通过提供赊销可以有效地促进销售。因为企业提供赊销不仅向顾客提供了商品，也在一定时间内向顾客提供了购买该商品的资金，顾客将从赊销中得到好处。因此，赊销会带来企业销售收入和利润的增加，赊销是一种重要的促销手段，对于企业扩大产品销售、开拓并占领市场、增强企业竞争力都具有重要意义。

2. 减少存货

企业持有一定产成品存货时，会相应地占用资金，形成仓储费用、管理费用等，产生成本，而赊销则可以避免这些成本的产生。因此，当企业的产成品存货较多时，一般会采用优惠的信用条件进行赊销，将存货转化为应收账款，节约支出。赊销可以加速产品销售的实现，加快产成品向销售收入的转化速度，从而对降低存货中的产成品数额有着积极的影响。

（二）应收账款的成本

应收账款作为企业为增加销售和盈利进行的投资，必然会发生一定的成本。应收账款的成本主要有以下几个方面：

1. 机会成本

应收账款的机会成本主要是指资金由于投放在应收账款上而不能用于其他投资时所丧失的收益，如有价证券的利息收入等。

作为应收账款的机会成本，一方面与应收账款金额挂钩，另一方面又与资金成本挂钩。因此，应收账款的机会成本是维持赊销业务所需资金数量与该资金成本率的乘积，即应收账款的机会成本可以按照以下步骤进行计算：

（1）计算应收账款周转次数。

应收账款周转次数=日历天数÷应收账款周转天数

（2）计算应收账平均余额。

应收账款平均余额=赊销收入净额÷应收账款周转次数

（3）计算维护赊销业务所需要的资金。

维持赊销业务所需要的资金=应收账款平均余额×(变动成本÷销售收入)

=应收账款平均余额×变动成本率

（4）计算应收账款的机会成本。

应收账款的机会成本=维持赊销业务所需要的资金数量×资金成本率

上式中资金成本率一般可按有价证券利息率计算。

【例8-4】假使某企业预测的年度赊销收入净额为3 000 000元，应收账款周转期为60天，变动成本率为60%，资金成本率为10%，计算应收账款机会成本。

应收账款周转率=360÷60=6（次）

应收账款平均余额=3 000 000÷6=500 000（元）

维持赊销业务所需资金=500 000×60%=300 000（元）

应收账款机会成本=300 000×10%=30 000（元）

2. 管理成本

管理成本是指企业对应收账款进行管理而耗费的开支，是应收账款成本的重要组成部分，主要包括对客户的资信调查费用、收集各种信息的费用、应收账款账簿记录费用、收账费用以及其他费用。

3. 坏账成本

在赊销交易中，债务人由于种种原因无力偿还债务，债权人就有可能无法收回应收账款而发生损失，这种损失就是坏账成本。可以说，企业发生坏账成本是不可避免的，而此项成本一般与应收账款发生的数量成正比。其计算公式为：

坏账成本=年赊销额×坏账损失率

二、应收账款的信用政策及其决策

信用政策是指企业为对应收账款投资进行规划与控制而确立的基本原则与行为规范。其包括信用标准、信用条件、收账政策（信用期间、折扣条件）三个方面内容。

（一）信用标准

信用标准代表企业愿意承担的最大的付款风险的金额，是客户获得企业商业信用所应具备的最低条件。如果企业执行的信用标准过于严格，可能会降低对符合可接受信用风险标准客户的赊销额，因此会限制企业的销售机会；如果企业执行的信用标准过于宽松，可能会对不符合可接受信用风险标准的客户提供赊销，因此会增加随后还款的风险，并增加坏账费用。

1. 信息来源

信息既可以从企业内部收集，也可以从企业外部收集。无论信用信息从哪儿收集，都必须将成本与预期的收益进行对比。企业内部产生的最重要的信用信息来源是信用申请人执行信用申请（协议）的情况和企业自己保存的有关信用申请人还款历史的记录。

企业可以使用各种外部信息来源来帮助其确定申请人的信誉。申请人的财务报表是该种信息主要来源之一。无论是经过审计的还是没有经过审计的财务报表，因为可以将这些财务报表及其相关比率与行业平均数进行对比，因此财务报表都提供了有关信用申请人的重要信息。

获得申请人付款状况的第二个信息来源是一些商业参考资料或申请人过去获得赊销的供货商。另外，银行或其他贷款机构（如商业贷款机构或租赁公司）可以提供申请人财务状况和可使用信息额度方面的标准化信息。一些地方性和全国性的信用评级机构会收集、评价和报告有关申请人信用状况的历史信息。这些信用报告包括诸如以下内容的信息：还款历史、财务信息、最高信用额度、可获得的最长信用期限和所有未了结的债务诉讼。由于还款状况的信息是以自愿为基础提供给评级机构的，因此评级机构所使用的样本量可能较小或不能准确反映企业还款历史的整体状况。

2. 5C 信用评价系统

信用评价取决于可以获得的信息类型、信用评价的成本与收益。传统的信用评价主要考虑以下五个因素：

（1）品质（Character）。品质是指个人申请人或企业申请人管理者的诚实和正直表现。品质反映了个人或企业在过去的还款中所体现的还款意图和愿望。

（2）能力（Capacity）。能力反映的是企业或个人在其债务到期时可以用于偿债的当前和未来的财务资源。可以使用流动比率和现金流预测等方法评价申请人的还款能力。

（3）资本（Capital）。资本是指如果企业或个人当前的现金流不足以还债，其在短期和长期内可供使用的财务资源。

（4）抵押（Collateral）。抵押是指当企业或个人不能满足还款条款时，可以用于债务担保的资产或其他担保物。

（5）条件（Condition）。条件是指影响顾客还款能力和还款意愿的经济环境，对申请人的这些条件进行评价以决定是否给其提供信用。

3. 信用的定量分析

进行商业信用的定量分析可以从考察信用申请人的财务报表开始。通常使用比率分析法评价顾客的财务状况。常用的指标有流动性和营运资本比率（如流动比率、速动比率以及现金对负债总额比率）、债务管理和支付比率（利息保障倍数、长期债务对资本比率、带息债务对资产总额比率以及负债总额对资产总额比率）和盈利能力指标（销售回报率、总资产回报率和净资产收益率）。

将这些指标和信用评级机构及其他协会发布的行业标准进行比较可以洞察申请人的信用状况。定量信用评价法常被像百货商店这样的大型零售信用提供商使用。信用评分包括以下四个步骤：

（1）根据信用申请人的月收入、尚未偿还的债务和过去受雇佣的情况将申请人划分为标准的客户和高风险的客户。

（2）对符合某一类型申请人的特征值进行加权平均以确定信誉值。

（3）确定明确的同意或拒绝给予信用的门槛值。

（4）对落在同意给予信用的门槛值或拒绝给予信用的门槛值之间的申请人进行进一步分析。

这些定量分析方法符合成本效益原则，并且也符合消费者信用方面的法律规定。判断分析是一种规范的统计分析方法，可以有效确定区分按约付款或违约付款顾客的因素。

（二）信用条件

信用条件是销货企业要求赊购客户支付货款的条件，由信用期限和现金折扣两个要素组成。规定信用条件包括设计销售合同或协议来明确规定在什么情形下可以给予信用。企业必须建立信息系统，或者购买软件对应收账款进行监控，以保证信用条款的执行，并且查明顾客还款方式在总体和个体方面可能发生的变化。

1. 约束信用政策的因素

有许多因素影响企业的信用政策。在许多行业，信用条件和政策已经成为标准化的惯例，因此某一家企业很难采取与其竞争对手不同的信用条件。企业还必须考虑提供商业信用对现有贷款契约的影响。因为应收账款的变化可能会影响流动比率，可能会导致违反贷款契约中有关流动比率的约定。

2. 对流动性的影响

公司的信用条件、销售额和收账方式决定了其应收账款的水平。应收账款的占用必须要有相应的资金来源，因此企业对客户提供信用的能力与其自身的借款能力相关。不适当地管理应收账款可能会导致顾客延期付款，从而导致流动性问题。然而，当应收账款用于抵押贷款、作为债务担保工具或出售时，应收账款也可以成为流动性的来源。

3. 提供信用的收益和成本

因为提供信用可以增加销售额，所以商业信用可能会增加企业的收益。赊销的一个潜在的收益来源是从分期收款销售安排中获得利息收益。利息可能是一块很大的利润来源，尤其是零售型企业通过自己私有品牌的信用卡或分期收款合同向顾客提供直接融资时更是如此。

提供信用也有成本。应收账款的主要成本是持有成本。一般来说，企业根据短期借款的边际成本或加权平均成本来确定应收账款的持有成本。运营和维持企业信用部门的成本也是非常高的，其成本包括人员成本、数据处理成本、还款处理成本、信用评估成本和从第三方购买信用信息的成本。

（三）信用期间

监管逾期账款和催收坏账的成本影响企业的利润。根据相关会计准则的规定，不能收回的应收账款应该确认为坏账损失。多数企业根据过去的收款情况来估计坏账损失的数额并建立"坏账准备"账户，同时将坏账费用计入当期损益。信用政策的一个重要方面就是确定坏账费用和注销坏账费用的时间和金额。

催收逾期账款的成本可能很高。企业可以通过购买各种类型的补偿坏账损失的保险来降低坏账的影响。在评价赊销潜在的盈利能力时，必须对保险费进行成本效益分析。

信用期间是企业允许顾客从购货到付款之间的时间，或者说是企业给予顾客的付款期间。例如，若某企业允许顾客在购货后的50天内付款，则信用期为50天。信用期过短，不足以吸引顾客，在竞争中会使销售额下降。信用期过长，对销售额增加固然有利，但只顾及销售增长而盲目放宽信用期，所得到的收益有时会被增长的费用抵消，甚至造成利润减少。因此，企业必须慎重研究，确定出恰当的信用期。

信用期的确定主要是分析改变现行信用期对收入和成本的影响，延长信用期，会使销售额增加，产生有利影响。与此同时，应收账款、收账费用和坏账损失增加，会产生不利影响。当销售额增加大于应收账款、收账费用和坏账损失增加时，可以延长信用期，否则不宜延长信用期。如果缩短信用期，情况与此相反。

信用期间的决策方法归纳如表 8-3 所示。

表 8-3　**决策方法**

总额分析法	差量分析法
（1）计算各个方案的收益=销售收入-变动成本=边际贡献=销售量×单位边际贡献 注意：固定成本如有变化应予以考虑	（1）计算收益的增加=增加的销售收入-增加的变动成本-增加的固定成本=增加的边际贡献-增加的固定成本
（2）计算各个方案实施信用政策的成本： 第一，计算占用资金的机会； 第二，计算收账费用和坏账损失； 第三，计算折扣成本（若提供现金折扣时）	（2）计算实施信用政策成本的增加： 第一，计算占用资金的机会成本增加； 第二，计算收账费用和坏账损失增加； 第三，计算折扣成本的增加（若提供现金折扣时）
计算各方案税前损益=收益-成本费用	计算改变信用期的增加税前损益=收益增加-成本费用增加
决策原则：选择税前损益最大的方案为优	决策原则：如果改变信用期增加的税前损益大于0，可以改变

【例 8-5】A 公司现在采用 30 天按发票金额付款的信用政策，拟将信用期放宽至 60 天，仍按发票金额付款，即不给折扣。假设等风险投资的最低报酬率为 15%，其他有关的数据如表 8-4 所示。

表 8-4　**A 公司信用期放宽的有关资料表**　金额单位：元

信用期项目	30 天	60 天
销售量（件）	100 000	120 000
销售额（单价 5 元）	500 000	600 000
销售成本		

表8-4(续)

信用期项目	30 天	60 天
变动成本（每件 4 元）	400 000	480 000
固定成本	50 000	50 000
毛利	50 000	70 000
发生的收账费用	3 000	4 000
可能发生的坏账损失	5 000	9 000

（1）计算收益的增加。

收益的增加=增加的销售收入-增加的变动成本-增加的固定成本

=100 000-80 000=20 000（元）

（2）计算占用资金的机会成本。

计算应收账款占用资金的机会成本增加。

30 天信用期机会成本=(500 000÷360)×30×(400 000÷500 000)×15%

=5 000(元)

60 天信用期机会成本=(600 000÷360)×60×(480 000÷600 000)×15%

=12 000(元)

机会成本增加=12 000-5 000=7 000(元)

（3）收账费用和坏账损失增加。

收账费用增加=4 000-3 000=1 000（元）

坏账损失增加=9 000-5 000=4 000（元）

（4）改变信用期的税前损益。

税前损益=收益增加-成本费用增加=20 000-（7 000+1 000+4 000）=8 000（元）

由于收益的增加大于成本费用的增加，最后还可以获得税前收益 8 000 元，所以改变信用期限由 30 天变为 60 天是可行的。

【例 8-6】续【例 8-5】的资料，现假定信用期由 30 天改为 60 天，由于销售量的增加，平均存货水平将从 9 000 件上升到 20 000 件，每件存货成本按变动成本 4 元计算，其他情况依旧。

存货增加而多占用资金的机会成本=(20 000-9 000)×4×15%=6 600(元)

税前损益=收益增加-成本费用增加

=20 000-(7 000+6 600+1 000+4 000)=1 400(元)

因为仍然可以获得税前收益，所以尽管会增加平均存货，还是应该采用 60 天的信用期。

更进一步的细致分析，还应考虑存货增加引起的应付账款的增加。这种负债的增加会节约企业的营运资金，减少营运资金的机会成本。因此，信用期变动的分析，一方面要考虑对利润表的影响（包括收入、成本和费用）；另一方面要考虑对资产负债表的影响（包括应收账款、存货、应付账款），并且要将对资金占用的影响用资本成本转化为机会成本，以便进行统一的得失比较。

此外，还有一个值得注意的细节，即应收账款占用资金应当按应收账款平均余额乘以变动成本率计算确定。

(四) 折扣条件

如果公司给顾客提供现金折扣，那么顾客在折扣期付款少付的金额产生的“成本”将影响公司收益。当顾客利用了公司提供的折扣，而折扣又没有促使销售额增长时，公司的净收益则会下降。当然上述收入方面的损失可能会全部或部分地由应收账款持有成本的下降来补偿。宽松的信用政策可能会提高销售收入，但是也会使应收账款的服务成本、收账成本和坏账损失增加。

现金折扣是企业对顾客在商品价格上的扣减。向顾客提供这种价格上的优惠，主要目的在于吸引顾客为享受优惠而提前付款，缩短企业的平均收款期。另外，现金折扣也能招揽一些视折扣为减价出售的顾客前来购货，借此扩大销售量。

折扣的表示常用如“5/10、3/20、N/30”“5/10”表示10天内付款，可享受5%的现金折扣，即只需支付货款的95%，如货款为10 000元，只需支付9 500元；“3/20”表示20天内付款，可享受3%的现金折扣，即只需支付货款的97%，若货款为10 000元，则只需支付9 700元；“N/30”表示付款的最后期限为30天，此时付款无折扣优惠。

企业采用什么程度的现金折扣，要与信用期间结合起来考虑。例如，要求顾客最迟不超过30天付款，若希望顾客20天、10天付款，能给予多大折扣？或者给予5%、3%的折扣，能吸引顾客在多少天内付款？不论是信用期间还是现金折扣，都可能给企业带来收益，但也会增加成本。现金折扣带给企业的好处前面已经讲过，它使企业增加的成本则指的是价格折扣损失。当企业给予顾客某种现金折扣时，应当考虑折扣所能带来的收益与成本孰高孰低，权衡利弊。

因为现金折扣是与信用期间结合使用的，所以确定折扣程度的方法与程序实际上与前述确定信用期间的方法与程序一致，只不过要把所提供的延期付款时间和折扣综合起来，计算各方案的延期与折扣能取得多大的收益增量，再计算各方案带来的成本变化，最终确定最佳方案。

【例8-7】沿用上述信用期决策的数据，假设该公司在放宽信用期的同时，为了吸引顾客尽早付款，提出了“0.8/30，N/60”的现金折扣条件，估计会有一半的顾客（按60天信用期所能实现的销售量计算）将享受现金折扣优惠。

(1) 计算收益的增加。

收益的增加=增加的销售收入-增加的变动成本-增加的固定成本

=(600 000-500 000)-80 000=20 000（元）

(2) 计算应收账款占用资金的机会成本增加。

30天信用期机会成本=(500 000÷360)×30×(400 000÷500 000)×15%

=5 000（元）

平均收现期=30×50%+60×50%=45（天）

提供现金折扣的机会成本=(600 000÷360)×45×(480 000÷600 000)×15%

=9 000（元）

机会成本增加=9 000-5 000=4 000（元）

（3）计算收账费用和坏账损失增加。

收账费用增加=4 000-3 000=1 000（元）

坏账损失增加=9 000-5 000=4 000（元）

（4）计算估计现金折扣成本的变化。

现金折扣成本增加=新的销售水平×新的现金折扣率×享受现金折扣的顾客比例

-旧的销售水平×旧的现金折扣率×享受现金折扣的顾客比例

=600 000×0.8%×50%-500 000×0×0=2 400（元）

（5）计算提供现金折扣后的税前损益。

税前损益=收益增加-成本费用增加=20 000-（4 000+1 000+4 000+2 400）

= 8 600（元）

由于可获得税前收益，因此应当放宽信用期，提供现金折扣。

三、应收账款的监控

实施信用政策时，企业应当监督和控制每一笔应收账款和应收账款总额。例如，可以运用应收账款周转天数衡量企业需要多长时间收回应收账款，可以通过账龄分析表追踪每一笔应收账款，可以采用 ABC 分析法来确定重点监控的对象等。

监督每一笔应收账款的理由如下：

第一，在开票或收款过程中可能会发生错误或延迟。

第二，有些客户可能故意拖欠到企业采取追款行动才付款。

第三，客户财务状况的变化可能会改变其按时付款的能力，并且需要缩减该客户未来的赊销额度。

企业也必须对应收账款的总体水平加以监督，因为应收账款的增加会影响企业的流动性，还可能导致额外融资的需要。此外，应收账款总体水平的显著变化可能表明业务方面发生了改变，这可能影响公司的融资需要和现金水平。企业管理部门需要分析这些变化以确定其起因并采取纠正措施。可能引起重大变化的事件包括销售量的变化、季节性、信用标准政策的修改、经济状况的波动以及竞争对手采取的促销等行动。最后，对应收账款总额进行分析还有助于预测未来现金流入的金额和时间。

（一）账龄分析表

账龄分析表将应收账款划分为未到信用期的应收账款和以 30 天为间隔的逾期应收账款，这是衡量应收账款管理状况的一种方法。企业既可以按照应收账款总额进行账龄分析，也可以分顾客进行账龄分析。账龄分析可以确定逾期应收账款，随着逾期时间的增加，应收账款收回的可能性变小。假定信用期限为 30 天，表 8-5 账龄分析表反映出 30%的应收账款为逾期收款。

表 8-5　　　　账龄分析表

账龄（天）	应收账款金额（元）	占应收账款总额的百分比（%）
0~30	1 750 000	70
31~60	375 000	15

表8-5(续)

账龄（天）	应收账款金额（元）	占应收账款总额的百分比（%）
61~90	250 000	10
91 以上	125 000	5
合计	250 000	100

账龄分析表比计算应收账款周转天数更能揭示应收账款变化趋势，因为账龄分析表给出了应收账款分布的模式，而不仅仅是一个平均数。应收账款周转天数有可能与信用期限相一致，但是有一些账户可能拖欠很严重。因此，应收账款周转天数不能明确地表现出账款拖欠情况。当各个月之间的销售额变化很大时，账龄分析表和应收账款周转天数都可能发出类似的错误信号。

（二）应收账款账户余额的模式

账龄分析表可以用于建立应收账款余额的模式，这是重要的现金流预测工具。应收账款余额的模式反映一定期间（如一个月）的赊销额在发生赊销的当月月末及随后的各月仍未偿还的百分比。企业收款的历史决定了其正常的应收账款余额的模式。企业管理部门通过将当前的模式和过去的模式进行对比来评价应收账款余额模式的任何变化。企业还可以运用应收账款账户余额的模式来进行应收账款金额水平的计划，衡量应收账款的收账效率及预测未来的现金流。

【例 8-8】表 8-6 说明了 1 月份的销售在 3 月末应收账款为50 000元。

表 8-6　**各月份销售及收款情况**　单位：元

1 月份销售：			250 000
1 月份收款（销售额的 5%）	0. 05×250 000	=	12 500
2 月份收款（销售额的 40%）	0. 4×250 000	=	100 000
3 月份收款（销售额的 35%）	0. 35×250 000	=	87 500
收款合计：			200 000
1 月份销售仍未收回的应收账款	250 000-200 000	=	50 000

计算未收回应收账款的一个方法是将销售 3 个月后未收回销售额的百分比（20%）乘以销售额 250 000 元，即：

0. 2×250 000=50 000（元）

然而，在现实生活中，有一定比例的应收账款会逾期或者会发生坏账是可能的。对应收账款账户余额的模式稍做调整可以反映这些项目。

【例 8-9】为了简便体现，假设没有坏账费用，收款模式如表 8-7 所示。

（1）销售的当月收回销售额的 5%。

（2）销售后的第一个月收回销售额的 40%。

（3）销售后的第二个月收回销售额的 35%。

（4）销售后的第三个月收回销售额的 20%。

表 8-7　　各月份应收账款账户余额模式

月份	销售额（元）	月销售中于 3 月底未收回的金额（元）	月销售中于 3 月底仍未收回的百分比（%）
1 月	250 000	50 000	20
2 月	300 000	165 000	55
3 月	400 000	380 000	95
4 月	500 000		

3 月末应收账款余额合计＝50 000+165 000+380 000＝595 000（元）

4 月份现金流入估计＝4 月份销售额的 5%+3 月份销售额的 40%+2 月份销售额的 35%+1 月份销售额的 20%

估计的 4 月份现金流入＝500 000×5%+400 000×40%+300 000×35%+250 000×20%

＝340 000（元）

（三）ABC 分析法

ABC 分析法是现代经济管理中广泛应用的一种“抓重点、照顾一般”的管理方法，又称重点管理法。ABC 分析法是将企业的所有欠款客户按其金额的多少进行分类排队，然后分别采用不同的收账策略的一种方法。ABC 分析法一方面能加快应收账款收回，另一方面又能将收账费用与预期收益联系起来。

【例 8-10】某企业应收账款逾期金额为 260 万元，为了及时收回逾期货款，企业采用 ABC 分析法来加强应收账款回收的监控。具体数据如表 8-8 所示。

表 8-8　　欠款客户 ABC 分类法（共 50 家客户）

顾客	逾期金额（万元）	逾期期限逾期	金额所占比重（%）	类别
A	85	4 个月	32.69	A
B	46	6 个月	17.69	
C	34	3 个月	13.08	
小计	165		63.46	
D	24	2 个月	9.23	B
E	19	3 个月	7.31	
F	15.5	2 个月	5.96	
G	11.5	55 天	4.42	
H	10	40 天	3.85	
小计	80		30.77	
I	6	30 天	2.31	C
J	4	28 天	1.54	
…	…	…	…	

表8-8(续)

顾客	逾期金额（万元）	逾期期限逾期	金额所占比重（%）	类别
小计	15		5.77	
合计	260		100	

ABC 分析法先按所有客户应收账款逾期金额的多少分类排队，并计算出逾期金额所占比重。从表 8-8 中可以看出，应收账款逾期金额在 25 万元以上的有 3 家，占客户总数的 6%，逾期总额为 165 万元，占应收账款逾期金额总额的 63.46%，我们将其划入 A 类，这类客户作为催款的重点对象。应收账款逾期金额在 10 万~25 万元的客户有 5 家，占客户总数的 10%，其逾期金额占应收账款逾期金额总数的 30.77%，我们将其划入 B 类。欠款在 10 万元以下的客户有 42 家，占客户总数的 84%，但其逾期金额仅占应收账款逾期金额总额的 5.77%，我们将其划入 C 类。

对这三类不同的客户，应采取不同的收款策略。例如，对 A 类客户，可以发出措辞较为严厉的信件催收，或派专人催收，或委托收款代理机构处理，甚至可以通过法律途径解决；对 B 类客户则可以多发几封信函催收，或打电话催收；对 C 类客户只需要发出通知其付款的信函即可。

五、应收账款日常管理

应收账款的管理难度比较大，在确定合理的信用政策之后，还要做好应收账款的日常管理工作，包括对客户的信用调查和分析评价、应收账款的催收工作等。

（一）调查客户信用

信用调查是指收集和整理反映客户信用状况的有关资料的工作。信用调查是企业应收账款日常管理的基础，是正确评价客户信用的前提条件。企业对顾客进行信用调查主要通过下面两种方法：

1. 直接调查

直接调查是指调查人员通过与被调查单位进行直接接触，通过当面采访、询问、观看等方式获取信用资料的一种方法。直接调查可以保证收集资料的准确性和及时性，但也有一定的局限，往往获得的是感性资料，若不能得到被调查单位的合作，则会使调查工作难以开展。

2. 间接调查

间接调查是以被调查单位及其他单位保存的有关原始记录和核算资料为基础，通过加工整理获得被调查单位信用资料的一种方法。这些资料主要来自以下几个方面：

（1）财务报表。通过财务报表分析，可以基本掌握一个企业的财务状况和信用状况。

（2）信用评估机构。因为专门的信用评估部门的评估方法先进、评估调查细致、评估程序合理，所以可信度较高。

（3）银行。银行是信用资料的一个重要来源，许多银行都设有信用部，为其顾客服务，并负责对其顾客信用状况进行记录、评估。但银行的资料一般仅愿意在内部及同行间进行交流，而不愿向其他单位提供。

（4）其他途径。其他途径如财税部门、工商管理部门、消费者协会等机构都可能提供相关的信用状况资料。

（二）评估客户信用

收集好信用资料以后，就需要对这些资料进行分析、评价。企业一般采用“5C”系统来评价，并对客户信用进行等级划分。在信用等级方面，目前主要有两种：一种是“三类九等”，即将企业的信用状况分为AAA、AA、A、BBB、BB、B、CCC、CC、C“三类九等”，其中AAA为信用最优等级，C为信用最低等级。另一种是三级制，即分为AAA、AA、A三个信用等级。

（三）收款的日常管理

应收账款发生后，企业应采取各种措施，尽量争取按期收回款项，否则会因拖欠时间过长而发生坏账，使企业蒙受损失。因此，企业必须在对收账的收益与成本进行比较分析的基础上，制定切实可行的收账政策。通常企业可以采取寄发账单、电话催收、派人上门催收、法律诉讼等方式进行催收应收账款，然而催收账款要发生费用，某些催款方式的费用还会很高。一般说来，收账的花费越大，收账措施越有力，可收回的账款越多，坏账损失也就越小。因此，制定收账政策，又要在收账费用和所减少坏账损失之间做出权衡。制定有效得当的收账政策在很大程度上靠有关人员的经验。从财务管理的角度讲，也有一些数量化的方法可以参照。根据应收账款总成本最小化的原则，可以通过比较各收账方案成本的大小对其加以选择。

（四）应收账款保理

保理是保付代理的简称，是指保理商与债权人签订协议，转让其对应收账款的部分或全部权利与义务，并收取一定费用的过程。

保理又称托收保付，是指卖方（供应商或出口商）与保理商之间存在的一种契约关系，根据契约，卖方将其现在或将来的基于其与买方（债务人）订立的货物销售（服务）合同所产生的应收账款转让给保理商，由保理商提供下列服务中的至少两项：贸易融资、销售分户账管理、应收账款的催收、信用风险控制与坏账担保。可见，保理是一项综合性的金融服务方式，其同单纯的融资或收账管理有本质区别。

应收账款保理是企业将赊销形成的未到期应收账款在满足一定条件的情况下，转让给保理商，以获得银行的流动资金支持，加快资金的周转。保理可以分为有追索权保理（非买断型）和无追索权保理（买断型）、明保理和暗保理、折扣保理和到期保理。

有追索权保理是指供应商将债权转让给保理商，供应商向保理商融通资金后，如果购货商拒绝付款或无力付款，保理商有权向供应商要求偿还预付的现金，如购货商破产或无力支付，只要有关款项到期未能收回，保理商都有权向供应商进行追索，因而保理商具有全部追索权，这种保理方式在我国采用较多。无追索权保理是指保理商将销售合同完全买断，并承担全部的收款风险。

明保理是指保理商和供应商需要将销售合同被转让的情况通知购货商，并签订保理商、供应商、购货商之间的三方合同。暗保理是指供应商为了避免让客户知道自己因流动资金不足而转让应收账款，并不将债权转让情况通知客户，货款到期时仍由销售商出面催款，再向银行偿还借款。

折扣保理又称为融资保理，即在销售合同到期前，保理商将剩余未收款部分先预付给销售商，一般不超过全部合同额的70%~90%。到期保理是指保理商并不提供预付账款融资，而是在赊销到期时才支付，届时不管货款是否收到，保理商都必须向销售商支付货款。

应收账款保理对于企业而言，其理财作用主要体现在以下几个方面：

（1）融资功能。应收账款保理，其实质也是一种利用未到期应收账款这种流动资产作为抵押，从而获得银行短期借款的一种融资方式。对于那些规模小、销售业务少的公司来说，向银行贷款将会受到很大的限制，而自身的原始积累又不能支撑企业的高速发展，通过保理业务进行融资可能是企业较为明智的选择。

（2）减轻企业应收账款的管理负担。推行保理业务是市场分工思想的运用，面对市场的激烈竞争，企业可以把应收账款让与专门的保理商进行管理，使企业从应收账款的管理之中解脱出来，由专业的保理公司对销售企业的应收账款进行管理。专业的保理公司具备专业技术人员和业务运行机制，会详细地对销售客户的信用状况进行调查，建立一套有效的收款政策，及时收回账款，使企业减轻财务管理负担，提高财务管理效率。

（3）减少坏账损失，降低经营风险。企业只要有应收账款就有发生坏账的可能性，以往应收账款的风险都是由企业单独承担，而采用应收账款保理后，一方面可以提供信用风险控制与坏账担保，帮助企业降低其客户违约的风险，另一方面可以借助专业的保理商去催收账款，能够在很大程度上降低坏账发生的可能性，有效地控制坏账风险。

（4）改善企业的财务结构。应收账款保理业务是将企业的应收账款与货币资金进行置换。企业通过出售应收账款，将流动性稍弱的应收账款置换为具有高度流动性的货币资金，增强了企业资产的流动性，提高了企业的债务清偿能力和盈利能力。

改革开放以后，我国开始试行保理服务业务，然而从整体上看，应收账款保理业务的发展在我国仍处于起步阶段，目前只有少数银行（如中国银行、交通银行、光大银行以及中信银行等商业银行）公开对外宣称提供保理业务。随着市场的需要和竞争的加剧，保理业务在国内将会得到更好的发展。

第四节　存货管理

一、存货的功能和成本

（一）存货的功能

存货是指企业在生产经营过程中为销售或者耗用而储备的物资，包括材料、燃料、低值易耗品、在产品、半成品、产成品、协作件、商品等。存货管理水平的高低直接影响着企业的生产经营能否顺利进行，并最终影响企业的收益、风险等状况。因此，存货管理是财务管理的一项重要内容。存货管理的目标，就是要尽力在各种存货成本与存货效益之间做出权衡，在充分发挥存货功能的基础上，降低存货成本，实现两者的最佳组合。存货的功能是指存货在企业生产经营过程中起到的作用。具体包括以下几个方面：

1. 防止停工待料

适量的原材料存货和在产品、半成品存货是企业生产正常进行的前提和保障。就企业外部而言，供货方的生产和销售往往会因某些原因而暂停或推迟，从而影响企业材料的及时采购、入库和投产。就企业内部而言，有适量的半成品储备，能使各生产环节的生产调度更加合理，各生产工序步调更为协调，联系更为紧密，不至于因等待半成品而影响生产。可见，适量的存货能有效防止停工待料事件的发生，维持生产的连续性。

2. 适应市场变化

存货储备能增强企业在生产和销售方面的机动性以及适应市场变化的能力。企业有了足够的库存产成品，能有效地供应市场，满足顾客的需要。相反，若某种畅销产品库存不足，将会坐失目前的或未来的推销良机，并有可能因此而失去顾客。在通货膨胀时，适当地储存原材料存货，能使企业获得因市场物价上涨而带来的好处。

3. 获取规模效益

企业如果批量采购原材料，可以获取价格上的优惠，也可以降低管理及采购费用；批量组织生产，可以使生产均衡，降低生产成本；批量组织销售，可以及时满足客户对产品的需求，有利于销售规模的迅速扩大。

（二）存货的成本

在存货决策中，通常需要考虑以下几项成本：

1. 取得成本

取得成本是指为取得某种存货而支出的成本。取得成本又可分为：

（1）订货成本，即取得订单的成本，订货成本中有一部分与订货次数无关，如常设采购机构的基本开支等，称为订货的固定成本，用 F_1 表示；另一部分与订货次数有关，如差旅费、邮资等，称为订货的变动成本，每次订货的变动成本用 K 表示，订货次数等于存货年需求量 D 与每次进货量 Q 之商。

（2）购置成本，即存货本身的价值，经常用存货数量与单价的乘积来确定。年需要量用 D 表示，单价用 U 表示，则购置成本为 DU 。

订货成本加上购置成本，就等于存货的取得成本（ TC_a ），其公式可表示为：

$$取得成本=订货成本+购置成本$$

$$TC_a = F_1 + D/Q \cdot K + DU$$

2. 储存成本

储存成本是指为保持存货而发生的成本，储存成本也分为固定成本和变动成本。固定成本与存货数量的多少无关，如仓库折旧、仓库职工的固定月工资等，常用 F_2 表示；变动成本与存货的数量有关，如存货奖金的应计利息、存货的破损和变质损失、存货的保险费用等，单位变动成本用 K_c 表示。因此，储存成本（ TC_c ）的计算公式为：

$$储存成本=储存固定成本+储存变动成本$$

$$TC_c = F_2 + K_c \cdot Q/2$$

3. 短缺成本

短缺成本是指由于存货储备不能满足生产和销售的需要而造成的损失，如停工的损失、丧失销售机会的损失、经济信誉的损失、紧急采购的额外开支等。短缺成本用 TC_s 表示。

存货储存的总成本表现为取得成本、储存成本、短缺成本三者之和，用 TC 表示储备存货的总成本。其计算公式为：

$$\begin{aligned} TC &= TC_a + TC_c + TC_s \\ &= F_1 + D/Q \cdot K + DU + F_2 + K_c \cdot Q/2 + TC_s \end{aligned}$$

二、存货控制的基本方法

经济批量控制是最基本的存货定量控制方法，包括经济订货批量模型及其扩展模型两方面内容。经济订货批量模型（Economic Ordering Quantity Model，EOQ）是指在保证生产经营需要的前提下能使一定时期内存货相关总成本最低的采购批量。经济订货批量模型有许多形式，但各种形式的模型都是以基本经济订货批量模型为基础发展起来的。基本经济订货批量模型使用了许多假设条件，有些条件与现实相距甚远，但是它们却为经济订货批量的确定奠定了良好的理论基础，而其他模型一般是在基本模型的基础上，通过放宽某些假设条件而得到的，因此称为基本模型的扩展模型。

（一）基本经济订货批量模型

基本经济订货批量模型，通常是建立在如下基本假设基础上的：

（1）企业能够及时补充存货，所需的存货市场供应充足，在需要存货时可以立即取得。

（2）存货集中到货，而不是陆续入库。

（3）不允许缺货，即无缺货成本。

（4）一定时期的存货需求量能够确定，即需求量为常量。

（5）存货单价不变，不考虑现金折扣，单价为已知常量。

（6）企业现金充足，不会因现金短缺而影响进货。

基于上述假设，存货相关总成本的公式简化为：

$$TC = TC_a + TC_c$$

即：
$$TC = F_1 + D/Q \cdot K + DU + F_2 + K_c \cdot Q/2$$

式中，TC 为存货相关总成本，D 为存货年需求量，Q 为每次进货批量，K 为每次订货的变动成本，K_c 为存货的单位储存变动成本，F_1 为订货固定成本，F_2 为储存固定成本，U 为单位购置成本。

根据上述公式，为了求出存货总成本 TC 的最小值，从数学角度，只要对上述公式求一阶导数即可得：

$$Q^* = \sqrt{\frac{2KD}{K_C}}$$

这就是经济订货批量的基本模型，由此求出的每次订货量 Q^* 就是使存货成本最小的订货批量。这个基本模型还可以演变成其他形式：

经济批量下的存货总成本：

$$TC(Q^*)=\sqrt{2KDK_C}$$

最佳订货次数：

$$N^*=\frac{D}{Q}=\sqrt{\frac{DK_C}{2K}}$$

最佳订货周期：

$$t^*=\frac{1}{N^*}$$

经济批量占用的资金：

$$I^*=\frac{Q^*}{2}\times U$$

【例 8-11】某企业每年耗用甲材料 3 600 千克，材料单价为 80 元，一次订货成本为 50 元，每千克材料的年储存变动成本为 4 元。根据上述资料，计算甲材料的经济订货批量、年最佳采购次数以及经济订货批量下的最低总成本。

依据公式可得，甲材料的经济订货批量为：

$Q^*=\sqrt{\frac{2\times 50\times 3\ 600}{4}}=300$（千克）

甲材料年最佳采购次数为：

$N^*=3\ 600\div 300=12$（次）

经济订货批量下的最低总成本为：

$TC(Q^*)=\sqrt{2\times 50\times 3\ 600\times 4}=1\ 200$（元）

基本经济订货批量与相关成本之间的关系可用图 8-5 来表示。在图 8-5 中，储存变动成本与一次订货规模成正比例，而订货变动成本与一次订货规模成反比例，由此决定相关总成本线的变化。因此，Q^* 点即为可使存货总成本最低的经济订货批量。

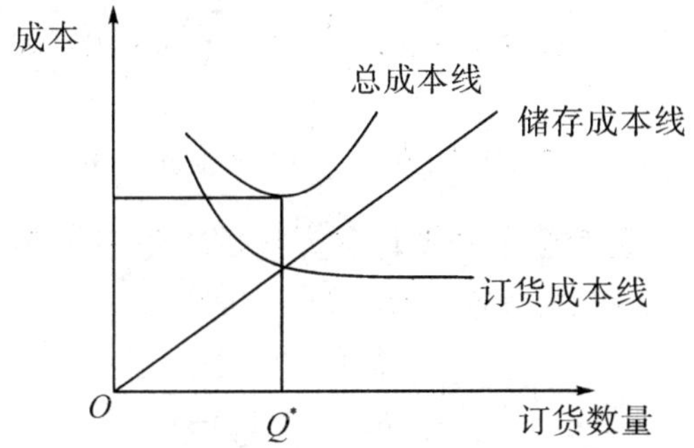

图 8-5 基本经济订货批量与相关成本关系图

（二）经济订货批量模型的扩展

经济订货批量模型是建立在一定的假设条件基础上的，而现实生活中能同时满足上述假设条件的情况相当罕见。为了使基本模型更接近于实际情况，具有较高的实用价值，需要适当放宽假设条件，同时改进基本模型。

1. 订货提前期与再订货点

基本经济订货批量模型中假定“需要存货时可以立即取得”是不符合实际情况的。现实中，企业从订货到收到货物往往需要若干天，为了避免停工待料情况的发生，企业不能等到存货全部用完再去订货，而需要在存货没有用完之前提前订货。因此，企业需要计算自订货至收到货物所需的天数，此天数称为订货提前期，用 L 来表示。在提前订货的情况下，企业再次发出订货单时，尚有存货的库存量，称为再订货点，用 R 表示。它的数量等于订货提前期（L）和每日平均需用量（d）的乘积，即：

$R = L \times d$

【例 8-12】续【例 8-11】，假定企业订货日至到货期的时间为 15 天，每日存货需用量为 5 千克，则再订货点为：

$R = L \times d = 15 \times 5 = 75$（千克）

当甲材料的存货降至 75 千克时，企业就应当再次订货，等到订货到达时，原有库存刚好用完。此时有关存货的每次订货批量、订货次数、订货间隔时间等并无变化，与瞬时补充时相同。这就是说，订货提前期对经济订货批量并无影响，可仍以原来瞬时补充情况下的 300 千克为经济订货批量，只不过在达到再订货点（库存 75 千克）时即发出订货单罢了。

2. 存货陆续供应和使用的经济订货批量模型

在建立基本模型时，我们假定存货一次全部入库。事实上，存货可能陆续入库，库存量也陆续增加。尤其是产成品和在制品的转移，几乎都是陆续供应和陆续耗用的。这时，需要对基本模型进行一些修改。

假设每批的订货量为 Q，由于每日送货量为 p，则该批存货全部送达所需日数为 Q/p，称为送货期。因为存货每日耗用量为 d，所以送货期内的全部耗用量为 $Q/p \cdot d$。因为存货边送边用，所以每批存货送完时，最高库存量已经小于 Q，即最高库存量为 $Q - Q/p \cdot d$，平均存货量则为 $\frac{1}{2}(Q - Q/p \cdot d)$。这样与批量有关的存货总成本为：

$$TC(Q^*) = D/Q \cdot K + \frac{1}{2}(Q - Q/p \cdot d) \cdot K_c$$

$$= D/Q \cdot K + \frac{Q}{2}(1 - d/p) \cdot K_c$$

对上式求一阶导数，或者建立全年订货变动成本等于全年储存变动成本的等式，得到存货陆续供应和使用的经济订货量公式为：

$$Q^* = \sqrt{\frac{2KD}{K_C}} \cdot \sqrt{\frac{P}{P - \mathrm{d}}}$$

相应地，存货陆续供应和使用经济批量的相关总成本为：

$$TC(Q^*) = \sqrt{2KDK_c \cdot (1 - \frac{d}{p})}$$

【例 8-13】某企业对 A 零件的年需求量为 2 500 件，每日送货量为 20 件，每日耗用量为 10 件，单位价格为 20 元，一次订货成本为 25 元，年单位储存变动成本为 4 元，则 A 零件的经济订货批量和经济订货批量下的相关总成本分别为多少？

依据公式可得，A 零件的经济订货批量为：

$$Q^* = \sqrt{2 \times 25 \times 2\ 500/4 \times \frac{20}{20 - 10}} = 250(\text{元})$$

经济订货批量下的相关总成本为：

$$TC(Q^*) = \sqrt{2 \times 25 \times 2\ 500 \times 4 \times (1 - \frac{10}{20})} = 500(\text{元})$$

陆续供应和使用的经济订货批量模型还可以用于自制和外购的选择决策。自制零件属于边送边用的情况，平均库存量较少，单位生产成本可能较低，但是每批零件投产的生产准备成本比一次订货的成本可能高出很多。外购零件的单位成本可能较高，平均库存量也较高，但是其订货成本则较低。要在自制零件还是外购零件之间做出选择，需要全面衡量它们各自的相关总成本。

3. 存在商业折扣的经济订货批量模型

在经济订货批量的基本模型中，假定商品的价格是不变的。但在现实生活中，许多企业在销售时都有批量折扣（商业折扣），即对大批量采购的企业往往在价格上给予一定的优惠。因此，在这种情况下，存货相关总成本除了考虑订货变动成本和变动储存成本外，还应考虑购置成本（因为购置成本随着订货批量的变化而发生变化，构成了存货批量决策的相关成本）。这时：

存货相关总成本=订货变动成本+变动储存成本+购置成本

$$\mathrm{TC} = \frac{D}{Q}K + K_C\frac{Q}{2} + DU(1 - \text{折扣率})$$

考虑商业折扣情况下确定经济订货批量的步骤如下：

（1）确定无商业折扣条件下的经济批量和存货相关总成本。

（2）加进不同批量的进价成本差异因素。

（3）比较不同批量下的存货相关总成本，找出存货相关总成本最低的订货批量。

【例 8-14】某公司 W 零件的年需求量为 7 200 件，该零件单位标准价格为 50 元，已知每次订货成本为 25 元，单位零件年储存变动成本为 4 元。该公司从销售单位获悉的销售政策为：一次订货量为 1 000 件以内的执行标准价；一次订货量为 1 000~3 000 件（含 1 000 件）的给予 2%的批量折扣；一次订货量为 3 000 件以上（含 3 000 件）的给予 3%的批量折扣。请根据以上资料确定企业的最佳订货批量。

（1）没有价格优惠的最佳订货批量为：

$$Q^* = \sqrt{\frac{2 \times 25 \times 7\ 200}{4}} = 300(\text{件})$$

300 件订货批量的存货相关总成本为：

存货相关总成本=7 200÷300×25+300÷2×4+7 200×50=361 200（元）

（2）1 000 件订货批量的存货相关总成本为：

存货相关总成本=7 200÷1 000×25+1 000÷2×4+7 200×50×(1−2%)=354 980（元）

（3）3 000 件订货批量的存货相关总成本为：

存货相关总成本=7 200÷3 000×25+3 000÷2×4+7 200×50×（1-3%）

= 355 260（元）

通过对上述三种订货批量下的存货相关总成本的比较，可以看出 1 000 件订货批量为最佳，因为其相关总成本最低。

4. 存在缺货的经济订货批量模型

基本模型中假定不允许缺货，从而杜绝了缺货成本。但在实际生活中，经常会因供货方或运输部门的问题导致所采购的材料无法及时到达企业，发生缺货损失的现象，这时就必须将缺货成本加以考虑（因为缺货成本已存在，并且随订货批量的变动而变化）。在这种情况下，使订货变动成本、储存变动成本和缺货成本总和最低的采购批量，才是最佳的订货批量。

存货相关总成本=订货变动成本+储存变动成本+缺货成本

设 S 为单位缺货年均成本，利用导数求解的方式，所确定的存在缺货条件下的经济批量的公式为：

$$Q^* = \sqrt{\frac{2KD \cdot (K_c + S)}{K_c \cdot S}}$$

最低的相关总成本为：

$$TC(Q^*) = \sqrt{\frac{2KDK_CS}{K_C + S}}$$

【例 8-15】某企业 R 材料年需求量为 2 000 千克，每次订货成本为 50 元，单位材料年储存变动成本为 2 元，单位缺货年均成本为 4 元，则材料的经济订货批量及最低的相关总成本为多少？

依据公式计算，存在缺货情况的经济订货批量为：

$$Q^* = \sqrt{\frac{2 \times 50 \times 2\ 000 \times (2 + 4)}{2 \times 4}} \approx 387(\text{千克})$$

最低相关总成本为：

$$TC(Q^*) = \sqrt{\frac{2 \times 50 \times 2\ 000 \times (2 \times 4)}{2 + 4}} \approx 516\ (\text{元})$$

三、存货控制的其他方法

（一）ABC 控制法

ABC 控制法是由意大利经济学家巴累托于 19 世纪在研究人口与收入的关系规律时提出来的，之后经过不断的发展与完善，现已广泛地应用于现代企业的存货管理与控制。ABC 控制法是根据各种存货在全部存货中的重要程度对存货进行分类、排队、分等级、有重点地管理和控制的一种方法。其具体的操作步骤如下：

（1）计算每一种存货在一定时间内（一般为一年）的资金占用额。

（2）计算每一种存货资金占用额占全部资金占用额的百分比，并按大小顺序排列，编成表格。

（3）根据事先测定好的标准，把最重要的存货划为 A 类，把一般存货划为 B 类，把不重要的存货划为C类，并画图表示出来。

（4）对A类存货进行重点规划和控制，对B类存货进行次重点管理，对C类存货只进行一般管理。

把存货划分成A、B、C三大类，目的是对存货占用资金进行有效的管理。A类存货种类虽然少，但占用的资金多，应集中主要力量管理，对其经济批量要进行认真规划，对收入、发出要进行严格控制；C类存货虽然种类繁多，但占用的资金不多，不必耗费大量人力、物力、财力去管理，这类存货的经济批量可凭经验确定，不必花费大量时间和精力去进行规划和控制；B类存货介于A类存货和C类存货之间，也应给予相当的重视，但不必像A类存货那样进行非常严格的控制。

表8-9　　存货管理的ABC控制法

项目	A类存货	B类存货	C类存货
占存货总数量的比例	5%～20%	20%～30%	60%～70%
占存货总价值的比例	60%～80%	15%～30%	5%～15%
控制程度	严格控制	一般控制	粗犷控制
制定定额方法	详细计算	根据过去记录	低了就进货
储备情况记录	详细记录	有记录	不设明细账
库存监督方式	经常检查	定期检查	不检查
安全储备	低	较多	灵活

（二）零库存管理

1. 存货对企业经营的负面影响

（1）企业持有存货，必然挤占流动资金，从而产生机会成本。

（2）企业持有存货，会发生仓储成本。

（3）企业持有存货，可能掩盖生产质量问题，掩盖了生产的低效率，增加企业信息系统的复杂性。

2. 零库存管理的基本思想

零库存管理认为，按需要组织生产和销售同样能使生产准备成本和储存成本最小化。零库存管理是在不接受生产准备成本或是订货成本的前提下，试图使这些成本趋于零。措施是缩减生产准备的时间和签订与供货商的长期合同。

3. 零库存管理的实施

要想顺利实施库存管理，达到理想的管理效果，必须先解决两个问题：

第一，如何能够实现很低的存货水平，甚至是零存货。

第二，在存货水平很低，甚至是零存货的情况下，如何能保持生产的连续性。

为此，可以采取以下措施：

（1）在产品市场状况表现为供过于求（或供等于求）时，采用拉动式的生产系统，以销定产；而如果产品市场状况表现为供小于求时，则可以采用推动式的生产系统，以产促销。

（2）改变材料采购策略。

（3）建立无库存生产的制造单元。

（4）减少不附加价值成本，缩短生产周期。

（5）快速满足客户需求。

（6）保证生产顺利进行，实施全面质量管理。

（三）现代存货的控制方法：JIT

JIT 是起源于日本的“Just-In-Time”（准时生产）系统的简称，最早是由日本丰田汽车公司的副总裁大野耐一（Taiichi Okno）提出的。该系统最初被称为“看板系统”，“看板”的字面含义是“卡片”或“标志”，在这里，“看板”是告诉供应商发送更多存货的信号。JIT 库存管理的思想是：企业应持有最低水平的库存，保证生产的不中断不是依靠企业自己持有库存，而应依靠供应商的“准时”供应。这与传统的库存管理思想形成鲜明的对比，传统的库存管理要求企业持有可靠的安全库存水平以保证生产不中断。由于 JIT 要求最大限度地降低存货，甚至使存货为零，这样就降低了存货的资金占用，并避免了产品积压、过时变质等浪费，也减少了装卸、搬运以及库存等费用，从而降低了各项存货成本，提高了企业的经济效益。目前，许多公司都采用了 JIT 存货控制系统，最典型的例子就是戴尔计算机公司在产成品方面应用了该系统。由于戴尔公司只在接到订单后才开始组装计算机，因此产成品库存为零。在 1982—1994 年，美国公司的库存在总资产中所占的比例下降了 34%，JIT 存货控制系统起了很大的作用。虽然 JIT 存货控制系统对企业非常有益，但实施起来却并不容易，它要求供应商能够提供迅速的、高质量的服务，供应商距离的远近，是否有足够的、接收迅速的、高质量的服务，是否有足够的接收库存的通道（如装货码头）等因素都限制了该系统的成功实施。

【本章小结】

1. 从体系上说，流动资产投资属于投资体系的内容。伴随着流动资产的发生，流动负债也必然发生。流动资产减去流动负债后的余额就是营运资金。流动资产的特点是投资回收期短、流动性强、具有并存性和波动性。流动负债的特点是速度快、弹性高、成本低和风险大。

2. 企业进行生产经营活动需要持有现金，以满足交易动机、预防动机、投机动机的需要，与此同时现金的成本会产生。现金的成本包括持有成本（机会成本、管理费用）、转换成本、短缺成本。因此，持有现金应有一个最佳的量。最佳现金持有量的确定方法有成本分析模式、存货模式等。

3. 应收账款有促进销售、减少存货的功能，但应收账款的机会成本、管理成本、坏账成本会增加，因此在应收账款管理中必然要制定信用政策。信用政策是企业对应收账款进行规划和控制而确定的基本原则与行为规范，由信用标准、信用条件和收账政策构成。信用标准是客户获得企业商业信用所应具备的最低条件，通常以预期的坏账损失率表示。信用条件包括信用期限、折扣期限各为多少合适，是否给予现金折扣及现金折扣率为多少。收账政策是指客户违反信用条件，拖欠甚至拒绝付款时企业所采取的收账策略与措施。

4. 存货的功能是防止停工待料、适应市场的变化、降低进货成本、维持均衡生产、促进产品销售等。为了发挥存货的功能，企业必须储备一定的存货，由此发生进货成本（包括进价成本和进货费用）、储存成本、缺货成本。持有存货过少会影响生产经营活动的正常进行，增加缺货成本和进货成本，但存货持有量过多会增加存货的储存成本。如何既满足生产经营对存货的需要，又降低存货储存成本，就要进行存货决策。存货决策的关键在于确定存货经济批量、最佳的存货储存期。

5. 存货经济批量模型包括存货经济批量的基本模型和存在数量折扣情况下的经济批量模型。在存货最佳经济批量的基本模型里，存货相关总成本包括变动性进货费用和变动性储存费用；存在数量折扣时的存货相关总成本包括存货进价成本、变动性进货费用、变动性储存成本；存货储存期控制主要从存货保本储存天数和存货保利储存天数两方面进行。

6. 存货形式多样化的特点决定了对存货应采取科学的管理方法——存货 ABC 分类管理。其核心是将存货按照金额标准和品种数量标准分成 A、B、C 三类，然后，对 A 类存货分品种重点管理，对 B 类存货分类别一般控制，对 C 类存货按总额灵活掌握。

【复习思考题】

1. 什么是营运资金？营运资金有哪些特点？
2. 营运资金管理的原则有哪些？营运资金管理的策略又有哪些？
3. 企业为什么要持有现金？
4. 现金最佳持有量应如何确定？
5. 如何进行现金日常控制和管理？
6. 应收账款的功能和成本各有哪些？
7. 应收账款的信用政策内容包括哪些？应如何进行决策？
8. 如何进行应收账款的日常管理？
9. 存货的功能和成本各有哪些？
10. 存货经济批量应如何确定？
11. 如何进行存货的日常管理和控制？

第九章　收益分配管理

【本章学习目标】

·了解收益分配的概念、项目和顺序

·理解收益分配的基本原则和国有资本收益管理的有关规定

·了解股利政策理论的类型和主要内容

·掌握股利分配政策的影响因素以及股利分配政策的类型

·理解不同的利润分配政策的特点，掌握我国股份公司利润分配的一般顺序、股利支付形式和支付过程

·了解股票分割和股票回购的内容

第一节　收益分配概述

收益分配管理是对企业收入与分配活动及其形成的财务关系的组织与调节，是财务管理的重要内容，有广义的收益分配和狭义的收益分配两种。广义的收益分配是指对企业收入和利润进行分配的过程；狭义的收益分配则是指对企业净利润的分配。收益分配的结果，形成了国家的所得税收入、投资者的投资报酬和企业的留用利润等不同项目。本书所讨论的收益分配是指对净利润的分配，即狭义的收益分配概念。

一、收益分配的项目和顺序

（一）公司收益分配的项目

按照我国《公司法》的规定，公司收益分配的项目包括以下部分：

1. 盈余公积金

我国企业应当按照净利润扣除弥补以前年度亏损后的10%比例提取法定公积金，但当法定公积金累计额达到公司注册资本50%时，可不再提取；提取任意公积金，任意公积金的提取及比例都要由股东大会根据需要决定。

2. 股利

公司向股东（投资者）支付股利（分配利润），要在提取公积金之后，股利（利润）的分配应以各股东（投资者）持有股份（投资额）的数额为依据，每一股东（投资者）取得的股利（分得的利润）与其持有的股份数（投资额）成正比。股份有限公司原则上应从累计盈利中分派股利，无盈利不得支付股利，即所谓“无利不分”的原则。但若公司用公积金抵补亏损以后，为维护其股票信誉，经股东大会特别决议，也可以用公积金支付股利。

（二）利润分配的顺序

根据我国《公司法》及相关法律制度的规定，公司净利润的分配应按照下列顺序进行：

1. 弥补以前年度亏损（指超过用所得税前的利润抵补亏损的法定期限后，仍未补足的亏损）

企业在提取法定公积金之前，应先用当年利润弥补以前年度亏损。企业年度亏损可以用下一年度的税前利润弥补，下一年度不足弥补的，可以在五年之内用税前利润连续弥补，连续五年未弥补的亏损则用税后利润弥补。其中，税后利润弥补亏损可以用当年实现的净利润，也可以用盈余公积金转入。

2. 计提法定公积金

根据《公司法》的规定，法定公积金的提取比例为当年税后利润（弥补亏损后）的10%。当年法定公积金的累积额已达注册资本的50%时，可以不再提取。法定公积金提取后，根据企业的需要，可用于弥补亏损或转增资本，但企业用法定公积金转增资本后，法定公积金的余额不得低于转增前公司注册资本的25%。提取法定公积金的主要目的是为了增加企业内部积累，以利于企业扩大再生产。

3. 计提任意公积金

根据《公司法》的规定，公司从税后利润中提取法定公积金后，经股东会或股东大会决议，还可以从税后利润中提取任意公积金 这是为了满足企业经营管理的需要，控制向投资者分配利润的水平以及调整各年度利润分配的波动。

4. 向投资者分配利润或向股东支付股利

根据《公司法》的规定，公司弥补亏损和提取公积金后所余税后利润，可以向股东（投资者）分配。其中，有限责任公司股东按照实缴的出资比例分取红利，全体股东约定不按照出资比例分取红利的除外；股份有限公司按照股东持有的股份比例分配，但股份有限公司章程规定不按照持股比例分配的除外。

二、收益分配的基本原则

收益分配是指企业根据国家有关规定和企业章程对企业净利润进行分配的一种财务行为。收益分配涉及企业、投资者、经营者和职工等多方面的利益关系，影响到企业长远利益与近期利益、整体利益与局部利益等的处理与协调。为了充分发挥利润分配协调各方经济利益、促进企业理财目标实现的功能，要求遵循以下原则：

（一）依法分配原则

按照《公司法》及《企业财务通则》等有关法规的要求，对税后利润按上述顺序进行分配。

这一分配顺序的逻辑关系是：企业以前年度亏损未弥补完，不得提取盈余公积金；在提取盈余公积金前，不得向投资者分配利润。因此，要求企业的利润分配必须严格按照国家的法规进行。

（二）分配与积累并重原则

利润分配要在给投资者即时回报的同时考虑企业的长远发展，留存一部分利润作为积累。根据我国财务制度的规定，企业必须按照当年税后利润扣减弥补亏损后的

10%提取法定盈余公积金，当法定盈余公积金达到注册资本的50%时可不再提取；企业以前年度未分配利润可以并入本年度利润分配；企业在向投资者分配利润前，经董事会决定，可以提取任意盈余公积金。正常股利加额外股利政策体现了分配与积累并重原则。

（三）兼顾各方面利益原则

企业在分配时应从全局出发，充分考虑企业、所有者、债权人、职工的利益，必须统筹兼顾，合理安排。投资者作为企业资本的所有者，依法享有利润的分配权，职工作为企业利润的创造者，除获得工资及奖金等劳动报酬外，还要以适当的方式参与利润的分配，在税后利润中提取盈余公积金，用于职工集体福利设施支出，在一定程度上有助于提高经营者和员工的工作积极性。

（四）投资与收益对等原则

企业进行收益分配应当体现谁投资谁受益、收益多少与投资比例相适应原则。企业生产经营发生的亏损，国家不再予以弥补，而是要求由企业用以后年度企业实现的利润进行弥补，并注意利润分配程序和政策中所体现的原则，如股利分配中同股同权、同权同利体现了投资与收益对等原则。

（五）资本保全原则

企业的收益分配必须以资本保全为前提。企业的收益分配是对投资人投入资金的增值部分所进行的分配，不是投资人资本金的返还。以企业的资本金进行的分配属于一种清算行为，而不是收益的分配。企业必须在有可供分配留存收益的情况下进行收益分配，只有这样才能充分保护投资者的利益。

三、国有资本收益管理的有关规定

（一）国有资本收益的构成

国有资本收益包括注册的国有资本分享的企业税后利润和国家法律、行政法规规定的其他国有资本收益。

（二）利润分配制度

企业实现的年度净利润，归企业投资者所有，必须按规定进行分配。以前年度未分配利润，并入本年度可向投资者分配的利润进行分配。母公司制定的年度利润分配方案，应当报主管财政机关备案，母公司向主管财政机关上缴利润的具体办法，由财政部根据国务院的决定制定。

（三）亏损弥补规定

企业发生的年度经营亏损，依法用以后年度实现的利润弥补。连续5年不足弥补的，用税后利润弥补，或者经企业董事会或经理办公会审议后，依次用企业盈余公积、资本公积弥补。企业在以前年度亏损未弥补之前，不得向投资者分配利润。

（四）资产损失的处理

生产经营的损失计入本期损益，清算期间的损失计入清算费用，公司改制改建中的损失可以冲减所有者权益。

（五）产权转让收益的处理

转让母公司国有资本所得收益，上缴主管财政机关；企业转让子公司股权所得收益与其对于公司股权投资的差额，作为投资损益处理。上市公司国有股减持所得收益，按国务院规定执行。

(六) 企业清算收益的处理

企业清算净收益归投资者所有，其中子公司清算所得净收益，投资者分享的股份与其对子公司股权投资的差额，作为投资收益处理；母公司清算所得净收益，上缴主管财政机关。

第二节　股利政策理论

股利政策是指公司在平衡内外部相关集团利益的基础上，对于是否发放股利、发放多少股利以及何时发放股利等方面采取的基本态度和方针政策，主要涉及公司对其利益进行分配还是留存用于再投资的决策问题。

一、股利政策理论简介

对于股利政策的研究，经历了从古典股利政策理论到具有开拓性的 MM 股利无关论，再到考虑税收、信息不对称、不完全契约、法律限制、交易成本等多种因素后对 MM 理论进一步拓展而生的现代股利理论的发展过程。其主要研究成果包括“在手之鸟”理论、MM 股利无关论、投资者类比效应理论、信号理论、委托代理理论和行为理论等。研究思路从股利政策是否影响股票价格逐步转移到如何影响股票价格。

(一) 股利无关论

股利无关论是由美国经济学家莫迪利安尼（Modigliani）和财务学家米勒（Miller）于 1961 年提出的。他们立足于完善的资本市场，从不确定性角度提出了股利政策和企业价值不相关理论。

MM 理论认为，在完美的资本市场中，投资者可以在现金股利和出售股票实现的“自由股利”之间自由选择，公司投资需要额外资金时也可以无成本、无限制地从市场筹集。股利政策不会对公司价值或股票价格产生任何影响。公司股价完全取决于投资决策获利能力，而非利润分配政策。

MM 理论是建立在完善资本市场假设的基础之上的，这包括：第一，完善的竞争假设；第二，信息完备假设；第三，交易成本为零假设；第四，理性投资者假设。这些假设与现实世界是有一定差距的。虽然莫迪利安尼和米勒也认识到公司股票价格会随着股利的增减而变动这一重要现象，但他们认为，股利增减所引起的股票价格的变动并不能归因于股利增减本身，而应归因于股利所包含的有关企业未来盈利的信息内容。

从某种程度上说，莫迪利安尼和米勒对股利研究的贡献不仅在于提出了一种崭新的理论，更重要的还在于为理论成立的假设条件进行了全面系统的分析。

(二) 股利相关论

1. “在手之鸟”（Bird-in-the-hand）理论：流行最广泛和最持久的股利理论

“在手之鸟”理论源于谚语“双鸟在林不如一鸟在手”。该理论可以说是流行最广泛和最持久的股利理论。其初期表现为股利重要论，后经威廉姆斯（Willianms，1938）、林特纳（Lintner，1956）、华特（Walter，1956）和麦伦·戈登（Gordon，1959）等发展为“在手之鸟”理论。

“在手之鸟”理论认为，由于股票价格一般波动较大，而投资者大都厌恶风险，因此投资者会认为现金股利要比留存收益再投资带来的资本利得更为可靠。在这种情况下，股利政策与公司价值息息相关，支付的股利越多，投资者承担的风险越小，要求的必要报酬率越低，相应的公司股价越高，公司价值也就越大。

这种理论反映了传统的股利政策，为股利政策的多元化发展奠定了理论基础。“在手之鸟”理论是股利理论的一种定性描述，是实务界普遍持有的观点，但是这一理论无法确切地描述股利是如何影响股价的。

2. 代理理论与信号传递理论

这一方面的研究发端于20世纪70年代信息经济学的兴起。信息经济学对古典经济学的一个重大突破是抛弃企业非人格化假设，代之以经济人效用最大化假设。这一变化对股利政策也产生了深刻影响，借鉴不对称信息的分析方法，财务学者从代理理论与信号理论两个角度对这一问题展开了研究。

（1）代理理论始于詹森与麦克林有关企业代理成本的经典论述。委托代理理论从放宽MM股利无关论中管理层是股东的完美代理人，股东不需要对管理层付出监督和约束成本的假设出发，认为公司股东与管理层之间存在委托代理关系，由于发放股利可以减少管理层实际可以控制的自由现金流甚至还需要对外融资，因此发放现金股利能够使公司接受更多来自资本市场和债权人的监督，从而降低企业的代理成本，但是对外融资还会增加交易成本，于是最优股利政策应该使代理成本和交易成本之和最小。此外，股东和债权人之间也存在股利政策的代理问题，股东有时会掠夺债权人的财富，而过度的现金股利就是一种攫取的手段。

（2）信息传递理论。该理论的代表人物是米勒与洛克，他们从投资者和管理层拥有相同信息假设出发，认为管理层与公司外部投资者之间存在信息不对称，股利是管理层传递其掌握的公司内部信息的一种手段。股利能够传递公司未来盈利能力的信息，从而对股票价格有一定的影响。当公司支付的股利水平上升时，公司股价上升；反之，当公司支付的股利水平下降时，公司股价下降。但是，股利政策作为一种信号传递机制，其功能的实现需要以会计信息尤其是股利分配信息的真实性为前提，这就要求公司披露真实的财务信息。该理论同时认为，成功公司的股利信号不容易被其他公司简单模仿，发送的信号必须与可观察事件具有相关性以及不存在传递同样信息的成本更低的办法。

（三）*差别税收理论*

该理论的代表人物是布伦南和奥尔巴克，布伦南创立了股价与股利关系的静态模型，奥尔巴克提出了税赋资本化假设。

该理论的主要前提是公司将现金分配给股东的唯一途径是支付应税股利，公司的市场价值等于企业预期支付的税后股利的现值。因此，未来股利所承担的税赋被资本化入股票价值，股东对于留存收益或支付股利是不加区分的。按这种观点，提高股利税负将导致公司权益的市场价值的直接下降。该理论认为，不同边际税率的投资者对于股利的偏好不一样，股东聚集在能够满足各自股利偏好的公司内，公司的任何股利政策都不可能满足所有股东对股利的要求，而只能吸引一部分偏好这种股利政策的投资者。

二、股利政策理论在我国现实中的应用

在我国，无论是股权结构还是市场健全程度均与西方发达国家差别甚大。首先，我国上市公司多由原国有企业改制而成，国有股在上市公司中占据着绝对控股地位，从而造成高度集中的股权结构，两权分离尚不彻底。我国国有股不具有人格化代表，并非终极所有者，缺乏监督管理者的动机；而关系到切身利益的社会公众股所占比例小，极为分散，是没有足够的能力影响公司决策的。其次，我国市场力量不足以解决公司中的代理问题，投资者难以依靠市场对企业进行有效的监督。此外，我国企业负债形式单一，多为银行借款，而银行也是典型的国有企业，其本身的代理问题也较严重。因此，股利政策理论在我国的应用应有所修正。

第一，对于当前我国股利政策的代理分析，应当围绕社会公众股-国有股-管理者这种代理关系进行，而不能像西方发达国家那样以债权人-股东-管理者为中心分析代理关系。

第二，从代理关系分析，在我国，上市公司的控股股东存在利用现金股利转移公司现金的倾向，而社会公众股则偏好公司管理者发放股票股利以获取资本利得，公司管理者也愿意发放股票股利将现金留存于企业造成过度投资。因此，现实中的股利政策应取决于三种力量的制衡。

第三，从信号传递理论看，股利政策的优化就是在传递当前收益所能实现的效益与放弃投资方案所导致的损失之间的权衡。在我国，由于市场尚处于非有效阶段，股价严重偏离企业业绩，股市的优化资源配置功能还不明显，公司管理者缺乏对投资者揭示私有信息的动机，因此股利政策传递信号的机制还不健全。

第三节　股利分配政策

一、股利分配政策概述

股利分配政策是企业在不违反国家有关法律法规的前提下，根据本企业具体情况制定的，既要保持相对稳定，又要符合公司的财务目标和发展目标。目前，在股利分配的实务中，企业常用的股利分配政策有以下四种：

（一）剩余股利政策（Residual Dividend Policy）

1. 剩余股政策的含义

剩余股政策是指公司在有良好的投资机会时，根据目标资本结构测算出投资所需的权益资本额，先从盈余中留用，然后将剩余的盈余作为股利来分配，即净利润首先满足公司的资金需求，如果还有剩余就派发股利，如果没有剩余则不派发股利。

2. 剩余股利政策的理论依据

剩余股利政策的理论依据是 MM 理论，即股利无关论。该理论是由美国经济学家

莫迪利安尼（Modigliani）和美国财务专家米勒（Miller）于1961年在他们的著名论文《股利政策、增长和股票价值》中首先提出的，因此被称为MM理论。该理论认为，在完全资本市场中，股份公司的股利政策与公司普通股每股市价无关，公司派发股利的高低不会对股东的财富产生实质性的影响，公司决策者不必考虑公司的股利分配方式，公司的股利政策将随公司投资、融资方案的制定而确定。因此，在完全资本市场的条件下，股利完全取决于投资项目需用盈余后的剩余，投资者对于盈利的留存或发放股利毫无偏好。

3. 剩余股利政策的具体应用程序

（1）根据投资机会计划和加权平均的边际资本成本函数的交叉点确定最佳资本预算水平。

（2）利用最优资本结构比例，预计确定企业投资项目的权益资金需要额。

（3）尽可能地使用留存收益来满足投资所需的权益资本数额。

（4）留存收益在满足投资需要后尚有剩余时，则派发现金股利。

【例9-1】某公司2016年税后净利润为1 000万元，2017年的投资计划需要资金1 200万元。该公司的目标资本结构为权益资本占60%，债务资本占40%。该公司采用剩余股利政策，则应当如何融资和分配股利。

首先，确定按目标资本结构需要筹集的股东权益资本为：

股东权益资本 = 1 200×60% = 720（万元）

其次，确定应分配的股利总额为：

股利总额 = 1 000 − 720 = 280（万元）

最后，该公司还应当筹集负债资金为：

负债资金 = 1 200 − 720 = 480（万元）

4. 剩余股利政策的优缺点及适用性

（1）剩余股利政策的优点。剩余股利政策有利于充分利用留存利润筹资，有助于降低再投资的资金成本，保持理想的资本结构，使综合资本成本最低，实现企业价值的长期最大化。

（2）剩余股利政策缺点。完全遵照执行剩余股利政策，将使股利发放额每年随投资机会和盈利水平的波动而波动。即使在盈利水平不变的情况下，股利将与投资机会的多寡呈反方向变动。投资机会越多，股利越小；反之，投资机会越少，股利发放越多。在投资机会维持不变的情况下，则股利发放额将因公司每年盈利的波动而呈同方向波动。

（3）剩余股利政策一般适用于公司初创阶段。

（二）固定股利支付率政策（Constant Dividend Payout Ratio Policy）

1. 固定股利支付率政策的含义

固定股利支付率政策是公司确定固定的股利支付率，并长期按此比率从净利润中支付股利的政策。

2. 固定股利支付率政策的理论依据

固定股利支付率政策的理论依据是“一鸟在手”理论。该理论认为，用留存利润再投资带给投资者的收益具有很大的不确定性，并且投资风险随着时间的推移将进一步增大，因此投资者更倾向获得现在的固定比率的股利收入。如果有 A 和 B 两种股票，它们的基本情况相同，A 股票支付股利，而 B 股票不支付股利，那么 A 股票价格要高于不支付股利的 B 股票的价格。同样股利支付率高的股票价格肯定要高于股利支付率低的股票价格。显然，股利分配模式与股票市价相关。

【例 9-2】A 公司目前发行在外的普通股股数为 1 000 万股，A 公司的产品销路稳定，拟投资 1 200 万元，扩大生产能力。A 公司想要维持目前 40%的负债比率，并想继续执行 10%的固定股利支付率政策。A 公司在 2016 年的税后利润为 500 万元。

要求：计算 A 公司 2017 年为扩充上述生产能力必须从外部筹措多少权益资本？

保留利润 = 500×(1-10%) = 450（万元）

项目所需权益融资需要量 = 1 200×(1-40%) = 720（万元）

外部权益融资需要量 = 720-450 = 270（万元）

3. 固定股利支付率政策的优缺点适用性

（1）固定股利支付率政策的优点如下：

① 使股利与企业盈余紧密结合，以体现多盈多分、少盈少分、不盈不分的原则。

② 保持股利与利润间的一定比例关系，体现了风险投资与风险收益的对称。

（2）固定股利支付率政策的缺点如下：

①大多数公司每年的收益很难保持稳定不变，导致年度间的股利额波动较大，由于股利的信号传递作用，波动的股利很容易给投资者带来经营状况不稳定、投资风险较大的不良印象，称为公司的不利因素。

②容易使公司面临较大的财务压力，这是因为公司实现的盈利多，并不能代表公司有足够的现金流来支付较多的股利额。

（3）固定股利支付率政策只能适用于稳定发展的公司和公司财务状况较稳定的阶段。

（三）固定股利或稳定的股利政策

1. 固定股利或稳定的股利政策的含义固定股利或稳定的股利政策是公司将每年派发的股利额固定在某一特定水平上，然后在一段时间内不论公司的盈利情况和财务状况如何，派发的股利额均保持不变。只有当企业对未来利润增长确有把握，并且这种增长被认为是不会发生逆转时，才增加每股股利额。这一政策的特点是不论经济状况如何，也不论企业经营业绩好坏，应将每期的股利固定在某一水平上保持不变。只有当公司管理当局认为未来盈利将显著地、不可逆转地增长时，才会提高股利的支付水平。

2. 理论依据

采用该政策的理论依据是“一鸟在手”理论和股利信号理论。这些理论认为：第一，股利政策向投资者传递重要信息。如果公司支付的股利稳定，就说明该公司的经营业绩比较稳定，经营风险较小，有利于股票价格上升；如果公司的股利政策不稳定，股利忽高忽低，这就给投资者传递企业经营不稳定的信息，导致投资者对风险的担心，进而使股票价格下降。第二，稳定的股利政策是许多依靠固定股利收入生活的股东更喜欢的股利支付方式，它更有利于投资者有规律地安排股利收入和支出。普通投资者一般不愿意投资于股利支付额忽高忽低的股票，因此这种股票不大可能长期维持于相对较高的价位。第三，稳定股利或稳定的股利增长率可以消除投资者内心的不确定性，等于向投资者传递了该公司经营业绩稳定或稳定增长的信息，从而使公司股票价格上升。

【例 9-3】若公司发行在外的股数为 1 000 万股，税后可供分配给股东的利润为 800 万元，并且公司采用固定股利或稳定的股利政策，固定股利支付为每股 0.5 元，那么股东可获股利额为多少？

股东可获股利额 = 1 000×0.5 = 500（万元）

保留利润 = 800-500 = 300（万元）

3. 固定股利或稳定的股利政策的优缺点及适用性

（1）固定股利或稳定的股利政策的优点如下：

①稳定的股利向市场传递着公司正常发展的信息，有利于树立公司的良好形象，增强投资者对公司的信心，稳定股票的价格

②稳定的股利额有助于投资者安排股利收入和支出，有利于吸引那些打 算进行长期投资并对股利有很高依赖性的股东

③固定或稳定增长的股利政策 可能会不符合剩余股利理论，但考虑到股票市场会受多种因素影响（包括股东的 心理状态和其他要求），为了将股利或股利增长率维持在稳定的水平上，即使推迟 某些投资方案或暂时偏离目标资本结构，也可能比降低股利或股利增长率更为有利。

（2）固定股利或稳定的股利政策的缺点如下：

①公司股利支付与公司盈利相脱离，造成投资的风险与投资的收益不对称；

②它可能会给公司造成较大的财务压力，甚至侵蚀公司留存利润和公司资本。公司很难长期采用该政策。

（3）固定股利或稳定的股利政策一般适用于经营比较稳定的企业。

（四）低正常股利加额外股利政策（Below Normal Dividend with Extra Dividend Policy）

1. 低正常股利加额外股利政策的含义

低正常股利加额外股利政策是公司事先设定一个较低的经常性股利额，一般情况下，公司每期都按此金额支付正常股利，只有公司盈利较多时，再根据实际情况发放额外股利。但是，额外股利并不固定化，不意味着公司永久地提高了股利支付率。其可以用以下公式表示：

$$Y = a + bX$$

式中，Y 为每股股利，X 为每股收益，a 为低正常股利，b 为股利支付比率。

2. 理论依据

低正常股利加额外股利政策的理论依据是“一鸟在手”理论和股利信号理论。将公司派发的股利固定地维持在较低的水平，则当公司盈利较少或需用较多的保留盈余进行投资时，公司仍然能够按照既定的股利水平派发股利，体现了“一鸟在手”理论。而当公司盈利较大且有剩余现金，公司可以派发额外股利，体现了股利信号理论。公司将派发额外股利的信息传播给股票投资者，有利于股票价格的上扬。

【例 9-4】某企业 2016 年实现的税后净利润为 1 000 万元，法定公积金和任意公积金的提取比率为 15%。该公司 2017 年的投资计划所需资金为 800 万元，该公司的目标

资金结构为自有资金占60%。

（1）若该公司采用剩余股利政策，则2016年年末可发放多少股利？

（2）若该公司发行在外的普通股股数为1 000万股，计算每股利润及每股股利。

（3）若2017年该公司决定将公司的股利政策改为低正常股利加额外股利政策，设股利的逐年增长率为2%，投资者要求的必要报酬率为12%，计算该股票的价值。

（1）提取公积金的数额 = 1 000×15% = 150（万元）

可供分配利润 = 1 000−150 = 850（万元）

投资所需自有资金 = 800×60% = 480（万元）

向投资者分配额 = 850−480 = 370（万元）

（2）每股利润 = 1 000÷1 000 = 1（元/股）

每股股利 = 370÷1 000 = 0.37（元/股）

（3）股票的价值 = 0.37×(1+2%)÷(12%−2%) = 3.77（元）

3. 低正常股利加额外股利政策的优点

这种股利政策的优点是股利政策具有较大的灵活性。低正常股利加额外股利政策，既可以维持股利的一定稳定性，又有利于企业的资本结构达到目标资本结构，使灵活性与稳定性较好地相结合，因此为许多企业所采用。

4. 低正常股利加额外股利政策的缺点

（1）股利派发仍然缺乏稳定性，额外股利随盈利的变化，时有时无，给人飘忽不定的印象。

（2）如果公司较长时期一直发放额外股利，股东就会误认为这是“正常股利”，一旦取消，极易造成公司财务状况逆转的负面影响，股价下跌在所难免。

相对来说，对那些盈利随着经济周期而波动较大的公司，或者盈利与现金流量很不稳定时，低正常股利加额外股利政策也许是一种不错的选择。

二、影响股利分配的因素

企业的股利分配政策在一定程度上决定企业的对外再筹资能力，决定企业市场价值的大小。因此，股利分配政策的确定会受到各方面因素的影响，这些影响因素主要有以下几个方面：

（一）法律因素

为了保护债权人和股东利益，许多国家的有关法规如公司法、证券法和税收相关法律法规都对企业利润分配予以一定的硬性限制。这些限制主要体现在以下几个方面：

1. 资本保全约束

资本保全约束是为了保护投资者的利益做出的法律限制。它要求利润分配的客体不能来源于原始投资，也就是不能将资本（包括股本和资本公积）用于分配。其目的在于使公司能有足够的资本，以维护债权人的权益。

2. 股利出自盈利

这一限制规定公司年度累计净利润必须为正数时才可以发放股利，以前年度亏损必须足额弥补。这一限制要求公司贯彻“无利不分”的原则，有税后净收益是股利支付的前提，但不管净收益是本年度实现的，还是以前年度实现节余的。

3. 偿债能力约束

偿债能力是指企业按时足额偿还到期债务的能力。如果企业已经无力偿还债务或因发放股利将极大影响企业的偿债能力，则不准发放股利。

4. 资本积累约束

这一限制要求企业在分配利润时，必须按照一定比例和基数提取各种法定盈余公积金，这是为了增强企业抵御风险的能力，维护投资者的利益。

5. 超额累积利润

股东接受股利缴纳的所得税高于其进行股票交易的资本利得税，于是企业通过累积利润使股价上涨的方式帮助股东避税。许多西方国家在法律上明确规定公司不得超额累积利润，一旦公司的保留盈余超过法律认可的水平，将被加征额外税额。我国法律对公司累积利润尚未做出限制性规定。

（二）股东因素

股东从自身需要出发，对公司的股利分配往往产生一定的影响。

1. 稳定的收入和避税

一些依靠股利维持生活的股东，往往要求公司支付稳定的股利，若公司留存较多的利润将受到这部分股东的反对。另外，一些高股利收入的股东又出于避税的考虑（股利收入的所得税高于股票交易的资本利得税），往往反对公司发放较多的股利。

2. 控制权的稀释

若股利支付率较高，必然导致公司盈余减少，这就意味着将来依靠发行股票等方式筹集资金的可能性增大；而发行新股，尤其是普通股，意味着企业控制权有旁落他人或其他公司的可能，因为发行新股必然稀释公司的控制权，这是公司原持有控制权的股东们所不愿看到的局面。因此，若他们拿不出更多的资金购买新股以满足公司的需要，宁肯不分配股利而反对募集新股。

3. 逃避风险的考虑

一些股东认为，资本利得是有风险的，而目前的股利是确定的，因此他们往往要求支付较多的股利

（三）公司的因素

就公司的经营需要来讲，也存在一些影响股利分配的因素。

1. 盈余的稳定性

公司是否能获得长期稳定的盈余是其股利决策的重要基础。盈余相对稳定的公司能够较好地掌控局面，有可能支付比盈余不稳定的公司高的股利；而盈余不稳定的公司一般采取低股利政策。对于盈余不稳定的公司来讲，低股利政策可以减少因盈余下降而造成的股利无法支付、股价急剧下降的风险，还可以将更多的盈余再投资，以提高公司权益资本的比重，减少财务风险。

2. 资产的流动性

如果企业资产的流动性较高，即持有大量的货币资金和其他流动资产，变现能力强，也就可以采取高的股利政策分配股利；反之就应该采取低股利政策。一般来说，企业不应该也不会为了单纯地追求发放高额股利而降低企业资产的流动性，削弱企业的应变能力去冒较大的财务风险。

3. 举债能力

具有较强举债能力（与公司资产的流动性相关）的公司因为能够及时地筹措到所需的现金，有可能采取较宽松的股利政策；而举债能力弱的公司则不得不多滞留盈余，因而往往采取较紧的股利政策。

4. 未来投资机会

有着良好投资机会的公司需要有强大的资金支持，因而往往少发放股利，将大部分盈余用于投资；缺乏良好投资机会的公司，保留大量现金会造成资金的闲置，于是倾向于支付较高的股利。正因为如此，处于成长中的公司多采取低股利政策，陷于经营收缩的公司多采取高股利政策。

5. 资本成本

与发行新股相比，保留盈余不需花费筹资费用，是一种比较经济的筹资渠道。从资本成本考虑，公司应当采取低股利政策。

6. 债务需要

具有较高债务偿还需要的公司可以通过举借新债、发行新股筹集资金偿还债务，也可直接用经营积累偿还债务。如果公司认为后者适当的话（比如，前者资本成本高或受其他限制难以进入资本市场）将会减少股利的支付。

（四）其他因素

1. 债务合同约束

公司的债务合同，特别是长期债务合同，往往有限制公司现金支付程度的条款，这使得公司只能采取低股利政策。

2. 通货膨胀

在通货膨胀的情况下，公司折旧基金的购买力水平下降，会导致没有足够的资金来源重置固定资产。这时盈余会被当成弥补折旧基金购买力水平下降的资金来源，因此在通货膨胀时期公司股利政策往往偏紧。

由于存在上述种种影响股利分配的因素，股利政策与股票价格就不是无关的，公司的价值或者说股票价格不会仅仅由其投资的获利能力所决定。

第四节 股利分配方案决策

根据《公司法》的规定，公司分配股利，首先由公司董事会根据公司盈余情况和股利政策，拟订股利分配方案（包括配股方案），然后提交股东大会审议通过。只有经股东大会审议通过的股利分配方案才具有法律效力，才能向社会公布。

股利分配方案的确定，主要是考虑确定以下四个方面的内容：第一，选择股利政策类型，确定是否发放股利；第二，确定股利支付率的高低；第三，确定股利支付形式，即确定合适的股利分配形式；第四，确定股利发放的日期等。

一、选择股利政策类型，确定是否发放股利

公司股利分配政策的选择如表 9-1 所示。

表 9-1　　公司股利分配政策的选择

公司发展阶段	特点	适应的股利政策
公司初创阶段	公司经营风险高，融资能力差	剩余股利政策
公司高速发展阶段	产品销量急剧上升，需要进行大规模的投资	低正常股利加额外股利政策
公司稳定增长阶段	销售收入稳定增长，公司的市场竞争力增强，行业地位已经巩固，公司扩张的投资需求减少，广告开支比例下降，净现金流入量稳步增长，每股净利呈上升态势	稳定增长型股利政策
公司成熟阶段	产品市场趋于饱和，销售收入难以增长，但盈利水平稳定，公司通常已积累了相当的盈余和资金	固定型股利政策
公司衰退阶段	销售收入锐减，利润严重下降，股利支付能力日渐下降	剩余股利政策

二、确定以多高的股利支付率分配股利

股利支付率是当年发放股利与当年利润之比，或每股股利除以每股收益。

一般来说，公司发放股利越多，股利的分配率越高，因而对股东和潜在的投资者的吸引力越大，也就越有利于建立良好的公司信誉。一方面，由于投资者对公司的信任，会使公司股票供不应求，从而使公司股票市价上升。公司股票的市价越高，对公司吸引投资、再融资越有利。另一方面，过高的股利分配率政策，一是会使公司的留存收益减少，二是如果公司要维持高股利分配政策而对外大量举债，会增加资金成本，最终必定会影响公司的未来收益和股东权益。

股利支付率是股利政策的核心。确定股利支付率，首先要弄清公司在满足未来发展所需的资本支出需求和营运资本需求，有多少现金可用于发放股利；然后考察公司所能获得的投资项目的效益如何。如果现金充裕，投资项目的效益又很好，则应少发或不发股利；如果现金充裕但投资项目的效益较差，则应多发股利。

三、确定以什么形式支付股利

（一）现金股利（Cash Dividends）

现金股利是股份公司以现金的形式发放给股东的股利，是企业最常见的、最容易被投资者接受的股利支付方式。发放现金股利的多少主要取决于公司的股利政策和经营业绩。上市公司发放现金股利主要出于三个原因：投资者偏好、减少代理成本和传递公司的未来信息。公司采用现金股利形式时，必须具备两个基本条件：第一，公司要有足够的未指明用途的留存收益（未分配利润）；第二，公司要有足够的现金。

（二）股票股利（Stock Dividends）

股票股利是公司将应分配给股东的股利以股票的形式发放。在我国，股票股利通常称为红股，发放股票股利又称为送股或送红股。用于发放股票股利的，除了当年可供分配的利润外，还有公司的盈余公积和资本公积。股票股利不会引起公司资产的流出或负债的增加，不改变每位股东的股权比例，只涉及股东权益内部结构的调整，将

资金从留存盈利账户转移到其他股东权益账户，因此不会引起股东权益总额的改变，不会直接增加股东财富。

【例 9-5】某企业在发放股票股利前，股东权益情况如表 9-2 所示。

表 9-2　发放股票股利前的股东权益情况　单位：元

项目	金额
普通股股本（面值 1 元，已发行 200 000 股）	200 000
盈余公积（含公益金）	400 000
资本公积	400 000
未分配利润	2 000 000
股东权益合计	3 000 000

假定企业宣布发放 10%的股票股利，即发放 20 000 股普通股股票，现有股东每持 100 股，可得 10 股新发股票。如该股票当时市价为 20 元，发放股票股利以市价计算。

未分配利润划出的资金 $=20\times200\ 000\times10\%=400\ 000$（元）

普通股股本增加 $=1\times200\ 000\times10\%=20\ 000$（元）

资本公积增加 $=400\ 000-20\ 000=380\ 000$（元）

发放股票股利后，企业股东权益各项目如表 9-3 所示。

表 9-3　发放股票股利后的股东权益情况　单位：元

项目	金额
普通股股本（面值 1 元，已发行 22 000 股）	220 000
盈余公积（含公益金）	400 000
资本公积	780 000
未分配利润	1 600 000
股东权益合计	3 000 000

公司发放股票股利，可能出于以下方面的考虑。

（1）保留现金。发放现金股利会使公司的现金大量减少，可能会使公司由于资金短缺而丧失投资良机或增加公司的财务负担；而发放股票股利则不会减少公司现金持有量，又能使股东获得投资收益，有利于公司将更多的现金用于投资和扩展业务，减少对外部资金的依赖。

（2）避免股东增加税收负担。对股东来说，现金股利需要缴纳所得税，而股票股利则不需要纳税，即使将来出售需要缴纳资本利得税，其税率也较低。

（3）满足股东投资的意愿。股东投资的目的是为了获得投资报酬，发放股票股利可以使股东得到减轻税收负担的好处，又会使股东得到相当于现金股利的收益。

（4）降低公司的股价。发放股票股利可以增加公司流通在外的股份数，使公司股价降低至一个便于交易的范围之内。降低公司的股价有利于吸引更多的中小投资者，提高股票市场占有率，有助于减轻股市大户对股票的冲击，有利于公司进一步增发新股。例如，某上市公司发放股利前的股价为每股 18 元，如果该公司决定按照 10 股送 2 股的比例发放股票股利，则该公司的股票在除权日之后的市场价格应降至每股 15 元

(18/1.2)。

(三) 财产股利 (Property Dividends)

财产股利是以现金以外的资产支付的股利，主要是以公司所拥有的其他企业的有价证券，如债券、股票，作为股利支付给股东。财产股利具体有实物股利和证券股利。

(1) 实物股利，即发给股东实物资产或实物产品，多用于采用额外股利的股利政策。

(2) 证券股利，最常见的是以公司拥有的其他公司的有价证券来发放股利。

(四) 负债股利 (Liability Dividends)

负债股利是公司以负债支付的股利，通常是以公司的应付票据支付给股东，在不得已情况下也有发行公司债券抵付股利的。由于负债均需还本付息，因此对公司构成较大的支付压力，只能作为公司已宣布并立即支付股利而现金又暂时不足时的权宜之计。负债股利使公司资产总额不变，负债增加，净资产减少。

财产股利和负债股利实际上是现金股利的替代。这两种股利方式目前在我国公司实务中很少使用，但并非法律所禁止。

四、确定何时发放股利

股份公司分配股利必须遵循法定的程序，先由董事会提出分配预案，然后提交股东大会决议，股东大会决议通过分配预案之后，向股东宣布发放股利的方案，并确定股权登记日、除息（或除权）日和股利发放日等。制定股利政策时必须明确这些日期界限。

(一) 股利宣告日 (Declaration Date)

股利宣告日是指将公司股东会议决定的股利分配情况予以公告的日期。例如，某公司2016年4月20日召开股东会议，宣布每股派现0.5元，5月1日为股东登记日，5月10日支付。

(二) 股权登记日 (Holder-of-Record Date)

股权登记日指有权领取股利的股东资格登记截止日期，又称为除权日。只有这一日在公司股东名册上登记有名的股东，方有权领取最近一次发放的股利。在股权登记日以后购买股票的新股东无权参与本次分配。股权登记日一般在分配方案宣布后的10~20天内。

(三) 除息（权）日 (Ex-Dividend Date)

除息日就是除去股利的日期，也就是领取股利的权利和股票相互分离的日期。在除息日前，股利包含在股票的价格之中，该股票称为含权股（含息股），持有股票就享有获取股利的权利。除息日开始，股利权与股票相互分离，股票价格会下降，此时股票称为除息股或除权股。而在除息日当天或以后新购买股票的股东则不能享受这次股利。其原因是股票买卖之间的交接过户需要一定的时间，如果有股票的转让，公司可能不能够及时地获得股东变更的资料，只能以原登记的股东为股利支付对象。为了避免冲突，证券行业一般规定在股权登记日的前4天（或3天）为除息日。自该日起，股票为无息交易。也就是说，新股东如果希望获取本次股利，就必须在股权登记日的4天前购入股票，否则股利仍然由原股东领取。例如，如某公司以5月1日为股权登记日，往前算 4 天为 4 月 27 日，这一天为除息日，因此购买股票的人如果希望获取股利，就必须在 4 月 26 日或以前购买，否则股利仍属原来的股东。

（四）股利支付日

股利支付日就是公司向股东正式发放股利的日期。

第五节 股票分割与股票回购

一、股票分割

（一）股票分割的含义及特点

股票分割又称拆股，是公司管理当局将某一特定数额的新股按一定比例交换一定数量的流通在外的普通股的行为。例如，三股换一股的股票分割是指三股新股换取一股旧股。

股票分割对公司的资本结构和股东权益不会产生任何影响，一般只会使发行在外的股票总数增加，每股面值降低，并由此引起每股市价下跌，而资产负债表中股东权益各账户的余额都保持不变，股东权益的总额也维持不变。

（二）采用股票股利与股票分割的区别

股票分割与股票股利非常相似，都是在不增加股东权益的情况下增加了股份的数量。所不同的是，股票股利虽然不会引起股东权益总额的改变，但股东权益的内部结构会发生变化，而股票分割之后，股东权益总额及其内部结构都不会发生任何变化，变化的只是股票面值。

【例 9-6】某企业以每股 5 元的价格发行了 10 万股普通股，每股面值为 1 元，本年盈余为 22 万元，资本公积余额为 50 万元，未分配利润余额为 140 万元。

（1）若企业宣布发放 10%的股票股利，即发放 1 万股普通股股票，股票当时的每股市价为 10 元，则从未分配利润中转出的资金为 10 万元。股票股利对企业股东权益构成、每股账面价值、每股收益的影响如表 9-4 所示。

表 9-4　　发放股票股利对每股收益的影响

所有者权益项目	发放股票股利前	发放股票股利后
普通股股数	10 万股	11 万股
普通股	10 万元	11 万元
资本公积	50 万元	59 万元
未分配利润	140 万元	130 万元
所有者权益合计	200 万元	200 万元
每股账面价值	200 万元/10 万股=20 元	200 万元/11 万股=18. 18 元
每股收益	22 万元/10 万股=2. 2 元	22 万元/11 万股=2 元

（2）若企业宣布按 1∶2 的比例进行股票分割，则股票分割对企业股东权益构成、

每股账面价值、每股收益的影响如表 9-5 所示。

表 9-5　　实施股票分割对每股收益的影响

所有者权益项目	股票分割前	股票分割后
普通股股数	10 万股（每股面额为 1 元）	20 万股（每股面额为 0.5 元）
普通股	10 万元	10 万元
资本公积	50 万元	50 万元
未分配利润	140 万元	140 万元
所有者权益合计	200 万元	200 万元
每股账面价值	200 万元/10 万股 = 20 元	200 万元/20 万股 = 10 元
每股收益	22 万元/10 万股 = 2.2 元	22 万元/20 万股 = 1.1 元

（三）股票分割的作用

（1）采用股票分割可使公司股票每股市价降低，促进股票流通和交易。

（2）分割能有助于公司并购政策的实施，增加对被并购方的吸引力。例如，我们假设有 A、B 两个企业，A 企业股票每股市价为 60 元，B 企业股票每股市价为 6 元，A 企业准备通过股票交换的方式对 B 企业实施并购，如果以 A 企业 1 股股票换取 B 企业 10 股股票，可能会使 B 企业的股东在心理上难以承受；相反，如果 A 企业先进行股票分割，将原来 1 股分拆为 5 股，然后再以 1∶2 的比例换取 B 企业的股票，则 B 企业的股东在心理上可能会容易接受些。通过股票分割的办法改变被并购企业股东的心理差异，更有利于企业并购方案的实施。

（3）股票分割也可能会增加股东的现金股利，使股东感到满意。

（4）股票分割可以向股票市场和广大投资者传递公司业绩好、利润高、增长潜力大的信息，从而能提高投资者对公司的信心。

二、股票回购

（一）股票回购的含义与方式

股票回购是指股份公司出资将其发行流通在外的股票以一定价格购回予以注销或作为库存股的一种资本运作方式。我国公司法规定只有当公司为了减少其注册资本，或与持有本公司股票的公司合并才可以回购本公司的股票，并且要在 10 日内注销。

股票回购的方式主要包括公开市场回购、要约回购和协议回购三种。其中，公开市场回购是指公司在公开交易市场上以当前市价回购股票；要约回购是指公司在特定期间向股东发出以高出当前市价的某一价格回购既定数量股票的要约，并根据要约内容进行回购；协议回购是指公司以协议价格直接向一个或几个主要股东回购股票。

（二）股票回购的动机

公司回购股票的动机主要如下：

（1）提高财务杠杆比例，改善企业资本结构。

（2）满足企业兼并与收购的需要，利用库存股票交换被兼并企业的股票，减少或消除因企业兼并而带来的每股收益的稀释的效应。

（3）分配企业超额现金。

（4）满足认股权的行使，在企业发行可转换债券转换、认股权证或实行高层经理人员股票期权计划以及员工持股计划的情况下，采用股票回购的方式既不会稀释每股收益，又能满足认股权的行使。

（5）在公司的股票价值被低估时，提高其市场价值。

（6）清除小股东。

（7）巩固内部人控制地位。

（三）股票回购应考虑的因素

公司回购股票应考虑的因素主要如下：

（1）股票回购的节税效应。

（2）投资者对股票回购的反应。

（3）股票回购对股票市场价值的影响。

（4）股票回购对公司信用等级的影响。

（四）股票回购的负效应

股票回购可能对上市公司经营造成的负面影响如下：

（1）股票回购需要大量资金支付回购的成本，易造成资金紧缺，资产流动性变差，影响公司发展后劲。

（2）股票回购可能使公司的发起人股东更注重创业利润的兑现，而忽视公司长远的发展，损害公司的根本利益。

（3）股票回购容易导致内部操纵股价。

【本章小结】

1. 利润分配是将企业实现的税后利润在各权益者之间进行分配的过程。利润分配的项目包括盈余公积金和股利（向投资者分配的利润）。

2. 公司的利润分配应按如下顺序进行：计算可供分配的利润、计提法定盈余公积金、计提任意盈余公积金、向股东（投资者）支付股利（分配利润）。

3. 股利支付的程序主要经历股利宣告日、股权登记日、除息日和股利支付日。

4. 股利支付的方式主要有现金股利、股票股利、财产股利和负债股利等。

5. 影响股利政策的主要因素有法律方面的因素、公司方面的因素和股东方面的因素等。

6. 股利分配政策是指股份公司是否发放股利、发放多少股利、何时发放股利等方面的方针和策略。一般来说，有以下几种不同类型的股利分配政策：剩余股利政策、固定股利或稳定增长股利政策、固定股利支付率政策、低正常股利加额外股利的政策。

7. 股票股利是公司以发放的股票作为股利的支付形式。股票股利并不直接增加股东的财富，也不会导致公司资产的流出或负债的增加，对公司本身的财产也不构成增减变动，但会引起所有者权益各项目间的结构发生变动。

8. 股票分割是指将一股面额较高的股票交换成数股面额较低的股票的行为。股票分割虽然并不属于发放股利，但其产生的效果与发放股票股利近似。

【复习思考题】

1. 简述利润分配的一般程序。
2. 简述股利支付的程序和方式。
3. 什么是股利相关论？影响股利分配的因素有哪些？
4. 什么是股利政策？常用的股利政策包括哪些内容？

第十章　财务预算管理

【本章学习目标】

- 了解财务预算的概念、作用及编制步骤
- 掌握财务预算的编制方法
- 熟悉现金预算与预计财务报表的编制
- 了解财务控制的概念与作用
- 理解并掌握责任中心及其考核方法

第一节　财务预算概述

一、财务预算的概念

预算是企业在未来一定预算期内，全部经济活动各项目标的行动计划及其相应措施的预期数值说明，其实质是一套以货币及其他数量形式反映的预计财务报表和其他附表，主要用来规划预算期内企业的全部经济活动及其成果。预算的内容一般包括日常业务预算、专门决策预算和财务预算三大类。

日常业务预算是指与企业日常经营活动直接相关的经营业务的各种预算。其具体包括销售预算、生产预算、直接材料消耗及采购预算、直接工资及其他直接支出预算、制造费用预算、产品生产成本预算、销售及管理费用预算等，这些预算前后衔接，相互勾稽，既有实物量指标，又有价值量指标。

专门决策预算是指企业为不经常发生的长期投资决策项目或一次性专门业务所编制的预算。其具体包括资本支出预算、一次性专门业务预算等。资本支出预算根据经过审核批准的各个长期投资决策项目编制，实际上是决策选中方案的进一步规划。一次性专门业务预算是为了配合财务预算的编制，为了便于控制和监督，对企业日常财务活动中发生的一次性的专门业务，如筹措资金、投放资金、其他财务决策（发放股息、红利等）编制的预算。

财务预算（Financial Budget）是反映企业未来一定预算期内预计财务状况和经营成果以及现金收支等价值指标的各种预算的总称。其具体包括现金预算、预计损益表、预计资产负债表和预计现金流量表。前面所述的各种日常业务预算和专门决策预算，最终大多可以综合反映在财务预算中。这样财务预算就成为各项经营业务和专门决策的整体计划，故也称为总预算，各种日常业务预算和专门决策预算就称为分预算。

财务预算反映了企业在经营过程中一系列的财务业务及活动，如反映现金收支活动的现金预算；反映销售收入的销售预算；反映成本、费用支出的生产费用预算（又包括直接材料预算、直接人工预算、制造费用预算）和期间费用预算；反映资本支出活动的资本预算；等等。反映财务活动总体情况的综合预算，包括反映财务状况的预计资产负债表、预计财务状况变动表以及反映财务成果的预计损益表等。各种预算之间前后衔接，相互关联。销售预算构成生产费用预算、期间费用预算、现金预算和资本预算的编制基础；现金预算是销售预算、生产费用预算、期间费用预算和资本预算中有关现金收支的汇总；预计损益表要根据销售预算、生产费用预算、期间费用预算、现金预算编制，预计资产负债表要根据期初资产负债表以及销售、生产费用、资本等预算编制，预计财务状况表则主要根据预计资产负债表和预计损益表编制。

二、财务预算的作用

财务预算作为企业全面预算体系中的重要组成部分，在企业经营管理和实现目标利润中发挥着重大作用，概括起来有以下几个方面：

（一）财务预算是企业各级各部门工作的目标

财务预算是以各项业务预算和专门决策预算为基础编制的综合性预算，整个预算体系全面、系统地规划了企业主要技术经济指标和财务指标的预算数。因此，通过编制财务预算，不仅可以确定企业整体的总目标，而且也明确了企业内部各级各部门的具体目标，如销售目标、生产目标、成本目标、费用目标、收入目标和利润目标等。各级各部门根据自身的具体目标安排各自的经济活动，设想达到各目标拟采取的方法和措施，为实现具体目标努力奋斗。如果各级各部门都完成了自己的具体目标，企业总目标的实现也就有了保障。

（二）财务预算是企业各级各部门工作协调的工具

企业内部各级各部门因其职责的不同，对各自经济活动的考虑可能会带有片面性，甚至会出现相互冲突的现象。例如，销售部门根据市场预测提出一个庞大的销售计划，生产部门可能没有那么大的生产能力。生产部门可以编制一个充分发挥生产能力的计划，但销售部门却可能无法将这些产品推销出去。而财务预算具有高度的综合能力，财务预算编制的过程也是企业内部各级各部门的经济活动密切配合、相互协调、统筹兼顾、全面安排、搞好综合平衡的过程。例如，编制生产预算一定要以销售预算为依据，编制材料、人工、费用预算必须与生产预算相衔接，预算各指标之间应保持必需的平衡等。只有企业内部各级各部门协调一致，才能最大限度地实现企业的总目标。

（三）财务预算是企业各级各部门工作控制与考核的标准

财务预算在使企业各级各部门明确奋斗目标的同时，也为其工作提供了控制依据。各级各部门应以各项预算为标准，通过计量对比，及时提供实际偏离预算的差异数额，并分析原因，以便采取有效措施，挖掘潜力，巩固成绩，纠正缺点，保证预定目标的完成。

另外，财务预算也是企业各级各部门工作考核的依据。现代化企业管理必须建立健全各级各部门的责任制度，而有效的责任制度离不开工作业绩的考核。在预算实施过程中，实际偏离预算的差异，不仅是控制企业日常经济活动的主要标准，也是考核、评定各级各部门和全体职工工作业绩的主要依据。通过考核，对各级各部门和全体职工进行评价，并据此实行奖惩、安排人事任免等，促使人们更好地工作，完成奋斗目标。

三、财务预算编制的步骤

企业财务预算的编制以利润为最终目标，并把确定下来的目标利润作为编制预算的前提条件。企业根据已确定的目标利润，通过市场调查，进行销售预测，编制销售预算。在销售预算的基础上，企业编制出不同层次、不同项目的预算，最后汇总为综合性的现金预算和预计财务报表。财务预算编制的过程可以归结为以下几个主要步骤：

（1）根据销售预测编制销售预算。

（2）根据销售预算确定的预计销售量，结合产成品的期初结存量和预计期末结存量编制生产预算。

（3）根据生产预算确定的预计生产量，先分别编制直接材料消耗及采购预算、直接人工预算和制造费用预算，然后汇总编制产品生产成本预算。

（4）根据销售预算编制销售及管理费用预算。

（5）根据销售预算和生产预算估计所需要的固定资产投资，编制资本支出预算。

（6）根据执行以上各项预算所产生和必需的现金流量，编制现金预算。

（7）综合以上各项预算，进行试算平衡，编制预计财务报表。

第二节 财务预算的编制方法

企业可以根据不同的预算项目，分别采用固定预算与弹性预算、增量预算与零基预算、定期预算与滚动预算等方法编制各种预算。

一、固定预算与弹性预算

（一）固定预算

固定预算又称静态预算，是根据预算期内正常的、可实现的某一既定业务量水平为基础来编制的预算，一般适用于固定费用或者数额比较稳定的预算项目。

固定预算的缺点表现在：一是过于呆板，因为编制预算的业务量基础是实现假定的某个业务量。在这种方法下，不论预算期内业务量水平实际可能发生哪些变动，都只按事先确定的某一个业务量水平作为编制预算的基础。二是可比性差，当实际的业务量与编制预算所依据的业务量发生较大差异时，有关预算指标的实际数与预算数就会因业务量基础不同而失去可比性。例如，某企业预计业务量为销售 100 000 件产品，按此业务量给销售部门的预算费用为 5 000 元，如果该销售部门实际销售量达到 120 000件，超出了预算业务量，固定预算下的费用预算仍为 5 000 元。

（二）弹性预算

1. 弹性预算的概念

弹性预算（Flexible Budget）又称变动预算，与固定预算相对应。固定预算（Fixed Budget）是根据预算期内一种可能达到的预计业务量水平编制的预算。显然，在采用固定预算时，一旦预计业务量与实际业务量水平相差甚远时，必然导致有关成本费用及利润的实际水平与预算水平因基础不同而失去可比性，不利于开展控制和考核。而弹性预算是根据预算期内一系列可能达到的预计业务量水平编制的能适应多种情况的预算。其基本原理为：将成本费用按照成本习性划分为固定成本和变动成本两大部分，编制弹性预算时，对固定成本不予调整，只对变动成本进行调整。弹性预算能随着业务量的变动而变动，使预算执行情况的评价和考核建立在更加客观可比的基础上，可以充分发挥预算在管理中的控制作用。

从理论上讲，由于未来业务量的变动影响到成本费用和利润等各个方面，因此弹性预算适用于企业预算中与业务量有关的各种预算，但从实用角度考虑，弹性预算主要被用在弹性成本费用预算和弹性利润预算的编制中。

2. 弹性预算的编制步骤

整个弹性预算的编制与经营活动的业务量（即经营活动水平）挂钩，企业的经营活动水平又与企业生产、销售挂钩，因此弹性预算的编制呈现出以下步骤：

（1）选择和确定经营活动水平的计量单位（如产品产量、直接人工小时、机器小时和维修小时等）和数量界限。

（2）确定不同情况下经营活动水平的范围，通常以正常生产能力的 70%～110%为宜（其中间隔一般以 5%或 10%为好）。生产能力可以用数量、金额、百分比表示。

（3）根据成本和产量之间的依存关系，分别确定变动成本、固定成本和混合成本及其各具体费用项目在不同经营活动水平范围内的控制数额。

弹性预算适用于总预算的编制，也适用于制造费用预算、销售和管理费用预算等的编制。用于编制制造费用预算时，其关键在于把所有的成本划分为变动成本与固定成本两大部分。变动成本主要是根据单位业务量来控制，固定成本则根据总额来控制。

弹性预算的主要优点在于：一方面，它比固定预算（静态预算）运用范围广泛，能够适应不同经营活动情况的变化，更好地发挥了预算的控制作用，避免了在实际执行过程中对预算进行频繁的修改；另一方面，它能够使预算实际执行情况的评价与考核建立在更加客观可比的基础上。

【例 10-1】某公司 2016 年度利润弹性预算表（业务量是销售收入，用百分比表示）如表 10-1 所示。

表 10-1　　某公司 2016 年度利润弹性预算表　　单位：万元

销售收入百分比	70%	80%	90%	100%	110%
销售收入	105	120	135	150	165
变动成本	70	80	90	100	110
固定成本	10	10	10	10	10
利润总额	25	30	35	40	45

【例 10-2】假设某公司在预算期内预计生产丙产品 2 400 件，单位产品成本构成如表 10-2 所示。

表 10-2　　成本构成　　单位：元

项目	金额
直接材料	260
直接人工	120
变动性制造费用	120
其中：间接材料	30
间接人工	70
动力费	20
固定性制造费用	320 000
其中：办公费	100 000
折旧费	200 000
租赁费	20 000

要求：根据上述资料，编制该公司在实际生产 1 800 件、2 400 件、3 000 件和 3 600件时的弹性成本预算。

根据所给资料编制的该公司的弹性成本预算如表 10-3 所示。

表 10-3　　弹性成本预算表　　单位：元

项目	生产量 1 800 件	生产量 2 400 件	生产量 3 000 件	生产量 3 600 件
直接材料	468 000	624 000	780 000	936 000
直接人工	216 000	288 000	360 000	432 000
变动性制造费用	216 000	288 000	360 000	432 000
其中：间接材料	54 000	72 000	90 000	108 000
间接人工	126 000	168 000	210 000	252 000
动力费	36 000	48 000	60 000	72 000
固定性制造费用	320 000	320 000	320 000	320 000
其中：办公费	100 000	100 000	100 000	100 000
折旧费	200 000	200 000	200 000	200 000
租赁费	20 000	20 000	20 000	20 000
生产成本合计	1 220 000	1 520 000	1 820 000	2 120 000

二、增量预算与零基预算

（一）增量预算

增量预算是指以基期成本费用水平为基础，结合预算期业务量水平及有关降低成本的措施，通过调整有关费用项目而编制预算的方法，增量预算以过去的费用发生水平为基础，主张不需要在预算内容上做较大的调整。其编制遵循如下假定：

（1）企业现有业务活动是合理的，不需要进行调整。

（2）企业现有各项业务的开支水平是合理的，在预算期予以保持。

（3）以现有业务活动和各项活动的开支水平，确定预算期各项活动的预算数。

【例10-3】某企业上年的制造费用为50 000元，考虑到本年生产任务增大10%，按增量预算计算计划年度的制造费用。

计划年度制造费用=50 000×(1+10%)=55 000（元）

增量预算编制方法的缺陷是可能导致无效费用开支项目无法得到有效控制，因为不加以分析地保留或接受原有的成本费用项目，可能使原来不合理的费用继续开支而得不到控制，形成不必要开支合理化，造成预算上的浪费。

（二）零基预算

1. 零基预算的概念

零基预算（Zero-base Budget）又称零底预算，与增量（或减量）预算相对应。增量（或减量）预算是在基期成本费用水平的基础上，结合预算期业务量水平及有关降低成本费用的措施，通过调整有关原有成本费用项目而编制的预算。这种预算往往不加分析地保留或接受原有成本费用项目，造成各种成本费用项目水平普遍地不断上升。零基预算是以零为基础编制的预算，其基本原理为：编制预算时一切从零开始，从实际需要与可能出发，像对待决策项目一样，逐项审议各项成本费用开支是否必要合理，进行综合平衡后确定各种成本费用项目的预算数额。

2. 零基预算的特点

零基预算的基本特征是不受以往预算安排和预算执行情况的影响，一切预算收支都建立在成本效益分析的基础上，根据需要和可能来编制预算。因此，这样的一种预算具有以下几个方面的特点：

（1）不仅能压缩经费开支，而且能切实做到把有限的经费用到最需要的地方。

（2）不受以往预算安排与执行的制约，能够充分发挥各级管理人员的积极性和创造性，促进各级预算部门精打细算，量力而行，合理使用资金，提高经济效益。

（3）由于零基预算的一切支出均以零为起点进行分析、研究，因此编制预算的工作量较大。在零基预算编制中，成本效益分析结果的准确度也影响资金安排的合理与否。

3. 零基预算的编制

在掌握准确信息资料的前提下，零基预算编制的具体程序如下：

（1）确定预算单位。预算单位有时称为“基本预算单位”，也可以定义为主要的基本建设项目、专项工作任务，或者是主要项目。在实践中，通常由高层管理者来确定哪一级机构部门或项目为预算单位。

（2）提出相应费用预算方案。预算单位针对企业在预算年度的总体目标及由此确定的各预算单位的具体目标和业务活动水平，提出相应的费用预算方案，并说明每一项费用开支的理由与数额。

（3）进行成本和效益分析。按成本效益分析方法比较每一项费用及相应的效益，评价每项费用开支计划的重要程度，区分不可避免成本与可延缓成本。

（4）决定预算项目资金分配方案。将预算期可动用的资金在预算单位内各项目之间进行分配，对不可避免成本项目优先安排资金，对可延缓成本项目根据可动用资金情况，按轻重缓急、收益大小分配资金。

（5）编制明细费用预算。预算单位经协调后具体规定有关指标，逐项下达费用预算。

（6）检查总结。

三、定期预算与滚动预算

（一）定期预算

定期预算是指在编制预算时，以不变的会计期间（如日历年度）作为预算期的一种编制预算的方法。这种方法的优点是能够使预算期间与会计期间相对应，便于将实际数与预算数进行对比，也有利于对预算执行情况进行分析和评价。但这种方法固定以一年为预算期，在执行一段时期之后，往往使管理人员只考虑剩下来的几个月的业务量，缺乏长远打算，导致一些短期行为的出现。

（二）滚动预算

滚动预算（Rolling Budget）又称连续预算或永续预算，与定期预算相对应。定期预算是以会计年度为单位编制的各类预算，滚动预算则是在编制预算时，将预算期与会计年度脱离，随着预算的执行不断延伸补充预算，逐期向后滚动，使预算期永远保持为一个固定期间的一种预算编制方法。

编制滚动预算的具体做法是每过一个季度（或月份），立即根据前一个季度（或月份）的预算执行情况，对以后季度（或月份）进行修订，并增加一个季度（或月份）的预算。这样以逐期向后滚动、连续不断的预算形式规划企业未来的经营活动。

滚动预算按其预算编制和滚动的时间单位不同可分为逐月滚动、逐季滚动和混合滚动三种方式。

1. 逐月滚动方式

逐月滚动方式是指在预算编制过程中，以月份为预算的编制和滚动单位，每个月调整一次预算的方法。例如，在2016年1月至12月的预算执行过程中，需要在1月末根据当月预算的执行情况，修订2月至12月的预算，同时补充2017年1月的预算；2月末根据当月预算的执行情况，修订3月至2017年1月的预算，同时补充2017年2月的预算……以此类推。逐月滚动编制的预算比较精确，但工作量太大。

2. 逐季滚动方式

逐季滚动是指在预算编制过程中，以季度为预算的编制和滚动单位，每个季度调整一次预算的方法。例如，在2016年第1季度至第4季度的预算执行过程中，需要在第1季度末根据本季度预算的执行情况，修订第2季度至第4季度的预算，同时补充2017年第1季度的预算；第2季度末根据当季度预算的执行情况，修订第3季度至2017年第1季度的预算，同时补充2017年第2季度的预算……以此类推。逐季滚动编制的预算比逐月滚动编制的预算工作量小，但预算精度较差。

3. 混合滚动方式

混合滚动方式是指在预算编制过程中，同时使用月份和季度作为预算的编制和滚动单位的方法。这种方式的理论根据是人们对未来的了解程度具有对近期的预计把握较大，对远期的预计把握较小的特征。例如，对2016年1月至3月的3个月逐月编制详细预算，其余4月至12月分别按季度编制简略预算；3月末根据第1季度预算的执行情况，编制4月至6月的详细预算，并修订第3季度至第4季度的预算，同时补充2017年第1季度的预算；6月末根据当季预算的执行情况，编制7月至9月的详细预算，并修订第4季度至2017年第1季度的预算，同时补充2017年第2季度的预算……以此类推。

滚动预算能够从动态上保持预算的完整性和连续性，并能够使预算与实际情况更相适应，但整个编制工作繁重，任务量大。

第三节　现金预算与预计财务报表的编制

企业编制预算期间，往往因预算种类的不同而各有所异。一般来说，在年度预算下，日常业务预算和一次性专门业务预算应按季分月编制；资本支出预算应首先按每一投资项目分别编制，并在各项目的寿命周期内分年度安排，然后在编制整个企业计划年度财务预算时，再把属于该计划年度的资本支出预算进一步细分为按季或按月编制的预算；现金预算应根据企业的具体需要按月、按周、按天编制；预计财务报表应按季编制。

一、现金预算的编制

现金预算又称现金收支预算，是以日常业务预算和专门决策预算为基础编制的反映企业预算期间现金收支情况的预算。现金预算主要反映现金收入、现金支出、现金收支差额、现金筹措与使用情况以及期初期末现金余额，具体包括现金收入、现金支出、现金余缺和现金融通四个部分。

现金收入包括预算期间的期初现金余额加上本期预计可能发生的现金收入，其主要来源是销售收入和应收账款的回收，可以从销售预算中获得相关资料。现金支出包括预算期间预计可能发生的一切现金支出，包括各项经营性现金支出，用于缴纳税金、股利分配的支出，购买设备等资本性支出，可以从直接材料、直接人工、制造费用、销售及管理费用等费用预算中获得相关资料。

现金预算的编制要以其他各项预算为基础，或者说其他预算在编制时要为现金预算做好数据准备。为了更好地说明现金预算的编制，本书先介绍日常业务预算和专门决策预算的编制方法。

（一）销售预算

销售预算是指在销售预测的基础上，根据企业年度目标利润确定的预计销售量、销售单价和销售收入等参数编制的，用于规划预算期销售活动的一种业务预算。

销售预算是编制全面预算的出发点，也是日常业务预算的基础。在编制过程中，应根据有关年度内各季度市场预测的销售量和售价，确定计划期销售收入（有时要同时预计销售税金），并根据各季度现销收入与回收赊销货款的可能情况反映现金收入，以便为编制现金收支预算提供信息。

【例 10-3】已知某公司经营多种产品，预计 2017 年各季度各种产品销售量及有关售价的部分资料如表 10-4 的上半部分所示。据估计，每季度销售收入中有 80%能于当期收到现金，其余 20%要到下季度收回，假定不考虑坏账因素。该企业销售的产品均为应缴纳消费税的产品，税率为 10%，并于当季用现金完税。该公司 2016 年年末应收账款余额为 40 000 元（假定本例不考虑增值税因素）。

根据题意，可计算分季度销售收入和与销售业务有关的现金收支数据，见表 10-4 的下半部分。

表 10-4　　某公司 2017 年销售预算　　单位：元

项目	第 1 季度	第 2 季度	第 3 季度	第 4 季度	本年合计
销售量（预计）					
A 产品（件）	800	1 000	1 200	1 000	4 000
B 产品（盒）	…	…	…	…	
…	…	…	…	…	
销售单价					
A 产品	100	100	100	100	100
B 产品	…	…	…	…	
…	…	…	…	…	
①销售收入合计	195 000	290 000	375 000	220 000	1 080 000
②销售环节税金现金支出	19 500	29 000	37 500	22 000	108 000
③现销收入	156 000	232 000	300 000	176 000	864 000
④回收前期应收货款	40 000	39 000	58 000	75 000	212 000
⑤现金收入小计	196 000	271 000	358 000	251 000	1 076 000

注：②=①×10%；③=①×80%；④=①×20%；⑤=③+④

（二）生产预算

生产预算是为规划预算期生产规模而编制的一种业务预算。它是在销售预算的基础上编制的，并可以为下一步编制成本和费用预算提供依据。

编制生产预算的主要依据是预算期各种产品的预计销售量及存货量资料。其计算公式为：

预计生产量=预计销售量+预计期末存货量-预计期初存货量　（式 10-1）

由于预计销售量可以直接从销售预算中查到，预计期初存货量等于上季度期末存货量。因此，编制生产预算的关键是正确地确定各季度预计期末存货量。在实践中，可按事先估计的期末存货量占一定时期销售量的比例进行估算，当然还要考虑季节性因素的影响。

【例 10-4】仍按【例 10-3】资料，假定某公司各季度末的 A 成品存货按下季度预计销售量的 10%估算，预计 2017 年第 4 季度期末存货量为 120 件，已知 2016 年年末实际存货量为 80 件。依题意编制的 A 产品生产预算如表 10-5 所示。

表 10-5　　某公司 2017 年 A 产品生产预算　　单位：件

项目	第 1 季度	第 2 季度	第 3 季度	第 4 季度	本年合计
①本期销售量	800	1 000	1 200	1 000	4 000
②期末存货量	100	120	100	120	120
③期初存货量	80	100	120	100	80
④本期生产量	820	1 020	1 180	1 020	4 040

注：④=①+②-③

（三）直接材料消耗及采购预算

直接材料消耗及采购预算简称直接材料预算，是为规划预算期直接材料消耗情况及采购活动而编制的，用于反映预算期各种材料消耗量、采购量、材料消耗成本和采购成本等计划信息的一种业务预算。直接材料消耗及采购预算主要依据生产预算、材料单耗和材料采购单价等资料进行编制。其编制程序如下：

1. 计算各季度各种直接材料的消耗量预算

有关公式如下：

某期某产品所消耗某材料的数量=该产品当期生产量×该产品耗用该材料消耗定额　　（式 10-2）

【例 10-5】仍按【例 10-4】的资料。根据 A 产品耗用各种直接材料的消耗定额（单耗）和 A 产品预计产量，可计算出该公司预算期内各种材料消耗量预算值，如表 10-6 所示。

表 10-6　　某公司 2017 年 A 产品耗用材料预算　　单位：千克

项目	第 1 季度	第 2 季度	第 3 季度	第 4 季度	本年合计
A 产品生产量（件）	820	1 020	1 180	1 020	4 040
材料消耗定额					
甲材料	2	2	2	2	
乙材料	…	…	…	…	
…	…	…	…	…	
材料消耗数量					
甲材料	1 640	2 040	2 360	2 040	8 080
乙材料	…	…	…	…	…
…	…	…	…	…	…

2. 计算每种直接材料的总耗用量

有关公式如下：

某期某直接材料总耗用量=∑当期某产品所消耗该材料的数量　（式 10-3）

3. 计算每种直接材料的当期采购量及采购成本

有关公式如下：

某期某种材料采购量=该材料当期总耗用量+该材料期末存货量-该材料期初存货量　　（式 10-4）

某期某种材料采购成本 = 该材料单价×该材料当期采购量　　（式 10-5）

4. 计算预算期材料采购总成本

有关公式如下：

预算期直接材料采购总成本 = $\sum$当期各种材料采购成本　　（式 10-6）

【例 10-6】仍按【例 10-5】资料。某公司 2017 年各季度消耗的甲材料总量、该材料期末期初存量及其单价如表 10-7 有关栏目所示，进而可以计算出各种材料的本期采购量及采购成本，最后计算出各种材料的采购成本总额。假定每季度材料采购总额的 60%用现金支付，其余 40%在下季度付讫。2016 年年末应付账款余额为 52 000 元。根据题意计算的与材料采购业务有关的现金支出项目如表 10-7 的下部分所示。

表 10-7　　某公司 2017 年直接材料耗用及采购预算　　单位：元

材料种类	项目	第 1 季度	第 2 季度	第 3 季度	第 4 季度	全年合计
甲材料	A 产品耗用	1 640	2 040	2 360	2 040	8 080
	B 产品耗用	…	…	…	…	…
	…	…	…	…	…	…
	甲材料总耗用量	7 600	8 040	8 240	8 400	32 280
	加：期末材料存量	1 608	1 648	1 680	1 640	—
	减：期初材料存量	1 520	1 608	1 648	1 680	—
	本期采购量	7 688	8 080	8 272	8 360	32 400
	甲材料单价	5	5	5	5	—
	甲材料采购成本	38 440	40 400	41 360	41 800	162 000
乙材料	…	…	…	…	…	…
	乙材料采购成本	…	…	…	…	…
	…	…	…	…	…	…
…	…	…	…	…	…	…
各种材料采购成本总额		141 100	146 000	148 400	151 900①	587 400
当期现购材料成本		84 660	87 600	89 040	91 140	352 440
偿付前期所欠材料款		52 000	56 440	58 400	59 360	226 200
当期现金支出小计		136 660	144 040	147 440	150 500	578 640

注：①其中包括为下年开发丁产品准备的材料成本 5 800 元

（四）直接工资及其他直接支出预算

直接工资又称直接人工预算，是一种既反映预算期内人工工时消耗水平，又规划人工成本开支的业务预算。该预算的编制程序如下：

1. 计算预算期各产品有关直接人工工时预算值

有关公式如下：

某产品消耗直接人工总工时 = $\sum$某车间生产该产品消耗直接人工总工时

（式 10-7）

其中：

$$某车间生产该产品消耗直接人工总工时=该车间生产该产品产量×该产品在该车间发生人工单耗定额工时 \quad (式 10-8)$$

【例 10-7】某公司 2017 年 A 产品直接人工工时预算如表 10-8 所示。

表 10-8　　某公司 2017 年 A 产品直接人工工时预算　　单位：小时

项目	第 1 季度	第 2 季度	第 3 季度	第 4 季度	本年合计
A 产品生产量（加工量）	820	1 020	1 180	1 020	4 040
一车间	…	…	…	…	…
二车间	…	…	…	…	…
…	…	…	…	…	…
单位产品定额工时					6[①]
一车间	3	3	3	3	—
二车间	…	…	…	…	—
…	…	…	…	…	—
A 产品直接人工总工时					
一车间	2 460[②]	3 060	3 540	3 060	12 120
二车间	…	…	…	…	
…	…	…	…	…	
合计	4 920	6 120	7 080	6 120	24 240

注：①单位 A 产品定额工时＝24 240÷4 040；②＝820×3

2. 计算各种产品的直接工资预算额

有关公式如下：

$$某种产品直接工资预算额=该产品预计直接人工总工时×单位工时工资率 \quad (式 10-9)$$

3. 计算各种产品的其他直接支出预算额

有关公式如下：

$$某种产品其他直接支出预算额=该产品直接工资预算额×计提百分比 \quad (式 10-10)$$

4. 计算企业直接工资及其他直接支出总预算

有关公式如下：

$$企业直接工资及其他直接支出总预算=\sum(某种产品直接工资预算额+该产品其他直接支出预算额) \quad (式 10-11)$$

【例 10-8】表 10-8 中，假定其他直接支出已被归并入直接人工成本统一核算，不分别反映直接工资与其他直接支出。另外，直接人工成本假定均须用现金开支，故不必单独列示。根据表 10-8 的人工工时预算得到人工成本预算如表 10-9 所示。

表 10-9　　某公司 2017 年直接人工成本预算　　单位：元

项目	第 1 季度	第 2 季度	第 3 季度	第 4 季度	本年合计
①直接人工总工时					
A 产品	4 920	6 120	7 080	6 120	24 240
B 产品	…	…	…	…	…
…	…	…	…	…	…
②合计	7 600	8 040	8 240	8 400	32 280
③单位人工成本	3	3	3	3	3
④单位产品人工成本					
A 产品	18	18	18	18	18
B 产品	…	…	…	…	…
⑤直接人工成本总额					
A 产品	14 760	18 360	21 240	18 360	72 720
B 产品	…	…	…	…	…
⑥合计	22 800	24 120	24 720	25 200	96 840

注：⑤=①×③；④=⑤÷产量；③=Σ⑥÷Σ②

（五）制造费用预算

制造费用预算是指用于规划除直接材料和直接人工预算以外的其他一切生产费用的一种业务预算。

在编制制造费用预算时，可按变动成本法将预算期内除直接材料、直接人工成本以外的预计生产成本（即制造费用）分为变动部分与固定部分，并确定变动制造费用分配率标准，以便将其在各产品间分配；固定部分的预算总额作为期间成本，可以不必分配。有关公式为：

预算分配率=变动性制造费用÷相关分配标准预算　　（式 10-12）

式中，分母可以在生产量预算或直接人工工时总额预算中选择，多品种条件下，一般以后者进行分配。

【例 10-9】表 10-10 为某公司 2017 年制造费用预算。

表 10-10　　某公司 2017 年制造费用预算　　单位：元

固定性制造费用	金额	变动性制造费用	金额
1. 管理人员工资	8 700	1. 间接材料	8 500
2. 保险费	2 800	2. 间接人工成本	18 800
3. 设备租金①	2 680	3. 水电费	14 500
4. 维修费	1 820	4. 维修费	6 620
5. 折旧费	12 000	合计	48 420
合计	28 000	直接人工总工时	32 280
其中：付现费用	16 000	预算分配率	1.5

项目	第 1 季度	第 2 季度	第 3 季度	第 4 季度	全年合计
变动性制造费用②	11 400	12 060	12 360	12 600	48 420
付现的固定性制造费用③	4 000	4 000	4 000	4 000	16 000
现金支出小计	15 400	16 060	16 360	16 600	64 420

注：①年初租入生产 B 产品的专用设备一台，按季付租金 670 元；

②=预算分配率×各季度预计总工时；

③=全年付现的固定性制造费用÷4

（六）产品生产成本预算

产品生产成本预算又叫产品成本预算，是反映预算期内各种产品生产成本水平的一种业务预算。这种预算是在生产预算、直接材料消耗及采购预算、直接人工预算和制造费用预算的基础上编制的，通常应反映各产品单位生产成本与总成本，有时还要反映年初和年末的产品存货预算。也有人主张分季反映各期生产总成本和期初、期末存货成本的预算水平。在这种情况下，各季度期末存货计价的方法应保持不变。

【例 10-10】某公司按变动成本法确定的 2017 年产品生产成本预算如表 10-11 所示。

表 10-11　　**某公司 2017 年产品生产成本预算**　　单位：元

成本项目	A 产品全年产量 4 040 件				B	总成本合计
	单耗	单价	单位成本	总成本		
直接材料						
甲材料	2	5	10	40 400		161 400
乙材料	…	…	…	…		…
…	…	…	…	…		…
小计			22	88 880		583 500
直接工资及其他直接支出	6	3	18	72 720		96 840
变动性制造费用	6	1.5	9	36 360		48 420
变动生产成本合计			49	197 960	…	728 760
产成品存货	数量（件）		单位成本	总成本	…	合计
年初存货	80		50	4 000	…	28 500
年末存货	120		49	5 880	…	81 660

（七）经营及管理费用预算

经营及管理费用预算是以价值形式反映整个预算期内为推销商品和维持一般行政管理工作而发生的各项费用支出计划的一般预算。经营及管理费用预算类似于制造费用预算，一般按项目反映全年预计水平。这是因为经营费用和管理费用多为固定成本，它们的发生是为保证企业维持正常的经营服务，除折旧、销售人员工资和专设销售机构日常经费开支定期固定发生外，还有不少费用属于年内待摊或预提性质，如一次性支付的全年广告费就必须在年内均摊，这些开支的时间与受益期间不一致，只能按全年反映，进而在年内平均摊配。有人主张将这些费用也划分为变动和固定两部分。对变动部分按分期销售业务量编制预算，对固定部分全年均摊，认为这样有助于编制分期现金支出预算。实际上，除非将所有费用项目逐一分期编制现金开支预算，否则对于那些跨期分摊的项目来说，任何平均费用都不等于实际支出，因此必须具体逐项编制预算。

【例 10-11】表 10-12 是某公司的经营费用及管理费用预算（不区分变动与固定费用）。

表 10-12　　某公司 2017 年经营费用及管理费用预算　　单位：元

费用项目		全年预算	费用项目		全年预算
1. 销售人员薪金		4 500	10. 行政人员薪金		3 500
2. 专设销售机构办公费		2 000	11. 差旅费		1 500
3. 代理销售佣金		1 200	12. 审计费		2 000
4. 销售运杂费		650	13. 财产税		700
5. 其他销售费用		950	14. 行政办公费		3 000
6. 宣传广告费		4 000	15. 财务费用		500
7. 交际费		1 000	费用合计		29 600
8. 土地使用费		3 300			
9. 折旧费		800	每季度平均 = 29 600÷4 = 7 400		
季度	第 1 季度	第 2 季度	第 3 季度	第 4 季度	全年合计
现金支出	6 450	7 400	8 250	6 700	28 800

（八）专门决策预算

专门决策预算包括短期决策预算和长期决策预算两类。前者往往被纳入业务预算体系，如零部件取得方式决策方案一旦确定，就要相应调整材料采购或生产成本预算；后者又称资本支出预算，往往涉及长期建设项目的资金投放与筹措等，并经常跨年度，因此除个别项目外一般不纳入业务预算，但应计入与此有关的现金收支预算与预计资产负债表。

【例 10-12】某公司为稳定 B 产品质量，2017 年需增设一台专用检测设备，取得方案有三个：一是花 10 000 元购置，可用 5 年；二是花半年时间自行研制，预计成本 5 000元；三是采用经营租赁形式，每季支付 670 元租金向信托投资公司租借。经反复研究，该公司决定采取第三个方案，于是该项决策预算被纳入制造费用预算。

【例 10-13】为开发新产品 D，某公司决定于 2017 年上马一条新的生产线，年内安装调试完毕，并于年末投入使用，有关投资及筹资预算如表 10-13 所示。

表 10-13　　某公司 2017 年 D 产品生产线投资总额和资金筹措表　　单位：元

项目	第 1 季度	第 2 季度	第 3 季度	第 4 季度	全年合计
固定资产投资					
1. 勘察设计费	500				500
2. 土建工程	5 000	5 000			10 000
3. 设备购置		65 000	15 000		80 000
4. 安装工程			3 000	5 000	8 000
5. 其他				1 500	1 500
流动资金投资					
丁材料采购				5 800	5 800
合 计				5 800	5 800
投资支出总计	5 500	70 000	18 000	12 300	105 800

表10-13(续)

项目	第1季度	第2季度	第3季度	第4季度	全年合计
投资资金筹措					
1. 发行优先股	20 000				20 000
2. 发行公司债		50 000			50 000
合计	20 000	50 000			70 000

注：①优先股股利为15%；②公司债券利息率为12%

该预算中仅把丁材料采购纳入业务预算中的直接材料采购预算，其余仅计入现金收支预算和预计资产负债表。

(九) 现金预算

【例10-14】根据【例10-2】至【例10-13】的资料编制的某公司2017年现金预算如表10-14所示。

表10-14 某公司2017年现金预算 单位：元

项目	第1季度	第2季度	第3季度	第4季度	全年合计	备注
①期初现金余额	21 000	22 690	23 270	24 138	21 000	
②经营现金收入	196 000	271 000	358 000	251 000	1 076 000	
③经营性现金支出	228 810	248 620	262 270	249 000	988 700	
直接材料采购	136 660	144 040	147 440	150 500	578 640	
直接工资及其他支出	22 800	24 120	24 720	25 200	96 840	
制造费用	15 400	16 060	16 360	16 600	64 420	
销售及管理费用	6 450	7 400	8 250	6 700	28 800	
产品销售税金（消费税）	19 500	29 000	37 500	22 000	108 000	
预交所得税	20 000	20 000	20 000	20 000	80 000	
预分股利	8 000	8 000	8 000	8 000	32 000	
④资本性现金支出	5 500	70 000	18 000	6 500	100 000	
⑤现金余缺	(17 310)	(24 930)	101 000	19 638	8 300	
⑥资金筹措及运用	40 000	48 200	(76 862)	5 320	16 658	
流动资金借款	20 000				20 000	
归还流动资金借款		(1 000)	(10 000)	(9 000)	(20 000)	
发行优先股	20 000				20 000	
发行公司债		50 000			50 000	
支付各项利息		(800)	(1 880)	(1 680)	(4 360)	
购买有价证券			(64 982)	16 000	(48 982)	
⑦期末现金余额	22 690	23 270	24 138	24 958	24 958	

注：⑤=①+②-③-④；⑦=⑤+⑥；

假定借款在期初发生，还款在期末发生，利息率为8%

二、预计财务报表的编制

(一) 预计利润表

预计利润表是以货币为单位、全面综合地表现预算期内经营成果的利润计划。该表既可以分季编制，又可以按年编制。

【例 10-15】表 10-15 是某公司 2017 年按变动成本法编制的全年预计利润表。

表 10-15　　某公司 2017 年度预计利润表　　单位：元

销售收入	1 080 000
减：销售税金及附加	108 000
减：本期销货成本①	675 600
边际贡献总额	296 400
减：期间成本②	61 960
利润总额	234 440
减：应交所得税（25%）	58 610
净利润	175 830

注：①=28 500+728 760-81 660（见表 10-11 中的数据）；

②=28 000+29 600+4 360（见表 10-10、表 10-12、表 10-14 中的数据）

（二）预计资产负债表

预计资产负债表是以货币单位反映预算期末财务状况的总括性预算，表中除上年期末数事先已知外，其余项目在前面所列的各项预算指标的基础上分析填列。

【例 10-16】表 10-16 为某公司编制的 2017 年 12 月 31 日预计资产负债表。

表 10-16　　某公司预计资产负债表　　单位：元

资产	年末数	年初数	负债与股东权益	年末数	年初数
现金	24 958	21 000	负债		
应收账款	44 000①	40 000	应付账款	60 760⑤	52 000
材料存货	31 900②	28 000	应付公司债	50 000	
产成品存货	81 660	28 500	应交所得税	-21 390⑥	
土地	120 000	120 000	股东权益		
厂房设备	275 000③	175 000	普通股	280 000	280 000
减：累计折旧	40 000④	27 200	优先股	20 000	
有价证券投资	48 982		留存收益	197 130⑦	53 300
资产总计	586 500	385 300	负债与股东权益总计	586 500	385 300

注：①=220 000-176 000=40 000+1 080 000-1 076 000（表 10-4）；

②=28 000+587 400-583 500（表 10-7、表 10-11）；

③=175 000+100 000（表 10-13）；

④=27 200+（12 000+800）（表 10-10、表 10-12）；

⑤=151 900-91 140=52 000+587 400-578 640（表 10-7）；

⑥=58 610-80 000（表 10-15、表 10-14）；

⑦=53 300+175 830-32 000（表 10-15、表 10-14）

第四节 财务控制与责任中心

一、财务控制的概念与作用

（一）财务控制的概念

控制是指通过一定的手段对实际行动施加影响，使之能够按照预定的目标或计划进行的这样一种过程。财务控制则是指企业按照一定的程序与方法，确保企业及其内部机构和人员全面落实与实现财务预算，实现对企业资金的取得、投放、使用和分配过程的控制。

财务控制是财务管理的重要环节，这就使得财务控制具有财务管理的某些重要特征。财务控制的主要特征有以下三点：

1. 财务控制是一种价值控制

这是财务控制与其他管理控制区别的本质特征。从财务管理的依据上看，财务控制的主要依据是财务管理目标、财务预算等，无论是整体目标、分部目标、具体目标，还是现金预算、预计利润表、预计资产负债表都可以或必须以价值形式表达；从财务控制的对象来看，无论是资金、成本或者是利润，均以价值形式体现。因此，无论是责任预算、责任报告、业绩考核还是单位内部的相互制约关系，都需要借助于价值形式或内部转移价格来进行控制。

2. 财务控制是一种综合控制

这一特征是由财务控制的本质特征决定的。既然财务控制是以价值手段进行控制的，那么它就可以将不同性质的业务综合起来进行控制，也可以将各种不同岗位、不同部门、不同层次的业务活动综合起来进行控制。财务控制的综合性体现在对资产、利润、成本等综合性价值指标的控制上。

3. 日常财务控制以现金流量为控制目的

企业的日常财务活动通常表现为营业现金的流动，因而日常财务控制关注的重点自然是现金的流入和流出。为此，财务控制的重点应放在现金流量状况的控制上，通过编制现金预算作为组织现金流量的依据，同时还通过编制现金流量表，作为评估现金流量状况的依据。

简单地概括，可以认为财务控制的特征是以价值形式为控制手段，以不同岗位、部门和层次的不同经济业务为综合控制对象，以控制日常现金流量为主要内容。

（二）财务控制的作用

财务控制与财务预测、决策和分析等共同构成了财务管理的循环。其中，财务控制是财务管理的关键环节，它对实现企业财务管理的目标起着保证、促进、监督、协调等多方面的作用。

1. 保证作用

企业的生产与再生产都需要资金的保障。没有足够的资金，企业不仅无法进行扩张，连基本的生产都不能保证。因此，财务部门就有责任广开财源，筹措生产与再生产所必需的资金。同时，财务部门还应当根据企业生产经营活动的历史资料及客观规律，有计划、按比例地在各个环节和项目之间，进行资金的分配和供应，以保证生产经营活动能够有序地进行。通过财务控制工作，可以使企业的资金在生产经营的各个环节得到合理的配置和有效的利用，对企业的生产经营活动正常进行起到了很好的保证作用。

2. 促进作用

企业的生产经营活动过程，是生产资源（如劳动、原材料、机器设备等）的耗费和价值的形成过程。对各项生产资源的控制及对价值转移和新价值创造的控制，都必须通过财务控制来进行。财务控制通过对生产活动的各个环节进行有效的激励，有助于各项资源通过劳动者的生产经营转移旧价值，也有助于创造新价值，并最终有利于形成财务成果。

3. 监督作用

企业的生产经营活动，以货币购买生产资料开始，到最终将产品售出收回资金为一个循环。在生产经营活动中，可以通过财务控制来实现对生产经营活动各个环节的监督。因为在生产经营的各个环节，各种财产、物资的增减变化，各种耗费以及生产经营活动的最终成果都可以用货币来进行衡量。通过综合计算，可以形成各种财务指标，财务部门对这些指标进行分析、检查，可以对企业的生产经营活动进行诊断，找到薄弱的环节，并采取积极的应对措施，进行事前、事中、事后的监督，改善生产经营。

4. 协调作用

生产经营过程的资金运转需要企业各个部门的协调，如果有一个环节成为瓶颈，那么企业的资金流就会不顺畅。财务控制则是这个协调的纽带，通过财务控制可以将生产过程与流通过程协调起来，使整个财务活动正常运转。另外，财务控制还可以协调投资人、债权人、债务人、政府部门、企业之间以及企业内部各部门之间的经济关系。

二、财务控制的种类

（一）按财务控制的主体分类

财务控制按其控制主体分为出资者财务控制、经营者财务控制、财务部门财务控制和责任中心财务控制。

出资者财务控制是资本所有者为了实现其资本保全和资本增值目的而对经营者的财务收支活动进行的控制，如对成本开支范围和标准的规定等。

经营者财务控制是管理者为了实现财务预算目标而对企业的财务收支活动进行的控制。其主要内容是制定并执行财务决策、制定预算、确立目标、建立企业内部财务控制体系等。

财务部门财务控制是财务部门为了有效地保证现金供给，通过编制现金预算，对企业日常财务活动进行的控制，属于企业的日常财务控制。

责任中心财务控制是指企业内部各责任中心以责任预算为依据，对本中心的财务活动实施的控制，如责任资金控制、责任成本控制、责任利润控制等。

（二）按财务控制的时间顺序分类

财务控制按控制的时间顺序分为事前财务控制、事中财务控制和事后财务控制。

事前财务控制是指在财务活动尚未发生之前就通过制定一系列的制度、规定、标准，将可能发生的差异予以排除。例如，事先制定财务管理制度、内部牵制制度、财务预算及各种定额标准等。

事中财务控制是指在财务收支活动发生过程中进行的控制。例如，严格按预算、制度、定额、标准等控制各项活动的收支，及时预测可能出现的偏差，在差异尚未出现时，就将其消除。

事后财务控制是指对财务收支活动的结果进行的考核及相应的奖罚。例如，按财务预算的要求对各责任中心的财务收支结果进行评价，并据以实行奖惩。

（三）按财务控制的依据分类

财务控制按控制的依据分为财务目标控制、财务预算控制和财务制度控制。

财务目标控制就是以企业的财务目标为依据，对各责任中心的财务活动进行约束、指导和干预，使之符合财务目标的控制形式。

财务预算控制是指以企业财务预算为依据，对预算执行主体的财务收支活动进行监督、调整，使之符合预算目标的一种控制形式。

财务制度控制是指通过制定企业内部规章制度，并以此为依据约束企业和各责任中心财务收支活动的一种控制形式。

（四）按控制的对象分类

财务控制按控制的对象分为财务收支控制和现金控制。

财务收支控制是按照财务预算或财务收支计划，对企业和各责任中心的财务收入活动与财务支出活动进行的控制。其主要目的是实现财务收支的平衡。

现金控制是以现金预算为依据，对企业和各责任中心的现金流入与现金流出活动进行的控制。其目的是为了完成现金预算目标，防止现金的短缺和闲置。

（五）按财务控制的手段分类

财务控制按控制的手段分为绝对控制和相对控制，也称为定额控制和定率控制。

绝对控制（定额控制）是指对企业和责任中心的财务指标采用绝对额进行控制。通常，对于激励性的指标确定最低控制标准，而对于约束性的指标则确定最高控制标准。

相对控制（定率控制）是指对企业和责任中心的财务指标采用相对比率进行控制。通常，相对控制具有投入与产出匹配、开源与节流并重的特征。

此外，财务控制还存在着其他的一些分类方式。例如，按照财务控制的内容，可将财务控制分为一般控制和应用控制；按照财务控制的功能，可将财务控制分为预防性控制、侦查性控制、纠正性控制、指导性控制和补偿性控制。

三、责任中心

（一）责任中心的概念、特征及其分类

企业为了实行有效的内部财务控制，通常都是按照统一领导、分权管理的原则，在企业内部合理划分责任单位，明确责任单位应承担的经济责任、应有的权力和利益，

促使各责任单位各尽其能，相互协调配合。责任中心就是承担一定的经济责任，并享有一定权力和利益的内部单位（或责任单位）。责任中心是一个责、权、利相结合的实体，具有承担经济责任的条件以及相对独立的经营业务和财务收支活动。

从责任中心的概念来看，责任中心主要有以下的五个特征：

1. 责任中心是责、权、利相结合的实体

每个责任中心都必须对一定的财务指标承担完全责任，同时还被赋予与该责任范围对应、大小相等的相关权力，并制定相应的业绩考核标准和利益分配标准。

2. 责任中心具有承担经济责任的条件

责任中心具有履行经济责任的行为能力，也具有承担经济责任后果的相应能力。

3. 责任中心承担的责任和行使的权力都应该是可控的

每个责任中心只能对其责权范围内的可控成本、收入、利润和投资负责，在企业的预算和业绩考核中也应包括其能控制的项目。

4. 责任中心具有相对独立的经营活动和财务收支活动

这表明责任中心是确定经济责任的客观对象。

5. 责任中心便于进行单独核算

责任中心不仅要划清责任，而且要便于责任会计核算。划分责任是前提，单独核算是保证。只有满足了这两个要求，企业内部单位才有成为责任中心的可能性。

责任中心按其权责范围和业务流动特点的不同，一般可以分为成本中心、利润中心和投资中心三类。

（二）成本中心

1. 成本中心的含义及其类型

成本中心是指对成本或费用承担责任的责任中心。由于成本中心通常不会形成以货币计量的收入，因而不需要对收入、利润或投资负责。

成本中心是责任中心中应用最为广泛的一种类型，原则上而言，凡是有成本发生，需要对成本负责，并能对成本进行控制的内部单位，都可以成为成本中心。例如，企业集团下属的各个分厂、车间、事业部、工段、班组，甚至是个人都可以成为责任中心。成本中心的职责是用一定的成本去完成规定的具体任务。

成本中心通常有两种：标准成本中心和费用中心。

标准成本中心是对产品生产过程中发生的直接材料、直接人工、制造费用等进行控制的成本中心。标准成本中的典型代表是制造业工厂、车间、工段、班组等。在生产制造活动中，标准成本中心的投入一般与产量水平有函数对应关系，不仅能够计量产品产出的实际数量，而且每个产品都有明确的原材料、人工和间接制造费用的数量标准和价格标准，从而可以对生产过程实施有效的弹性成本控制。事实上，任何一项重复性活动，只要能够计量产出的实际数量，并且能够建立起投入与产出之间的函数关系，都可以作为标准成本中心。

费用中心是指对销售费用、管理费用、财务费用等期间费用进行控制的成本中心，如财务部门、营销部门、仓储部门等。费用中心适用于那些产出物不能用财务指标来衡量，或者是投入与产出之间没有明确函数关系的内部单位，因而对于费用中心，通常是采用制定、实施费用预算来进行控制的。

2. 责任成本与可控成本

责任成本是以具体的责任单位为对象，以其承担的责任为范围所归集的成本。特定责任中心的责任成本就是该中心的全部可控成本之和。

可控成本是指责任单位在特定时期内，特定的责任中心能够直接控制其发生的成本。作为可控成本一般具以下四个条件：

（1）责任中心能够通过一定的方式预知成本的发生。

（2）责任中心能够对发生的成本进行计量。

（3）责任中心能够通过自己的行为对这些成本加以调节和控制。

（4）责任中心可以将这些成本的责任分解落实。

与可控成本相对应的还有不可控成本，凡是不能同时满足上述四个条件的成本就是不可控成本。对于特定的责任中心而言，不可控成本的责任不应由其承担。

正确判断成本的可控性是成本中心承担起责任成本的前提条件，因而我们在理解和判断可控成本时应注意以下几个方面：

（1）成本的可控性总是与特定的责任中心相关，同时与责任中心所处的管理层级的高低、管理权限及控制范围的大小都有直接的关系。例如，原材料的成本对于采购部门而言是可控成本，而对于生产车间而言则是不可控的。

（2）成本的可控性要考虑成本发生的时间范围。一般来说，许多成本在消耗或支付的当期是可控的，一旦开始消耗或已经支付时，则不再可控了。例如，折旧费、租赁费等，在购置设备和签订租约时是可控的，而使用设备或执行契约时就不可控制了。成本的可控性是一个动态概念，会随着时间的推移和企业管理条件的变化而变化。

3. 成本中心的考核指标

由于成本中心只对成本负责，因而对其评价和考核的主要内容是成本，主要是通过对各成本中心的实际责任成本与预算责任成本进行比较，作为成本中心业务活动优劣的评价标准。成本中心的考核指标和计算公式如下：

$$成本(费用)变动额=实际责任成本(费用)-预算责任成本(费用)$$

（式 10-13）

$$成本(费用)变动率=成本(费用)变动额\div预算责任成本(费用)\times100\%$$

（式 10-14）

在进行成本中心考核时，如果预算产量与实际产量不一致时，应先按照弹性预算方法进行预算指标调整，然后再按公式进行计算。如果成本（费用）的变动额（率）为负数时，则表示成本降低了。

【例 10-17】甲车间为某企业内部的成本中心，生产 A 产品，预算产量为 5 000 件，单位成本为 150 元；实际产量为 4 000 件，单位成本为 145.5 元。

计算该成本中心的成本变动额和变动率。

成本变动额 $=4\ 000\times145.5-4\ 000\times150=-18\ 000$（元）

成本变动率 $=-18\ 000\div(4\ 000\times150)=-3\%$

结果表明，该成本中心的成本节约额为 18 000 元，节约率为 3%。

（三）利润中心

1. 利润中心的含义及类型

利润中心是对利润负责的责任中心。由于利润是收入减去成本费用之差，因而利润中心是指既对成本负责又对收入和利润负责的责任单位。利润中心既要控制成本费用的发生，也要对收入和成本费用的差额即利润进行控制。此处所指的成本和收入对利润中心来说都应是可控的，可控的收入减去可控的成本后的净收入就是利润中心的可控利润，也被称为责任利润。

利润中心能同时控制生产和销售，但没有责任或权力决定该中心资产投资的水平。此类责任中心一般是指有产品或劳务生产经营决策权的企业较高层级的部门，如分厂、分店、事业部等。

利润中心按其收入特征可分为自然利润中心与人为利润中心。

自然利润中心能够直接向企业外部出售产品，在市场上进行购销业务而赚取利润。这种利润中心直接面向市场，具有产品销售权、价格制定权、材料采购权和生产决策权。自然利润中心虽然是企业的一个部门，但功能与独立企业相近。例如，采用事业部制的企业，每个事业部均有销售、生产、采购的职能，有很强的独立性，它们就是自然的利润中心。

人为的利润中心主要是在企业内部按照内部转移价格出售产品，视同产品销售而取得内部销售收入。这种利润中心一般不直接对外销售产品，只对本企业内部各责任中心提供产品（或劳务）。要成为人为利润中心必须具备两个条件：一是可以向其他责任中心提供产品或劳务；二是能合理确定转移产品的内部转移价格，以实现公平交易、等价交换。例如，大型钢铁联合企业分成采矿、炼铁、炼钢、轧钢等几个部门，这些生产部门的产品主要在企业的内部进行转移，只有少量对外销售，这些生产部门则可以看成人为的利润中心。又如，企业内部有辅助部门，包括修理、供电、供水等部门，可以按固定的价格向生产部门收费，则其也可以确定为人为的利润中心。

2. 利润中心的成本计算

利润中心对利润负责，必定要准确地计量成本、核算费用，以便正确计算利润，以作为利润中心业绩评价与考核的可靠依据。通常有以下两种方式可以供企业选择，用以衡量利润中心的成本：

（1）利润中心只计算其可控成本，不分担其不可控的共同成本。这种方式主要是用于共同成本难以合理分摊或无需进行共同成本分摊的场合，按这种方式计算出的盈利并非通常意义上的利润，而是相当于贡献毛益总额。企业各利润中心的贡献毛益总额之和，减去未分配的共同成本，经过调整之后才是企业的税前利润总额。这种成本计算方式的利润中心，实质上已不是完整的和原来意义上的利润中心，而是贡献毛益总额。人为利润中心通常采用这种计算方式。

（2）利润中心不仅计算可控成本，也计算不可控成本。这种方式适合于共同成本易于合理分摊或不存在共同成本分摊的场合。在计算成本时，如果采用变动成本法，利润中心需要计算出贡献毛益，再减去固定成本，才是税前净利；如果采用固定成本法，利润中心可以直接计算出税前净利。将企业各利润中心的税前净利进行加总，就可以得出企业的总税前净利。这种方式一般适用于自然利润中心。

3. 利润中心的考核指标

利润中心的考核指标主要是利润。企业通常将实际实现的利润同责任预算所确定的利润进行对比，评价其责任中心的业绩。由于各种利润中心计算成本的方法不同，考核指标的计算也有所区别。

（1）人为利润中心的考核指标的计算。

可控贡献毛益总额=该利润中心销售收入总额-该利润中心可控成本总额

可控贡献毛益增减额=预算可控毛益总额-实际可控贡献毛益总额

（式 10-15）

（2）自然利润中心的考核指标的计算。

利润中心贡献毛益总额=该利润中心销售收入总额
-该利润中心变动成本总额　（式 10-16）

利润中心负责人可控利润总额=该利润中心贡献毛益总额
-该利润中心负责人可控固定成本　（式 10-17）

利润中心可控利润总额=该利润中心负责人可控利润总额
-该利润中心负责人不可控固定成本　（式 10-18）

利润中心税前利润=利润中心贡献毛益总额
-利润中心分配的各种公司管理费用　（式 10-19）

上述公式中，式（10-16）是利润中心考核指标中的一个中间指标。式（10-17）反映了利润中心负责人在其权限范围内有效使用资源的能力，利润中心负责人可控制收入以及变动成本和部分固定成本，因而可以对可控利润承担责任，该指标主要用于评价利润中心负责人的经营业绩。这里存在一个问题就是要将各部门的固定成本进一步区分为可控成本和不可控成本，这是因为有些费用虽然可以追溯到有关部门，却不为利润中心负责人所控制，如广告费、保险费等。因此，在考核利润中心负责人业绩时，应将其不可控成本从中剔除。式（10-18）主要适用于对利润中心的业绩评价和考核，用以反映该部门弥补共同性固定成本后对企业利润所做的贡献。式（10-19）反映的则是利润中心的可控利润抵补总部的管理费用后的盈余，即利润中心的税前利润。

【例 10-18】某日化企业的某洗发水品牌（利润中心）的有关资料如表 10-17 所示。

表 10-17　利润中心资料　单位：万元

部门销售收入	200
部门销售产品的变动生产成本和变动性销售费用	120
部门可控固定成本	15
部门不可控固定成本	15
分配的公司管理费用	5

该利润中心考核指标计算如下：

利润中心贡献毛益总额=200-120=80（万元）

利润中心负责人可控利润总额=80-15=65（万元）

利润中心可控利润总额=65-15=50（万元）

利润中心税前利润=50-5=45（万元）

（四）投资中心

1. 投资中心的含义

投资中心是指既要对成本、收入和利润负责，又要对投资效果负责的责任中心。从定义上直观来看，投资中心也是利润中心，因为其要对利润负责，但投资中心与单纯的利润中心又有所区别。两者的主要区别在于：第二，利润中心没有投资决策权，需要在企业确定投资方向后组织具体的经营；而投资中心则不仅在产品生产和销售上享有较大的自主权，而且具有投资决策权，能够相对独立地运用其掌控的资金，有权购置或处理固定资产，扩大或削减现有的生产能力。第二，在业绩考核时，考核利润中心不需要联系投资或占用资产的多少；而投资中心的业绩考核则必须将利润与占用的资产联系起来，进行投入与产出的比较。

投资中心是最高层次的责任中心，拥有较大的决策权，也承担较大的责任。一般而言，大型企业集团所属的子公司、分公司、事业部往往都是投资中心。由于投资中心享有一定的投资决策权和经营决策权，企业应对各投资中心在资产和权益方面划分清楚，也应对共同发生的成本按适当标准进行分配；对各投资中心之间相互调剂使用的现金、存货、固定资产等，均应计息清偿，实行有偿使用。通过上述的划分，以便准确地计算出各投资中心的经济效益，对其进行正确的评价和考核。

2. 投资中心的考核指标

投资中心评价与考核的内容除了利润之外，更重要的是考核其投入产出比，即其投资效果，其中反映投资效果的指标主要是投资报酬率、剩余收益和现金回收率。

（1）投资报酬率。投资报酬率是投资中心获得的利润占投资额（或经营资产）的比率，可以反映投资中心的综合盈利能力，也被称为投资利润率、投资收益率。

$$投资报酬率=利润\div投资额（或经营资产）\times100\% \qquad （式 10-20）$$

投资报酬率是个相对数正指标，数值越大越好。为了更好地反映资产的使用效果，我们所采用的利润通常是息税前利润；同时，由于指标为某一期间的财务成果，为了保持分子分母的口径，分母采用平均值计算。

进一步将投资报酬率进行分解，有

$$\begin{aligned}投资报酬率&=（利润\div销售收入）\times（销售收入\div营业资产）\\&=销售利润率\times资产周转率 \qquad （式 10-21）\end{aligned}$$

目前，很多企业采用投资报酬率作为投资中心的业绩评价指标。该指标的优点是：首先，该指标能反映投资中心的综合盈利能力，我们从分解后的公式可以看出，要提高投资报酬率，不仅应尽力降低成本、扩大销售、提高销售利润率，而且还可以通过有效地使用资产，提高资产的使用效率。其次，投资报酬率是相对数指标，剔除了因投资额不同而导致的利润差异的不可比因素，具有了横向可比性，有利于判断各投资中心经营业绩的优劣。最后，投资报酬率也可以作为选择投资机会的依据，有利于优化资源配置。

但是投资报酬率的不足之处在于缺乏全局观念。当一个投资项目的投资报酬率低于该投资中心的报酬率而高于整个企业的投资报酬率时，虽然企业希望接受这个投资项目，但该投资中心可能会拒绝采用；相反，当投资项目的报酬率高于该中心的报酬率而低于整个企业的报酬率时，投资中心也可能会只考虑自己的利益，进行投资，从而损害企业的整体利益。

（2）剩余收益。为了克服由于使用投资报酬率等比率指标来衡量部门业绩带来的次优选择问题，许多企业采用绝对数指标来实现利润与投资之间的联系。这个指标就是剩余收益。剩余收益就是投资中心获得的利润扣减投资额按预期最低投资报酬率计算的投资报酬后的余额。

剩余收益=利润-投资额(或营业资产)×预期最低投资报酬率

=投资额(或营业资产)×(投资报酬率-预期最低投资报酬率)

（式 10-22）

当采用剩余收益作为业绩评价指标时，各投资中心只要其投资报酬率大于预期最低投资报酬率时，剩余收益就大于零。由于剩余收益是一个绝对数正指标，因此该指标越大，从一定程度上说明投资的效果越好。

剩余收益指标的优点在于可以使投资中心的业绩评价与企业的目标协调一致，引导部门经理采纳高于企业资本成本的决策。

当然，剩余收益指标的缺点也在于它是绝对数指标，不便于不同部门之间的比较。规模大的部门容易获得较大的剩余收益，但其投资报酬率并不一定高。因此，企业在采用该指标时，事先应建立与每个部门结构相适应的剩余收益预算，然后通过与预算的对比来评价部门业绩。

【例 10-19】某公司的投资报酬率如表 10-18 所示。

表 10-18　　**某公司投资报酬率**　　单位：万元

投资中心	利润	投资额	投资报酬率（%）
A	280	2 000	14
B	80	1 000	8
全公司	360	3 000	12

假定 A 投资中心面临一个投资额为 1 000 万元的投资机会，可获利润 131 万元，投资报酬率为 13.1%，假定公司整体的预期最低投资报酬率为 12%。

要求：评价 A 投资中心的这个投资机会。

若 A 投资中心接受该投资，则 A、B 投资中心的相关数据计算如表 10-19 所示。

表 10-19　　**投资报酬率**　　单位：万元

投资中心	利润	投资额	投资报酬率（%）
A	280 + 131=411	2 000 + 1 000=3 000	13.7
B	80	1 000	8
全公司	491	4 000	12.275

①用投资报酬率指标衡量业绩。就全公司而言，接受投资后，投资报酬率增加了

0.275%，应接受这项投资。然而，由于 A 投资中心的投资报酬率下降了 0.3%，该投资中心可能不会接受这一投资。

②用剩余收益指标来衡量业绩。

A 投资中心接受新投资前的剩余收益 = 280－2 000×12% = 40（万元）

A 投资中心接受新投资后的剩余收益 = 411－3 000×12% = 51（万元）

以剩余收益作为评价指标，实际上是分析该项投资是否给投资中心带来了更多的超额收入，因此如果用剩余收益指标来衡量投资中心的业绩，投资后剩余收益增加了 11 万元（51－40），则 A 投资中心应该接受这项投资。

（3）现金回收率。为了使项目评估与投资中心业绩评估相一致，我们可以有两种方法：其一是投资决策改为以利润指标为基础，这种方法可能会受到间接费用分配方法多样性的干扰；其二是将投资中心的业绩评价改为以现金流量为基础，这种方法则比前一种容易得多。

以现金流量为基础的业绩评价指标是现金回收率和剩余现金流量。

现金回收率 = 营业现金流量÷总资产平均余额　　（式 10－23）

剩余现金流量 = 经营现金流入－部门资产×资金成本率　　（式 10－24）

此时，既有现金回收率这一相对数指标，可以便于进行横向的比较；同时也配以剩余现金流量这一绝对数指标，既可以鼓励部门决策与企业总体利益的一致性选择，又可以避免部门经理投资决策的次优化。

四、责任预算、报告与业绩考核

（一）责任预算

责任预算是指以责任中心为对象，以责任中心的可控成本、收入和利润等为内容编制的预算。通过编制责任预算，可以明确各责任中心的责任，并使责任中心的预算与企业总预算的一致性，以确保其实现。责任预算是总预算的补充和具体化，是其努力的目标和控制的依据，也是最终考核责任中心的标准。

责任预算由各种责任指标构成，这些指标主要包括两部分：主要责任指标和其他责任指标。前面提及的成本（费用）变动额和变动率、可控贡献毛益总额、利润中心贡献毛益总额等指标为主要指标，也是必须保证实现的指标，这些指标是一个责任中心以特有的责任和权力为依据建立的，体现了各个责任中心之间责任、权力的区别。其他责任指标是根据企业其他的目标分解得来的，或者是为保证主要责任指标完成而确定的责任指标，如生产率、出勤率、设备完好率等。

责任预算的编制程序分为两种：第一种是以责任中心为主体，将企业总预算在各责任中心之间层层分解而形成的各责任中心的预算。其实质上是一种自上而下的编制程序。这种编制程序的优点在于这种自上而下的预算编制过程可以使整个企业的预算浑然一体，统一于整体目标，便于统一指挥和调度；而其不足之处则在于这可能会遏制各个责任中心的积极性和创造性。第二种与第一种恰好相反，是各个责任中心自行列出各自的预算指标，层层汇总，最后由企业负责预算的专门机构或人员进行汇总和调整，以确定企业的总预算。其实质上是一种自下而上的编制程序。这种编制程序的优点是有利于发挥各责任中心的积极性、创造性，而不足之处在于各个责任中心在预算编制时容易只注意本中心的具体情况或从自身利益的角度出发，容易造成彼此协调困难，甚至会对企业的总目标产生冲击。而且层层汇总上报预算的总工作量大、协调难度大，会影响预算编制的时效。

两种责任预算的编制程序各有优劣，具体编制程序的选择与企业组织机构设置和经营管理方式有着密切的关系。在集权组织结构下，公司的经理对企业的所有成本、收入、利润和投资负责，既是利润中心，也是投资中心，而公司下属各部门、工厂、车间、工段等都是成本中心，它们只对职权范围内可控的成本负责。

（二）责任报告

1. 责任报告概述

责任报告又称业绩报告、绩效报告，是各个责任中心根据责任会计记录编制的、向上层责任中心报送的、反映责任预算实际执行情况，揭示责任预算与实际执行差异的内部会计报告。责任报告的作用主要有：其一，为本责任中心和上层责任中心有效地调控生产经营活动提供信息；其二，报告其职权范围内已完成的业绩，为业绩评价和考核提供依据。

责任报告的形式主要有报表、数据分析和文字说明等，将责任预算、实际执行结果以及差异用报表予以列示是责任报告的基本形式。在揭示差异时，还必须对重大差异予以定量分析和定性分析，前者的目的在于确定差异发生的程度，后者则旨在分析差异产生的原因，并提出相应的改进意见。责任报告的内容、形式、数量等常常因为责任中心的层次、业务特点以及使用者的需要而有所不同，对于不同的使用者层次应当详略得当、重点突出。在编制时还要注重报告的时效性，应尽量做到及时。

2. 责任报告的编制

（1）成本中心的责任报告。成本中心的责任报告是以实际产量为基础，反映责任成本预算实际执行情况，揭示实际责任成本与预算责任成本差异的内部报告。成本中心通过编制责任报告，以反映、考核和评价责任中心责任成本预算的执行情况。成本中心责任报告的格式如表 10-20 所示。

表 10-20　　某企业生产车间责任报告

20××年×月×日　　单位：万元

项目	实际	预算	差异
1. 下属责任中心转来的责任成本			
A 工段	150	147	3
B 工段	100	101	−10
下属责任中心转来的责任成本合计	250	248	2
2. 本车间可控成本			
间接人工	56	58	−2
管理人员工资	90	90	0
设备维修费	45	40	5

表10-20(续)

项目	实际	预算	差异
本车间可控成本合计	191	188	3
本车间责任成本合计	441	436	5

由表 10-20 可知，本车间实际责任成本较预算责任成本增加 5 万元，上升了 1.15%，主要在于下属责任中心转来责任成本 2 万元及本车间增加 3 万元所致，其中主要原因是 A 工段责任成本超支 3 万元，设备维修费超支 5 万元，没有完成责任成本预算。B 工段成本减少 1 万元，间接人工减少 2 万元都初步表明责任成本控制有效。

（2）利润中心的责任报告。利润中心责任报告通过列示销售收入、变动成本、贡献毛益总额、税前净利等指标的实际数、预算数和差异数，集中反映责任中心利润预算的完成情况，并对其产生差异的原因进行具体分析。利润中心责任报告的格式如表 10-21 所示。

表 10-21　　某企业某利润中心责任报告

20××年×月×日　　单位：万元

项目	实际	预算	差异
销售收入	200	190	10
变动成本			
变动生产成本	135	134	1
变动销售成本	30	32	-2
变动成本合计	165	166	-1
贡献毛益总额	35	24	11
减：中心负责人可控固定成本	3	3	0
中心负责人可控利润	32	21	11
减：中心负责人不可控固定成本	3	2	1
利润中心可控利润	29	19	10
减：上级分来的共同成本	1	1	0
税前净利	28	18	10

由表 10-21 可知，该利润中心利润较预算利润增加 10 万元，上升了 55%，超额完成了预算的任务。其中主要原因是销售收入增加 10 万元，而变动成本少耗费 1 万元，中心负责人不可控固定成本增加 1 万元。

（3）投资中心的责任报告。由于投资中心是企业最高层次的责任中心，既要对成本利润负责，也要对其所占用的资产负债，因此投资中心的责任报告通常包括销售收入、销售成本、利润、营业资产平均占用额、投资报酬率、剩余收益等指标。投资中心责任报告的格式如表 10-22 所示。

表 10-22　　某企业某投资中心责任报告

20××年×月×日　　单位：万元

项目	实际	预算	差异
①销售收入	400	350	50
②销售成本	250	225	25
③利润（①-②）	150	125	25
④营业资产平均占用额	800	750	50
⑤销售利润率（③÷①）	37.5%	35.71%	1.79%
⑥资产周转率（①÷④）	0.5	0.47	0.03
⑦投资报酬率（③÷④）	18.75%	16.67%	2.08%
⑧最低投资报酬（④×10%①）	80	75	5
⑨剩余收益（③-⑧）	70	50	20

①10%为设定的最低投资报酬率

（三）业绩考核

业绩考核是指企业以责任核算资料和责任报告为依据，分析和评价各责任中心责任预算的实际执行情况，找出存在的差距与不足，查明原因，借以考核各责任中心工作的成果，实施奖惩，促使各责任中心积极纠正偏差，完成责任预算的过程。

责任中心的业绩考核内容有广义与狭义之分。狭义的业绩考核只是对各责任中心的价值指标，如成本、收入、利润、资产使用效果等的预算完成情况进行考核；广义的业绩考核还应包括对各责任中心的非价值责任指标完成情况的考核。

责任中心的业绩考核按其实施时间还可以分为年终考核与日常考核。年终考核是指一个年度终了时（或者预算期终了时）对责任中心责任预算执行情况的考核，目的在于进行奖励激励，并为下一年度（或下一个预算期）责任预算工作提供依据。日常考核通常是在年度内（或预算期内）对责任预算执行过程的考评，旨在通过信息反馈，控制和调节责任预算的执行偏差，确保责任预算的最终实现。

业绩考核根据各责任中心的管理层次、职责权限、业务特点等的不同，考核的具体内容和考核的侧重点也不相同。

对于成本中心，由于其没有收入来源，只对成本负责，因此对于成本中心的考核应以责任成本为考核重点，通过实际责任成本与预算责任成本进行比较，确定差异的性质和产生差异的原因，并根据差异分析的结果，对各成本中心进行奖惩，以督促成本中心努力降低成本。

对于利润中心，既对成本负责也对收入负责，在进行考核时，则应以销售收入、贡献毛益、息税前利润为重点进行分析、评价。此外，特别应对一定期间的实际利润与预算利润进行对比，分析差异及形成原因，明确责任，借以对责任中心的经营得失和有关人员的功过做出正确的评价并进行奖惩。

对于投资中心，除了考核成本、收入外，还应考核投资中心的投资效果。因此，投资中心业绩考核，除收入、成本和利润指标外，考核重点更应放在投资利润率和剩余收益两项指标上。

五、责任中心之间的结算与核算

（一）内部转移价格

1. 内部转移价格的概念

在生产经营过程中，企业内部各部门和层次之间，都直接或间接地存在着一些相互提供产品和劳务的情况。为了明确各责任中心应承担的经济责任和应获得的经济利益，以便客观地进行经济利益的考核，就必须搞清楚有关的收入、收益和费用的归属问题，以便可以更客观、精确地反映各责任中心的业绩。

内部转移价格指的是企业内部各责任中心之间由于相互提供产品或劳务而发生内部结算及进行责任转账所采用的计价标准。采用内部转移价格进行内部结算实质上是对外部市场机制的一种模拟，各责任中心之间相互提供劳务和产品的关系成为买卖关系，使得双方必须如同在市场上进行交易一样，不断改善经营管理，降低成本费用，以便收支相抵后能有更多的收益。采用内部转移价格进行责任转账可以使责任成本根据原发地点与承担地点的不同，在上游与下游责任中心之间进行责任追究，以分清经济责任。

2. 内部转移价格的原则

合理的内部转移价格有利于理清企业内部各责任中心之间的债权债务关系，为责任中心进行核算提供一个合理的标准。制定内部转移价格有以下四个原则：

（1）全局性原则。内部转移价格涉及各责任中心的切身利益，在制定时要分别考虑，但当利益发生冲突时，应当围绕企业总体目标进行协调，将企业的全局利益放在首要位置。

（2）公平性原则。制定的内部转移价格应做到公平合理，应充分体现各个责任中心的努力与获得的业绩，并使各责任中心获得与其付出的努力相称的收益，这同时也能起到激励和示范的作用。

（3）自主性原则。内部转移价格必须是内部交易各方都可以接受的价格，因而在制定时，应在考虑企业整体利益的前提下，给予各责任中心一定的定价权与讨价还价的空间。

（4）重要性原则。对于一些企业内部较为重要的资源，如原材料、半成品、产成品等重要物资，应比较精确地制定转移价格；而对于其他的一些品种繁多、价格低廉、用量不大的次要物资，其定价则可以相对简化，以减轻核算的压力和提高工作的效率。

3. 内部转移价格的类型

（1）市场价格。市场价格，即市价，是以产品或劳务的市场供应价作为计价基础的内部转移价格。市场价格的优点在于价格比较客观，对买卖双方都比较合理，同时也将竞争机制引入企业内部，促使各责任中心相互竞争、讨价还价，使各责任中心在利益机制的推动下，改善经营管理，降低成本，扩大利润；市场价格还能适应责任会计的要求，一般而言，市场价格是制定内部转移价格最好的依据。

采用市场价格应具备两个基本条件：一是假定责任中心处于独立自主的状态，可以自主地决定从外界或向企业内部进行销售或购进；二是产品或劳务有较为完善的竞争市场，并且能提供客观的市场价格作为参考。

在采用市场价格为内部转移价格时，应尽可遵循如下的原则：第一，若卖方愿意对内销售，并且售价与市价相符时买方有购买的义务，不得拒绝；第二，若卖方售价高于市价时，买方有改向外界市场购买的自由；第三，若卖方宁愿对外销售，则应有不对内供应的权利。只有这样才能更好地发挥市场价格作为内部转移价格所应有的竞争机制，做到既不保护落后，也不损害先进。

当然，市场价格也存在着一定的局限，主要问题在于有些内部转移的中间产品，往往具有一定的独特性，不存在相应的市场价格，从而对市场价格的适用范围构成限制。

（2）协商价格。协商价格是买卖双方以正常的市场价格为基础，通过定期的共同协商制定的为双方所接受的价格。由于很多商品尤其是一大部分的中间产品，缺乏相应的市价时，可以采用协商价格。采用协商价格的好处在于可以同时满足买卖双方的特定需要，并能兼顾有关责任中心各自的经济权益。

协商价格通常适用的情况主要有以下几种：第一，内部转移可以使销售或管理费用减少时；第二，内部转移的中间产品数量较大，有降低单位成本的可能；第三，销售方具有剩余生产能力，可以通过增加产量来降低成本；第四，买卖双方均有讨价还价的权利和可能。

在一般情况下，协商价格会比市价稍微低一些，因为内部转移价格所包含的销售及管理费用低于外界；同时，内部转移的数量较大，单位成本较低，因此市场价格是协商价格的上限。

协商价格也存在着一定的局限性：首先，协商定价可能会耗费大量的人力、物力和时间；其次，内部转移价格可能会受双方的讨价还价能力的影响而有失公允；最后，当双方陷入谈判僵局时，还需要企业高层介入，使企业分权的初衷无法实现，同时也不利于发挥激励责任中心的作用。

（3）双重价格。双重价格是买卖双方分别采用不同的内部转移价格作为计价基础。采用双重价格的理由在于内部转移价格主要是为了企业内部各责任中心的经营业绩进行评价与考核，因此买卖双方采用的计价基础不需要完全一致，可以分别采取对本中心最有利的计价依据。

双重价格有两种具体的形式：双重市场价格，即当某种产品或劳务在市场上出现几种不同的价格时，卖方可以采用最高市场价格，买方可以采用最低市场价格；双重转移价格，即卖方以市场价格或协议价格为计价基础，买方以卖方的单位变动成本作为定价的依据。

由于双重价格在实施时，可能会造成各责任中心的利润之和大于企业的实际利润，需要进行一系列的会计调整，才能计算出真实利润。另外，双重价格不利于激励各责任中心控制成本的积极性。因此，在实务中，双重价格并未得到普遍采用。

（4）成本转移价格。成本转移价格是以产品或劳务的成本为基础制定的内部转移价格，通常在产品不便或不能对外出售，或者无合适的市价以供参考，或者由于其他原因不便于用市价或协商价格等定价的情况。

由于成本的概念存在着一些差异，成本转移价格也有几种不同的表现形式：一是以实际成本作为内部转移价格。此种价格易于实施，但缺点在于卖方将其成本全部转移给买方，不利于激励各方努力降低成本。二是以标准成本作为内部转移价格。其优点在于将管理和核算工作结合起来，有利于调动各方降低成本的积极性，但受到企业各成本中心是否采用标准成本制度的限制。三是标准成本加成。此种方式能够分清相关责任中心的责任，充分调动卖方的积极性，并促使双方降低成本。其缺点则在于确定利润加成时，往往在一定程度上存在着主观性。四是以标准变动成本作为内部转移价格。其优点主要是符合成本习性，能够明确揭示成本与产量的关系，便于对特殊定价决策。其不足之处则在于容易忽视固定成本，不能反映劳动生产率变化对固定成本的影响。

（二）内部结算

企业内部责任中心之间发生的经济往来，需要按照一定的方式进行内部结算。通常采用的内部结算方式按其内容与对象的不同，一般有内部银行支票结算方式、转账通知单结算方式和内部货币结算方式。

1. 内部银行支票结算方式

内部银行支票结算方式就是由付款方签发内部支票，经收款方审核无误后，将支票送到内部银行（内部结算机构），并由内部银行（内部结算机构）将相应额度的款项由付款方账户划转到收款方账户。这种结算方式主要用于收付款双方直接见面进行的经济往来的结算业务，能使双方责任明确、钱货两清，避免日后围绕产品数量、价格等产生纠纷。

2. 转账通知单结算方式

转账通知单结算方式（或内部委托收款方式）是一种由收款方根据原始凭证或业务活动的证明签发转账通知单，通知内部银行将转账单转给付款方，让其付款的一种结算方式。这种方式主要适合于双方不直接见面所进行的各项经常性的质量和价格较为稳定的经济业务。但由于转账结算单单向传递，结算双方不直接见面，若付款方有异议时，就可以拒付，这会给业务带来一些麻烦。

3. 内部货币结算方式

内部货币结算方式就是使用内部银行（内部结算机构）发行的、在企业内部流通的“货币”（包括内部货币、资金本票、流通券、资金券等）进行内部往来结算的一种方式。此方式较为直观、形象和真实，能强化各责任中心的价值观、核算观、经济责任观。其不足之处在于容易丢失，不便于保管，只适合于零星小额款项的结算。

（三）责任成本的内部结转

责任成本的内部结转，即责任转账，是在生产经营过程中，对于因不同原因造成的各种经济损失，由承担损失的责任中心对实际发生的损失进行损失赔偿的处理过程。

在企业的生产经营过程中，常常会出现因一个责任中心的过失给另一个责任中心造成损失的情况。为了分清经济责任，正确反映各责任中心的成绩与失误，需要将产生失误的原因找到，并由相应的责任中心来承担。责任转账的实质就是将应该承担损失的责任中心提供价值赔偿的一种价值量的单方面的转移。

进行责任转账时，应以各种准确的原始记录和合理的费用为基础，编制责任成本转账表。责任转账可以采取内部银行支票结算方式、转账通知单结算方式和内部货币结算方式等。

在划分责任时，有时会在数量、价格、质量等方面产生纠纷，当涉及责、权、利方面的协调时，企业应有相应的内部仲裁机构给予公正裁定，妥善处理，以保证各责任中心能够明确划分责任，关系和谐，共同服务于企业的发展愿景。

（四）责任核算

责任核算是指以企业内部各责任中心为主体的责任会计核算。

责任核算是进行财务控制的基础工作，通过责任核算，才能使信息跟踪系统有合理的依据。责任核算资料和数据是进行内部结算的依据，是编制业绩报告的基础。

进行责任核算的意义主要在于：

（1）有利于建立和健全企业的信息跟踪系统。

（2）有利于调控各责任中心的经济活动。

（3）有利于进行内部结算、编制业绩报告、真实反映责任预算的执行情况和工作业绩。

（4）有利于正确地对各责任中心进行考核、评价、奖惩。

【本章小结】

1. 本章主要介绍了财务预算的概念与内容、财务预算的作用、财务预算编制的步骤以及固定预算与弹性预算、增量预算与零基预算、定期预算与滚动预算的编制方法，同时介绍了现金预算和预计财务报表的编制方法。

2. 财务控制是财务管理的重要职能之一，是利用财务反馈信息，按照一定程序和方式影响与调节企业的财务活动，使之按预定的目标运行的过程。财务控制的本质特征在于其价值控制，同时它也是一种以现金流量控制为重点的综合控制、日常控制。

3. 划分责任中心是实施责任控制的首要工作，通常有成本中心、利润中心和投资中心三种类型的责任中心。各责任中心的层次、特点以及可控对象范围不同，因此考核的指标及业绩报告、业绩考核的侧重点和内容对象都各不相同。

4. 在企业进行内部结算时，通常内部之间相互提供产品和劳务时要采用市场价格、协商价格、双重价格或成本转移价格四种不同类型的内部转移价格来进行核算。而当内部交易发生时，一般会选择采用内部银行支票结算方式、转账通知单结算方式和内部货币结算方式三种方式进行结算。在企业经营过程中，发生一些责任中心造成失误却由别的责任中心来承担的情况时，需要通过内部责任结转来分清责任。企业的责任核算是做好各项财务控制的基础工作，对于整个财务控制工作具有非常重要的意义。

【复习思考题】

1. 什么是财务预算？试用图表示各预算之间的关系。
2. 什么是弹性预算？它的特点是什么？
3. 什么是财务控制？它有什么作用？
4. 什么是责任中心？它有哪几种类型？
5. 什么是内部转移价格？有哪几种内部转移价格？

第十一章 特殊业务财务管理

【本章学习目标】

- 了解企业并购的含义、动机
- 熟练掌握企业并购的价值评估和支付方式
- 了解反收购策略与重组策略
- 熟练掌握企业清算的定义与清算的分类
- 了解清算的组织机构和程序、清算财产的变现

第一节 并购概述

一、公司并购的含义

公司并购（Corporation Mergers and Acquisitions）是公司合并与收购的统称，它是指在市场机制的作用下，企业通过产权交易获得其他企业产权并企图获得其控制权的经济行为。

公司合并分为两种方式：一是吸收合并，即一家公司购买另一家公司的产权，两家公司归并为一家公司，其中的收购方吸收被收购方的全部资产和负债，承担其债务和责任，而被收购方则不再独立存在。二是新设合并，即几家现有公司合并后建立一家新公司，新公司接管各家被合并公司的全部的资产，并承担其全部债务和责任。

收购是指一家公司在证券市场上用现款、债券或股票购买另一家公司的股票或资产，以获得对该公司的控制权，该公司的法人地位并不消失。收购有两种：资产收购和股份收购。资产收购是指一家公司购买另一家公司的部分或全部财产；股份收购则是指一家公司直接或间接购买另一家公司的部分或全部股份，从而成为被收购公司的股东，承担该公司的一切债务。

并购的实质是在企业控制权运动过程中，各权利主体根据企业产权所做出的制度安排而进行的一种权利让渡行为。并购活动是在一定的财产权利制度和企业制度条件下进行的，在并购过程中，某一个或某一部分权利主体通过出让所拥有的对企业的控制权而获得相应的收益，而另一个或另一部分权利主体则通过付出一定代价而获取这部分控制权。企业并购的过程实质上是企业权利主体不断变换的过程。

二、公司并购的分类

（一）按照并购双方所处的行业范围划分

1. 横向并购

横向并购是指同一行业生产经营同一产品或同类产品的公司之间的并购。横向并购提高了行业集中程度，实现了规模经济，尽可能降低生产成本，节约共同费用，同时便于在更大范围内实现专业分工协作。但这种并购容易破坏竞争，从而形成高度垄断的局面。

2. 纵向并购

纵向并购是指同一行业中处于不同阶段、不同生产过程或经营环节相互衔接，具有纵向协作关系的专业化公司之间的并购。从并购方向来看，纵向并购又有前向并购、后向并购，即所谓的向上游的整合和向下游的整合。在纵向并购的情况下，各个不同的生产环节得到了更好的调整，促进供、产、销之间的专业化协作，形成了物质上和技术上更好的配合，某些商品流转的中间环节缩短，从而节省了生产与管理过程中的成本开支。

3. 混合并购

混合并购又称复合并购，是指不同行业、不同领域的公司并购。混合并购是发生在既非竞争对手，又非现实中或潜在的客户与供应商的企业间的并购。混合并购能够实现多样化经营、跨行业经营，不断提高综合经营实力，降低经营风险。混合并购有以下三种形态：

（1）产品扩展型并购是相关产品市场上公司间的并购。

（2）市场扩展型并购是一个公司为了扩大其竞争地盘而对其尚未渗透的地区生产同类产品的公司进行的并购。

（3）生产和经营彼此间毫无联系的产品或服务的公司的并购。

（二）按照并购是否取得目标公司的同意与合作划分

1. 善意并购

善意并购又称友好并购，是指并购方事先与目标公司的管理层进行商议，征得同意，由目标公司主动向并购方提供公司的基本经营资料等，并且目标公司管理层一般会主动站在有利于并购的立场上，规劝公司股东接受公开并购要约，出售股票，从而和缓地完成并购行为的一种并购方式。采用善意并购方式，可以得到目标公司管理层和股东的支持与配合，可以在相当程度上降低并购成本和风险，提高并购成功概率。但是并购方可能要牺牲自身利益（如继续雇用目标公司管理层和员工），以此获取目标公司的合作，同时与目标公司的管理层的商谈过程可能会浪费大量时间。

2. 恶意并购

恶意并购又称强制性并购或敌意并购，是指并购方在目标公司管理层对收购意图不知道或持反对态度的情况下，对目标公司强行并购的行为。敌意并购对并购方来说优点在于掌握完全的主动权，并购行为迅速、时间短，能够控制并购成本。敌意并购的缺点在于不能得到目标公司的有效配合，难以获得目标公司的真实经营资料，会加大并购风险，而且并购价格往往较高。另外，敌意并购对股市影响较大，易造成股市波动，以至于影响企业发展的正常秩序，造成不必要的损失。

（三）按照是否利用目标公司本身资产来支付并购资金划分

1. 杠杆并购

杠杆并购是指收购公司利用目标公司资产的未来经营收入来支付并购价款或作为此种支付的担保。也就是说，收购公司不必拥有巨额资金，只需要准备少量现金，加上目标公司的资产及营运所得作为融资担保与所贷金额的还款来源，即可兼并任何规模的公司。

2. 非杠杆并购

非杠杆并购是指不用目标公司自有资金及营运所得来支付或担保支付并购价款，而主要以自有资金来完成并购的一种并购形式。非杠杆并购并不意味着并购公司不用举债即可承担并购价款，在并购实践中，几乎所有的并购方都会利用贷款，所不同的是借贷数额的多少而已。

三、公司并购的动因

公司并购的动机较为复杂，仅为某一单一原因进行的并购并不常见，大多数并购有着多种动机。一般来说，企业并购的动机集中在以下几个方面：

（一）提高企业效率

效率理论认为，并购活动能提高企业经营绩效，增加社会福利，进而支持企并购活动。通过并购改善企业绩效的途径有以下两条：

1. 规模经济

一般认为，扩大经营规模可以降低平均成本，从而提高利润。因此，规模经济理论认为，并购活动的主要动因在于谋求平均成本下降。这里的平均成本下降的规模经济效应包括研究开发、行政管理、经营管理和财务方面的经济效益；此外，还可以加上合并的 协同效应，即所谓“1+1>2” 效应。这种合并使合并后企业增强的效率超过了其各个组成部分增加效率的总和。协同效益可以从互补性活动的联合中产生。例如，一家拥有强大的研究开发队伍的企业和一家拥有一批优秀管理人员的企业合并，就会产生协同效应。

2. 管理

有些经济学家强调管理对企业经营效率的决定性作用，认为企业间管理效率的高低是企业并购的主要动力。当 A 公司管理效率优于 B 公司时，A、B 两公司合并能提高 B 公司效率。这一假设所隐含的是并购公司确能改善目标公司的效率。在实践中这一假设显得过于乐观。有人在此基础上进一步解释为并购公司有多余的资源和能力投入到目标公司的管理中。此理论有两个前提：第一，并购公司有剩余管理资源，如果能很容易释放出，则并购是不必要的。但是，如果管理队伍是一个不可分的组合，或具有规模经济，则必须靠并购加以利用。第二，目标公司的非效率管理可以借由外部管理人的介入得以改善。

（二）代理问题的存在

代理问题是在 1976 年提出的，由于存在道德风险、逆向选择、不确定性等因素的作用，在代理过程中产生代理成本。在代理问题存在的情况下，并购活动动机表现为以下几点：

1. 为降低代理成本

公司代理问题可由适当的组织程序来解决。在公司所有权和经营权分离的情况下，决策的拟定和执行是经营者的职权，而决策的评估和控制由所有者管理。这种互相分离的内部机制设计可以解决代理问题。而并购则提供了解决代理问题的一个外部机制。当目标公司代理人有代理问题产生时，通过收购股票获得控制权，可以减少代理问题的产生。

2. 管理层利益驱动

管理层的并购动因往往是希望保持已有的市场地位并提高公司在市场上的统治地位。以下三个方面可能是公司经理人对并购感兴趣的原因：

（1）公司规模发展得更大时，公司管理层，尤其是作为高层管理人员的总经理的威望也随之提高。

（2）随着公司规模的扩大，经理人员的报酬得以增加。

（3）在并购活动高涨的时候，管理层希望通过并购的方法，扩大企业规模，使公司在瞬息万变的市场中立于不败之地或抵御其他公司的并购。在一定程度上，并购其他公司能给管理层带来安全。

因此，代理人有动机为使公司规模扩大，而接受较低的投资利润率，并借并购来增加收益和提高职业保障程度。

3. 自由现金流量说

所谓自由现金流量，是指公司的现金在支付所有净现值为正的投资计划后剩余的现金量。如果公司要使其价值最大，自由现金流量应该完全交付给股东，但此举会削弱经理人的权利；同时，再度进行投资计划所需的资金，将在资本市场上筹集而受到监控，由此降低代理成本。

（三）节约交易成本

交易成本理论是在20世纪70年代后期兴起的。这一理论不再以传统的消费者和厂家作为经济分析的基本单位，而是把交易作为经济分析的“细胞”。这种理论认为，市场运作的复杂性会导致交易的完成需付出高昂的交易成本。为节约这些交易成本，可用新的交易形式——企业来代替市场交易。通过并购节约交易成本，表现在以下几个方面：

（1）企业通过研究和开发的投入获得产品知识。在市场存在信息不对称和外部性的情况下，知识的市场难以实现，即便得以实现，也需付出高昂的谈判和监督成本。这时可以通过并购使专门的知识在同一企业运用，达到节约交易成本的目的。

（2）企业的商誉作为无形资产，其运用也会遇到外部性问题。因为某一商标使用者降低其产品质量，可以获得成本下降的大部分好处，而商誉损失则由所有商标使用者共同承担。解决这一问题的办法有两条：一是增加监督，保证合同规定的产品最低质量，但这样会使监督成本大大增加；二是通过并购将商标使用者变为企业内部成员，作为内部成员，降低质量只会承受损失而得不到利益，消除其机会主义动机。

（3）有些企业的生产需要大量的专门中间产品投入。而这些中间产品市场常存在供给的不确定性、质量难以控制和机会主义行为的问题。这时企业可以通过合约固定交易条件，但是这种合约会约束企业自身的适应能力。当这一矛盾难以解决时，通过并购将合作者变为内部机构，就可消除上述问题。

（4）一些生产企业为开拓市场，需要大量的促销投资，这种投资由于专用于某一企业的某一产品，具有很强的资产专用性。同时，销售企业具有显著的规模经济效应，一定程度上形成进入壁垒，限制竞争者加入，形成市场上的少数问题。当市场存在少数问题时，一旦投入较强专门性资本，就要承担对方违约造成的巨大损失。为减少这种风险，要付出高额的谈判成本和监督成本。在这种成本高到一定程度时，并购成为最佳选择。

（5）企业通过并购形成规模庞大的组织，使组织内部的职能相分离，形成一个以管理为基础的内部市场体系。一般认为，企业内的行政指令来协调内部组织活动所需的管理成本较市场运作的交易成本要低。

（四）目标公司价值被低估

这一理论认为，并购活动的发生，主要是因为目标公司的价值被低估。当一家公司对另一家公司的估价比后者对自己的估价更高时，前者有可能投标买下后者。目标公司的价值被低估一般有以下几种情况：

（1）经营管理能力并未发挥应有的潜力。

（2）并购公司拥有外部市场所没有的目标公司价值的内部信息。

（3）由于通货膨胀等原因造成资产市场价值与重置成本的差异使公司有被低估价值的可能。

以比率 Q 来反映企业并购发生的可能性。其中，Q 为企业股票市场价值与企业重置成本之比。当 $Q>1$ 时，形成并购的可能性较小，当 $Q<1$ 时，形成并购的可能性较大。也有人认为，当技术、销售市场和股票市场价格变动迅速时，过去的信息和经验对未来收益的估计没有什么用处，结果是价值低估的情况屡见不鲜，并且导致并购活动增加。

（五）增强企业在市场中的地位

并购活动的一个主要动因是因为企业可借并购活动达到减少竞争对手来增强对企业经营环境控制的目的，提高市场占有率并增加长期的获利机会。下列三种情况可能导致以增强市场地位为目的的并购活动：

（1）在需求下降、生产能力过剩和削价竞争的情况下，几家企业合并，以取得实现本产业合理化的比较有利的地位。

（2）在国际竞争使国内市场遭受外商势力的强烈渗透和冲击的情况下，企业间通过联合组成大规模联合企业对抗外来竞争。

（3）由于法律变得更为严格，使企业间的某种联系成为非法，可以通过合并使这种联系内部化，达到继续控制市场的目的，

（六）降低投资风险和避税

通过并购处于其他行业中的公司，实现多元化经营，可以增加回报、降低风险。公司的经营环境是不断变化的，任何一项投资都是有风险的，企业将投资分散于不同的行业，实现多元化经营。这样当某些行业因环境变化而导致投资失败时，企业还可以从其他方面投资中得到补偿，有利于降低投资风险。另外，许多国家的税法和会计制

度经常会使那些具有不同纳税义务的企业仅仅通过并购便可获得利益。例如，衰落行业中的一个亏损企业被另一个新兴产业中的厚利企业并购，它们的利润就可以在两个企业间分享，并且可以大量减少纳税义务。因此，避税也成为企业一个重要的并购动机。

第二节 并购程序与价值评估

公司并购涉及很多经济、政策和法律问题，如金融法、证券法、公司法、会计法等，是一项复杂的产权交易活动，必须充分考虑公司自身的经济实力、经营能力以及管理组织能力，充分研究和熟悉并购的法律规范、行业标准、并购程序和手续。

一、公司并购的程序

公司并购涉及繁杂的法律程序，我国公司并购的《公司法》、《证券法》等法中对此做了一些相应的规定。

（一）上市公司的并购程序

1. 寻找目标公司

公司并购是一个风险性很高的投资活动，能否一举并购成功，会直接影响企业今后的发展，因此要选择合适的目标公司，并且对目标公司进行审查和评价，做出并购决策，拟定并购计划，聘请有关专家担任并购顾问，筹措资金。

2. 初步并购

初步并购是指并购上市公司不超过5%的流通在外的普通股。

3. 进一步收购

我国《证券法》规定，通过证券交易所的证券交易，投资者持有或者通过协议、其他安排与他人共同持有一个上市公司已发行的股份达到5%时，应当在该事实发生之日起3日内，向国务院证券监督管理机构、证券交易所做出书面报告，通知该上市公司，并予公告。在上述期限内，不得再行买卖该上市公司的股票。

投资者持有或者通过协议、其他安排与他人共同持有一个上市公司已发行的股份达到5%后，其所持该上市公司已发行的股份比例每增加或者减少5%，应当依照前款规定进行报告和公告。在报告期限内和做出报告、公告后2日内，不得再行买卖该上市公司的股票。

4. 公告上市公司收购报告书

通过证券交易所的证券交易，投资者持有或者通过协议、其他安排与他人共同持有一个上市公司已发行的股份达到30%时，继续进行收购的，应当依法向该上市公司所有股东发出收购上市公司全部或者部分股份的要约。收购人必须事先公告上市公司收购报告书，并载明下列事项：收购人的名称、住所；收购人关于收购的决定；被收购的上市公司名称；收购目的；收购股份的详细名称和预定收购的股份数额；收购期限、收购价格；收购所需资金额及资金保证；公告上市公司收购报告书时持有被收购公司股份数占该公司已发行的股份总数的比例。

5. 发出收购要约

关于收购要约的期限，我国《证券法》规定不得少于30日，并不得超过60日。在收购要约确定的承诺期限内，收购人不得撤回其收购要约，如需要变更收购要约，必须及时公告，载明具体事项。收购要约提出的各项收购条件，适用于被收购公司的所有股东。

6. 按收购要约进行收购

收购人在发出要约并公告后，受要约人应当在要约的有效期限内做出同意以收购要约的全部条件向收购要约人卖出其所持有证券的意思表示，即承诺。要约一经承诺，双方当事人之间的股票买卖合同即告成立，在未获得有关机构的批准前，双方不得单方面解除合同。收购人按照收购要约上列明的条款对目标公司的股份进行收购，直至收购要约期满为止。

7. 收购后的公告

收购上市公司的行为结束以后，收购人应当在15日内将收购的情况报告给证券监督管理机构和证券交易所，并予以公告。

在上市公司收购中，收购人持有的被收购的上市公司的股票，在收购行为完成后的12个月内不得转让。

（二）非上市公司的并购程序

在我国，公司的兼并与收购一般均在中介机构，如产权交易事务所、产权交易市场、产权交易中心等的参与下进行。在有中介机构的条件下，公司并购的程序如下：

1. 并购前的工作

并购双方中的国有公司，并购前必须经职工代表大会审议，并报政府国有资产管理部门认可；并购双方中的集体所有制公司，并购前必须经过所有者讨论、职工代表会议同意，并报有关部门备案；并购双方的股份制公司和中外合资公司，并购前必须经董事会（或股东大会）讨论通过，并征求职工代表意见，报有关部门备案。

2. 在产权交易市场办理手续

目标公司在依法获准转让产权后，应到产权交易市场登记、挂牌交易所备有买方登记表和卖方登记表供客户参考。买方在登记挂牌时，除填写买方登记表外，还应提供营业执照复印件、法定代表人资格证明书或受托人的授权委托书、法定代表人或受托人的身份证复印件。卖方登记挂牌时，应填写卖方登记表，同时还应提供转让方及被转让方的营业执照复印件、转让方法定代表人资格证明书或受托人的授权委托书以及法定代表人或受托人的身份证复印件、转让方和转让公司董事会的决议。如有可能，还应提供被转让公司的资产评估报告。对于有特殊委托要求的客户，如客户要求做广告、公告，以招标或拍卖方式进行交易，则客户应与交易所订立专门的委托出售或购买公司的协议。

3. 洽谈

经过交易所牵线搭桥或自行找到买卖对象的客户，可以在交易所有关部门的协助下，就产权交易的实质性条件进行谈判。

4. 资产评估

双方经过洽谈达成产权交易的初步意向后，委托经政府认可的资产评估机构对目标公司进行资产评估，资产评估的结果可以作为产权交易的底价。

5. 签约

在充分协商的基础上，由并购双方的法定代表人或法定代表人授权的人员签订公司并购协议书或并购合同。在交易所中，一般备有两种产权交易合同，即用于股权转让的股权转让合同和用于整体产权转让的产权转让合同，供交易双方在订立合同时参考。产权交易合同一般包括如下条款：交易双方的名称、地址、法定代表人或委托代理人的姓名、产权交易的标的、交易价格、价款的支付时间和方式、被转让公司在转让前债权债务的处理、产权的交接事宜、被转让公司员工的安排、与产权交易有关的各种税负、合同的变更或解除的条件、违反合同的责任、与合同有关的争议的解决、合同生效的先决条件及其他交易双方认为需要订立的条款。

6. 并购双方报请政府授权部门审批并到工商行政管理部门核准登记

目标公司报国有资产管理部门办理产权注销登记，并购公司报国有资产管理部门办理产权变更登记，并到工商管理部门办理法人变更登记。

7. 产权交接

并购双方的资产移交，需要在国有资产管理局、银行等有关部门的监督下，按照协议办理移交手续，经过验收、造册，双方签证后，会计据此入账。目标公司未了的债权、债务，按协议进行清理，并据此调整账户，办理更换合同借据等手续。

8. 发布并购公告

将兼并与收购的事实向社会公布，可以在公开报刊上刊登，也可由有关机构发布，使社会各方面知道并购事实，并调整与之相关的业务。

二、并购的价值评估

并购的价值评估包括目标公司价值评估、并购公司自身价值评估、并购投资价值评估。而通常评估中所做的只有目标公司价值评估。

目标公司价值评估的特征如下：首先，是对目标公司整体价值的评估。目标公司价值是指目标公司作为整体而言的价值，是目标公司占用的固定资产、流动资产、无形资产等全部资产价值的总称，是反映目标公司整体实力的重要标志。其次，是对目标公司获得能力的评估。目标公司价值评估是根据目标公司现有的资产，结合目标公司现实和未来经营获利能力及产权转让后将产生的价值增值等因素，对目标公司进行的综合价值的评估。最后，是对目标公司未来价值的评估。目标公司价值评估是对目标公司未来经营获利能力等预期获利因素的评估。

目标公司的价值评估有多种方法，主要有以下几种：

（一）现金流量贴现法

现金流量贴现法，即拉巴波特模型（Rappaport Model），是公司并购中评估企业价值最常用的科学方法。它是根据目标公司被并购后各年的现金流量，按照一定的折现率折算的现值作为目标公司价值（不包括非营运资产的价值）的一种评估方法。它主要适用于采用控股并购方式（即并购后目标企业仍然是一个独立的会计主体或者法律主体）的并购上市公司或非上市公司。其计算公式如下：

$$NPV=\sum_{i=1}^{n}\frac{NCF_t}{(1+i)^t}+\frac{V_n}{(1+i)^n} \quad (式 11-1)$$

式中，NVP 为各年的现金净流量的现值（即目标企业的评估价值）；NCF_t 为第 t 年的预期现金净流量；n 为折现年限；i 为折现率（一般以并购后目标企业股权资金成本率，或者并购后目标企业股权资金和债务资金的加权平均成本率，或者并购方可接受的最低资金报酬率等，作为风险调整后的折现率）；V_n 为预测期末（即第 n 年年末）的企业终值。

采用现金流量贴现法有以下难点：

首先是折现年限的确定。并购企业可以根据所掌握的相关数据的难易程度及其可信程度的大小具体确定预测期限。

其次是并购后目标企业各年现金净流量和预期期末终值的测算。在评估中要全面考虑影响企业未来获利能力的各种因素，客观、公正地对企业未来现金流及预期期末终值做出合理预测。

最后是体现时间和风险价值的折现率的确定。折现率的选择主要是根据评估人员对企业未来风险的判断。由于企业经营的不确定性是客观存在的，因此对企业未来收益风险的判断至关重要，当企业未来收益的风险较高时，折现率也应较高；当未来收益的风险较低时，折现率也应较低。

（二）市盈率法

市盈率是表示一个企业股票收益和股票市值之间的关系，即用目标企业被并购后所带来的预期年税后利润测算目标企业价值的一种评估方法。该方法主要适合上市公司，尤其是采用股票并购方式的并购活动。市盈率法在评估中得到广泛应用，原因主要在于：首先，它是一种将股票价格与当前公司盈利状况联系在一起的一种直观的统计比率。其次，对大多数目标企业的股票来说，市盈率易于计算并很容易得到，这使得股票之间的比较变得十分简单。当然，实行市盈率法的一个重要前提是目标公司的股票要有一个活跃的交易市场，从而能评估目标企业的独立价值。

$$目标企业的评估价值=预期年税后利润\times\left(\frac{普通股每股市价}{普通股每股税后利润}\right) \quad (式 11-2)$$

（三）股利法

股利法是根据并购后预期可获得的年股利额和年股利率计算确定目标公司价值的一种评估方法。对一个投资者来说，其投资利益是由股利和转让股票时的资本利得两部分构成的。但是，资本利得只是原投资者将获取股利的权利转让给新投资者的一种补偿。因此，从长远来看，投资者关心的只是股利，于是可以通过股利收益资本化来评估目标公司的价值。股利法主要适用于并购上市或非上市的股份有限公司。其计算公式如下：

$$目标公司的价值=\frac{并购后预期可获得的年股利额}{年股利率} \quad (式 11-3)$$

（四）资产基准法

资产基准法是通过对目标公司的所有资产和负债进行逐项估价的方式来评估目标公司价值的一种评估方法。采用该方法时，首先需要对各项资产与负债进行评估，从而得出资产负债的公允价值，然后将资产的公允价值之和减去负债的公允价值之和，就可以得出净资产的公允价值，它就是公司股权的价值。净资产的公允价值的计算公式如下：

净资产的公允价值=资产的公允价值-负债的公允价值　　（式11-4）

采用资产基准法的关键是评估标准的选择。目前国际上常用的资产评估标准主要有以下5种：账面价值、市场价格、清算价格、续营价值、公平价值（即未来收益折现值）。

（五）股票市价法

股票市价法是利用目标公司股票的市场价格评估其净资产价值的一种方法，如果目标公司的股票在证券交易所上市并广泛交易，其市值总额就可以视为目标公司的股权价值。股票市价法可以直接用于上市公司价值的评估。对于非上市公司的评估可以通过寻找可比上市公司进行间接评估。但是，由于股票市场价格经常波动、并受许多经济或非经济因素的影响，因此股票市价并不是目标公司价值的公正而确定性的评估值。尽管如此，股票市价法仍然是应用最广泛的方法之一。

在股票市场上收购目标公司的股票时，为引诱目标公司股东出售手中的股票，并购方通常需要支付高于并购前目标公司股票市价10%~30%的价格，甚至更高。因此，股票市价法支付的采购成本较高。

上述五种资产评估方法是国内外资产评估中经常使用的方法，其适用范围是不同的。因此，应根据目标公司资产的特点、经营业绩和生存能力等选择合适的评估标准。

第三节　并购支付方式与并购筹资管理

一、并购支付方式

并购是企业进行快速扩张的有效途径，同时也是优化配置社会资源的有效方式。在公司并购中，支付方式对并购双方的股东权益会产生影响，并且影响并购后公司的财务整合效果。

（一）现金支付

现金支付是指并购企业支付一定数量的现金，以取得目标企业的所有权。一旦目标公司的股东收到对其拥有股份的现金支付，就失去了对原公司的任何权益。在实际操作中，并购方的现金来源主要有自有资金、发行债券、银行借款和出售资产等，按付款方式又可以分为即时支付和延期支付两种。延期支付包括分期付款、开立应付票据等卖方融资行为。

现金支付的优点在于：第一，现金收购操作简单，能迅速完成并购交易。第二，现金的支付是最清楚的支付方式，目标公司可以将其虚拟资本在短时间内转化为确定的现金，股东不必承受因各种因素带来的收益不确定性等风险。第三，现金收购不会影响并购后公司的资本结构，因为普通股股数不变，并购后每股收益、每股净资产不会由于稀释原因有所下降，有利于股价的稳定。

现金支付的缺点在于：第一，现金收购要求并购方必须在确定的日期支付相当大数量的货币，这就受到公司本身现金结余的制约。对并购方而言，现金并购是一项重大的即时现金负担。第二，如果目标企业所在地的国家税收法规规定，目标企业的股票在出售后若实现了资本收益就要缴纳资本收益税，那么用现金购买目标企业的股票就会增加目标企业的税收负担。此时，在公司并购交易的实际操作中，有两个重要因素会影响到现金收购方式的出价：一个因素是目标公司所在地管辖股票的销售收益所得税法；另一个因素是目标公司股份的平均股权成本，因为只有超出的部分才应支付资本收益税。第三，在跨国并购中，采用现金支付方式意味着并购方面临着货币的可兑换性风险及汇率风险。跨国并购涉及两种或两种以上货币，本国货币与外国货币的相对强弱，也必然影响到并购的金融成本。在现金交易前的汇率的波动都将对出资方带来影响，如果汇率的巨大变动使出资方的成本大大提高，出资方的相应年度的预期利润也将大大下降。

（二）股权支付

股权支付是并购企业将其自身的股票支付给目标公司股东，从而达到取得目标公司控制权、收购目标公司的一种支付方式。股权支付可以通过下列两种方式实现：

（1）由并购企业出资收购目标企业全部股权或部分股权，目标企业股东取得现金后再购买并购企业的新增股票。

（2）由并购企业收购目标企业的全部资产或部分资产，再由目标企业股东认购并购企业的新增股票。

股权支付的特点在于：第一，并购公司不需要支付大量现金。第二，收购完成后，目标公司的股东成了并购公司的股东。第三，对上市公司而言，股权支付方式使目标公司实现借壳上市。第四，对增发新股而言，增发新股改变了原有的股权结构，导致了原有股东权益的"淡化"，股权淡化的结果甚至可能使原有的股东丧失对公司的控制权。

（三）卖方融资

卖方融资是卖方以取得固定的收购者的未来偿付义务的承诺，使并购企业推迟支付被并购企业的全部或部分并购款项。这种方式在被并购方急于脱手的情况下完全可以实现。不过采取这种方式一般会要求并购企业有极佳的经营计划。这种方式对被并购企业也有一定好处，因为付款分期支付，税负自然也可分期支付，使其享有税负延后的好处，而且还可以要求并购企业支付较高的利息。

（四）公司发行债券

公司发行债券是公司进入资本市场直接融资的一种重要方式。根据我国《公司法》的规定，公司如果为股份有限公司、国有独资公司和两个以上的国有企业或者其他两个以上的国有投资主体投资设立的有限责任公司，为筹集生产经营资金，可以发行公司债券；上市公司经股东大会决议可以发行可转换债券；等等。这些法律上的规定为部分收购公司增加了一条融资渠道。

（五）杠杆收购

杠杆收购方式是并购方以目标公司的资产和将来的现金收入作为抵押，向金融机构贷款，再用贷款资金买下目标公司的收购方式。杠杆收购的整个并购过程主要靠负债来完成，并且以未来高收益作为偿还债务的担保，具有杠杠效应。当公司资产收益大于其借入资本的平均成本时，财务杠杆发挥正效应，可大幅度提高公司净收益和普通股收益；反之，杠杆的负效应会使得公司净收益和普通股收益剧减。

二、并购筹资管理

在并购过程中，与支付方式密不可分的问题是如何筹集并购所需资金的问题。此处重点揭示现金支付和股权支付的并购中，并购资金筹集常采用的方法。

（一）现金支付时的筹资

现金并购往往给并购企业造成一项沉重的现金负担。常见的现金支付方式下筹集并购资金的方式有增资扩股、向金融机构贷款、发行公司债券、发行认股权证或几项方式的综合运用。

1. 增资扩股

在选择增资扩股来取得并购所需现金时，最为重要的是要考虑增资扩股后对公司股权结构的影响。大多数情况下，股东更愿意增加借款而不愿意扩股筹资。

2. 向金融机构贷款

无论是向国内还是国外的金融机构筹集并购资金，都是比较普遍采用的筹资方法。在向银行提出贷款申请时，首先要考虑的是贷款的安全性，即考虑贷款将来用什么资金进行偿还。一般情况下，至少有一部分贷款的偿还是来源于被并购企业未来的现金流入。这种现金流入有两种来源，即并购后的生产经营收益和变卖被并购公司的一部分资产获得的现金。

3. 发行公司债券

并购中的现金筹集的一种方式就是向其他机构或第三方发行债券。按照我国《公司法》的规定，股份有限公司、国有独资公司和两个以上的国有企业或者其他两个以上的国有投资主体投资设立的有限责任公司，为筹集生产经营资金，可以发行公司债券；上市公司经股东大会决议可以发行可转换债券。这些规定都为并购过程中通过发行债券筹措并购资金提供了可能。当然，也进行了限制。

4. 发行认股权证

认股权证通常和企业的长期债券一起发行，以吸引投资者来购买利率低于正常水平的长期债券。由于认股权证代表了长期选择权，因此附有认股权证的债券或股票，往往对投资者有较强的吸引力。从实践来看，认股权证在下列情况下推动公司有价证券的发行销售：当公司处于信用危机边缘时，利用认股权证，可促使投资者购买公司债券，否则公司债券可能会难以出售；在金融紧缩时期，一些财务基础较好的公司可以通过认股权证这样一种方法来筹集到并购所需的现金。

（二）股权支付时的筹资

在并购中，并购企业采用股权进行支付时，发行的证券要求是已经上市或将要上市的。因为只有这样，证券才有流动性，并有一定的市场价格作为换股参考。作为并购中的股权支付，可以通过向被并购企业发行普通股、优先股和债券的方式来实现并购资金的筹集。

1. 发行普通股

并购企业可以将以前的库存股重新发售或增发新股给目标企业的股东，换取其股权。普通股支付有两种方式：一种方式是由并购企业出资收购目标企业的全部股权或部分股权，目标企业取得资金后认购并购企业的增资股，并购双方不需再另筹资金即可完成并购交易。另一种方式是由并购企业收购目标企业的全部资产或部分资产，目标企业认购并购企业的增资股，这样也达到了股权置换与支付的目的。新发行的给目标企业股东的股票应该与并购企业原有的股票同股同权、同股同利。

2. 发行优先股

有时候，向目标企业发行优先股可能会是并购企业更好的选择。如果目标企业原有的股利政策是发放较高的股息，为了保证目标企业股东的收益而不会因为并购而减少，目标企业可能会提出保持原来股利支付率的要求。对于并购企业而言，如果其原来的股利支付率低于目标企业的股利支付率，提高股利支付率则意味着新老股东的股利都要增加，会给并购企业的财务带来更大的压力。这时候，发行优先股就可以避免这种情况。

3. 发行债券

有时候，并购企业也会向目标企业股东发行债券，以保证企业清算解体时，债务人可以先于股东得到偿还。债券的利息一般高于普通股的股息，这样对目标企业的股东就会有吸引力。而对并购企业而言，收购了一部分资产，股本额仍保持原来的水平，增加的只是负债，从长期来看，股东权益未被稀释。因此，发行债券对并购双方都是有利的。

第四节　反收购策略与重组策略

一、反收购策略

（一）反收购的经济手段

反收购时可以运用的经济手段主要有四大类：提高收购者的收购成本、降低收购者的收购收益或增加收购者风险、收购收购者、适时修改公司章程等。

1. 提高收购者的收购成本

（1）股份回购。这是指通过大规模买回本公司发行在外的股份来改变资本结构的防御方法。其基本形式有两种：一是公司将可用的现金分配给股东，这种分配不是支付红利，而是购回股票；二是公司通过发售债券，用募得的款项来购回公司的股票。股票一旦大量被公司购回，在外流通的股份数量减少，每股市价也随之增加。这样迫使收购者提高每股收购价。目标公司如果提出以比收购者价格更高的出价来收购其股票，则收购者也不得不提高其收购价格，这样收购计划就需要更多资金来支持，从而导致收购难度增加。

（2）寻找“白衣骑士”（White Knight）策略。“白衣骑士”是指目标企业为免遭敌意收购而自己寻找的善意收购者。公司在遭到收购威胁时，为不使本企业落入恶意收购者手中，可选择与其关系密切的有实力的公司，以更优惠的条件达成善意收购。一般来讲，如果收购者出价较低，目标企业被“白衣骑士”拯救的希望就大；若买方公司提供了很高的收购价格，则“白衣骑士”的成本提高，目标公司获救的机会相应减少。

（3）“金降落伞”策略。公司一旦被收购，目标企业的高层管理者将可能遭到撤换。“金降落伞”策略则是一种补偿协议，它规定在目标公司被收购的情况下，高层管理人员无论是主动离开公司还是被迫离开公司，都可以领到一笔巨额的安置费。与之相似，还有针对中级管理层的“银降落伞”策略和针对普通员工的“锡降落伞”策略。但“金降落伞”策略的弊病也是显而易见的——支付给管理层的巨额补偿反而有可能诱导管理层低价将企业出售。

2. 降低收购者的收购收益或增加收购者风险

（1）“皇冠上的珍珠”策略。从资产价值、盈利能力和发展前景诸方面衡量，在混合公司内经营最好的企业或子公司被喻为“皇冠上的珍珠”。这类公司通常会诱发其他公司的收购企图，成为兼并的目标。目标企业为保全其他子公司，可将“皇冠上的珍珠”这类经营好的子公司卖掉，从而达到反收购的目的。作为替代方法，也可以把“皇冠上的珍珠”抵押出去。

（2）“毒丸计划”策略。“毒丸计划”策略是在20世纪80年代的美国出现的一种反兼并与反收购策略，最早由瓦切泰尔·利蒲东律师事务所的律师马蒂·利蒲东于1983年提出和采用。后经美国另一位反收购专家、投资银行家马丁·西格尔完善而成。“吞食毒丸”是指目标公司为避免被其他公司收购，采取一些会对自身造成严重伤害的行动，以降低自己的吸引力。

（3）“焦土战术”策略。这是公司在遇到收购袭击而无力反击时，所采取的一种两败俱伤的做法。例如，将公司中引起收购者兴趣的资产出售，使收购者的意图难以实现；或是增加大量与经营无关的资产，大大提高公司的负债，使收购者因考虑收购后严重的负债问题而放弃收购。

3. 收购收购者

收购收购者战略又称帕克曼策略，它是作为收购对象的目标公司为挫败收购者的企图而采用的一种策略，即目标公司威胁进行反收购。当获悉收购方有意并购时，目标公司反守为攻，抢先向收购公司股东发出公开收购要约，使收购公司被迫转入防御。实施帕克曼策略使目标公司处于可进可退的主动位置。帕克曼策略要求目标公司本身具有较强的资金实力和相当外部融资能力；同时，收购公司也应具备被收购的条件，否则目标公司股东将不会同意发出公开收购要约。

4. 适时修改公司章程

这是公司对潜在收购者或诈骗者所采取的预防措施。反收购条款的实施、直接或间接提高收购成本、董事会改选的规定都可使收购方望而却步。常用的反收购公司章程包括董事会轮选制、超级多数条款、公平价格条款等。

（1）董事会轮选制。董事会轮选制使公司每年只能改选很小比例的董事。即使收购方已经取得了多数控股权，也难以在短时间内改组公司董事会或委任管理层，实现对公司董事会的控制，从而进一步阻止其操纵目标公司的行为。

（2）超级多数条款。公司章程都需规定修改章程或重大事项（如公司的清盘、并购、资产的租赁）所需投票权的比例。超级多数条款规定公司被收购必须取得2/3或80%的投票权，有时甚至会高达95%。这样若公司管理层和员工持有公司相当数量的股票，那么即使收购方控制了剩余的全部股票，收购也难以完成。

（3）公平价格条款。公平价格条款规定收购方必须向少数股东支付目标公司股票的公平价格。所谓公平价格，通常以目标公司股票的市盈率作为衡量标准，而市盈率的确定是以公司的历史数据并结合行业数据为基础的。

（二）反收购的法律手段

诉讼策略是目标公司在并购防御中经常使用的策略。诉讼的目的通常包括：逼迫收购方提高收购价以免被起诉；避免收购方先发制人，提起诉讼，延缓收购时间，以便另寻“白衣骑士”；在心理上重振目标公司管理层的士气。

诉讼策略的第一步往往是目标公司请求法院禁止收购继续进行。于是，收购方必须首先给出充足的理由证明目标公司的指控不成立，否则不能继续增加目标公司的股票。这就使目标公司有机会采取有效措施进一步抵御被收购。不论诉讼成功与否，都为目标公司争得了时间，这是该策略被广为采用的主要原因。

目标公司提起诉讼的理由主要有两条：第一，反垄断。部分收购可能使收购方获得某一行业的垄断或接近垄断地位，目标公司能以此作为诉讼理由。反垄断是政府对企业并购进行管制的重要工具，必然对并购活动的发展产生重大影响，因而成为收购风潮中目标公司的救命稻草。第二，披露不充分。目标公司认定收购方未按有关法律规定向公众及时、充分或准确地披露信息等。

反收购防御的手段层出不穷，除经济、法律手段以外，还可利用政治等手段，如迁移注册地、增加收购难度等。以上种种反并购策略各具特色，各有千秋，很难断定哪种更为奏效。但有一点是可以肯定的，企业应该根据并购双方的力量对比和并购初衷选用一种策略或几种策略的组合。

二、重组策略

（一）公司重组的含义和基本特征

公司重组又叫公司重整，是指对陷入财务危机，但仍有转机和重建价值的公司，根据一定程序进行重新整顿，使公司得以维持和复兴，走出困境的做法。每个公司在其经营过程中，随时都必须考虑一旦公司在出现无力偿还到期债务的困难和危机时，通过对各方利害关系人的利益协调，借助法律强制进行营业重组与债务清理，可以使企业避免破产、获得重生。公司重组可以减少债权人和股东的损失。对整个社会而言，公司重组能尽量减少社会财富的损失和因破产而失业人口的数量。

公司重组的基本特征如下：

（1）重组是一种积极的拯救程序，不是消极地破产宣告。

（2）重组措施多样化。重组企业可以运用多种重组措施，达到恢复经营能力、清偿债务、避免破产的目的，除延期或减免偿还债务外，还可以采取向重组者无偿转让全部或部分股权、核减或增加注册资本、向特定对象定向发行股或债券、将债权转为股份、转让营业资产等方法。此外，重组包括企业的合并和分离等方法。

（3）参与主体广泛化。债权人包括有物权担保的债权人、债务人以及债务人的股东等，各方利害关系人均参与重组程序的进行。

（二）公司重组的方式

公司重组按是否通过法律程序分为公司非正式财务重组和公司正式财务重组。

1. 公司非正式财务重组

公司非正式财务重组是指当债务人陷入财务危机濒临破产需要重组时，为了避免因进入正式法律程序而发生庞大的费用和冗长的诉讼时间，债务人、债权人双方自愿达成协议，以帮助债务人恢复和重建坚实的财务基础。非正式财务重组包括债务重组和准改组。

（1）债务重组。债务重组是指债务人发生财务困难时，债权人按照其与债务人达成的协议做出让步的事项。这种让步是根据双方自愿达成的协议做出的。让步的结果是债权人发生债务重组损失，债务人获得债务重组收益。债务重组主要有以下几种方式：

第一，以非现金资产清偿债务。债务人以非现金资产清偿全部债务，包括用公司生产的产品、库存材料、固定资产、拥有的无形资产等进行清偿债务。这种方式可以把债务人的非营运资产剥离出去。

第二，债务转化为资本。债务转化为资本实质上是增加债务人的资本金，债权人因此而增加长期股权投资。以债务转为资本用于清偿债务，使债务人没有了偿债的压力，债权人也不会发生短期利益损失。

第三，债务展期与债务和解。债务展期，即推迟到期债务要求付款的日期。债务和解，即债权人自愿同意减免债务人的债务，包括减免本金、利息或混合使用。这种方式能够为发生财务困难的公司赢得时间使其调整财务结构，继续经营并避免法律费用。

公司拟采用债务展期或债务和解措施渡过财务困境时，首先由公司，即债务人向当地负责金融、财务调整的管理部门提出申请，由该管理部门安排，召开由公司及其债权人参加的会议。其次，由债务人任命一个由1~5人组成的委员会，负责调查公司的资产、负债情况，并制订出一项债权调整计划，就债权的展期和债务的和解做出具体安排。最后，召开债权人、债务人会议，会议对委员会提出的债务展期、和解，或债务展期与和解兼而有之的财务安排进行商讨并取得一致，达成最终协议，以便债权人、债务人共同遵循。

因此，为了对债务人实施控制，保护债权人利益，债权人在债务展期或债务和解后等待还款的时期内，通常采取以下措施：

①实行某种资产的转让或由第三者代管。

②要求债务企业股东转让其股票到第三者代管账户，直至根据展期协议还清欠款为止。

③债务企业的所有支票应由债权人委员会会签，以保持回流现金用于还债。

（2）准改组。准改组是在公司长期发生严重亏损时，征得债权人和股东同意后，通过减资消除大量亏损，并采取一些成功经营措施的重组方式。这种方式既不需要法院参与，也不解散公司，而且不改变债权人的利益，只要得到债权人和股东同意，不需要立即向债权人支付债务和向股东发放股利，便可以有效地实施准改组。

准改组的财务处理方法如下：

①有关资产重新计价，调低额冲减留存收益。

②股东权益（甚至负债）应重新计价，将留存收益的红字调整为零。

③征得债权人和股东的同意，通常还要由法院监督，以确保有关各方的利益，避免法律纠纷。同时，按照《公司法》的规定，公告有关债权人。

④在当年的财务报表中，应当充分披露准改组的程序和影响，并在此后的3~10年内，加注说明留存收益的积累日期。

非正式财务重组可以为债权人和债务人双方都带来一定的好处。首先，这种做法避免了履行正式手续所需发生的大量费用，所需要的律师、会计师的人数也比履行正式手续要少得多，使重组费用降至最低点。其次，非正式财务重组可以减少重组所需的时间，使公司在较短的时间内重新进入正常经营的状态，避免了因冗长的正式程序使公司迟迟不能进行正常经营而造成的公司资产闲置和资金回收延迟等浪费现象。最后，非正式重整使谈判有更大的灵活性，有时更易达成协议。

非正式财务重整也存在着缺点，主要表现在当债权人人数很多时，可能很难达成一致；没有法院的正式参与，协议的执行缺乏法律保障。

2. 正式财务重组

正式财务重组是通过一定的法律程序改变公司的资本结构，合理地解决其所欠债务，以使公司摆脱财务困难并继续经营的做法。

正式财务重组是将非正式财务重组的做法按照规范化的方式进行，是在法院受理债权人申请破产案件的一定时期内，经债务人及其委托人申请，与债权人会议达成和解协议，对公司进行整顿、重组的一种制度。在正式财务重组中，法院起着重要的作用，特别是要对协议中的重组计划的公正性和可行性做出判断。

依照规定，在法院批准重组之后不久，应成立债权人会议，所有债权人均为债权人会议成员。其主要职责是：审查有关债权的证明材料，确认债权有无财产担保，讨论通过改组计划，保护债权人的利益，确保债务公司的财产不致流失。债务人的法定代表必须列席债权人会议，回答债权人的询问。我国还规定要有工会代表参加债权人会议。

重组计划是对公司现有债权、股权的清理和变更做出安排，重组公司资本结构，提出未来的经营方案与实施办法。重组计划一般应包括以下三项内容：

（1）估算重组公司的价值。常采用的方法是收益现值法，即预测公司未来的收益与现金流量，根据事先确定的合理的贴现率，对未来的现金流入量进行贴现，估算出公司的价值。

（2）优化资本结构，降低财务负担。这要求调整公司的资本结构，削减债务负担和利息支出，为公司继续经营创造一个合理的财务状况。为达到这一目的，需要对某些债务展期，将某些债务转换为优先股、普通股等其他证券。

（3）进行资本结构转换。新的资本结构确定后，用新的证券替换旧的证券，实现资本结构的转换。为此，要将公司各类债权人和所有者按求偿权的优先级别分类统计。优先级别在前的债权人或所有者得到妥善安排之后，优先级别在后的才能得到安置。

重组计划经过法院批准后，对公司、债权人及股东均有约束力。为了使重组可行，必须经“债务人会议”讨论同意重组，并愿意帮助债务人重建财务基础。一项重组是否可行，其基本测试标准是重组后所产生的收益能否补偿为获得所发生的全部费用。

第五节 公司清算

公司清算是指公司宣告终止后，为结束债权、债务关系和其他各种法律关系，对公司财产、债权、债务进行清查并收取债权、清偿债务和分配剩余财产的行为。公司按照法律规定或公司章程的规定解散或破产以及其他原因宣告终止时，应当成立清算机构，对公司财产、债权、债务进行全面清查，了结公司债务，并向股东分配剩余财产，以终结其经营活动，并依法取消其法人资格。

一、公司清算的原因

公司终止经营必然要进行清算，因此公司终止的原因也就是导致公司清算的原因。公司清算的原因有很多，主要有以下几种：

（一）企业经营期满，投资各方无意继续经营

联营、合资、合作公司在办理设立申请时就在公司章程中规定经营期限，当经营期限届满时，投资各方如果无意继续经营，则公司必须终止并且要进行清算。营业期限届满前，公司可以申请展期，展期后公司可以继续存在。

（二）公司难以持续经营

当由于以下原因导致公司经营难以持续时，公司的最高决策者就会对公司做出终止的特别决议：

（1）投资一方或者多方未履行企业章程所规定的义务，导致无法继续经营。

（2）公司发生严重亏损，无法持续经营。

（3）未达到预定的经营目标，企业今后又没有发展前途。

（4）因不可抗力的灾害造成公司严重损失，导致企业无法继续经营。

（三）公司依法被撤销

公司在法定期限内未缴足注册资本，长期不向有关部门报送财务报告，或是在经营期间发生欺诈、滥用法律授予的权力等严重违法行为，导致公司对公共利益构成损害并又无法消除的，法院或政府机关有权责令公司关闭并解散。

（四）依法宣告破产

公司因经营管理不善造成严重亏损不能到期清偿债务的，而债务重组又不成功的，被法院宣告破产，公司破产以后，必须对其破产财产进行处置、清算。

（五）企业改组、合并或者被兼并

公司因各种原因合并或者被兼并、法人资格丧失，应终止原企业的经营行为。这些企业要进行清算。

二、公司清算的类型

因清算的对象、清算的原因以及清算的复杂程度不同，公司清算的分类也有所不同。一般来说，清算可以分为下列几类：

（一）按公司清算的原因不同划分

按公司清算的原因，可分为解散清算和破产清算。

解散清算是公司因经营期满，或者因经营方面的其他原因致使公司不宜或者不能继续经营时，自愿或被迫宣告解散而进行的清算。破产清算是公司资不抵债时，人民法院依照有关法律规定组织清算机构对公司进行的清算。

两者既有联系又有区别。其联系表现在：第一，清算的目的都是结束被清算公司的各种债权、债务关系和法律关系。第二，在解散清算过程中，当发现公司资不抵债时应立即向法院申请实行破产清算。

两者的区别表现在：第一，清算的性质不同。解散清算属于自愿清算或行政清算，而破产清算属于司法清算。第二，处理利益关系的侧重点不同。解散清算一般不存在资不抵债的问题，清算时除了结束公司未了结的业务，收取债权和清偿债务以外，重点是分配公司剩余财产，调整公司内部各投资者之间的利益关系。而破产清算的原因是资不抵债，因此清算时主要是调整公司外部各债权人之间的利益关系，即将公司有限的财产在债权人之间进行合理分配。

（二）按公司清算的性质不同划分

按公司清算的性质可分为自愿清算、行政清算和司法清算。

自愿清算是企业法人自愿终止其经营活动而进行的清算，如企业经营期满、发生严重亏损等原因进行的清算。一般情况下，由企业内部人员组成清算机构自行清算。

行政清算是企业法人被依法撤销所进行的清算，如企业违反国家法律、法规被撤销而进行的清算。在这种情况下，有关主管机关要负责组织清算机构并监督清算工作的进行。

司法清算又称破产清算，是企业因不能清偿到期债务，人民法院依据债务人或债权人的申请宣告企业破产，并依照有关法律规定组织清算机构对企业进行破产清算。

三、清算的程序

（一）公司解散清算的程序

根据《公司法》的规定，解散清算一般按以下程序进行：

1. 成立清算小组

根据《公司法》的规定，公司应当在解散事由出现之日起 15 日内成立清算组，开始清算。有限责任公司的清算组由股东组成，股份有限公司的清算组由董事或者股东大会确定的人员组成。逾期不成立清算组进行清算的，债权人可以申请人民法院指定有关人员组成清算组进行清算。

清算组在清算期间行使下列职权：

（1）清理公司财产，分别编制资产负债表和财产清单中。

（2）通知、公告债权人。

（3）处理与清算有关的公司未了结的业务。

（4）清缴所欠税款以及清算过程中产生的税款。

（5）清理债权、债务。

（6）处理公司清偿债务后的剩余财产。

（7）代表公司参与民事诉讼活动。

2. 通知债权人申报债权

清算组应当自成立之日起10日内通知债权人，并于60日内在报纸上公告。债权人应当自接到通知书之日起30内，未接到通知书的自公告之日起45日内，向清算组申报其债权。债权人申报债权，应当说明债权的有关事项，并提供证明材料。清算组应当对债权进行登记。在申报债权期间，清算组不得对债权人进行清偿。

3. 清理公司财产，编制资产负债表和财产清单，制订清算方案

清算组要清理公司财产，编制资产负债表和财产清单，制订清算方案。清算方案应当报股东会、股东大会或者人民法院确认。清算组在发现公司财产不足清偿债务的，应当依法向人民法院申请宣告破产。

4. 清偿债务

公司财产在分别支付清算费用、职工的工资、社会保险费用和法定补偿金，缴纳所欠税款，清偿公司债务后的剩余财产，有限责任公司按照股东的出资比例分配，股份有限公司按照股东持有的股份比例分配。清算期间，公司存续，但不得开展与清算无关的经营活动。公司财产在未依照前款规定清偿前，不得分配给股东。

5. 制作清算报告，办理公司注销手续

公司清算结束后，清算组应当制作清算报告，报股东会、股东大会或者人民法院确认，并报送公司登记机关，申请注销公司登记，公告公司终止。

（二）公司破产清算的程序

企业法人不能清偿到期债务，并且资产不足以清偿全部债务或者明显缺乏清偿能力的，可以向人民法院提出破产清算申请。债务人和债权人都有权提出破产申请。《中华人民共和国企业破产法》（以下简称《企业破产法》）第二条规定："企业法人不能清偿到期债务，并且资产不足以清偿全部债务或者明显缺乏清偿能力的，依照本法规定清理债务。"《企业破产法》第七条规定："债务人有本法第二条规定的情形，可以向人民法院提出重整、和解或者破产清算申请。债务人不能清偿到期债务，债权人可以向人民法院提出对债务人进行重整或者破产清算的申请。企业法人已解散但未清算或者未清算完毕，资产不足以清偿债务的，依法负有清算责任的人应当向人民法院申请破产清算。

人民法院依照《破产法》规定宣告债务人破产的，应当自裁定做出之日起5日内送达债务人和管理人，自裁定做出之日起10日内通知已知债权人，并予以公告。

1. 提出破产申请

向人民法院提出破产申请，应当提交破产申请书和有关证据。

破产申请书应当载明下列事项：

（1）申请人、被申请人的基本情况。

（2）申请目的。

（3）申请的事实和理由。

（4）人民法院认为应当载明的其他事项。

债务人提出申请的，还应当向人民法院提交财产状况说明、债务清册、债权清册、有关财务会计报告、职工安置预案以及职工工资的支付和社会保险费用的缴纳情况。

人民法院受理破产申请前，申请人可以请求撤回申请。

2. 破产受理

债权人提出破产申请的，人民法院应当自收到申请之日起 5 日内通知债务人。债务人对申请有异议的，应当自收到人民法院的通知之日起 7 日内向人民法院提出。人民法院应当自异议期满之日起 10 日内裁定是否受理。

除前款规定的情形外，人民法院应当自收到破产申请之日起 15 日内裁定是否受理。

有特殊情况需要延长前面规定的裁定受理期限的，经上一级人民法院批准，可以延长 15 日。

人民法院接受破产申请后，经过审查发现债务人符合《企业破产法》所规定的破产原因，应当做出债务人破产的决定。

债权人提出申请的，人民法院应当自裁定做出之日起 5 日内送达债务人。债务人应当自裁定送达之日起 15 日内，向人民法院提交财产状况说明、债务清册、债权清册、有关财务会计报告以及职工工资的支付和社会保险费用的缴纳情况。

债务人被宣告破产后，债务人称为破产人，债务人财产称为破产财产，人民法院受理破产申请时对债务人享有的债权称为破产债权。

3. 人民法院指定管理人

人民法院裁定受理破产申请的，应当同时指定管理人。管理人可以由有关部门、机构的人员组成的清算组或者依法设立的律师事务所、会计师事务所、破产清算事务所等社会中介机构担任。指定管理人和确定管理人报酬的办法，由最高人民法院规定。管理人依照《企业破产法》规定执行职务，向人民法院报告工作，并接受债权人会议和债权人委员会的监督。管理人取代债务人的地位取得对企业一定程度的控制权，还有就是在法院的指导下作为破产程序的参与者而行使一定的职权。管理人履行下列职责：

（1）接管债务人的财产、印章和账簿、文书等资料。

（2）调查债务人财产状况，制作财产状况报告。

（3）决定债务人的内部管理事务。

（4）决定债务人的日常开支和其他必要开支。

（5）在第一次债权人会议召开之前，决定继续或者停止债务人的营业。

（6）管理和处分债务人的财产。

（7）代表债务人参加诉讼、仲裁或者其他法律程序。

（8）提议召开债权人会议。

（9）人民法院认为管理人应当履行的其他职责。

管理人没有正当理由不得辞去职务。管理人辞去职务应当经人民法院许可。

4. 清查债务人财产和债权

破产申请受理时属于债务人的全部财产及破产申请受理后至破产程序终结前债务人取得的财产，为债务人财产。

5. 债权人申报债权

人民法院受理破产申请后，应当确定债权人申报债权的期限。债权申报期限自人民法院发布受理破产申请公告之日起计算，最短不得少于30日，最长不得超过3个月。债权人应当在人民法院确定的债权申报期限内向管理人申报债权。在人民法院确定的债权申报期限内，债权人未申报债权的，可以在破产财产最后分配前补充申报。但是，此前已进行的分配，不再对其补充分配。为审查和确认补充申报债权的费用，由补充申报人承担。

为了保证破产程序的正常进行及对各债权人的公平清偿，可以成立债权人会议。依法申报债权的债权人为债权人会议的成员，有权参加债权人会议，享有表决权。债权人会议在破产程序中与法院、管理人、债务人或破产人等有关当事人进行交涉，负责处理涉及全体债权人共同利益的问题，协调债权人的法律行为，采用多数决的决定方式在其职权范围内议决有关破产事宜。

《企业破产法》规定，在债权人会议中可以设置债权人委员会。债权人委员会由债权人会议选任的债权人代表和一名债务人的职工代表或工会代表组成。债权人委员会成员不得超过9人。债权人委员会是遵循债权人的共同意志，代表债权人会议监督管理人行为以及破产程序的合法、公正进行，处理破产程序中的有关事项的常设监督机构。

债权人委员会行使下列职权：

（1）监督债务人财产的管理和处分。

（2）监督破产财产分配。

（3）提议召开债权人会议。

（4）债权人会议委托的其他职权。

6. 管理人编报、实施破产财产清算分配方案

管理人应当及时拟订破产财产分配方案，提交债权人会议讨论。债权人会议通过破产财产分配方案后，由管理人将该方案提请人民法院裁定认可。破产财产分配方案经人民法院裁定认可后，由管理人执行。破产财产在优先清偿破产费用和共益债务后，依照下列顺序清偿：

（1）破产人所欠职工的工资和医疗、伤残补助、抚恤费用，所欠的应当划入职工个人账户的基本养老保险、基本医疗保险费用以及法律、行政法规规定应当支付给职工的补偿金。

（2）破产人欠缴的除前项规定以外的社会保险费用和破产人所欠税款。

（3）普通破产债权。

破产财产不足以清偿同一顺序的清偿要求的，按照比例分配。破产企业的董事、监事和高级管理人员的工资按照该企业职工的平均工资计算。

7. 破产程序终结

管理人在最后分配完结后，应当及时向人民法院提交破产财产分配报告，并提请

人民法院裁定终结破产程序。人民法院应当自收到管理人终结破产程序的请求之日起15日内做出是否终结破产程序的裁定。裁定终结的，应当予以公告。

管理人应当自破产程序终结之日起10日内，持人民法院终结破产程序的裁定，向破产人的原登记机关办理注销登记。

三、公司清算的预算

(一) 清算财产的范围

清算财产是指用于清偿公司无担保债务和分配给投资者的财产。清算财产由以下两部分构成：

1. 宣布清算时公司拥有的可用于清偿无担保债务和向投资者分配的全部账内及账外财产

其内容包括公司的各项流动资产、固定资产、无形资产、对外投资和其他资产。

为了正确界定清算财产的范围，这里需要明确宣布清算时公司拥有的不属于清算财产的内容。以下财产不得或不能用于清偿公司无担保债务，不应作为公司的清算财产：

(1) 租入、借入、代外单位加工和代外单位销售存放在公司的财产。这些财产不为公司所有，不能用于清偿公司债务，应退还有关单位。

(2) 递延资产、待摊费用。这类资产的费用已经发生，本应在公司未来的经营期间摊入成本、费用，但由于公司现已终止，只能作为清算损失核销，不能用于清偿债务。

(3) 相当于担保债务数额的担保财产。这部分财产已确定用于清偿有担保的债务，不能再作为清算财产用来清偿无担保债务。

2. 清算期间按法律规定追回的财产

清算机构按法律规定追回的以下财产，应作为公司的清算财产：

(1) 清算前无偿转移或低价转让的财产。

(2) 对原来没有财产担保的债务在清算前提供财产担保的财产。

(3) 对未到期的债务在清算前提前清偿的财产。

(4) 清算前放弃的债权。

(二) 清算财产的作价

公司无论是因为破产，还是因为各种原因的解散 ，都会涉及财产作价问题，目前国内外的实际应用中，常见的财产作价方法主要有三种：账面价值法、重估价值法和变现收入法。

1. 账面价值法

它是以核实后的各项负债的账面价值为依据，计算所有者权益，即剩余财产额的一种作价方法。这种方法主要适用于产权转让解散清算和完全解散清算的货币性资金项目，如货币资金、应付账款、应付票据、预收账款、预付账款等。采用账面价值法为财产作价时，清算机构仍需要对公司各项记录及财产物资、债权、债务等进行全面清查核实，并以核实后的账面价值为准计算所有者权益。

2. 重估价值法

它是指清算机构委托注册会计师对公司现存财产物资债权、债务进行重新估价，确定剩余财产净值的一种财产作价方法。这种方法主要适用于对各项实物资产价值的确定，如房产、设备、存货、在建工程等，对产权转让解散清算更为适用。

需要指出的是，重估价值法在对财产作价时，如果估价出现了增值，应作为清算收益处理；如果估价小于账面价值，其差价部分应列作清算损失，重估价值法与账面价值法的区别在于前者不仅要对财产清查的数量溢缺进行调整，还要对各项财产单位价格进行估价，并以此作为计价标准，调整账面价值。

3. 变现收入法

它是指以公司资产的变价收入作为资产作价基础，并经此计算所有者权益的财产作价方法。在破产清算或完全解散清算时，需要将公司资产变卖为现金。这种方法主要适用于因破产或经营期限届满所引起的完全解散的清算。

采用变价收入法，方法应详细核定并尽量收回所有者的债权，无法收回的部分可作为坏账核销；对于已作担保的财产，其相当于担保债务价值部分，不应列作清算财产，担保物价款超过所担保的债务数额部分，应列为清算财产。

四、破产的实施

（一）清偿债务

按规定，清算财产要优先抵付清算费用，若清算财产不足以支付清算费用，则清算程序马上终结，未清算债务也不再清偿，抵付清算费用后，公司所需清偿的债务主要包括公司进入清算前的各种债务以及在清算中形成的，与公司清算各种债务，但不包括有财产担保的特殊债务。

在公司清算过程中，所有列入统一清偿的债务必须按照法定的顺序进行清偿：首先，对应付未付的职工工资、劳动保险费等；其次，应缴未缴国家的税金；最后，尚未偿付的债务。在同一顺序内不足清偿的，按照比例清偿。清偿比例的计算公式如下：

清偿比例 =（可供清偿的财产金额÷同一清偿顺序的负债总额）×100%

用同一顺序内某一债权人的债权额乘以清偿比例，就可以算出该债权人可分得的剩余财产额。

（二）分配剩余财产

分配剩余财产是指公司终止清算，清偿债务以后，对剩余清算财产的分配。剩余财产的分配，一般应按公司合同、章程的有关条款处理，充分体现公平、对等，照顾各方利益的原则。有限责任公司，除公司章程另有规定者外，按投资各方的出资比例分配。股份有限公司，按照优先股面值对优先股股东分配；优先股股东分配后的剩余部分，按照普通股股东的股份比例进行分配。如果剩余财产不足全额偿还优先股股东时，按照各优先股股东所持比例分配。如为国有公司，其剩余财产要上缴财政。在剩余财产分配中，如为实物财产的分配，其价值有差额时，按投资比例计算。如为中外合作经营公司，合作合同规定折旧完的固定资产归中方投资者所有的，则外方不再参加该部分财产的分配，仅在中方投资者之间分配。

【本章小结】

1. 公司并购是企业兼并和收购的统称。兼并是指两家公司归并为一家公司，其中的收购方吸收被收购方的全部资产和负债，承担其业务，而被收购方则不再独立存在，常常成为收购方的一个子公司。收购是指一家公司用现款、债券或股票购买另一家公司的股票和资产，以获得对该公司本身或资产实际控制权的行为。

2. 公司并购按并购双方经营的产品和市场关系的不同，可以分为横向并购、纵向并购和复合并购。公司并购按并购公司的主观意图的不同，可以分为善意并购和恶意并购。企业并购的动机有以下几个方面：提高企业效率、代理问题的存在、节约交易成本、目标公司价值被低估、增强企业在市场中的地位、降低投资风险和避税。

3. 对目标公司进行价值评估的方法有现金流量贴现法、市盈率法、股利法、资产基准法、股票市价法。

4. 并购的支付方式有现金支付、股权支付、卖方融资、公司发行债券、杠杆收购。

5. 反收购时可以运用的经济手段和法律手段。经济手段主要有四大类：提高收购者的收购成本、降低收购者的收购收益、收购收购者、适时修改公司章程。

6. 公司重组按是否通过法律程序分为非正式财务重组和公司正式财务重组。

7. 公司清算是指公司因某种特定原因而终止经营以后，结算一切财务事项的经济工作。公司按照法律规定或公司章程的规定解散或破产以及其他原因宣告终止时，应当成立清算机构，对公司财产、债权、债务进行全面清查，了结公司债务，并向股东分配剩余财产，以终结其经营活动，并依法取消其法人资格。

【复习思考题】

1. 企业并购的动机有哪些？
2. 对目标公司进行价值评估的方法有哪些？
3. 反收购时可以运用的经济手段和法律手段有哪些？其经济手段主要有哪四大类？
4. 企业清算的原因和分类是怎样的？
5. 企业清算财产的分配顺序是怎样的？

参考文献

[1] 布雷利（Brealey R A），迈尔斯（Myers S C）. 公司财务原理［M］. 方曙红，等，译. 北京：机械工业出版社，2004.

[2] 张涛. 财务管理学［M］. 北京：经济科学出版社，2012.

[3] 王化成，刘俊彦. 财务管理学［M］. 北京：中国人民大学出版社，2006.

[4] 王化成. 财务管理教学案例［M］. 北京：中国人民大学出版社，2001.

[5] 朱会芳，武迎春. 财务管理［M］. 南京：南京大学出版社，2012.

[6] 陆正飞. 财务管理［M］. 3 版. 大连：东北财经大学出版社，2010.

[7] 中国注册会计师协会. 财务成本管理［M］. 北京：中国财政经济出版社，2013.

[8] 宋献忠，吴思明. 中级财务管理［M］. 2 版. 大连：东北财经大学出版社，2009.

[9] 汤谷良，王化成. 企业财务管理学［M］. 北京：经济科学出版社，2000.

[10] 沈艺峰. 资本结构理论史［M］. 北京：经济科学出版社，1999.

[11] 财政部企业司.《企业财务通则》解读（修订篇）［M］. 北京：中国财政经济出版社，2010.

[12] 吴晓求. 证券投资学［M］. 3 版. 北京：中国人民大学出版社，2009.

[13] 李忠宝. 财务管理概论［M］. 大连：东北财经大学出版社，2005.

[14] 蒋屏. 公司财务管理［M］. 北京：对外经济贸易大学出版社，2009.

[15] 郭复初，王庆成. 财务管理学［M］. 北京：高等教育出版社，2009.

[16] 杨颖. 财务管理学案例与实训教程［M］. 成都：西南财经大学出版社，2013.

[17] 谷祺，刘淑莲. 财务管理［M］. 大连：东北财经大学出版社，2007.

[18] 欧阳令南. 财务管理——理论与分析［M］. 上海：复旦大学出版社，2005.

[19] 余绪缨. 企业理财学［M］. 沈阳：辽宁人民出版社，1995.

[20] 鲁桂华. 企业财务分析——原理与应用［M］. 上海：立信会计出版社，2001.

[21] 王庆成，王化成. 西方财务管理［M］. 北京：中国人民大学出版社，1993.

[22] 严成根，李传双. 财务管理教程［M］. 北京：清华大学出版社，北京交通大学出版社，2006.

[23] 袁建国. 财务管理［M］. 2 版. 大连：东北财经大学出版社，2005.

[24] 刘杰，于久洪. 会计报表分析［M］. 北京：中国人民大学出版社，2002.

[25] 鲁爱民. 财务分析［M］. 北京：机械工业出版社，2015.

[26] 赵德武. 财务管理［M］. 北京：高等教育出版社，2002.

附录　资金时间价值系数表

复利终值系数表 1-1 (F/P，i，n)

计算公式：$f = (1 + i)^n$

期数	1%	2%	3%	4%	5%	6%	7%	8%	9%	10%
1	1.010 0	1.020 0	1.030 0	1.040 0	1.050 0	1.060 0	1.070 0	1.080 0	1.090 0	1.100 0
2	1.020 1	1.040 4	1.060 9	1.081 6	1.102 5	1.123 6	1.144 9	1.166 4	1.188 1	1.210 0
3	1.030 3	1.061 2	1.092 7	1.124 9	1.157 6	1.191 0	1.225 0	1.259 7	1.295 0	1.331 0
4	1.040 6	1.082 4	1.125 5	1.169 9	1.215 5	1.262 5	1.310 8	1.360 5	1.411 6	1.464 1
5	1.051 0	1.104 1	1.159 3	1.216 7	1.276 3	1.338 2	1.402 6	1.469 3	1.538 6	1.610 5
6	1.061 5	1.126 2	1.194 1	1.265 3	1.340 1	1.418 5	1.500 7	1.586 9	1.677 1	1.771 6
7	1.072 1	1.148 7	1.229 9	1.315 9	1.407 1	1.503 6	1.605 8	1.713 8	1.828 0	1.948 7
8	1.082 9	1.171 7	1.266 8	1.368 6	1.477 5	1.593 8	1.718 2	1.850 9	1.992 6	2.143 6
9	1.093 7	1.195 1	1.304 8	1.423 3	1.551 3	1.689 5	1.838 5	1.999 0	2.171 9	2.357 9
10	1.104 6	1.219 0	1.343 9	1.480 2	1.628 9	1.790 8	1.967 2	2.158 9	2.367 4	2.593 7
11	1.115 7	1.243 4	1.384 2	1.539 5	1.710 3	1.898 3	2.104 9	2.331 6	2.580 4	2.853 1
12	1.126 8	1.268 2	1.425 8	1.601 0	1.795 9	2.012 2	2.252 2	2.518 2	2.812 7	3.138 4
13	1.138 1	1.293 6	1.468 5	1.665 1	1.885 6	2.132 9	2.409 8	2.719 6	3.065 8	3.452 3
14	1.149 5	1.319 5	1.512 6	1.731 7	1.979 9	2.260 9	2.578 5	2.937 2	3.341 7	3.797 5
15	1.161 0	1.345 9	1.558 0	1.800 9	2.078 9	2.396 6	2.759 0	3.172 2	3.642 5	4.177 2
16	1.172 6	1.372 8	1.604 7	1.873 0	2.182 9	2.540 4	2.952 2	3.425 9	3.970 3	4.595 0
17	1.184 3	1.400 2	1.652 8	1.947 9	2.292 0	2.692 8	3.158 8	3.700 0	4.327 6	5.054 5
18	1.196 1	1.428 2	1.702 4	2.025 8	2.406 6	2.854 3	3.379 9	3.996 0	4.717 1	5.559 9
19	1.208 1	1.456 8	1.753 5	2.106 8	2.527 0	3.025 6	3.616 5	4.315 7	5.141 7	6.115 9
20	1.220 2	1.485 9	1.806 1	2.191 1	2.653 3	3.207 1	3.869 7	4.661 0	5.604 4	6.727 5
21	1.232 4	1.515 7	1.860 3	2.278 8	2.786 0	3.399 6	4.140 6	5.033 8	6.108 8	7.400 2
22	1.244 7	1.546 0	1.916 1	2.369 9	2.925 3	3.603 5	4.430 4	5.436 5	6.658 6	8.140 3
23	1.257 2	1.576 9	1.973 6	2.464 7	3.071 5	3.819 7	4.740 5	5.871 5	7.257 9	8.954 3
24	1.269 7	1.608 4	2.032 8	2.563 3	3.225 1	4.048 9	5.072 4	6.341 2	7.911 1	9.849 7
25	1.282 4	1.640 6	2.093 8	2.665 8	3.386 4	4.291 9	5.427 4	6.848 5	8.623 1	10.834 7
26	1.295 3	1.673 4	2.156 6	2.772 5	3.555 7	4.549 4	5.807 4	7.396 4	9.399 2	11.918 2
27	1.308 2	1.706 9	2.221 3	2.883 4	3.733 5	4.822 3	6.213 9	7.988 1	10.245 1	13.110 0
28	1.321 3	1.741 0	2.287 9	2.998 7	3.920 1	5.111 7	6.648 8	8.627 1	11.167 1	14.421 0
29	1.334 5	1.775 8	2.356 6	3.118 7	4.116 1	5.418 4	7.114 3	9.317 3	12.172 2	15.863 1
30	1.347 8	1.811 4	2.427 3	3.243 4	4.321 9	5.743 5	7.612 3	10.062 7	13.267 7	17.449 4

复利终值系数表 1 - 2(F/P, i, n)

计算公式：$f = (1+i)^n$

期数	11%	12%	13%	14%	15%	16%	17%	18%	19%	20%
1	1.110 0	1.120 0	1.130 0	1.140 0	1.150 0	1.160 0	1.170 0	1.180 0	1.190 0	1.200 0
2	1.232 1	1.254 4	1.276 9	1.299 6	1.322 5	1.345 6	1.368 9	1.392 4	1.416 1	1.440 0
3	1.367 6	1.404 9	1.442 9	1.481 5	1.520 9	1.560 9	1.601 6	1.643 0	1.685 2	1.728 0
4	1.518 1	1.573 5	1.630 5	1.689 0	1.749 0	1.810 6	1.873 9	1.938 8	2.005 3	2.073 6
5	1.685 1	1.762 3	1.842 4	1.925 4	2.011 4	2.100 3	2.192 4	2.287 8	2.386 4	2.488 3
6	1.870 4	1.973 8	2.082 0	2.195 0	2.313 1	2.436 4	2.565 2	2.699 6	2.839 8	2.986 0
7	2.076 2	2.210 7	2.352 6	2.502 3	2.660 0	2.826 2	3.001 2	3.185 5	3.379 3	3.583 2
8	2.304 5	2.476 0	2.658 4	2.852 6	3.059 0	3.278 4	3.511 5	3.758 9	4.021 4	4.299 8
9	2.558 0	2.773 1	3.004 0	3.251 9	3.517 9	3.803 0	4.108 4	4.435 5	4.785 4	5.159 8
10	2.839 4	3.105 8	3.394 6	3.707 2	4.045 6	4.411 4	4.806 8	5.233 8	5.694 7	6.191 7
11	3.151 8	3.478 6	3.835 9	4.226 2	4.652 4	5.117 3	5.624 0	6.175 9	6.776 7	7.430 1
12	3.498 5	3.896 0	4.334 5	4.817 9	5.350 3	5.936 0	6.580 1	7.287 6	8.064 2	8.916 1
13	3.883 3	4.363 5	4.898 0	5.492 4	6.152 8	6.885 8	7.698 7	8.599 4	9.596 4	10.699 3
14	4.310 4	4.887 1	5.534 8	6.261 3	7.075 7	7.987 5	9.007 5	10.147 2	11.419 8	12.839 2
15	4.784 6	5.473 6	6.254 3	7.137 9	8.137 1	9.265 5	10.538 7	11.973 7	13.589 5	15.407 0
16	5.310 9	6.130 4	7.067 3	8.137 2	9.357 6	10.748 0	12.330 3	14.129 0	16.171 5	18.488 4
17	5.895 1	6.866 0	7.986 1	9.276 5	10.761 3	12.467 7	14.426 5	16.672 2	19.244 1	22.186 1
18	6.543 6	7.690 0	9.024 3	10.575 2	12.375 5	14.462 5	16.879 0	19.673 3	22.900 5	26.623 3
19	7.263 3	8.612 8	10.197 4	12.055 7	14.231 8	16.776 5	19.748 4	23.214 4	27.251 6	31.948 0
20	8.062 3	9.646 3	11.523 1	13.743 5	16.366 5	19.460 8	23.105 6	27.393 0	32.429 4	38.337 6
21	8.949 2	10.803 8	13.021 1	15.667 6	18.821 5	22.574 5	27.033 6	32.323 8	38.591 0	46.005 1
22	9.933 6	12.100 3	14.713 8	17.861 0	21.644 7	26.186 4	31.629 3	38.142 1	45.923 3	55.206 1
23	11.026 3	13.552 3	16.626 6	20.361 6	24.891 5	30.376 2	37.006 2	45.007 6	54.648 7	66.247 4
24	12.239 2	15.178 6	18.788 1	23.212 2	28.625 2	35.236 4	43.297 3	53.109 0	65.032 0	79.496 8
25	13.585 5	17.000 1	21.230 5	26.461 9	32.919 0	40.874 2	50.657 8	62.668 6	77.388 1	95.396 2
26	15.079 9	19.040 1	23.990 5	30.166 6	37.856 8	47.414 1	59.269 7	73.949 0	92.091 8	114.475 5
27	16.738 7	21.324 9	27.109 3	34.389 9	43.535 3	55.000 4	69.345 5	87.259 8	109.589 3	137.370 6
28	18.579 9	23.883 9	30.633 5	39.204 5	50.065 6	63.800 4	81.134 2	102.966 6	130.411 2	164.844 7
29	20.623 7	26.749 9	34.615 8	44.693 1	57.575 5	74.008 5	94.927 1	121.500 5	155.189 3	197.813 6
30	22.892 3	29.959 9	39.115 9	50.950 2	66.211 8	85.849 9	111.064 7	143.370 6	184.675 3	237.376 3

复利终值系数表 1-3 $(F/P, i, n)$

计算公式：$f = (1 + i)$

期数	21%	22%	23%	24%	25%	26%	27%	28%	29%	30%
1	1.210 0	1.220 0	1.230 0	1.240 0	1.250 0	1.260 0	1.270 0	1.280 0	1.290 0	1.300 0
2	1.464 1	1.488 4	1.512 9	1.537 6	1.562 5	1.587 6	1.612 9	1.638 4	1.664 1	1.690 0
3	1.771 6	1.815 8	1.860 9	1.906 6	1.953 1	2.000 4	2.048 4	2.097 2	2.146 7	2.197 0
4	2.143 6	2.215 3	2.288 9	2.364 2	2.441 4	2.520 5	2.601 4	2.684 4	2.769 2	2.856 1
5	2.593 7	2.702 7	2.815 3	2.931 6	3.051 8	3.175 8	3.303 8	3.436 0	3.572 3	3.712 9
6	3.138 4	3.297 3	3.462 8	3.635 2	3.814 7	4.001 5	4.195 9	4.398 0	4.608 3	4.826 8
7	3.797 5	4.022 7	4.259 3	4.507 7	4.768 4	5.041 9	5.328 8	5.629 5	5.944 7	6.274 9
8	4.595 0	4.907 7	5.238 9	5.589 5	5.960 5	6.352 8	6.767 5	7.205 8	7.668 6	8.157 3
9	5.559 9	5.987 4	6.443 9	6.931 0	7.450 6	8.004 5	8.594 8	9.223 4	9.892 5	10.604 5
10	6.727 5	7.304 6	7.925 9	8.594 4	9.313 2	10.085 7	10.915 3	11.805 9	12.761 4	13.785 8
11	8.140 3	8.911 7	9.748 9	10.657 1	11.641 5	12.708 0	13.862 5	15.111 6	16.462 2	17.921 6
12	9.849 7	10.872 2	11.991 2	13.214 8	14.551 9	16.012 0	17.605 3	19.342 8	21.236 2	23.298 1
13	11.918 2	13.264 1	14.749 1	16.386 3	18.189 9	20.175 2	22.358 8	24.758 8	27.394 7	30.287 5
14	14.421 0	16.182 2	18.141 4	20.319 1	22.737 4	25.420 7	28.395 7	31.691 3	35.339 1	39.373 8
15	17.449 4	19.742 3	22.314 0	25.195 6	28.421 7	32.030 1	36.062 5	40.564 8	45.587 5	51.185 9
16	21.113 8	24.085 6	27.446 2	31.242 6	35.527 1	40.357 9	45.799 4	51.923 0	58.807 9	66.541 7
17	25.547 7	29.384 4	33.758 8	38.740 8	44.408 9	50.851 0	58.165 2	66.461 4	75.862 1	86.504 2
18	30.912 7	35.849 0	41.523 3	48.038 6	55.511 2	64.072 2	73.869 8	85.070 6	97.862 2	112.455 4
19	37.404 3	43.735 8	51.073 7	59.567 9	69.388 9	80.731 0	93.814 7	108.890 4	126.242 2	146.192 0
20	45.259 3	53.357 6	62.820 6	73.864 1	86.736 2	101.721 1	119.144 6	139.379 7	162.852 4	190.049 6
21	54.763 7	65.096 3	77.269 4	91.591 5	108.420 2	128.168 5	151.313 7	178.406 0	210.079 6	247.064 5
22	66.264 1	79.417 5	95.041 3	113.573 5	135.525 3	161.492 4	192.168 3	228.359 6	271.002 7	321.183 9
23	80.179 5	96.889 4	116.900 8	140.831 2	169.406 6	203.480 4	244.053 8	292.300 3	349.593 5	417.539 1
24	97.017 2	118.205 0	143.788 0	174.630 6	211.758 2	256.385 3	309.948 3	374.144 4	450.975 6	542.800 8
25	117.390 9	144.210 1	176.859 3	216.542 0	264.697 8	323.045 4	393.634 4	478.904 9	581.758 5	705.641 0
26	142.042 9	175.936 4	217.536 9	268.512 1	330.872 2	407.037 3	499.915 7	612.998 2	750.468 5	917.333 3
27	171.871 9	214.642 4	267.570 4	332.955 0	413.590 3	512.867 0	634.892 9	784.637 7	968.104 4	1 192.533 3
28	207.965 1	261.863 7	329.111 5	412.864 2	516.987 9	646.212 4	806.314 0	1 004.336 3	1 248.854 6	1 550.293 3
29	251.637 7	319.473 7	404.807 2	511.951 6	646.234 9	814.227 6	1 024.018 7	1 285.550 4	1 611.022 5	2 015.381 3
30	304.481 6	389.757 9	497.912 9	634.819 9	807.793 6	1 025.926 7	1 300.503 8	1 645.504 6	2 078.219 0	2 619.995 6

复利现值系数表 2-1 $(P/F, i, n)$

计算公式：$f=(1+i)^{-n}$

期数	1%	2%	3%	4%	5%	6%	7%	8%	9%	10%
1	0.990 1	0.980 4	0.970 9	0.961 5	0.952 4	0.943 4	0.934 6	0.925 9	0.917 4	0.909 1
2	0.980 3	0.961 2	0.942 6	0.924 6	0.907 0	0.890 0	0.873 4	0.857 3	0.841 7	0.826 4
3	0.970 6	0.942 3	0.915 1	0.889 0	0.863 8	0.839 6	0.816 3	0.793 8	0.772 2	0.751 3
4	0.961 0	0.923 8	0.888 5	0.854 8	0.822 7	0.792 1	0.762 9	0.735 0	0.708 4	0.683 0
5	0.951 5	0.905 7	0.862 6	0.821 9	0.783 5	0.747 3	0.713 0	0.680 6	0.649 9	0.620 9
6	0.942 0	0.888 0	0.837 5	0.790 3	0.746 2	0.705 0	0.666 3	0.630 2	0.596 3	0.564 5
7	0.932 7	0.870 6	0.813 1	0.759 9	0.710 7	0.665 1	0.622 7	0.583 5	0.547 0	0.513 2
8	0.923 5	0.853 5	0.789 4	0.730 7	0.676 8	0.627 4	0.582 0	0.540 3	0.501 9	0.466 5
9	0.914 3	0.836 8	0.766 4	0.702 6	0.644 6	0.591 9	0.543 9	0.500 2	0.460 4	0.424 1
10	0.905 3	0.820 3	0.744 1	0.675 6	0.613 9	0.558 4	0.508 3	0.463 2	0.422 4	0.385 5
11	0.896 3	0.804 3	0.722 4	0.649 6	0.584 7	0.526 8	0.475 1	0.428 9	0.387 5	0.350 5
12	0.887 4	0.788 5	0.701 4	0.624 6	0.556 8	0.497 0	0.444 0	0.397 1	0.355 5	0.318 6
13	0.878 7	0.773 0	0.681 0	0.600 6	0.530 3	0.468 8	0.415 0	0.367 7	0.326 2	0.289 7
14	0.870 0	0.757 9	0.661 1	0.577 5	0.505 1	0.442 3	0.387 8	0.340 5	0.299 2	0.263 3
15	0.861 3	0.743 0	0.641 9	0.555 3	0.481 0	0.417 3	0.362 4	0.315 2	0.274 5	0.239 4
16	0.852 8	0.728 4	0.623 2	0.533 9	0.458 1	0.393 6	0.338 7	0.291 9	0.251 9	0.217 6
17	0.844 4	0.714 2	0.605 0	0.513 4	0.436 3	0.371 4	0.316 6	0.270 3	0.231 1	0.197 8
18	0.836 0	0.700 2	0.587 4	0.493 6	0.415 5	0.350 3	0.295 9	0.250 2	0.212 0	0.179 9
19	0.827 7	0.686 4	0.570 3	0.474 6	0.395 7	0.330 5	0.276 5	0.231 7	0.194 5	0.163 5
20	0.819 5	0.673 0	0.553 7	0.456 4	0.376 9	0.311 8	0.258 4	0.214 5	0.178 4	0.148 6
21	0.811 4	0.659 8	0.537 5	0.438 8	0.358 9	0.294 2	0.241 5	0.198 7	0.163 7	0.135 1
22	0.803 4	0.646 8	0.521 9	0.422 0	0.341 8	0.277 5	0.225 7	0.183 9	0.150 2	0.122 8
23	0.795 4	0.634 2	0.506 7	0.405 7	0.325 6	0.261 8	0.210 9	0.170 3	0.137 8	0.111 7
24	0.787 6	0.621 7	0.491 9	0.390 1	0.310 1	0.247 0	0.197 1	0.157 7	0.126 4	0.101 5
25	0.779 8	0.609 5	0.477 6	0.375 1	0.295 3	0.233 0	0.184 2	0.146 0	0.116 0	0.092 3
26	0.772 0	0.597 6	0.463 7	0.360 7	0.281 2	0.219 8	0.172 2	0.135 2	0.106 4	0.083 9
27	0.764 4	0.585 9	0.450 2	0.346 8	0.267 8	0.207 4	0.160 9	0.125 2	0.097 6	0.076 3
28	0.756 8	0.574 4	0.437 1	0.333 5	0.255 1	0.195 6	0.150 4	0.115 9	0.089 5	0.069 3
29	0.749 3	0.563 1	0.424 3	0.320 7	0.242 9	0.184 6	0.140 6	0.107 3	0.082 2	0.063 0
30	0.741 9	0.552 1	0.412 0	0.308 3	0.231 4	0.174 1	0.131 4	0.099 4	0.075 4	0.057 3

复利现值系数表 2-2 (*P/F*, *i*, *n*)

计算公式：$f = (1+i)^{-n}$

期数	11%	12%	13%	14%	15%	16%	17%	18%	19%	20%
1	0.900 9	0.892 9	0.885 0	0.877 2	0.869 6	0.862 1	0.854 7	0.847 5	0.840 3	0.833 3
2	0.811 6	0.797 2	0.783 1	0.769 5	0.756 1	0.743 2	0.730 5	0.718 2	0.706 2	0.694 4
3	0.731 2	0.711 8	0.693 1	0.675 0	0.657 5	0.640 7	0.624 4	0.608 6	0.593 4	0.578 7
4	0.658 7	0.635 5	0.613 3	0.592 1	0.571 8	0.552 3	0.533 7	0.515 8	0.498 7	0.482 3
5	0.593 5	0.567 4	0.542 8	0.519 4	0.497 2	0.476 1	0.456 1	0.437 1	0.419 0	0.401 9
6	0.534 6	0.506 6	0.480 3	0.455 6	0.432 3	0.410 4	0.389 8	0.370 4	0.352 1	0.334 9
7	0.481 7	0.452 3	0.425 1	0.399 6	0.375 9	0.353 8	0.333 2	0.313 9	0.295 9	0.279 1
8	0.433 9	0.403 9	0.376 2	0.350 6	0.326 9	0.305 0	0.284 8	0.266 0	0.248 7	0.232 6
9	0.390 9	0.360 6	0.332 9	0.307 5	0.284 3	0.263 0	0.243 4	0.225 5	0.209 0	0.193 8
10	0.352 2	0.322 0	0.294 6	0.269 7	0.247 2	0.226 7	0.208 0	0.191 1	0.175 6	0.161 5
11	0.317 3	0.287 5	0.260 7	0.236 6	0.214 9	0.195 4	0.177 8	0.161 9	0.147 6	0.134 6
12	0.285 8	0.256 7	0.230 7	0.207 6	0.186 9	0.168 5	0.152 0	0.137 2	0.124 0	0.112 2
13	0.257 5	0.229 2	0.204 2	0.182 1	0.162 5	0.145 2	0.129 9	0.116 3	0.104 2	0.093 5
14	0.232 0	0.204 6	0.180 7	0.159 7	0.141 3	0.125 2	0.111 0	0.098 5	0.087 6	0.077 9
15	0.209 0	0.182 7	0.159 9	0.140 1	0.122 9	0.107 9	0.094 9	0.083 5	0.073 6	0.064 9
16	0.188 3	0.163 1	0.141 5	0.122 9	0.106 9	0.093 0	0.081 1	0.070 8	0.061 8	0.054 1
17	0.169 6	0.145 6	0.125 2	0.107 8	0.092 9	0.080 2	0.069 3	0.060 0	0.052 0	0.045 1
18	0.152 8	0.130 0	0.110 8	0.094 6	0.080 8	0.069 1	0.059 2	0.050 8	0.043 7	0.037 6
19	0.137 7	0.116 1	0.098 1	0.082 9	0.070 3	0.059 6	0.050 6	0.043 1	0.036 7	0.031 3
20	0.124 0	0.103 7	0.086 8	0.072 8	0.061 1	0.051 4	0.043 3	0.036 5	0.030 8	0.026 1
21	0.111 7	0.092 6	0.076 8	0.063 8	0.053 1	0.044 3	0.037 0	0.030 9	0.025 9	0.021 7
22	0.100 7	0.082 6	0.068 0	0.056 0	0.046 2	0.038 2	0.031 6	0.026 2	0.021 8	0.018 1
23	0.090 7	0.073 8	0.060 1	0.049 1	0.040 2	0.032 9	0.027 0	0.022 2	0.018 3	0.015 1
24	0.081 7	0.065 9	0.053 2	0.043 1	0.034 9	0.028 4	0.023 1	0.018 8	0.015 4	0.012 6
25	0.073 6	0.058 8	0.047 1	0.037 8	0.030 4	0.024 5	0.019 7	0.016 0	0.012 9	0.010 5
26	0.066 3	0.052 5	0.041 7	0.033 1	0.026 4	0.021 1	0.016 9	0.013 5	0.010 9	0.008 7
27	0.059 7	0.046 9	0.036 9	0.029 1	0.023 0	0.018 2	0.014 4	0.011 5	0.009 1	0.007 3
28	0.053 8	0.041 9	0.032 6	0.025 5	0.020 0	0.015 7	0.012 3	0.009 7	0.007 7	0.006 1
29	0.048 5	0.037 4	0.028 9	0.022 4	0.017 4	0.013 5	0.010 5	0.008 2	0.006 4	0.005 1
30	0.043 7	0.033 4	0.025 6	0.019 6	0.015 1	0.011 6	0.009 0	0.007 0	0.005 4	0.004 2

复利现值系数表 2-3 (*P/F*, *i*, *n*)

计算公式：$f = (1 + i)^{-n}$

期数	21%	22%	23%	24%	25%	26%	27%	28%	29%	30%
1	0.826 4	0.819 7	0.813 0	0.806 5	0.800 0	0.793 7	0.787 4	0.781 3	0.775 2	0.769 2
2	0.683 0	0.671 9	0.661 0	0.650 4	0.640 0	0.629 9	0.620 0	0.610 4	0.600 9	0.591 7
3	0.564 5	0.550 7	0.537 4	0.524 5	0.512 0	0.499 9	0.488 2	0.476 8	0.465 8	0.455 2
4	0.466 5	0.451 4	0.436 9	0.423 0	0.409 6	0.396 8	0.384 4	0.372 5	0.361 1	0.350 1
5	0.385 5	0.370 0	0.355 2	0.341 1	0.327 7	0.314 9	0.302 7	0.291 0	0.279 9	0.269 3
6	0.318 6	0.303 3	0.288 8	0.275 1	0.262 1	0.249 9	0.238 3	0.227 4	0.217 0	0.207 2
7	0.263 3	0.248 6	0.234 8	0.221 8	0.209 7	0.198 3	0.187 7	0.177 6	0.168 2	0.159 4
8	0.217 6	0.203 8	0.190 9	0.178 9	0.167 8	0.157 4	0.147 8	0.138 8	0.130 4	0.122 6
9	0.179 9	0.167 0	0.155 2	0.144 3	0.134 2	0.124 9	0.116 4	0.108 4	0.101 1	0.094 3
10	0.148 6	0.136 9	0.126 2	0.116 4	0.107 4	0.099 2	0.091 6	0.084 7	0.078 4	0.072 5
11	0.122 8	0.112 2	0.102 6	0.093 8	0.085 9	0.078 7	0.072 1	0.066 2	0.060 7	0.055 8
12	0.101 5	0.092 0	0.083 4	0.075 7	0.068 7	0.062 5	0.056 8	0.051 7	0.047 1	0.042 9
13	0.083 9	0.075 4	0.067 8	0.061 0	0.055 0	0.049 6	0.044 7	0.040 4	0.036 5	0.033 0
14	0.069 3	0.061 8	0.055 1	0.049 2	0.044 0	0.039 3	0.035 2	0.031 6	0.028 3	0.025 4
15	0.057 3	0.050 7	0.044 8	0.039 7	0.035 2	0.031 2	0.027 7	0.024 7	0.021 9	0.019 5
16	0.047 4	0.041 5	0.036 4	0.032 0	0.028 1	0.024 8	0.021 8	0.019 3	0.017 0	0.015 0
17	0.039 1	0.034 0	0.029 6	0.025 8	0.022 5	0.019 7	0.017 2	0.015 0	0.013 2	0.011 6
18	0.032 3	0.027 9	0.024 1	0.020 8	0.018 0	0.015 6	0.013 5	0.011 8	0.010 2	0.008 9
19	0.026 7	0.022 9	0.019 6	0.016 8	0.014 4	0.012 4	0.010 7	0.009 2	0.007 9	0.006 8
20	0.022 1	0.018 7	0.015 9	0.013 5	0.011 5	0.009 8	0.008 4	0.007 2	0.006 1	0.005 3
21	0.018 3	0.015 4	0.012 9	0.010 9	0.009 2	0.007 8	0.006 6	0.005 6	0.004 8	0.004 0
22	0.015 1	0.012 6	0.010 5	0.008 8	0.007 4	0.006 2	0.005 2	0.004 4	0.003 7	0.003 1
23	0.012 5	0.010 3	0.008 6	0.007 1	0.005 9	0.004 9	0.004 1	0.003 4	0.002 9	0.002 4
24	0.010 3	0.008 5	0.007 0	0.005 7	0.004 7	0.003 9	0.003 2	0.002 7	0.002 2	0.001 8
25	0.008 5	0.006 9	0.005 7	0.004 6	0.003 8	0.003 1	0.002 5	0.002 1	0.001 7	0.001 4
26	0.007 0	0.005 7	0.004 6	0.003 7	0.003 0	0.002 5	0.002 0	0.001 6	0.001 3	0.001 1
27	0.005 8	0.004 7	0.003 7	0.003 0	0.002 4	0.001 9	0.001 6	0.001 3	0.001 0	0.000 8
28	0.004 8	0.003 8	0.003 0	0.002 4	0.001 9	0.001 5	0.001 2	0.001 0	0.000 8	0.000 6
29	0.004 0	0.003 1	0.002 5	0.002 0	0.001 5	0.001 2	0.001 0	0.000 8	0.000 6	0.000 5
30	0.003 3	0.002 6	0.002 0	0.001 6	0.001 2	0.001 0	0.000 8	0.000 6	0.000 5	0.000 4

年金终值系数表 3-1

（*F/A*，*i*，*n*）

期数	1%	2%	3%	4%	5%	6%	7%	8%	9%	10%
1	1.000 0	1.000 0	1.000 0	1.000 0	1.000 0	1.000 0	1.000 0	1.000 0	1.000 0	1.000 0
2	2.010 0	2.020 0	2.030 0	2.040 0	2.050 0	2.060 0	2.070 0	2.080 0	2.090 0	2.100 0
3	3.030 1	3.060 4	3.090 9	3.121 6	3.152 5	3.183 6	3.214 9	3.246 4	3.278 1	3.310 0
4	4.060 4	4.121 6	4.183 6	4.246 5	4.310 1	4.374 6	4.439 9	4.506 1	4.573 1	4.641 0
5	5.101 0	5.204 0	5.309 1	5.416 3	5.525 6	5.637 1	5.750 7	5.866 6	5.984 7	6.105 1
6	6.152 0	6.308 1	6.468 4	6.633 0	6.801 9	6.975 3	7.153 3	7.335 9	7.523 3	7.715 6
7	7.213 5	7.434 3	7.662 5	7.898 3	8.142 0	8.393 8	8.654 0	8.922 8	9.200 4	9.487 2
8	8.285 7	8.583 0	8.892 3	9.214 2	9.549 1	9.897 5	10.259 8	10.636 6	11.028 5	11.435 9
9	9.368 5	9.754 6	10.159 1	10.582 8	11.026 6	11.491 3	11.978 0	12.487 6	13.021 0	13.579 5
10	10.462 2	10.949 7	11.463 9	12.006 1	12.577 9	13.180 8	13.816 4	14.486 6	15.192 9	15.937 4
11	11.566 8	12.168 7	12.807 8	13.486 4	14.206 8	14.971 6	15.783 6	16.645 5	17.560 3	18.531 2
12	12.682 5	13.412 1	14.192 0	15.025 8	15.917 1	16.869 9	17.888 5	18.977 1	20.140 7	21.384 3
13	13.809 3	14.680 3	15.617 8	16.626 8	17.713 0	18.882 1	20.140 6	21.495 3	22.953 4	24.522 7
14	14.947 4	15.973 9	17.086 3	18.291 9	19.598 6	21.015 1	22.550 5	24.214 9	26.019 2	27.975 0
15	16.096 9	17.293 4	18.598 9	20.023 6	21.578 6	23.276 0	25.129 0	27.152 1	29.360 9	31.772 5
16	17.257 9	18.639 3	20.156 9	21.824 5	23.657 5	25.672 5	27.888 1	30.324 3	33.003 4	35.949 7
17	18.430 4	20.012 1	21.761 6	23.697 5	25.840 4	28.212 9	30.840 2	33.750 2	36.973 7	40.544 7
18	19.614 7	21.412 3	23.414 4	25.645 4	28.132 4	30.905 7	33.999 0	37.450 2	41.301 3	45.599 2
19	20.810 9	22.840 6	25.116 9	27.671 2	30.539 0	33.760 0	37.379 0	41.446 3	46.018 5	51.159 1
20	22.019 0	24.297 4	26.870 4	29.778 1	33.066 0	36.785 6	40.995 5	45.762 0	51.160 1	57.275 0
21	23.239 2	25.783 3	28.676 5	31.969 2	35.719 3	39.992 7	44.865 2	50.422 9	56.764 5	64.002 5
22	24.471 6	27.299 0	30.536 8	34.248 0	38.505 2	43.392 3	49.005 7	55.456 8	62.873 3	71.402 7
23	25.716 3	28.845 0	32.452 9	36.617 9	41.430 5	46.995 8	53.436 1	60.893 3	69.531 9	79.543 0
24	26.973 5	30.421 9	34.426 5	39.082 6	44.502 0	50.815 6	58.176 7	66.764 8	76.789 8	88.497 3
25	28.243 2	32.030 3	36.459 3	41.645 9	47.727 1	54.864 5	63.249 0	73.105 9	84.700 9	98.347 1
26	29.525 6	33.670 9	38.553 0	44.311 7	51.113 5	59.156 4	68.676 5	79.954 4	93.324 0	109.181 8
27	30.820 9	35.344 3	40.709 6	47.084 2	54.669 1	63.705 8	74.483 8	87.350 8	102.723 1	121.099 9
28	32.129 1	37.051 2	42.930 9	49.967 6	58.402 6	68.528 1	80.697 7	95.338 8	112.968 2	134.209 9
29	33.450 4	38.792 2	45.218 9	52.966 3	62.322 7	73.639 8	87.346 5	103.965 9	124.135 4	148.630 9
30	34.784 9	40.568 1	47.575 4	56.084 9	66.438 8	79.058 2	94.460 8	113.283 2	136.307 5	164.494 0

年金终值系数表 3-2

（*F/A*，*i*，*n*）

期数	11%	12%	13%	14%	15%	16%	17%	18%	19%	20%
1	1.000 0	1.000 0	1.000 0	1.000 0	1.000 0	1.000 0	1.000 0	1.000 0	1.000 0	1.000 0
2	2.110 0	2.120 0	2.130 0	2.140 0	2.150 0	2.160 0	2.170 0	2.180 0	2.190 0	2.200 0
3	3.342 1	3.374 4	3.406 9	3.439 6	3.472 5	3.505 6	3.538 9	3.572 4	3.606 1	3.640 0
4	4.709 7	4.779 3	4.849 8	4.921 1	4.993 4	5.066 5	5.140 5	5.215 4	5.291 3	5.368 0
5	6.227 8	6.352 8	6.480 3	6.610 1	6.742 4	6.877 1	7.014 4	7.154 2	7.296 6	7.441 6
6	7.912 9	8.115 2	8.322 7	8.535 5	8.753 7	8.977 5	9.206 8	9.442 0	9.683 0	9.929 9
7	9.783 3	10.089 0	10.404 7	10.730 5	11.066 8	11.413 9	11.772 0	12.141 5	12.522 7	12.915 9
8	11.859 4	12.299 7	12.757 3	13.232 8	13.726 8	14.240 1	14.773 3	15.327 0	15.902 0	16.499 1
9	14.164 0	14.775 7	15.415 7	16.085 3	16.785 8	17.518 5	18.284 7	19.085 9	19.923 4	20.798 9
10	16.722 0	17.548 7	18.419 7	19.337 3	20.303 7	21.321 5	22.393 1	23.521 3	24.708 9	25.958 7
11	19.561 4	20.654 6	21.814 3	23.044 5	24.349 3	25.732 9	27.199 9	28.755 1	30.403 5	32.150 4
12	22.713 2	24.133 1	25.650 2	27.270 7	29.001 7	30.850 2	32.823 9	34.931 1	37.180 2	39.580 5
13	26.211 6	28.029 1	29.984 7	32.088 7	34.351 9	36.786 2	39.404 0	42.218 7	45.244 5	48.496 6
14	30.094 9	32.392 6	34.882 7	37.581 1	40.504 7	43.672 0	47.102 7	50.818 0	54.840 9	59.195 9
15	34.405 4	37.279 7	40.417 5	43.842 4	47.580 4	51.659 5	56.110 1	60.965 3	66.260 7	72.035 1
16	39.189 9	42.753 3	46.671 7	50.980 4	55.717 5	60.925 0	66.648 8	72.939 0	79.850 2	87.442 1
17	44.500 8	48.883 7	53.739 1	59.117 6	65.075 1	71.673 0	78.979 2	87.068 0	96.021 8	105.930 6
18	50.395 9	55.749 7	61.725 1	68.394 1	75.836 4	84.140 7	93.405 6	103.740 3	115.265 9	128.116 7
19	56.939 5	63.439 7	70.749 4	78.969 2	88.211 8	98.603 2	110.284 6	123.413 5	138.166 4	154.740 0
20	64.202 8	72.052 4	80.946 8	91.024 9	102.443 6	115.379 7	130.032 9	146.628 0	165.418 0	186.688 0
21	72.265 1	81.698 7	92.469 9	104.768 4	118.810 1	134.840 5	153.138 5	174.021 0	197.847 4	225.025 6
22	81.214 3	92.502 6	105.491 0	120.436 0	137.631 6	157.415 0	180.172 1	206.344 8	236.438 5	271.030 7
23	91.147 9	104.602 9	120.204 8	138.297 0	159.276 4	183.601 4	211.801 3	244.486 8	282.361 8	326.236 9
24	102.174 2	118.155 2	136.831 5	158.658 6	184.167 8	213.977 6	248.807 6	289.494 5	337.010 5	392.484 2
25	114.413 3	133.333 9	155.619 6	181.870 8	212.793 0	249.214 0	292.104 9	342.603 5	402.042 5	471.981 1
26	127.998 8	150.333 9	176.850 1	208.332 7	245.712 0	290.088 3	342.762 7	405.272 1	479.430 6	567.377 3
27	143.078 6	169.374 0	200.840 6	238.499 3	283.568 8	337.502 4	402.032 3	479.221 1	571.522 4	681.852 8
28	159.817 3	190.698 9	227.949 9	272.889 2	327.104 1	392.502 8	471.377 8	566.480 9	681.111 6	819.223 3
29	178.397 2	214.582 8	258.583 4	312.093 7	377.169 7	456.303 2	552.512 1	669.447 5	811.522 8	984.068 0
30	199.020 9	241.332 7	293.199 2	356.786 8	434.745 1	530.311 7	647.439 1	790.948 0	966.712 2	1 181.881 6

年金终值系数表 3-3

（F/A，i，n）

期数	21%	22%	23%	24%	25%	26%	27%	28%	29%	30%
1	1.000 0	1.000 0	1.000 0	1.000 0	1.000 0	1.000 0	1.000 0	1.000 0	1.000 0	1.000 0
2	2.210 0	2.220 0	2.230 0	2.240 0	2.250 0	2.260 0	2.270 0	2.280 0	2.290 0	2.300 0
3	3.674 1	3.708 4	3.742 9	3.777 6	3.812 5	3.847 6	3.882 9	3.918 4	3.954 1	3.990 0
4	5.445 7	5.524 2	5.603 8	5.684 2	5.765 6	5.848 0	5.931 3	6.015 6	6.100 8	6.187 0
5	7.589 2	7.739 6	7.892 6	8.048 4	8.207 0	8.368 4	8.532 7	8.699 9	8.870 0	9.043 1
6	10.183 0	10.442 3	10.707 9	10.980 1	11.258 8	11.544 2	11.836 6	12.135 9	12.442 3	12.756 0
7	13.321 4	13.739 6	14.170 8	14.615 3	15.073 5	15.545 8	16.032 4	16.533 9	17.050 6	17.582 8
8	17.118 9	17.762 3	18.430 0	19.122 9	19.841 9	20.587 6	21.361 2	22.163 4	22.995 3	23.857 7
9	21.713 9	22.670 0	23.669 0	24.712 5	25.802 3	26.940 4	28.128 7	29.369 2	30.663 9	32.015 0
10	27.273 8	28.657 4	30.112 8	31.643 4	33.252 9	34.944 9	36.723 5	38.592 6	40.556 4	42.619 5
11	34.001 3	35.962 0	38.038 8	40.237 9	42.566 1	45.030 6	47.638 8	50.398 5	53.317 8	56.405 3
12	42.141 6	44.873 7	47.787 7	50.895 0	54.207 7	57.738 6	61.501 3	65.510 0	69.780 0	74.327 0
13	51.991 3	55.745 9	59.778 8	64.109 7	68.759 6	73.750 6	79.106 6	84.852 9	91.016 1	97.625 0
14	63.909 5	69.010 0	74.528 0	80.496 1	86.949 5	93.925 8	101.465 4	109.611 7	118.410 8	127.912 5
15	78.330 5	85.192 2	92.669 4	100.815 1	109.686 8	119.346 5	129.861 1	141.302 9	153.750 0	167.286 3
16	95.779 9	104.934 5	114.983 4	126.010 8	138.108 5	151.376 6	165.923 6	181.867 7	199.337 4	218.472 2
17	116.893 7	129.020 1	142.429 5	157.253 4	173.635 7	191.734 5	211.723 0	233.790 7	258.145 3	285.013 9
18	142.441 3	158.404 5	176.188 3	195.994 2	218.044 6	242.585 5	269.888 2	300.252 1	334.007 4	371.518 0
19	173.354 0	194.253 5	217.711 6	244.032 8	273.555 8	306.657 7	343.758 0	385.322 7	431.869 6	483.973 4
20	210.758 4	237.989 3	268.785 3	303.600 6	342.944 7	387.388 7	437.572 6	494.213 1	558.111 8	630.165 5
21	256.017 6	291.346 9	331.605 9	377.464 8	429.680 9	489.109 8	556.717 3	633.592 7	720.964 2	820.215 1
22	310.781 3	356.443 2	408.875 3	469.056 3	538.101 1	617.278 3	708.030 9	811.998 7	931.043 8	1 067.279 6
23	377.045 4	435.860 7	503.916 6	582.629 8	673.626 4	778.770 7	900.199 3	1 040.358 3	1 202.046 5	1 388.463 5
24	457.224 9	532.750 1	620.817 4	723.461 0	843.032 9	982.251 1	1 144.253 1	1 332.658 6	1 551.640 0	1 806.002 6
25	554.242 2	650.955 1	764.605 4	898.091 6	1 054.791 2	1 238.636 3	1 454.201 4	1 706.803 1	2 002.615 6	2 348.803 3
26	671.633 0	795.165 3	941.464 7	1 114.633 6	1 319.489 0	1 561.681 8	1 847.835 8	2 185.707 9	2 584.374 1	3 054.444 3
27	813.675 9	971.101 6	1 159.001 6	1 383.145 7	1 650.361 2	1 968.719 1	2 347.751 5	2 798.706 1	3 334.842 6	3 971.777 6
28	985.547 9	1 185.744 0	1 426.571 9	1 716.100 7	2 063.951 5	2 481.586 0	2 982.644 4	3 583.343 8	4 302.947 0	5 164.310 9
29	1 193.512 9	1 447.607 7	1 755.683 5	2 128.964 8	2 580.939 4	3 127.798 4	3 788.958 3	4 587.680 1	5 551.801 6	6 714.604 2
30	1 445.150 7	1 767.081 3	2 160.490 7	2 640.916 4	3 227.174 3	3 942.026 0	4 812.977 1	5 873.230 6	7 162.824 1	8 729.985 5

年金现值系数表 4-1

(*P/A*, *i*, *n*)

期数	1%	2%	3%	4%	5%	6%	7%	8%	9%	10%
1	0.990 1	0.980 4	0.970 9	0.961 5	0.952 4	0.943 4	0.934 6	0.925 9	0.917 4	0.909 1
2	1.970 4	1.941 6	1.913 5	1.886 1	1.859 4	1.833 4	1.808 0	1.783 3	1.759 1	1.735 5
3	2.941 0	2.883 9	2.828 6	2.775 1	2.723 2	2.673 0	2.624 3	2.577 1	2.531 3	2.486 9
4	3.902 0	3.807 7	3.717 1	3.629 9	3.546 0	3.465 1	3.387 2	3.312 1	3.239 7	3.169 9
5	4.853 4	4.713 5	4.579 7	4.451 8	4.329 5	4.212 4	4.100 2	3.992 7	3.889 7	3.790 8
6	5.795 5	5.601 4	5.417 2	5.242 1	5.075 7	4.917 3	4.766 5	4.622 9	4.485 9	4.355 3
7	6.728 2	6.472 0	6.230 3	6.002 1	5.786 4	5.582 4	5.389 3	5.206 4	5.033 0	4.868 4
8	7.651 7	7.325 5	7.019 7	6.732 7	6.463 2	6.209 8	5.971 3	5.746 6	5.534 8	5.334 9
9	8.566 0	8.162 2	7.786 1	7.435 3	7.107 8	6.801 7	6.515 2	6.246 9	5.995 2	5.759 0
10	9.471 3	8.982 6	8.530 2	8.110 9	7.721 7	7.360 1	7.023 6	6.710 1	6.417 7	6.144 6
11	10.367 6	9.786 8	9.252 6	8.760 5	8.306 4	7.886 9	7.498 7	7.139 0	6.805 2	6.495 1
12	11.255 1	10.575 3	9.954 0	9.385 1	8.863 3	8.383 8	7.942 7	7.536 1	7.160 7	6.813 7
13	12.133 7	11.348 4	10.635 0	9.985 6	9.393 6	8.852 7	8.357 7	7.903 8	7.486 9	7.103 4
14	13.003 7	12.106 2	11.296 1	10.563 1	9.898 6	9.295 0	8.745 5	8.244 2	7.786 2	7.366 7
15	13.865 1	12.849 3	11.937 9	11.118 4	10.379 7	9.712 2	9.107 9	8.559 5	8.060 7	7.606 1
16	14.717 9	13.577 7	12.561 1	11.652 3	10.837 8	10.105 9	9.446 6	8.851 4	8.312 6	7.823 7
17	15.562 3	14.291 9	13.166 1	12.165 7	11.274 1	10.477 3	9.763 2	9.121 6	8.543 6	8.021 6
18	16.398 3	14.992 0	13.753 5	12.659 3	11.689 6	10.827 6	10.059 1	9.371 9	8.755 6	8.201 4
19	17.226 0	15.678 5	14.323 8	13.133 9	12.085 3	11.158 1	10.335 6	9.603 6	8.950 1	8.364 9
20	18.045 6	16.351 4	14.877 5	13.590 3	12.462 2	11.469 9	10.594 0	9.818 1	9.128 5	8.513 6
21	18.857 0	17.011 2	15.415 0	14.029 2	12.821 2	11.764 1	10.835 5	10.016 8	9.292 2	8.648 7
22	19.660 4	17.658 0	15.936 9	14.451 1	13.163 0	12.041 6	11.061 2	10.200 7	9.442 4	8.771 5
23	20.455 8	18.292 2	16.443 6	14.856 8	13.488 6	12.303 4	11.272 2	10.371 1	9.580 2	8.883 2
24	21.243 4	18.913 9	16.935 5	15.247 0	13.798 6	12.550 4	11.469 3	10.528 8	9.706 6	8.984 7
25	22.023 2	19.523 5	17.413 1	15.622 1	14.093 9	12.783 4	11.653 6	10.674 8	9.822 6	9.077 0
26	22.795 2	20.121 0	17.876 8	15.982 8	14.375 2	13.003 2	11.825 8	10.810 0	9.929 0	9.160 9
27	23.559 6	20.706 9	18.327 0	16.329 6	14.643 0	13.210 5	11.986 7	10.935 2	10.026 6	9.237 2
28	24.316 4	21.281 3	18.764 1	16.663 1	14.898 1	13.406 2	12.137 1	11.051 1	10.116 1	9.306 6
29	25.065 8	21.844 4	19.188 5	16.983 7	15.141 1	13.590 7	12.277 7	11.158 4	10.198 3	9.369 6
30	25.807 7	22.396 5	19.600 4	17.292 0	15.372 5	13.764 8	12.409 0	11.257 8	10.273 7	9.426 9

年金现值系数表 4-2

(*P/A*, *i*, *n*)

期数	11%	12%	13%	14%	15%	16%	17%	18%	19%	20%
1	0.900 9	0.892 9	0.885 0	0.877 2	0.869 6	0.862 1	0.854 7	0.847 5	0.840 3	0.833 3
2	1.712 5	1.690 1	1.668 1	1.646 7	1.625 7	1.605 2	1.585 2	1.565 6	1.546 5	1.527 8
3	2.443 7	2.401 8	2.361 2	2.321 6	2.283 2	2.245 9	2.209 6	2.174 3	2.139 9	2.106 5
4	3.102 4	3.037 3	2.974 5	2.913 7	2.855 0	2.798 2	2.743 2	2.690 1	2.638 6	2.588 7
5	3.695 9	3.604 8	3.517 2	3.433 1	3.352 2	3.274 3	3.199 3	3.127 2	3.057 6	2.990 6
6	4.230 5	4.111 4	3.997 5	3.888 7	3.784 5	3.684 7	3.589 2	3.497 6	3.409 8	3.325 5
7	4.712 2	4.563 8	4.422 6	4.288 3	4.160 4	4.038 6	3.922 4	3.811 5	3.705 7	3.604 6
8	5.146 1	4.967 6	4.798 8	4.638 9	4.487 3	4.343 6	4.207 2	4.077 6	3.954 4	3.837 2
9	5.537 0	5.328 2	5.131 7	4.946 4	4.771 6	4.606 5	4.450 6	4.303 0	4.163 3	4.031 0
10	5.889 2	5.650 2	5.426 2	5.216 1	5.018 8	4.833 2	4.658 6	4.494 1	4.338 9	4.192 5
11	6.206 5	5.937 7	5.686 9	5.452 7	5.233 7	5.028 6	4.836 4	4.656 0	4.486 5	4.327 1
12	6.492 4	6.194 4	5.917 6	5.660 3	5.420 6	5.197 1	4.988 4	4.793 2	4.610 5	4.439 2
13	6.749 9	6.423 5	6.121 8	5.842 4	5.583 1	5.342 3	5.118 3	4.909 5	4.714 7	4.532 7
14	6.981 9	6.628 2	6.302 5	6.002 1	5.724 5	5.467 5	5.229 3	5.008 1	4.802 3	4.610 6
15	7.190 9	6.810 9	6.462 4	6.142 2	5.847 4	5.575 5	5.324 2	5.091 6	4.875 9	4.675 5
16	7.379 2	6.974 0	6.603 9	6.265 1	5.954 2	5.668 5	5.405 3	5.162 4	4.937 7	4.729 6
17	7.548 8	7.119 6	6.729 1	6.372 9	6.047 2	5.748 7	5.474 6	5.222 3	4.989 7	4.774 6
18	7.701 6	7.249 7	6.839 9	6.467 4	6.128 0	5.817 8	5.533 9	5.273 2	5.033 3	4.812 2
19	7.839 3	7.365 8	6.938 0	6.550 4	6.198 2	5.877 5	5.584 5	5.316 2	5.070 0	4.843 5
20	7.963 3	7.469 4	7.024 8	6.623 1	6.259 3	5.928 8	5.627 8	5.352 7	5.100 9	4.869 6
21	8.075 1	7.562 0	7.101 6	6.687 0	6.312 5	5.973 1	5.664 8	5.383 7	5.126 8	4.891 3
22	8.175 7	7.644 6	7.169 5	6.742 9	6.358 7	6.011 3	5.696 4	5.409 9	5.148 6	4.909 4
23	8.266 4	7.718 4	7.229 7	6.792 1	6.398 8	6.044 2	5.723 4	5.432 1	5.166 8	4.924 5
24	8.348 1	7.784 3	7.282 9	6.835 1	6.433 8	6.072 6	5.746 5	5.450 9	5.182 2	4.937 1
25	8.421 7	7.843 1	7.330 0	6.872 9	6.464 1	6.097 1	5.766 2	5.466 9	5.195 1	4.947 6
26	8.488 1	7.895 7	7.371 7	6.906 1	6.490 6	6.118 2	5.783 1	5.480 4	5.206 0	4.956 3
27	8.547 8	7.942 6	7.408 6	6.935 2	6.513 5	6.136 4	5.797 5	5.491 9	5.215 1	4.963 6
28	8.601 6	7.984 4	7.441 2	6.960 7	6.533 5	6.152 0	5.809 9	5.501 6	5.222 8	4.969 7
29	8.650 1	8.021 8	7.470 1	6.983 0	6.550 9	6.165 6	5.820 4	5.509 8	5.229 2	4.974 7
30	8.693 8	8.055 2	7.495 7	7.002 7	6.566 0	6.177 2	5.829 4	5.516 8	5.234 7	4.978 9

年金现值系数表 4-3

(*P/A*, *i*, *n*)

期数	21%	22%	23%	24%	25%	26%	27%	28%	29%	30%
1	0.826 4	0.819 7	0.813 0	0.806 5	0.800 0	0.793 7	0.787 4	0.781 3	0.775 2	0.769 2
2	1.509 5	1.491 5	1.474 0	1.456 8	1.440 0	1.423 5	1.407 4	1.391 6	1.376 1	1.360 9
3	2.073 9	2.042 2	2.011 4	1.981 3	1.952 0	1.923 4	1.895 6	1.868 4	1.842 0	1.816 1
4	2.540 4	2.493 6	2.448 3	2.404 3	2.361 6	2.320 2	2.280 0	2.241 0	2.203 1	2.166 2
5	2.926 0	2.863 6	2.803 5	2.745 4	2.689 3	2.635 1	2.582 7	2.532 0	2.483 0	2.435 6
6	3.244 6	3.166 9	3.092 3	3.020 5	2.951 4	2.885 0	2.821 0	2.759 4	2.700 0	2.642 7
7	3.507 9	3.415 5	3.327 0	3.242 3	3.161 1	3.083 3	3.008 7	2.937 0	2.868 2	2.802 1
8	3.725 6	3.619 3	3.517 9	3.421 2	3.328 9	3.240 7	3.156 4	3.075 8	2.998 6	2.924 7
9	3.905 4	3.786 3	3.673 1	3.565 5	3.463 1	3.365 7	3.272 8	3.184 2	3.099 7	3.019 0
10	4.054 1	3.923 2	3.799 3	3.681 9	3.570 5	3.464 8	3.364 4	3.268 9	3.178 1	3.091 5
11	4.176 9	4.035 4	3.901 8	3.775 7	3.656 4	3.543 5	3.436 5	3.335 1	3.238 8	3.147 3
12	4.278 4	4.127 4	3.985 2	3.851 4	3.725 1	3.605 9	3.493 3	3.386 8	3.285 9	3.190 3
13	4.362 4	4.202 8	4.053 0	3.912 4	3.780 1	3.655 5	3.538 1	3.427 2	3.322 4	3.223 3
14	4.431 7	4.264 6	4.108 2	3.961 6	3.824 1	3.694 9	3.573 3	3.458 7	3.350 7	3.248 7
15	4.489 0	4.315 2	4.153 0	4.001 3	3.859 3	3.726 1	3.601 0	3.483 4	3.372 6	3.268 2
16	4.536 4	4.356 7	4.189 4	4.033 3	3.887 4	3.750 9	3.622 8	3.502 6	3.389 6	3.283 2
17	4.575 5	4.390 8	4.219 0	4.059 1	3.909 9	3.770 5	3.640 0	3.517 7	3.402 8	3.294 8
18	4.607 9	4.418 7	4.243 1	4.079 9	3.927 9	3.786 1	3.653 6	3.529 4	3.413 0	3.303 7
19	4.634 6	4.441 5	4.262 7	4.096 7	3.942 4	3.798 5	3.664 2	3.538 6	3.421 0	3.310 5
20	4.656 7	4.460 3	4.278 6	4.110 3	3.953 9	3.808 3	3.672 6	3.545 8	3.427 1	3.315 8
21	4.675 0	4.475 6	4.291 6	4.121 2	3.963 1	3.816 1	3.679 2	3.551 4	3.431 9	3.319 8
22	4.690 0	4.488 2	4.302 1	4.130 0	3.970 5	3.822 3	3.684 4	3.555 8	3.435 6	3.323 0
23	4.702 5	4.498 5	4.310 6	4.137 1	3.976 4	3.827 3	3.688 5	3.559 2	3.438 4	3.325 4
24	4.712 8	4.507 0	4.317 6	4.142 8	3.981 1	3.831 2	3.691 8	3.561 9	3.440 6	3.327 2
25	4.721 3	4.513 9	4.323 2	4.147 4	3.984 9	3.834 2	3.694 3	3.564 0	3.442 3	3.328 6
26	4.728 4	4.519 6	4.327 8	4.151 1	3.987 9	3.836 7	3.696 3	3.565 6	3.443 7	3.329 7
27	4.734 2	4.524 3	4.331 6	4.154 2	3.990 3	3.838 7	3.697 9	3.566 9	3.444 7	3.330 5
28	4.739 0	4.528 1	4.334 6	4.156 6	3.992 3	3.840 2	3.699 1	3.567 9	3.445 5	3.331 2
29	4.743 0	4.531 2	4.337 1	4.158 5	3.993 8	3.841 4	3.700 1	3.568 7	3.446 1	3.331 7
30	4.746 3	4.533 8	4.339 1	4.160 1	3.995 0	3.842 4	3.700 9	3.569 3	3.446 6	3.332 1